JN261503

薬師寺伽藍の研究

宮上茂隆

草思社

口絵　平城薬師寺東塔　撮影　飛鳥園

薬師寺伽藍の研究

目次

凡例

一、この本の原本は、宮上茂隆が昭和五十三年（一九七八）、東京大学工学部に提出した学位論文『薬師寺伽藍之研究』である。原本は横書きだが、刊行に当たっては縦書きに改めた。

一、この本は、第一章が昭和四十七年（一九七二）の『建築史研究』に、第二章から第四章までは昭和四十八年から五十二年にかけて『日本建築学会論文報告集』に発表された論文である。それに第五章から第七章までの三編の論文と序文を加えて全体の構成とした。刊行にあたっては、全体の統一のため、第一章から第四章までの緒言、結語に若干の省略を行った。宮上が生前、原本に加えた修正は、そのまま踏襲した。また、全体の表現の統一や補足説明など、若干の加筆訂正を行った。

一、この本の表記は、原則として当用漢字を用い、現代仮名遣いを採用した。ただ、一部の旧漢字はそのまま残し、ルビは編修者が付した。また、引用文に記した傍点は、とくに断らない限り引用者が付した。

一、引用文は、宮上が使用した底本にもとづいたが、新訂本があるものはそれによった。

一、引用した薬師寺本『薬師寺縁起』『七大寺巡礼私記』など、薬師寺に関する基本史料は、藤田経世編『校刊美術史料』寺院編上巻（中央公論美術出版、昭和四十七年）、および同中巻（昭和五十年）によった。その際、異体の漢字はそのまま残し、（　）内に、現在一般的に使われている字体を補足した。

一、図版は原則として原本に掲載されたものを使用した。ただし、原本の図版は数が多いため、論旨に影響を与えない範囲で一部省略した。また、原本にある写真のうち、現況と隔たりが大きいものは新しい写真に差し替えた。

一、宮上の作図による図面は、表記の統一のため原図をもとに新たに書き起こした。また、引用した図面のなかには、一部、修正加筆したものがある。

一、この本の編修と「解説にかえて」「宮上茂隆著作目録」「宮上茂隆建築作品集」および図版の作成は、竹林舎建築研究所の木岡敬雄が行った。

薬師寺伽藍の研究

序

薬師寺は、藤原京、ついで平城京において大官大寺《だいかんだいじ》（大安寺《だいあんじ》）とともに東西に並び立った官大寺であり、律令国家体制確立期のモニュメントである。そのために、同時代に再建された法隆寺などとちがって、創建期から比較的文献史料に恵まれている。また大官大寺のほうは、創建当初の建築、仏像のすべてを失ってしまったが、薬師寺には平城薬師寺創建当時の建築である東塔、そして当初からの金堂の本尊である薬師三尊像が現存する。講堂の薬師三尊像、東院堂の聖観音像《しょうかんのんぞう》もまた、ほぼ同時代の作とみられ、それらはいずれも優秀のほまれ高い遺品である。

ただ、これらの建築、仏像にはそれぞれ問題がある。すなわち、東塔および金堂の薬師三尊像に関しては、平城薬師寺創建時に新造したか、あるいは旧都藤原京の本薬師寺から移したかが問題である。講堂の薬師三尊像、東院堂の聖観音像の場合は伝来がはっきりしないので、原所在が問題になる。そしてそれぞれの製作年代の決定は、以上の問題の結論いかんにかかっているのである。

薬師寺東塔に比すべき同時代の建築遺構といえば、法隆寺西院の堂塔、法起寺《ほっきじ》の塔ぐらいしかなく、また薬師寺の仏像と比べられる大型の金銅仏としては旧山田寺の仏頭（現興福寺蔵）、蟹満寺《かにまんじ》の釈迦像ぐらいしかない今日、薬師寺東塔、仏像の存在意義は重く、その製作年代に関する結論は古代建築史、古代彫刻史の解釈に多大な影響を及ぼす。法隆寺の再建・非再建論争との関係で、関野貞氏が東塔に注目した明治時代から今日まで、多数の学者が薬師寺研究に携わり、東塔と金堂の薬師三尊像などの問題を中心に議論を続けてきた理由も、そこにあるはずである。

建築史家として薬師寺問題に取り組んだ先学には、関野氏のほかに足立康、大岡実、福山敏男らの諸氏がおり、なかでも足立氏の多方面にわたる研究が光っている。大岡氏の作成した本薬師寺堂塔および礎石の実測図は、研究に不可欠のものになっている。また戦後、藤田経世氏が入手しにくい史料を校訂し、ガリ版におこして頒布された『校刊美術史料』に、福山氏と協同で薬師寺に関する根本史料を集成して載せられたことも、薬師寺研究に対する大いなる貢献といえる。さらに平城薬師寺で行われた一連の発掘調査、戦前の足立氏による西塔跡の発掘、戦後の浅野清氏らによる南大門・中門跡の発掘、そして近畿大学（杉山信三氏）と奈良国立文化財研究所（現奈良文化財研究所）による発掘調査も多くの新事実を明らかにしている。

薬師寺研究に携わった美術史家、歴史研究家の数は建築史家よりずっと多く、むしろその方面での議論のほうが活発であったといってよい。町田甲一氏らの金堂の本尊非移座説と久野健氏らの移座説が鋭く対立して激しい論争が続けられたこともある。

本研究は、仏像までも含めた薬師寺伽藍の全体を対象とし、その生成・発展・廃滅の過程を明らかにしようとするものである。その中心的課題は、従来からある薬師寺の建築に関する問題を、さらに敷衍《ふえん》したものである。すなわち、

⑴本薬師寺ならびに平城薬師寺の中心建物について復原的考察を行い、両者の異同を明らかにする。

⑵本薬師寺ならびに平城薬師寺の中心建物の造営事情について考察する。とくに、平城薬師寺の創建にあたり、東塔をはじめ各堂塔を本薬師寺から移建したか否かを明らかにする。

またこの問題と関連して、

⑶金堂の薬師三尊像を本薬師寺から移座したか否かを明らかにする。

さらに本研究では、

⑷従来、比較的研究の行われていない平安時代の薬師寺について実態の解明につとめ、

⑸本薬師寺伽藍の廃滅の事情について考察する。

それと関連して、

⑹従来から問題になっている講堂の薬師三尊像、東院堂の聖観音像の伝来事情をも明らかにする。

本研究は、七章の個別論文からなる。第一章から第六章までは、主として以上の⑴⑵⑶の問題を扱い、第七章において⑷⑸⑹の問題を論ずる。各章の主な内容・結論は次のとおりである。

第一章　薬師寺東塔檫銘考

銘文の中心となる「大上天皇」は持統天皇を指し、撰文《せんぶん》は文武天皇時代と考えられる。また銘文は一行十二字×十二行に納まるように成文されたとみられるので、当初の銘文は本薬師寺の塔（西塔）の檫《さつ》管《かん》に鏤《る》刻《こく》され、字配りの乱れている平城薬師寺東塔の檫銘は前者を模して追刻したものと考えられる。したがって、平城薬師寺東塔の檫銘をもって東塔の移建・非移建を決定する根拠とすることはできない。ただいえるのは、移建が仮に行われたとしたら、解体されたのは檫銘のないほうの一基だけだった、ということである。

第二章　薬師寺仏門・回廊の規模形態と造営事情

『薬師寺縁起』の記載と発掘調査の結果とを対照して、本薬師寺の仏門は三間《さんげん》で、回廊は単廊だったこと、南大門と中門の二仏門のうち、中門だけが平城薬師寺に移建されたこと、平城では南大門と回廊の造営着手が遅れ、実際の建築にあたっては当初の計画が変更され、天平時代末期以降に完成した南大門は五間で、回廊は複廊だったこと、中門のほうも複廊完成後に五間に増築されたことなどの複雑な造営過程を明らかにした。同時に、平安時代半ばに伽藍が焼亡した後の、仏門・回廊の再建事情についても明らかにした。

また以上の考察を通じて、『薬師寺縁起』の記載は信用できること、そこにある堂塔規模の丈尺は天平時代に撰録された『流記資財帳《るきしざいちょう》』から引用したものであること、『流記資財帳』には平城薬師寺のみならず本薬師寺の堂塔、仏像などに関する記載が含まれていたことを明らかにした。

第三章　本薬師寺宝塔の形態と平城京移建

本薬師寺の塔跡、平城薬師寺の塔の礎石、そして現存する東塔の観察調査から、本薬師寺の塔は、平城薬師寺の東塔と基本的には同一の設計であったが、内陣には木製須弥壇《しゆみだん》があって、釈迦八相成道《しやかはつそうじようどう》の塑《そ》像群像《ぞうぐんぞう》はなく、初重は塔身側柱列《とうしんがわばしられつ》を壁で囲って裳層《もこし》を吹放《ふきはな》ちにしていたと推定される。平城薬師寺では壁の位置が裳層柱列に移り、木製須弥壇は造られず、本薬師寺では東塔に安置されていた舎利が西塔のほうに移された。それらはすべて釈迦八相成道の塑像群像を新たに安置するのにともなう措置であったと考えられる。また本薬師寺の東塔と平城薬師寺の西塔の心礎の形式寸法が一致するので、本薬師寺の東塔は解体され、塔身は平城薬師寺の西塔のそれとして建てられたと考えられる。平城薬師寺の東塔のほうは、痕跡の有無からみて、少なくとも塔身は新造と断定される。

第四章　平城薬師寺宝塔の建立

東塔の調査にもとづいて、その裳層に本薬師寺の塔の旧材が使用されたことを証明した。すなわち、初重裳層に、吹放ちだった本薬師寺の裳層に使われていたことを示す痕跡のある部材が存在すること。初重・二重において塔身と裳層から算出される造営尺が異なり、しかも裳層の造営尺のほうが本薬師寺の東塔の礎石から求めた造営尺と一致すること。初重・二重において塔身側柱心《とうしんがわばしらしん》と大斗心《だいとしん》がずれているのは、側柱が内転《うちころ》びだった本薬師寺の塔の裳層部材を、塔身側柱に内転びの計画のない平城薬師寺の塔に使ったために必要となった計画変更を示唆していること。これらが主たる証拠である。なおこの考察で、古代建築における内転び技法の一端が明らかになった。

第五章　薬師寺金堂および本尊

『薬師寺縁起』に記されている丈尺寸法と、発掘調査の結果をもとに金堂の復原的考察を行い、それによって、本薬師寺の金堂のほうは初重裳層まわりを囲っていたが、平城薬師寺の金堂は初重裳層を吹放ちとし、また扉を外開きとするために裳層柱を本薬師寺の金堂より少し外にずらして立てていたことなどを推定した。

したがって、金堂は移建されなかったという結論になる。また、『薬師寺縁起』などの文献史料の検討によって、本薬師寺金堂の薬師如来像は二重円光《にじゆうえんこう》の光背《こうはい》を有し、掌に薬壺を持っていたこと、平城薬師寺金堂の本尊は挙身光《きよしんこう》の光背で掌に何も持たなかったことを明らかにし、本薬師寺と平城薬師寺では本尊の形体が異なり、したがって、本尊の移座は行われなかったことを証明した。

さらに、藤原道長（九六六〜一〇二七）が本薬師寺に参詣した事実を証明して、当時まで本薬師寺の金堂が存在し、容易に人の入堂を許さなかったことを明らかにするとともに、その閉鎖的秘密性は同金堂が天武天皇の廟堂的性格を有したことと関係があろうと推定した。

以上の考察を通じて、『薬師寺縁起』金堂条の「已上流記文云」の内容は本薬師寺金堂に関するものであること、本尊について「持統天皇奉造鋳坐者」と記すのはそのためにすぎないこと、『流記資財帳』そして長和四年（一〇一五）撰録の原『薬師寺縁起』には、平城薬師寺金堂に関する文も併記されていたが、その部分などが削除されて現『薬師寺縁起』が作られたことを明らかにした。

第六章　伽藍の主要建物の復原

回廊の設計法から始めて、第二章の論文で指摘した当初計画の単廊平面を復原した。また講堂以下の建物についても『薬師寺縁起』と発掘調査の結果を使って復原的考察を行い、薬師寺伽藍の当初の設計計画と、それに部分的変更を加えた二次計画を復原し、両者の関係を示した。そして一次計画の統一性に注目して、それが本薬師寺の創建時点まで遡ることを推定した。またこの章は、伽藍の復原と造営に関する考察の締めくくりにあたるので、それらに関する結論を整理して示した。

第七章　平城遷都後の本薬師寺伽藍とその解体

平城遷都後も本薬師寺の伽藍が存続していたことを、いろいろな事実をもって示した。さらに平城薬師寺と本薬師寺の寺院地の構成を復原した。また平城薬師寺が平安時代に最勝会《さいしょうえ》を中心に皇族の氏寺としてあったのに対し、本薬師寺は高野山の影響下に入って真言僧が住し、万燈会《まんどうえ》が行われ、不動堂が建てられたことなどを明らかにした。

さらに十一世紀に薬師寺は興福寺の支配下に入り、その後半、後三条天皇・白河天皇の親政が開始されるという古代史の画期に、本薬師寺は解体され、その堂塔は、両天皇創建の円宗寺《えんしゅうじ》・法勝寺《ほっしょうじ》、空海の故郷の善通寺《ぜんつうじ》、道長の法成寺《ほうじょうじ》などに移建され、仏像は興福寺別院の植槻寺《うえつきでら》再興のために同寺に移入された、ということを推定した。現存する平城薬師寺の講堂の薬師三尊像と東院堂の聖観音像は、植槻寺からその後、薬師寺に戻されたもので、もともとは本薬師寺の金堂の本尊と本薬師寺東院の本尊であった、ということも詳しく考証した。

第一章　薬師寺東塔檫銘考

一、緒　言

奈良西ノ京の薬師寺に建つ東塔が、現地において新造されたものであるのか、あるいは藤原京の本薬師寺から移建されたものであるのかという問題は、明治以来、多くの先学によって論じられてきた。そしていまだに決着をみるに至っていない。

東塔の相輪《そうりん》に鏤刻《るこく》されている銘文は、薬師寺創建の由来を説くところから、この問題の主要な争点の一つになっており、銘文の内容の解釈と撰文の時期をめぐって種々の意見が対立していることは周知に属する。

そこで、東塔の建立《こんりゅう》問題を建築そのものから論ずるより前に、銘文についての私の見解を明らかにしておきたい。

二、銘文の内容

銘文は東塔の相輪部《そうりんぶ》、伏鉢《ふくばち》の真上にあって、心柱を巻いている銅製檫管《さつかん》の西側表面に陰刻されている（図1）。

読み方も問題の一つとされているが、私は次のように読むのを妥当と考えている。

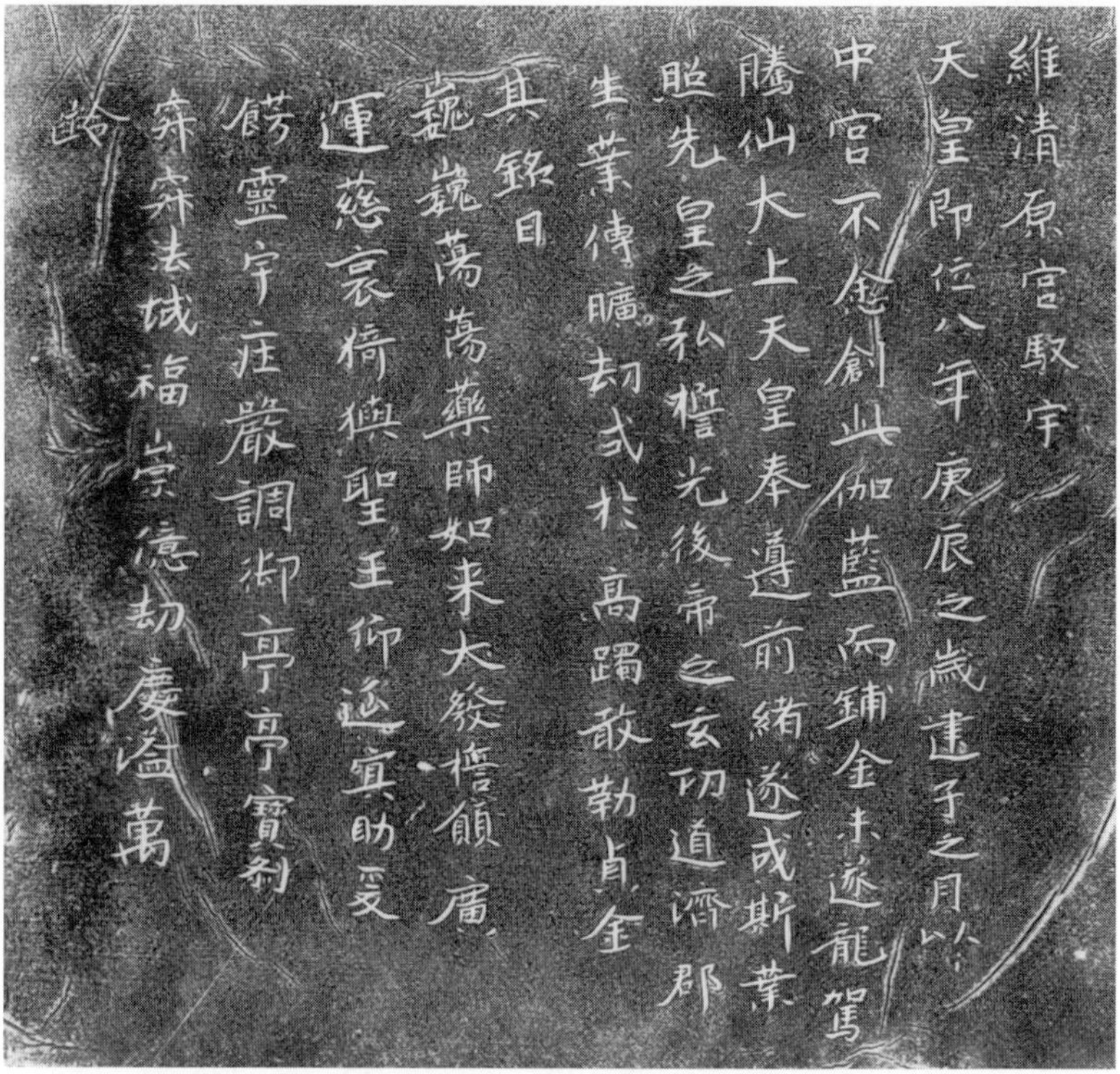

維清原宮馭宇
天皇即位八年庚辰之歳建子之月以
中宮不悆創此伽藍而鋪金未遂龍駕
騰仙大上天皇奉遵前緒遂成斯業
照先皇之弘誓光後帝之玄功道濟郡
生業傳曠劫式於高躅敢勒貞金
其銘曰
巍巍蕩蕩薬師如来大発誓願廣
運慈哀猗歟聖王仰延冥助爰
餝霊宇荘厳調御亭亭寶刹
寂寂法城福崇億劫慶溢萬
齢

図1　平城薬師寺東塔檫銘拓本

維《これ》、清原宮 駁宇《あめのしたしろしめしし》 天皇が、即位八年、庚辰の歳、建子の月に、中宮の不悆《ふよ》を以て、此の伽藍を創《はじ》む。而して鋪金《ふきん》未だ遂げざるに、龍駕騰仙《りゅうがとうせん》す。太（大）上天皇、前緒に遵《したが》い奉りて、遂《つい》に斯《こ》の業を成し、先皇の弘誓《ぐぜい》を照らし、後帝の玄功を光《かがや》かす。道は群（郡）生を済《すく》い、業は曠劫《こうごう》に伝わらむ。つつしみ（式）て高躅《こうしょく》を旌《あら》（於）わし、敢て貞金《ていきん》に勒《ろく》す。其の銘に曰く、巍巍蕩蕩《ぎぎとうとう》たり薬師如来、大いに誓願を発し、広く慈哀を運《めぐ》らしたもう。猗猗《ああ》聖王、仰ぎて冥助を延べ、爰《ここ》に霊宇を餝《かざ》り、調御《じょうご》を荘厳す。亭亭たり宝刹、寂寂たり法城。福は億劫に崇《たか》く、慶は万齢に溢れん。（　）内は原文。

銘文は、創建の由来を記した銘序《めいじょ》の部分と、願文とからなっている。このうち主として問題とされるのは前半部である。「先皇」が天武天皇であることについては異論がないが、「大上天皇」および「後帝」が誰を指すかについては種々の異説がある。とくに前者を誰とみるかは、銘文の撰文時期と深く関わってくるので重要である。この問題を考えるためには薬師寺の造営過程について知っていなければならないので、まずそれを、私見を交えて概観しておきたい。

薬師寺の創建については、『日本書紀』天武九年（即位八年＝六八〇年）十一月十二日条に東塔の檫銘と同様の記載があるので明らかである。「皇后体不予。則為㆓皇后㆒誓願之、初興㆓薬師寺㆒。仍度㆓一百僧㆒。由㆑是、得㆓安平㆒。是日、赦㆑罪」。

問題は天武天皇の代に実際の工事がどの程度進行していたかである。この点は従来、檫銘の「鋪金未だ遂げざるに、龍駕騰仙す」の文の解釈に関連して論じられてきた。「鋪金」は、祇園精舎創立の際に給孤独《ぎっこどく》（須達）長者が金を地にしきつめて寺地を買ったという故事に由来する「布金」の語と同じ意味で用いられたものであるから、この文は「未だ寺地も決定しないうちに」天武天皇が崩じたと解釈すべきであるとする説がある。これに対して、「鋪金」＝「布金」であるとしても、語源どおりに使われたとは限らないから、むしろ「造営が完了しないうちに」と解釈するほうが撰文者の真意に適《かな》っているのではないかとする意見もある。

本尊の完成時期に関しても二説ある。一つは、『日本書紀』持統十一年（六九七）七月二十九日条に「公卿百寮、設下開二仏眼一会於薬師寺上」とあるのをもって本尊の完成とみる説である。しかしここで完成した仏像は、同年六月二十六日条に「公卿百寮、始造下為二天皇病一、所願仏像上」とあるのに相当し、天武天皇所願の仏像とは考えられないし、薬師寺の本尊がわずか一ヵ月で完成するはずもないという批判がある。もう一つの説は『日本書紀』持統二年（六八八）正月八日条に「設二無遮大会於薬師寺一」とあるのに注目し、天武天皇の百ヵ日にあたって無遮大会《むしゃだいえ》を設けた五ヵ寺の中に薬師寺の名がなく、一年あまり遅れたこの時期になって薬師寺で無遮大会が行われているのは、薬師寺本尊の完成がそのころであったことを示唆している、というものである。

これらの問題点に関して、私は薬師寺の造営が天武天皇の代には行われず、持統天皇の代になるとすぐに、しかも急速に進められたと考えている。

長和四年（一〇一五）撰録の『薬師寺縁起』は奈良時代の『流記資財帳』を引いて、講堂に安置されている阿弥陀の繍仏《しゅうぶつ》は持統六年（六九二）四月十二日に持統天皇が天武天皇のために造って寄進したものである、と記している。講堂の完成はこれと前後する時期であろう。

『続日本紀』文武二年（六九八）十月四日条には「以《テ》二薬師寺《ノ》構作略《ホ》了《ルヲ》一。詔《シテ》二衆僧《ニ》一令《ム》レ住《セ》二其寺《ニ》一」とある。古代の僧伝史料『七大寺年表』なども、同年十一月十五日に道昭が薬師寺繍仏の開眼講師賞として大僧都に任じられたことを記しているから、薬師寺の造営はこのころ形のうえでも一段落したものとみられる。金堂・講堂に続いて東西の塔もできていたと考えられているが、私はとくに、舎利を安置した東塔に続いて、西塔が完成した時点にあたっていたのではないかと思う。なお『続日本紀』大宝元年（七〇一）六月条に造薬師《ぞうやくし》寺司《じし》任命のことがみえるから、その後も工事は行われていたらしい。

文武天皇が若くして崩じた後、即位した元明天皇は、和銅三年（七一〇）に都を藤原京から平城京に遷《うつ》した。これにともなって薬師寺は平城京にも造られるのであるが、それについて『薬師寺縁起』は、養老二年（七一八）に現在地に「移」したと記している。またその移転は、当時在位した元正天皇ではなく、元明太上天皇の意志によったとしている。

平城京における造営過程は詳《つまび》らかではないが、『続日本紀』養老三年（七一九）三月二日条に造薬師寺司に新たに史生《ししょう》二人を置く旨の記事があり、また『薬師寺縁起』は東院が養老年中（七一七〜七二四）に造立《ぞうりゅう》されたことを記すから、工事は始めから順調に進行したらしい。この間に天皇は元正から聖武に替わっている。

『七大寺年表』の天平二年（七三〇）三月二十九日条に、「始建二薬師寺東塔一」とあり、平安時代末期成立の歴史書の『扶桑略記《ふそうりやくき》』や鎌倉時代の末期ころに成立した著者不詳の年代記である『一代要記《いちだいようき》』、同じく鎌倉時代末期の仏教関係の歴史書『元亨釈書《げんこうしやくしょ》』にも同様の文のあることが知られている。『日本書紀』における「始」の語の用例などからみて、その日は、東塔の竣工ではなく、むしろ着工とか立柱の日と解するのが妥当であろう。金堂や西塔は、この東塔に先立って完成していたであろうと考えられている。本薬師寺では東塔に舎利が奉安されていたが、平城薬師寺では西塔のほうに安置されたからである。

『続日本紀』天平四年十月十七日条に造薬師寺大夫任命のことがみえる。それ以後、造薬師寺司関係の記事はなく、また養老二年からこの年までで十四ヵ年に及んでいることから、平城薬師寺の造営はこのころ終了したのではないかと考えられている。私も東塔の完成をもって工事は一段落したとみてよいと思うが、回廊などの完成はずっと後のことであったと考えている。それについては第二章と第六章で明らかにしよう。

上述したような薬師寺の創建史を念頭において銘文を素直に読めば、文中の「大上天皇」が持統天皇であり、銘文が本薬師寺だけに関係するものであることは明らかのように思われる。天長七年（八三〇）に中納言直世王《なおよおう》が薬師寺で最勝会《さいしょうえ》を修することを奏請した中で、「件寺。浄御原天皇〔天武〕為₂皇后₁所建立也。（中略）而創基未ㇾ竟。宮車晏駕。后主含ㇾ悲帰ㇾ仏。終成₂宝刹₁」と記している[1]のは明らかに檫銘にもとづいたものであるが、ここですでに「大上天皇」が「后主」すなわち持統天皇と解されているのは注目されてよかろう。徳川時代の学者もそのように考えたし、明治になって初めて東塔について論じた関野貞氏も同意見であった。ただ関野氏は、銘文が本薬師寺に関するものである以上、それを刻している平城薬師寺東塔の相輪は本薬師寺から移したものであり、東塔の建築部材の一部も移送されたものが使われている可能性があるとされた。[2] そのために「大上天皇」を持統天皇に比定する説は東塔の移建説と一緒に批判される結果になったのである。

喜田貞吉氏は関野説に真向から反対して、文献史料によって平城薬師寺東塔を天平二年の新造と断定すべきこと、したがって銘文中の「大上天皇」は当時の太上天皇である元正天皇を当てるべきことを主張された。[3] これに対して平子《ひらこ》鐸嶺《たくれい》氏は、従来の解釈のほうが正しいとして、銘文を刻んだ東塔は本薬師寺から移建したものであると主張したので、[4] 喜田氏との間で論争になった。[5]

その後、長い間をおいて発表された足立説[6]は、「大上天皇」を持統天皇とし、銘文を本薬師寺の塔のものとする点で平子説に一致していたが、東塔は喜田氏のいわれたように平城薬師寺における新造であって、銘文は本薬師寺の塔のそれを模刻したものであるとし、しかも銘文の状態から推して東塔完成後に工人を登らせて彫らせたとした。追刻の可能性はすでに平子氏も認めておられた。喜田氏は足立説に対しても強く反対されたが、[7] 会津八一氏は模刻という点には賛成し、工人云々の件には反対された。[8]

その後も銘文についていろいろな解釈がなされている。田村吉永氏から、銘文は平城に移された本薬師寺本尊の光背銘であったとする説が掲示されたこともあったが、その後、撤回されたようである。[9] 藪田嘉一郎氏は喜田説を若干改めて、「大上天皇」として元明天皇を挙げられた。[10]

福山敏男氏、久野健氏は、共著『薬師寺』（東京大学出版会、昭和三十三年）において移建説の立場で平子説に近い解釈を示されており、一方、町田甲一氏は坂本万七氏との共著『薬師寺』（実業之日本社、昭和三十五年）において非移建説の側に立って藪田氏と同じ「大上天皇」＝元明天皇説を主張しておられる。また伊藤延男氏が執筆された「奈良六大寺大観」第六巻『薬師寺全』（岩波書店、昭和四十五年）の東塔の解説は平子説に近いが、東塔は新造で檫銘は模刻と考える点では足立説に一致している。

以上、諸説を表にして示そう（表1）。

諸説は「大上天皇」を持統天皇と考えるか否かによって二系統に分けられるとともに、「大上天皇」＝「後帝」と考えるか否かによって、さらに二系統に分けられる。後者は銘文の読み方の問題に帰せられる。すなわち喜田説では銘文の第四行と第五行を続けて、

太上天皇が前緒に遵つて斯業を成し、先皇の弘誓を照らし後帝の玄功を光かす。

と読む。この場合には「大上天皇」と「後帝」はもちろん同一人ではない。

これに対し平子説では銘序を二つの文として読み、前段を第四行で切り、後段を第五行から始める。すなわち、

（前略）龍駕騰仙シタマヒシカバ、大上天皇、前緒ニ遵ヒタマヒテ、コノ業ヲ遂ゲ成シタマヒキ。先皇之弘誓ヲテラシ、後皇之玄功ヲカヾヤカシ、ソノ群生ヲ道《ミチビ》キ済《タス》ケタマハントスルノ、業《ミワザ》ヲ曠劫ニ伝ヘンガタメニ、高躅ニノツトリテ、敢テ貞金ニ勒《キザメ》リタリ。

表1　諸氏による銘文の解釈と東塔の造立

各説	先皇	大上天皇	後帝	撰文者	起草年代	東塔の建立	備考
喜田説	天武	元正	持統・文武元明	聖武	聖武朝	天平二年新造	
平子説	天武	持統	持統	文武	文武朝	文武朝建立の塔を移建	銘文は本薬師寺の塔に追刻された
足立説	天武	持統	文武	臣下	文武朝	天平二年新造	本薬師寺の塔の檫銘を追刻
会津説	天武	持統	持統		文武朝	天平二年新造	本薬師寺の塔の檫銘を模刻
藪田説	天武	元明	元明	平城薬師寺の僧か、その嘱を受けた文人	元正朝末〜聖武朝初	新造、天平二年起工。同末年完成	
田村説	天武	持統	持統	文武	文武朝	文武朝・大宝年間建立の西塔を移建	銘文は本薬師寺の西塔に追刻された
町田説	天武	元明	持統		元正朝末〜聖武朝初	天平二年新造	檫銘の前文は完全な文章と見なしがたく、一部に脱落があるのではないか

この場合には、「先皇」＝天武天皇に対称させて「後帝」＝「大上天皇」と解される。四六駢儷体《しろくべんれいたい》で書かれたこの銘文の読み方としては喜田説のほうが適当であり、その後の諸説も基本的にはそれにしたがっているが、平子説と同じく第四行で一応区切って読むのが普通になっている。「照

先皇之弘誓、光後帝之玄功」は独立した文として扱われていることになる。ただし、同じようにそう読んでいても、「照先皇之弘誓、光後帝之玄功」の主語を「大上天皇」と解している点で足立説・町田説は喜田説に一致し、その他の諸説は「大上天皇」＝「後帝」と解する点で平子説に等しい。

以上の二系統のうち、私は喜田説の読みのほうが正しいと考える。

平子説では「照先皇之弘誓、光後帝之玄功」の主語をそれ以下の文のそれとともに銘の撰文者自身としているが、明らかに撰文者を主語とする文「式旌高躅、敢勒貞金」においてさえ、動詞の前に「式」(「うやうやしく」ないしは「つつしんで」と解すべきことは会津氏によって説かれた[11])、「敢」の語を補ってその点を明示している。したがって、「大上天皇」を主語とする文が第四行で切れ、次の「照先皇之弘誓、光後帝之玄功」の主語が撰文者に変わるのであれば、ここにこそ謙譲を表現する語が動詞の前に置かれてしかるべきである。それがないのは、ここで主語の変化がなく、文章はつながっていると考えるべきであろう。「照先皇之弘誓、光後帝之玄功」の主語を「大上天皇」とせず、また「大上天皇」＝「後帝」とする説にはそれぞれに問題があると思う[12]。

また、やや無理をしてまで「照先皇之弘誓、光後帝之玄功」の前で区切って読むのが普通になっているのは、東塔檫銘がそこで改行していることによると推察されるが、銘文の読みや内容の解釈にあたって東塔檫銘のそのような体裁にこだわる必要のまったくないことは、後に本章の第三節で述べるとおりである。

さらにまた、喜田説にしたがって読んだときに初めて、当銘文が四六駢儷体の文にふさわしい整然と

した構成になっていることを理解することができるのである。すなわち、銘の序の部分は、

(1)清原宮御宇天皇のこと

(2)太上天皇のこと

(3)道済群生、業伝曠劫

の文に続いて、撰文者が鏤刻の意志を表明する文がくる。そして続く願文も次の三段からなる。

(1)薬師如来のこと

(2)聖王のこと

(3)亭亭宝刹、寂寂法城。福崇億劫、慶溢万齢

つまり、この銘文は駢儷文として対句を用いてあるだけでなく、銘序と願文の、内容の構成自体も対称的になっているのである。

銘文の読み方として喜田説が正しいとなると、「大上天皇」と「後帝」は同一人ではありえない。そして「大上天皇」は「先皇」と「後帝」の間に在位した天皇ということになる。「大上天皇」は「先皇」天武天皇の遺志を継いで薬師寺造営事業を成し遂げ、それによって先皇の弘誓を照らし、後帝の玄功を光かした天皇である。これを前述した薬師寺創建時の歴史に求めれば、持統天皇をおいてほかにはありえないように思われる。

ところが喜田氏自身は、「大上天皇」を元正天皇に比定された。しかしながら元正天皇は薬師寺において重きをおかれていない天皇である。同天皇治世の養老二年に行われた薬師寺の平城京への移転のことも、『薬師寺縁起』は元明太上天皇の事蹟とし、また天武天皇を薬師寺の第一本願、持統天皇を第二本願とし、第三本願を元明天皇としている。『扶桑略記』天武天皇九年十一月条に引く「薬師寺縁起」でも、『薬師寺縁起』をもとにしたのかもしれないが、「土木之功熟於三帝。天武。持統。元明。日月之営送於五代。又加文武飯高。」とあって元正天皇の代に盛んであったはずの平城薬師寺造営の功を元明太上天皇に帰せしめていた。したがって元明天皇ならまだしものこと、元正天皇をもって銘文中の「大上天皇」に当てるのは適当ではないだろう。喜田氏は、相輪部を含む東塔全体が天平二年の新造であることを強調するために、あえてその時点の太上天皇である元正天皇を引き合いに出したとしか私には思えない。

元明天皇は持統天皇の異母妹であり、天武・持統両天皇の皇子草壁の妃でもあり、文武・元正両天皇の母として、持統天皇に協力し、その亡き後は代わって皇室の中心的存在となった。したがって、平城遷都とともに薬師寺を平城京に造立することを企てたのが元明太上天皇だったとする『薬師寺縁起』の記事は首肯できよう。『薬師寺縁起』によれば、平城薬師寺東院はこの天皇のために、その皇女で長屋王の室であった吉備《きび》内親王が造立したものである。平城薬師寺と元明天皇とのこのような関係からみて、銘文を平城薬師寺で初めて作られたとみる立場からすれば、「大上天皇」を元明天皇に比定する説が出るのはもっともだと思う。

しかしながら、元正説、元明説には共通する欠点がある。それらにおいては、「後帝」を持統天皇としなければならなくなるが、本薬師寺造営における持統天皇の功績が「後帝之玄功」(「玄功」は、隠れたる功績あるいは深遠な功績の意に解釈される)と表現されているとするのはいかがであろうか。また、もっとはっきりした欠点は、「……鋪金未遂、龍駕騰仙」と次の「大上天皇、奉遵前緒、遂成斯業」が意味の上でつながらないことである。天武天皇の崩御後、元明天皇や元正天皇が天武天皇の事業を継承したというのでは、薬師寺の沿革と明らかに矛盾する。「大上天皇」＝元明天皇説の立場をとる町田氏はこの点をみずから認めて、しかしそれは銘文のこの部分に数句の脱落があるためではないか、と疑っておられる。しかしながらこの説は、「大上天皇」を強いて元明天皇とすることに矛盾を生じさせる根本原因があるのであって、持統天皇とすれば問題はないのである。しかも前述したように銘文は現状において整然たる構成をなしているのであるから数句の脱落があるとは考えられない。

「大上天皇」が持統天皇であるとなると、この銘文が作成された時期は次の文武天皇の代ということに決定する。そして「後帝」は足立氏の推定のように文武天皇ということになる。また撰文者についても足立説が妥当であろう。すなわち撰文者は臣下であるが、内意を授けてこの銘文を作らしめたのは持統太上天皇であったにちがいない。

持統天皇は大宝二年(七〇二)に崩じているから、銘文の起草はそれより以前、おそらくは伽藍の造営がほぼ完成した文武二年(六九八)ごろであったと思われる。銘文はそのころ竣工したであろう本薬師寺の西塔に鏤刻されたものと私は考えているが、これについては第三章と第四章の塔に関する考察のなかで触れる。

文武天皇は前年に即位したばかりで、しかも十六歳という若年であったから薬師寺造営に実際上どれほどの援助ができたかは疑わしい。持統太上天皇の崩ずるまでの文武天皇の治世は、持統が若い文武の後見の地位にあったと考えられているから、(13)薬師寺の造営などは持統太上天皇自身によって引き続いて監督されていたにちがいない。それにもかかわらず「後帝之玄功」というかたちで文武天皇の功績が銘文中に加えられているのは、銘文を持統太上天皇が作らせたものとするときにもっともよく理解できるのではないかと思う。

持統天皇が自己の血統に皇位を嗣がせることを、終始重要な政治課題としていたことは、すでによく知られるとおりである。天武天皇の在世中にその諸皇子と交した吉野宮の誓盟に背いて、天武天皇の崩御直後に大津皇子を処刑した事件は、持統天皇のこの問題に対する態度をもっともよく示したものであった。しかるに、そうまでして皇位につけようとした草壁皇子は亡くなってしまった。その後の持統天皇は幼い遺児軽《かる》皇子の擁立を内心深く期していたとみられるが、それは太政大臣高市《たけち》皇子の死を契機として実現に移される。ちょうどその時期に、天武天皇との共治の象徴であり、かつまた女帝の政権確立とも密接な関係を有する薬師寺の工事が終りに近づき、塔に記念の銘文が掲げられることになったのである。銘文に、天武・持統両天皇とともに文武天皇が加えられているのは、撰文者が単なる儀礼としてしたことではなく、文武天皇に将来を託す持統太上天皇みずからの指図によるものと考えないわけにはいくまい。

撰文者は持統天皇の信頼する臣下であったにちがいない。古くからある寺伝では舎人《とねり》親王とされているが[14]、従来この寺伝は無視されるか、否定的に扱われてきた。しかし、舎人親王と持統天皇ならびに薬師寺との関係を考えると、この寺伝は一概に否定すべきものとは思われない。

天武朝から聖武朝初期までは皇子・諸王、なかでも天武天皇の皇子が重要ポストを占めた、いわゆる皇親政治の時代である。しかも、ほかでもない天武天皇発願の寺に関わる銘文なのであるから、天武の皇子の一人が自身で作文までしたかどうかは別として、撰文の責任者であった可能性は充分あろう。

舎人親王は天武天皇の第六皇子であるが、その地位は草壁・大津に次ぐ第三位であった。母が天智天皇の皇女で、持統天皇の異母妹にあたる新田部《にいたべ》皇女であったからである。持統九年（六九五）には浄広《じょうこう》弐の位に叙せられている。これは持統七年に太政大臣高市皇子が浄広壱、長《なが》皇子と弓削《ゆげ》皇子が浄広弐に叙せられたのに次ぐ。長皇子・弓削皇子も持統天皇の異母妹大江皇女を母に持つ兄弟である。持統十年に高市皇子が亡くなって後は、これら三人の中の年長者である舎人親王は、持統天皇がもっとも協力を期待した存在だったはずである[15]。ということは薬師寺の銘文の起草者としてもっともふさわしい人物であったことを意味しているといってもよいのではあるまいか。

舎人親王が表だって政治に登場するのは元正朝からのことである。養老四年（七二〇）五月に『日本書紀』が撰上されたとき、その編修の責任者であった。文章に優れていたのであろうか。『万葉集』にも親王の歌がいくつか収録されている。

舎人親王はまた天武天皇の皇子の中でも、薬師寺との縁が深い。『薬師寺縁起』の初めのところに天武天皇一家の系譜が掲げられているのは、薬師寺の性格をよく物語っているといえるが、舎人親王に関しては他の皇子に比べてやや長い文があり、そこに薬師寺との関係が記されている。すなわち、養老四年八月に知太政官事になったこと、神亀三年（七二六）七月に諸司の主典以上を率いて造仏・写経し、大会を薬師寺に設けたこと、天平七年（七三五）十一月十四日に薨じ、二十二日に太政大臣を追贈されたこと、薬師寺西院の本願であること、さらに諸皇子のことに及ぶ。

神亀三年の件は、『続日本紀』同年八月八日条に、元正太上天皇のために釈迦像を造り、『法華経』を写し、薬師寺で斎を設けた、とあるのに相当するとみられている。[16] 私はさらにこれをもって西院の創建、それも本薬師寺における西院の創建と考定すべきと考えているが、これについては東院のことなどとともに別に論じる機会をもちたい（第七章の第五節）。

以上にみたように、舎人親王は文武二年（六九八）ごろの時点において持統太上天皇の嘱を受けて薬師寺の銘文を起草するにふさわしい立場にあり、少なくとも平城遷都後には本薬師寺の造営に関与したことが知られるだけでなく、あるいは遷都前から関係があったのではないかと想像される。しかも他に有力な人物も見出されないとなれば、決め手となる史料に欠けるとはいえ、寺伝の舎人親王説は尊重されるべきではなかろうか。

三、東塔檫銘の復原

銘文が本薬師寺の創建を記念して作られたものであることは前節においてほぼ明らかにできたと思う。

そうだとするならば、平城薬師寺東塔の檫銘は本薬師寺で彫られた当初のものであろうか。すなわち、平城薬師寺東塔の相輪部は本薬師寺から移したものであろうか、それとも平城薬師寺で新鋳した相輪に本薬師寺の銘文を模刻したものであろうか。

銘文を本薬師寺に関するものと考えた人はたいてい前者を肯定し、それによって東塔そのものの移建を主張した。東塔を平城における新造とし、銘文を平城において起草されたとする説も、東塔檫銘をオリジナルとみる点では移建説の場合と一致している。これに対して初めて後者を主張したのが足立康氏であったことは前に触れた。

足立氏らが檫銘をもって本薬師寺の銘文を転写した二次のものと考定した根拠は、その字配りの無秩序さにあった。すなわち檫銘をみると、各行の字数は同一でなく、そのために天地も揃っていない。行間・字間も均一でなく、各行の文字は同一直線上にない。また各文字の大きさも向きも不同であるし、誤字も含まれている。持統太上天皇在位中に塔に鏤刻された銘文は慎重に彫られ、もっと整備した立派なものであったはずである、というのである。

足立氏の場合、以上の点は檫銘を追刻とみる根拠にもなっていた。だが、模刻という主張は、会津氏のように賛成する人がなかったわけではないが、一般の承認するところとはならなかったようである。追刻という主張に至っては同調者がほとんどなかったといってよい。たしかに氏の論証は充分なものとはいえないが、模刻・追刻という結論自体は誤っていないと私は考える。そこで次に、足立氏の指摘を敷衍《ふえん》させて、その結論を証明しようと思う。

足立氏は、檫銘の内容が本薬師寺に関するものであることのもっとも的確な証拠として、『薬師寺縁起』の冒頭の文を挙げられた。

右寺者、天武天王〔ママ〕即位八年庚辰十一月、皇后不愈、巫医少験、曰（因）之為除病延命、茂（発）奉鋳丈六薬師仏之願、爰霊験有感、皇后病愈、天皇大感、已鋳金銅之像、補金未畢、以十四年丙戌秋九月九日、天皇崩於明香清御原〔出イ〕、以代子年〔戊カ〕十一月、葬給於高市大内山陵、以皇后□〔嗣カ〕即帝位、是持統天皇也、為遂太上天皇前緒、高市郡建寺安置仏像経論等、本薬師寺是也、即塔露盤銘文云〔東塔ニアリ〕、（中略、東塔檫銘と同文）爰弟元□□〔明天カ〕皇〔姫帝治九年、文武〔母脱カ〕〕和銅元年戊申即位、同二年〔ママ〕□遷都奈良平城京、譲位於子飯高天皇〔姫帝治十四年、〕太上天皇養老二年戊午移伽藍於平城京、（後略）

これについて足立氏は「薬師寺東塔檫銘の一解釈」のなかで次のようにいう。

これ薬師寺草創より平城移転までの経緯を述べているものであるが、虚心にこれを読めば銘文起草の時代がよく分かるであろう。試みにその劈頭を見るに、まず本薬師寺創建の由来を叙し来り、「本薬師寺是也」と結び、それに接して特に「即塔露盤銘文云」と置き、かの銘全文を掲げているのである。しかも銘文より以後は文意にわかに改まり、平城遷都のことを述べ、ようやくその次に「太上天皇養老二年、移伽藍於平城京」とあって、かの薬師寺移転のことは初めてここに現われてくるのである。これらのことから考えれば、該銘文が本薬師寺のものであって、平城薬師寺と無関係であることは、もはや多言せずとも明らかであろう。

とし、さらに続けて、

……面白いのは、上掲『縁起』の銘文より前の部分、即ち本薬師寺に関する一条が、かの銘文に基づいて書かれていることである。今両者を比較すれば、

（縁起）	（銘文）
天武天皇即位八年庚辰	即位八年庚辰之歳
皇后病不愈	中宮不悆
補金未畢	鋪金未遂
天皇為遂太上天皇前緒	大上天皇奉遵前緒遂成

等の類似の個所があることがすぐ分かる。勿論これらは単に字句上の問題にすぎぬが、なお仔細に両者を対照すれば、前者が後者を参考し、これを敷衍した形跡があることは極めて明瞭である。かくのごとく本薬師寺の条が、専ら銘の全文によって書かれている事実は、即ちこの銘文の内容が本薬師寺に関するものであることを明示しているのである。換言すれば、本銘文が奈良時代前期に於いて、本薬師寺のために作られたものであることを証明しているのである。（傍点は原著者）

と結論づけている。

たしかに足立氏のいわれるとおりであると私は思う。足立氏の論文に異論を唱えた諸氏がこれに対する反論を明らかにしておられないのは不審である。平安時代の『薬師寺縁起』の撰録者が銘文を本薬師寺の塔露《ろ》盤銘《ばんめい》として扱ったということは、当時それが実在していたことを示唆しているからである。足

立氏もこのことをいうべきであった。

『薬師寺縁起』に引用されている奈良時代の『流記資財帳』によれば、『流記資財帳』撰録当時、薬師寺には四基の塔があり、そのうち二基は本薬師寺に存在していた。(17) そして本薬師寺の塔は十一世紀の終りに京都の法成寺に移建されたのである。そのことは足立氏によって明らかにされている。(18) したがって『薬師寺縁起』撰録当時はまだ両方の薬師寺に二基ずつの塔が存在していたのである。この状態で仮に平城薬師寺の東塔にしか銘文が彫られていなかったとしたら、『薬師寺縁起』の撰録者は果たしてそれを本薬師寺の塔の銘文として扱ったであろうか。こう考えてみれば、当時、本薬師寺の塔に銘文が実在し、誰の目にもそれがオリジナルとみられていたことは確かであろう。『薬師寺縁起』に引用された銘文の原本も、平城薬師寺の東塔の檫銘ではなく、本薬師寺の塔のそれであったらしいふしがある。

東塔檫銘に誤字の見出されることは、すでに指摘されている。「大上天皇」は明らかに「太上天皇」を誤ったものである。ところが『薬師寺縁起』の現存する三種の写本(19)ではすべて正しく記されているので、長和四年に作られた『薬師寺縁起』の原本でもそうなっていたと考えられる。

またこの銘文が、唐の道宣《どうせん》（西明寺の僧）の撰になる『広弘明集《こうぐみようしゆう》』に収録されている長安の西明寺の鐘銘から数語を借用していることは早くから平子氏によって指摘されているが、それと対照したとき檫銘に誤字ないし異字と認められるものがあることもすでに知られている。鐘銘における「群生」、「式旌高躅」が檫銘において「郡生」、「式於高躅」となっているのは明らかに誤りといってよい。このうち

「旃」の字は『薬師寺縁起』の各写本でも「於」になっているが、「群」の字は、護国寺本では正しく記されているから『薬師寺縁起』原本では正しく「群」と記されていた可能性が強い。『薬師寺縁起』原本のほうが平城薬師寺の東塔の擦銘より正確であったとなると、『薬師寺縁起』原本の銘文が平城薬師寺の東塔擦銘を写した可能性はほとんどない。むしろ『薬師寺縁起』原本よりも正確な銘文が別に存在したことが考えられよう。それは本薬師寺の塔の銘文にちがいない。そうしてみると『薬師寺縁起』の撰録者が銘文を本薬師寺のものとして扱っているのも当然なわけである。

本薬師寺の塔の銘文を写したといっても、それからじかに写したとは限らない。薬師寺では天平年間と宝亀年間に『流記資財帳』が撰録されているから、一度ここに載せられたものが、さらに『薬師寺縁起』に引用されたのかもしれない。また長和四年にできた『薬師寺縁起』は、その後に一度書き替えられ、それが現存する写本の原本となった疑いがあるのである（この点は重要であるが、詳論は第五章に譲る）。したがって、現存する写本の原本において、すでに「旃」の字が「於」になっていたからといって本薬師寺の塔の銘文が同様であったことにはならない。[20] 誤字は、少なくとも三度の書写の間に生じたとみるべきであろう。また東塔の擦銘においてさえ「貞金」と正しく彫られているのに『薬師寺縁起』写本では皆「真金」と記し、それらの原本でもそうなっていたことを考えさせるが、これなども似た字形のゆえに書写の際に誤ったものであろう。ちなみにいえば、東塔の擦銘の「貞」の字は、拓本からわかるように、「真」の字に誤解されるような形をしていない。

要するに『薬師寺縁起』からわかることは、平城薬師寺の東塔擦銘と違って誤字を含まないオリジナルな銘文が、本薬師寺の塔の相輪部に存在したということである。

次に、本薬師寺の塔の銘文の形式について考えてみたい。

本薬師寺の塔の銘文においては誤字がなかっただけではなく、鏤刻の状態も平城薬師寺東塔の擦銘に比してずっと整然としていたであろうことは、足立、会津両氏も想像しておられた。とくに足立氏は、銘文の後半の願文は各行十二字の四行であったであろうと推定された。四言を一句として十二句からなっているから、各行十二字の四行、あるいは各行十六字の三行であった可能性は充分ありうるだろう。さらに銘序の部分も四六駢儷体であることを考慮すると、それにふさわしい各行十二字を原則としていたと推定される。そして実際、東塔の擦銘における第一行「維清原宮馭宇」と第七行「其銘曰」をそのままにすると、その間がちょうど六行に納まる。しかもその結果、銘文全体は十二行になる。つまり銘文は十二字×十二行の方眼に納まるのである。そして十二行という行数は東塔の擦銘のそれと一致するのである。こうした点をすべて偶然としてかたづけることはできないであろう。したがって、この形こそ本薬師寺の塔の銘文であったと考えられる（図２）。

同じ形の銘文は他に例がある。まず想起されるのは法隆寺金堂の釈迦三尊像の光背銘である。光背裏面の中央部に高麗尺《こまじゃく》一尺四方の銘文が整然と陰刻されている。そこには聖徳太子の病に際し、王后・王子・諸臣らが病気平癒を祈って太子の等身の釈迦像を造ることを発願し、その死の翌年（推古三十一年＝六二三年）に完成したことなどが記され、造像記中でもっとも完備した準漢文体の銘文であることは

維清原宮馭宇
天皇即位八年庚辰之歳建子
之月以中宮不悆創此伽藍而
鋪金未遂龍駕騰仙太上天皇
奉遵前緒遂成斯業照先皇之
弘誓光後帝之玄功道濟群生
業傳曠劫式旌高躅敢勒貞金
其銘曰
巍巍蕩蕩薬師如来大発誓願
廣運慈哀猗歟聖王仰延冥助
爰餝靈宇荘厳調御亭亭寶刹
寂寂法城福崇億劫慶溢萬齢

図2　本薬師寺の塔の檫銘復原案

すでによく知られている。その年代を疑う意見もあるが、銘文を推古三十一年ごろのものとすれば、本薬師寺の塔の銘文より七十三年ほど前のものということになる。

現在、中宮寺にその断片をとどめる天寿国繡帳《てんじゅこくしゅうちょう》には、当初、周囲に亀《き》甲《っこう》を百縫いつけ、その一つ一つに四字ずつ、全文にして四百字の銘文が刺繡されていたという。『上宮聖徳法王帝説』にその全文が載せられており、それによってこの繡帳が聖徳太子薨去後、王妃橘大女郎《たちばなのおおいらつめ》の願いで造られたことが知られる。ところでこの銘文が四百字ちょうどで二十字×二十行に相当することは、撰文の際に二十字×二十行に納まるように意図されたものであったのではなかろうか。法隆寺金堂の釈迦三尊像の光背銘と比較してそう思うのである。

本薬師寺の塔の銘文と同年代のものとしては、慶雲四年（七〇七）の記年を有す威奈大村《いなのおおむら》の骨蔵器（金銅製）に鏤刻された墓誌銘を挙げることができる。それは当代の金石文中でも、もっとも文辞の典麗な六朝風《りくちょうふう》の漢文として知られている。半球形の蓋の表面に三十九行からなる銘文が放射状に陰刻されている。第一行目だけが「小納言正五位下威奈卿墓誌銘并序」の十五字、次からは各行十字で三十八行がならぶ。これは一見、先に推定した本薬師寺の塔の銘文の形式と無関係であるかにみえる。しかし、第二行目以下を二行ずつ合わせて一行に数えると十九行分となり、全体では二十行になる。そして二行分を合わせたから一行は二十字。つまり彫られた状態をみればそうなっていないが、成文者は各行二十字で二十行の枠に納まるように意識して作文したものと思われる。欠字があるという点でもこの銘文は本薬師寺の塔の銘文に一致する。

以上の三例によっても本薬師寺の塔の銘文の復原は承認されると思うが、不審をいだかれるところがもしあるとすれば、第一行目が「馭宇」で切れて残りの半行分が余白となり、意味の上でつながっている「天皇」が次の行にまわっている点であろう。しかし、右に挙げた威奈大村の墓誌銘がすでにそうであるように、「馭宇」で切って次を欠字とし、その後に「天皇」を記すのは当時として珍しいことではない。

現存する最古の墓誌銘である船氏王後墓誌《ふねしおうごぼし》（天智七年＝六六八年）でも「天皇」の前を欠字とする原

則にしたがっており、「馭宇」に相当する「治天下」と「天皇」の間は欠字になっている。

また「天皇」を次の行の先頭に置いたために欠字分が一字以上になる例もある。伊福吉部徳足比売臣《いふきべのとこたりひめのおみ》墓誌《ぼし》（和銅三年＝七一〇年）において第四行目が「藤原大宮御宇」の六字で、次の行が「天皇御世慶雲四年」の八字となっているのもその例に挙げてよかろう。粟原寺伏鉢銘《おうばらでらふくばちめい》（和銅八年＝七一五年）では、願文の十一行目が半行で切れ、残り半行分を余白として、次の行の先頭に「皇太子」が置かれている。

また金石文ではないが、長屋王が亡き文武天皇のために書写させた大般若経の願文[21]（和銅五年＝七一二年）では、「藤原宮御宇　天皇」の形がみられるとともに、「天皇の為に」の意のところでは、「為」で行を切って後を余白とし、次の行を「天皇」で始めている。したがって、本薬師寺の塔の銘文復原案の一行目にある余白も問題にはならないであろう。

次に、本薬師寺の塔の銘文が数句を引用している長安の西明寺の鐘銘が、どんな形であったかを推定しておこう。

その後半の願文は八十字からなるから、各行二十字で四行、あるいは十六字で五行の場合が考えられよう。そこでいま十六字のほうをとると、「維大唐……庚辰」までがちょうど一行半となり、第三行目が「皇太子」で始まることになる。それは本薬師寺の檫銘の第一行目がちょうど半行で切れて、第二行のはじめに「天皇」がくるのに対応する。またこの場合にも願文の前行が欠字になる。そして全体としては十四行に納まる。当時の中国の銘文の例からみて銘題も一行として記されていたであろうから[22]、

京師西明寺鍾銘　令製
○維大唐麟徳二年歳纏星紀月次降婁二
月癸酉朔八日庚辰
皇太子奉為二聖於西明寺造銅鍾一口
可一萬斤發漢水之寄珍採蜀山之秘寶
虡橦練火晉曠飛鑪帯龍虡而騰規應鯨
桴而寫製聲流九地遐宣厚載之恩韶徹
三天遠播會旻之徳寤○群○生於覺路警庶
○類○於○迷○塗○業擅香垣功脊塵○劫○式○旋○高○躅
○敢○勤○貞○金○銘○曰
青祇薦祉黄離降精渦川毓徳瑶嶺飛英
吹銅表性問寢登情興言淨業載啓香城
七珍交鑄九乳圖形翔龍若動偃獸疑驚
製陵周室規踰漢庭風飄旦響霜傳夜鳴
○仰○延皇祚俯導蒼生聲騰○億○劫○慶○溢千○齡

図３　唐・長安西明寺の鐘銘復原案（◦印は薬師寺の塔の擦銘に用いられている語）

全体としては十五行であったであろう（図3）。

このように各行の字数を揃え、行数をそれとほぼ同数にして銘文の全体の形を正方形に近く整えた例は、中国では少なくない。さらに全体の字数が比較的少ない場合が多いようである。日本の例のように一行の字数と、行数を一致させたものもあるが、字数と行数の間に一、二の差があるものもあり、復原した西明寺の鐘銘は後者の場合に属することになる。法隆寺の釈迦三尊像の光背銘にはないが、中国の例では界線を施しているものが多い。銘序の終りの、願文との境に余白があったり、高貴を意味する語の前を欠字とした例もある。また高貴の名を次の行の先頭にもっていったために、前の行の終りに数字分の余白ができている例もある。[23] したがって、復原した西明寺の鐘銘の第三行目の余白もあやしむにたらないであろう。

復原された本薬師寺の塔の銘文と、同じく復原された西明寺の鐘銘が、形式的にも似ている（あるいは、似た形式のものとして復原できる、といったほうが正直かもしれない）ことは、これまた単なる偶然とは考えられないであろう。本薬師寺の塔の銘文の撰文者は、西明寺の鐘銘から字句を借用しただけではなく、銘文の形式についても示唆を受けたことが推定される。

西明寺の鐘銘はそのままの形でわが国に伝えられたことになろう。したがってすでにいわれているように、拓本として持ち帰られた可能性もあろう。あるいはよくいわれるように『広弘明集』によって伝わったのかもしれない。[24]『広弘明集』全三十巻は西明寺の僧道宣の撰になり、西明寺の鐘銘はその第二十八巻に収められている。第一巻が成立したのは西明寺の鐘が鋳造された麟徳二年（六六五）の前年であった。

『広弘明集』が日本に伝来した時期は明らかでないが、それは奈良時代になってからであるから平城薬師寺東塔の檫の銘文は平城で作られたものである、と主張されたこともある。[25] しかし、同じ『広弘明集』を出典とするものとして那須国造碑《なすのくにのみやつこひ》と長谷寺法華説相図銅板《ほっけせつそうずどうばん》が知られ、[26] 前者は国造の没年である文武四年（七〇〇）をあまり降らず、また後者も文武二年説が有力とすれば、[27]『広弘明集』はそれまでには伝わっていたことになる。したがって、本薬師寺の塔の銘文が文武二年ごろに作られたとしても年代的には問題がないといえる。

本薬師寺の塔に一次の銘文が存在し、平城薬師寺東塔の檫銘はそれを模して鏤刻したものであることは、いままでの説明で動かしがたくなってきたと思う。それと同時に、本薬師寺の銘文と東塔檫銘の体裁の異同も明らかになった。本薬師寺の塔の銘文は、法隆寺の釈迦三尊像の光背銘のごとく整然たるものであったにちがいない。それと比較すれば平城薬師寺東塔の檫銘はやはりかなり乱れているといわざるをえない。また単に模刻というだけでは説明し尽くせないところもある。

円筒の檫管よりもはるかに彫りにくいと思われる球形の威奈大村の骨蔵器の銘の美麗なことは著名であるし、粟原寺三重塔の伏鉢銘でも文字の布置は東塔の檫銘よりずっと整っている。平城薬師寺東塔の檫銘が、東塔の造営中に地上で檫管に鏤刻されたのであったら、本薬師寺の塔の銘文とまったく同じ形にすることが可能であったはずである。

平城薬師寺東塔の檫銘をみると、一行目、二行目では字が直線的に並んでいるのに、後のほうにゆくと彎曲《わんきょく》している。また行頭は後に行くにしたがって下がっていく。逆に行の下端は後にゆくにしたがって上がっていく。これなども地上における彫り方の巧拙では説明できないであろう。

これらの点からみて、檫銘は東塔がすでに建っている状態で追刻されたと推定される。実際、田村氏もいわれるように、(28) 東塔の屋根に上って檫銘を実見すれば誰しもそう信じるのではないかと思う。工人は方形の露盤上に乗って檫管に鏤刻したと推察される。

露盤の上はそれほど狭いわけではないが、そこに立つと九輪の最下段の輪がちょうど頭のあたりにくる。それを避けて擦管に顔を近寄せるためには、露盤の隅部に立って、かがんだ姿勢にならなければならない。彫りはじめはなんとかなるが、後のほうにゆくにしたがって、さらに無理な姿勢を余儀なくされる。彫る面が円筒の表面だからである。擦銘は乱雑というよりも、始めから終りにゆくにしたがってある傾向の歪みがあるといったほうがよいと思うが、原因はそのようなところにあろう。前に触れたように行頭が後にゆくにしたがって下がっていき、逆に行の下端が上がっていくが、その変化は直線的になっている。これは鏤刻する工人が努めて揃えようとしたことを示すとともに、彼が水平を判断できる正しい姿勢をとりえなかったことをも物語っているといえよう（図4、図5の黒い四角の部分）。

塔上で彫るとなると他の人の目が届かない。誤字がそのままになっているのもそのためであろう。地上で彫ったのであれば、銘文中もっとも重要な「太上天皇」の「太」の字を「大」と誤ったまま塔上に掲げるようなことは、決して起こらなかったはずである。

銘文の追刻者は本薬師寺の塔の銘文についてかなりのことを知っていたと思われる。あるいは知らされていた、といったほうがよいかもしれない。

復原された本薬師寺の塔の銘文と平城薬師寺東塔の擦銘を比べたとき、前にも触れたように、第一行目が半分しかないこと、「其銘曰」の行の残りの部分が余白になっていること、そして全体が十二行であることにおいて一致している。また本薬師寺の銘文が十二×十二の方眼に納まる形をしているのは、それが法隆寺の釈迦三尊像の光背銘のように正方形に彫られていたことを示唆していると思われるから、

図 4　平城薬師寺東塔の檫銘

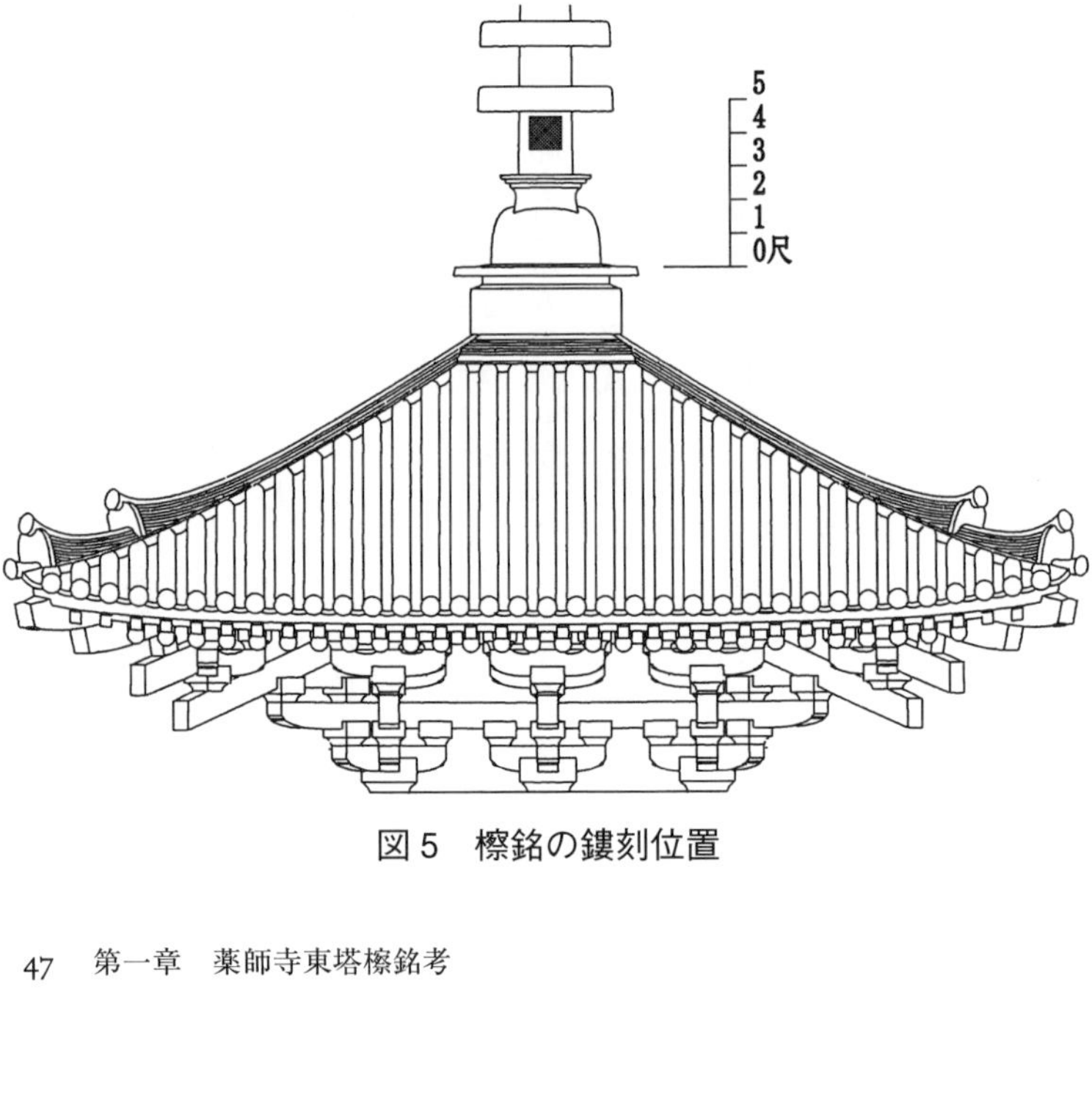

図 5　檫銘の鏤刻位置

東塔の檫銘が幅・高さともほぼ一尺に彫られているのは、原銘文の形を踏襲しようとした結果とみることができよう。

両者の違いといえば、本薬師寺の塔の銘文の二行目から七行目までの六行分が、平城薬師寺東塔の檫銘では五行になっていることぐらいである。それは単に鏤刻者の錯誤であったかもしれないが、あるいは一行の長さを一尺にすることを重視した結果ではないかとも推察される。すなわちはじめに字間を充分にとらなかったことから、必要な長さにするには字数を増すしかなくなり、そのために行数を減らしたのではあるまいか。

願文の部分は本薬師寺の銘文では四行であり、平城薬師寺東塔の檫銘でも四行でほぼ納っているが、最後の一字の「齢」だけを次の行にまわしている。これは檫銘を見る人の誰もが不審に思うところであろう。しかし、これも十二行で、かつ一尺四方であった本薬師寺の銘の形式を再現しようとした結果と考えれば理解できる。

平城薬師寺東塔の檫銘が本薬師寺の銘文を忠実に模すことを意図して鏤刻された（結果としては一部に失敗もあったが）となると、銘文は本薬師寺においても塔の相輪の檫管の同じ位置にあったことはまず確かというべきであろう。

では銘文が追刻されたのはいつのことであろうか。[29] 足立氏はこの点をとくに問題とはされなかった。当然、平城薬師寺東塔の完成直後である、と考えておられたのであろう。しかし、東塔の完成直後にわざわざ工人を登らせて鏤刻させせなければならないほど東塔に不可欠の銘文なら、どうして相輪を上げる以前に彫らなかったのであろうか。東塔の完成までには、かなりの期間があったのだから忘れたということも考えられない。また銘文は本薬師寺の創建を述べたものであり、かつまた本薬師寺には檫銘を刻した塔が存在したのであるから、それがある限り、銘文を平城薬師寺の東塔に模刻しなければならない理由もなかったはずである。

追刻は東塔の完成よりずっと降った時期、すなわち本薬師寺の塔が法成寺に移建されたころ（法成寺の塔の落慶供養は承暦三年＝一〇七九年）に行われたと考えるのがもっとも妥当であると私は思う。そういうのには、ほかにもう一つの大きな理由がある。すなわち、本薬師寺の両塔が移建された時期にほかの諸堂宇も各処に移建され、結局、本薬師寺は解体されたと私は考えているからである。これについては詳しい論証が必要であるから、第七章で改めて触れる。

要するに、平城薬師寺の東塔に本薬師寺の創建を記した銘文を追刻する必要が生じたのは、銘文を刻した本薬師寺の塔が法成寺に移され、しかもその際、本薬師寺全体が解体された結果、平城薬師寺だけが名実ともに天武天皇発願の由緒を担うに至ったからである、というのが結論になる。

四、結　語

第二節においては銘文の内容が本薬師寺に関するものであることが推定され、第三節においては平城薬師寺の東塔の擦銘が本薬師寺の塔の擦銘の模刻であることを証明した。それによって東塔の擦銘を平城薬師寺において新たに鏤刻されたものとする説は幾重にも否定された。

「清原宮馭宇天皇」という表記法が問題とされて、該銘文は文武二年（六九八）ごろまで遡りえないといわれたこともある[30]。だが、文武朝の作であることが証明されたいま、この銘文は「馭宇」使用のもっとも古い例ということになる。また文中の「大上天皇」の語も、銘文が文武二年ごろの作とすれば、使用されたもっとも古い例であるという[31]。

銘文起草を指示したのが持統太上天皇であったという推定は、薬師寺と持統天皇の結びつきの強さが明らかにされたとき妥当性を増すことになろう。

本薬師寺で銘文が刻されていたのは西塔のほうであったとみられるが、この推定も第三章と第四章の塔の考察において立証されることになろう。平城薬師寺で追刻するに際して東塔が撰ばれたのは、ここでは西塔のほうに舎利が安置されていたからにちがいない。舎利を納めていないほうの塔に銘文を掲げた本薬師寺の例に倣ったとみることができる。

追刻の時期と、追刻を必要とした理由については結論だけを述べた。本薬師寺の東西両塔の法成寺移建および本薬師寺の解体については第七章で論証を試みるつもりであるが、本薬師寺の塔の銘文が平城薬師寺の塔に追刻されたという事実自体が、本薬師寺の塔および本薬師寺の最後を暗示しているといえるのではあるまいか。

最後に擦銘と、塔の移建・非移建問題との関係を述べて結びとしたい。

従来、擦銘をもって東塔の移建あるいは非移建の論拠とする傾向が強かったが、足立氏は、擦銘は追刻であるから東塔の移建・非移建をそれによって決定することはできない、と論じられた。東塔に関してはこの章の結論も、もちろんそれと同じである。ただ平城薬師寺の創建にあたって、本薬師寺から塔が移建されたかどうかという問題に対しては、次のような答えが出せる。すなわち、仮に本薬師寺から平城薬師寺に移された塔があったとしたら、それは擦銘を有しないほうの一基だけであった、というものである。

擦銘を有する塔は、平安時代まで本薬師寺に存在していたし、また、仮にそれが平城薬師寺に移建されていたら、改めて追刻する必要はなかったはずだからである。

第一章注

（1）「天長七年太政官符」『類聚三代格』（『新訂増補国史大系』第二五巻、吉川弘文館、昭和四十年）。

（2）関野貞「薬師寺東塔考」『国華』一五五・一五八、国華社、明治三十六年。

関野貞「薬師寺東塔」『建築雑誌』二〇〇、日本建築学会、明治三十六年。

（3）喜田貞吉「薬師寺東塔建築年代考」『歴史地理』七―五、日本歴史地理学会、明治三十八年。

（4）平子鐸嶺「薬師寺東塔の擦の銘について」『史学雑誌』一六―八、山川出版社、明治三十八年。

（5）注（3）、注（4）のほかに両氏には次の論文がある。

喜田貞吉「薬師寺東塔の擦の銘に就きて」『史学雑誌』一六―九、明治三十八年。

喜田貞吉「再び薬師寺東塔建築の年代に就いて」『鵤叢書』白鳳文化号、鵤故郷舎、明治三十八年。

喜田貞吉「薬師寺東塔は古建築物年代鑑定の一好標準　付檫銘の読み様の事」『歴史地理』七―一〇、明治三十八年。

喜田貞吉「薬師寺東塔檫銘につきて平子君に答えて該塔が天平の新築たるを明かにす」『歴史地理』七―一二、明治三十八年。

平子鐸嶺「再び薬師寺東塔の檫の銘に就いて」『史学雑誌』一六―一一、明治三十八年。

平子鐸嶺「檫の銘義に就いて」『学燈』一一―六、丸善、明治四十年。

平子鐸嶺「薬師寺東塔檫銘臆説」『学燈』一一―九、明治四十年。

(6) 足立康「薬師寺東塔檫銘の一解釈」『考古学雑誌』二一―一、日本考古学会、昭和六年。
足立康「薬師寺東塔建立年代考」一～四、『国華』四八三・四八五・四八七・四九一、国華社、昭和六年。

足立康「再び薬師寺東塔檫銘に就いて」『考古学雑誌』二一―三、昭和六年。

(7) 喜田貞吉「足立康君の薬師寺に関する新研究を読む」『考古学雑誌』二一―二、昭和六年。
喜田貞吉「再び足立康君の薬師寺に関する新研究に就いて」『考古学雑誌』二一―四、昭和六年。

喜田貞吉「薬師寺に関する近ごろの諸研究」『歴史地理』五八―二、昭和六年。

喜田貞吉「三たび薬師寺東塔建築の様式に就いて」『夢殿』五、鵤故郷舎、昭和七年。

(8) 会津八一「薬師寺東塔の銘文を読む」『天平』三、天平出版部、昭和二十三年。

(9) 田村吉永「薬師寺東塔本尊造立新考」『仏教芸術』一五、毎日新聞社、昭和二十七年。
田村吉永「薬師寺総説」近畿日本叢書『薬師寺』近畿日本鉄道、昭和四十年。

(10) 藪田嘉一郎「薬師寺東塔檫銘新考」『史迹と美術』一四三～一四六、史迹美術同攷会、昭和十七年。

藪田嘉一郎「薬師寺東塔檫銘」『日本上代金石叢考』河原書店、昭和二十四年。

(11) 東塔檫銘では「式於高躅」となっているところから「高躅に式《のっと》りて」と読む人もあるが、後述するように「於」は「旌」の誤りと考えられるから、その読み方は適当ではない。また朝鮮の金石文に「式揚高躅」がしばしばみられることも参考になろう。

(12) 「照先皇之弘誓、光後帝之玄功」の主語を撰文者と解釈した場合の読み方の一例を挙げておこう。「先皇の弘誓を照し、後帝の玄功を光やかし、道は郡生を済い、業は曠劫に伝えむ」(太田博太郎「歴史」、「奈良六大寺大観」第六巻『薬師寺全』解説、岩波書店、昭和四十五年)。前半の主語を撰文者とすると、このように後段も撰文者を主語にしなければならなくなるが、「道済郡生、業伝曠劫」は「道」「業」を主語とする文とみるべきであろう。「照先皇之弘誓、光後帝之玄功」を独立した文章として、「このようにして先帝(天武)の広大な誓願と後帝(持統)の深遠な功績はかがやく」(福山敏男・久野健『薬師寺』東京大学出版会、昭和三十三年)と訳し、この文を次の文「道済郡生、業伝曠劫」と同じく撰文者の感想ととる見方もあるが、以上の読み方は漢文のそれとしては問題があるのではなかろうか。

(13) 北山茂夫「持統天皇論」『日本古代政治史の研究』岩波書店、昭和三十四年。
直木孝次郎『持統天皇』吉川弘文館、昭和三十五年。
持統天皇の人となりと政治についてはは主としてこれらの論稿から教示を得た。

(14) 少なくとも『大日本史』編纂当時からそういわれていたらしい(藪田嘉一郎「薬師寺東塔檫銘」『日本上代金石叢考』)。

(15) 当時、天武天皇の諸皇子中の最年長者は刑部《おさかべ》親王であったが、皇位継承問題がからんで持統天皇からは対立者として遠ざけられていた(前川明久「刑部親王と藤原不比等」『史元』七、史元会、昭和四十四年)。

(16) 福山敏男・久野健『薬師寺』、注(12)。

(17) 醍醐寺本『諸寺縁起集』と護国寺本『諸寺縁起集』に収録されている『薬師寺縁起』の塔の項に「流記云、宝塔四基、二口在本寺」とある。

(18) 足立康「本薬師寺塔婆に関する疑問に就いて」『考古学雑誌』二〇―一一、日本考古学会、昭和五年。足立康「法成寺三重塔考」『考古学雑誌』二一―二・三、昭和六年。足立康「再び薬師寺塔婆に就いて」『歴史地理』五八―二、昭和六年。足立氏の説は、その後の批判によって否定されたとするのが学界の常識になっているようであるが、私は氏の主張された結論は現在でも生きていると考える。

(19) 原本は現存しないが、醍醐寺本『諸寺縁起集』(建永二年＝一二〇七年書写)、護国寺本『諸寺縁起集』(康永四年＝一三四五年ごろ書写)に所収のものと、薬師寺本『薬師寺縁起』(元弘三年＝一三三三年書写)とが伝わっている。以上三つの『薬師寺縁起』のうち醍醐寺本と護国寺本は記事の欠落が多い。この本では薬師寺本『薬師寺縁起』を主に引用する。

(20) 東塔檫銘では「巍巍蕩蕩」、『薬師寺縁起』の各写本では「巍々蕩々」となっている。本薬師寺の塔の銘文がどちらの形であったかは判定のしようがない。

(21) 『大日本古文書』第二四、東京帝国大学、明治三十四年～昭和十五年。

(22) 中国の金石文については主として次を参照した。
『書道全集』平凡社、昭和五～七年。
尾上八郎他監修『書道全集』平凡社、昭和四十～四十四年。

(23) 景雲二年(七一一)に睿宗が鐘を鋳て御書を刻せしめた景竜観鐘銘は十七×十八の界線によって区画された方

眼内に文字が陰刻されている。その三行目は「……景竜観者」で終り、次の三字は空白となり、次の行は「中宗孝和皇帝之所造也……」で始まっている。また「其銘曰」の後にも一字分の欠字があって行が改まる。

(24)「巍々蕩々」は『広弘明集』からとってきているらしいから、檫銘は直接西明寺の鐘銘から字句を借用したのではなく、『広弘明集』にのせられた西明寺の鐘銘の文を典拠としたのであろう、と町田氏は述べておられる。しかし「巍々」「蕩々」だけなら応神朝渡来といわれる『論語』（泰伯篇）にあるほか、新羅文武王陵碑銘（神文王元年＝天武十年＝六八一年）などにもみえる。

(25)『広弘明集』は『開元釈教録』に至って初めて入蔵された、と常盤大定氏がいわれたのを受けて、藪田氏は、『広弘明集』は天平七年（七三五）に玄昉が将来した『開元釈教録』の一部として伝来したとされた。町田氏は藪田説を傾聴すべき意見として取り上げながら、どうしてか檫銘起草を元正朝末から聖武朝初期（養老～天平初年にあたる）に遡らせている。

(26) 小島憲之『上代日本文学と中国文学』（上）、一〇頁、塙書房、昭和三十七年。

(27) 伊藤延男「東塔」、「奈良六大寺大観」第六巻『薬師寺全』解説。

(28) 田村吉永「薬師寺総説」、注（9）。

(29) 東塔相輪の請花《うけばな》の側面に、「賢基之作也」という陰刻銘があることを主たる根拠として田中重久氏は檫銘を多武峯僧賢基（延安）の作文とみなし、その時代に東塔に追刻したものと考定された。「鋪金」の語が平安時代の天台、真言の願文に見えること、檫銘の書体も平安の金文のそれに近いことなども傍証としている（田中重久「本薬師寺創立の研究」『考古学』一一の九～一〇、東京考古学会、昭和十五年）。しかし、すでに藪田氏の批判があるように（藪田嘉一郎「薬師寺東塔檫銘」『日本上代金石叢考』八七頁）、檫銘を賢基の撰文とすることはできない。また賢基を追刻者とするのもいかがかと思う。「賢基之作也」という銘は、『薬師寺東塔及び南門修理工事報告書』には、いったん確認しがたいと記され、後の調査で見つけられて謄写刷が報告書に挿入されたことからもわかるように、「きわめてうすい針書で、書体もみだれ一種のらく書きともみられ」るものである。したがってこの銘と櫲銘を同一人の鏤刻とは認めがたい。また伝承史料として扱うにしても、彫られている位置からみて、これが櫲銘と結びつくとは思えない。

(30) 市川寛「御宇用字考」『国語・国文』三の六、中央図書出版社、昭和八年。
市川氏は威奈大村墓誌銘をはじめとして慶雲四年(七〇七)から「馭宇」の例が多くなることから、大宝令によってその使用が定められたのではないかと推定しておられる。藪田氏は、「清原宮御宇天皇」という謚号の形式が制定されたのは養老五年(七二一)十一月であるから(『続日本紀』)、それ以後の作たることは明白であると断定しておられる(「問題のある上代金石文」、「岩波講座日本歴史二」『古代二』月報二、岩波書店、昭和四十六年)。

(31) 吉村茂樹『院政』至文堂、昭和三十三年。

第二章　薬師寺仏門・回廊の規模形態と造営事情

一、緒　言

平城薬師寺における発掘調査は、昭和九年（一九三四）に足立康氏が西塔跡で行ったのが最初で、戦後になって数度実施されている。なかでも昭和二十九年（一九五四）に大岡実、村田治郎、福山敏男、浅野清の諸氏が、奈良国立文化財研究所建造物研究室ならびに考古学研究室の協力を得て、大安寺《だいあんじ》の発掘と合わせて行った南大門・中門（回廊）跡の発掘は、戦後の寺院跡調査の中でも著名なものの一つに数えられる。

昭和四十年（一九六五）には収蔵庫の建設に先立って金堂の北東方の地区が発掘され、掘立柱建物跡などが検出されている。また昭和四十三年からは近畿大学建築学科を主力として、杉山信三氏と奈良国立文化財研究所の指導で伽藍主要部の調査が継続的に行われ、金堂・講堂・西塔・食堂《じきどう》・僧房・回廊の各基壇の一部が検出されている。さらにまた昭和四十六年には金堂の復原再建工事に先立って基壇の全面発掘が奈良国立文化財研究所によって行われている。これらの発掘調査によって平城薬師寺に関しては伽藍創建当初の規模と形態がかなり明らかになってきている。

ここで取り上げようとしている南大門・中門・回廊に関しても、昭和二十九年の調査と昭和四十三年から四十六年にかけての近畿大学による調査によって大方の結論は出ている。しかし、問題がないわけではない。とくに南大門・中門の規模に関しては昭和二十九年の発掘調査の結論と、長和四年（一〇一五）に撰録された『薬師寺縁起』の記載とが、はっきり対立しているのである。いずれかが誤っていることになるが、発掘報告と調査時に作られた資料をもとに検討したところでは、発掘者による遺構の解釈のほうに誤りがあるように思われる。また昭和四十三年からの発掘で明らかになった複廊回廊は当初のものと認められているが、当初の計画にもとづいたものとは認めがたいところが指摘できるのである。

そこでこの章では、発掘調査で判明した事実と『薬師寺縁起』の記載とを対照して検討することによって、こうした疑問点を解明し、南大門・中門・回廊の当初の規模と、その後の変遷ならびに造営事情などを明らかにしようとするものである。

なお、発掘調査に関しては左記の資料を参照した。

〔昭和二十九年の調査〕

・大岡実・村田治郎・福山敏男・浅野清「薬師寺南大門及び中門の発掘」『建築学会論文集』五〇、日本建築学会、昭和三十年。

・浅野清「大安寺及び薬師寺南大門中門等の発掘」『大和文化研究』七、大和文化研究会、昭和二十九年。

・「薬師寺南大門中門及び回廊発掘調査日誌」。

・「薬師寺南大門中門及び回廊発掘遺構実測図」、「同実測図野帳」。

〔昭和四十三年以降の調査〕

・薬師寺伽藍発掘調査団『昭和四十四年度　薬師寺伽藍発掘調査概要』昭和四十四年。

・薬師寺伽藍発掘調査団『薬師寺伽藍第四次発掘調査概要』昭和四十五年。
・薬師寺伽藍発掘調査団『薬師寺伽藍第五次発掘調査概要』昭和四十六年。
・杉山信三・松下正司・阿部義平「薬師寺の最近の発掘調査」『仏教芸術』七四、毎日新聞社、昭和四十五年。
・杉山信三「薬師寺の建築」『薬師寺』毎日新聞社、昭和四十六年。

二、南大門・中門の規模形態

『薬師寺縁起』は門について次のように記す。

一、寺家、
　築垣四面、高一丈一尺、基広八尺、益（蓋）一丈三尺、
門七口、仏門二口、大門、中門、人門五口之中、東南門、西北門僧、西南門僧、東門奴婢門、北門道俗門、
　流記帳云、門七口、仏門二口、僧門五口云、、
　今止一仏門加二脇門、故八口也云、、
一、仏門、五間二重、戸三間、壁二間、長五丈、広三丈二尺、是云南大門、東西居師（獅）子形、ゝ各高七尺、
右別当大法師趂禅任中、天禄四年癸（癸）酉二月廿七日焼亡、別当大法師増祐任中、以寛trueは弘（弘）

三年正月八日始立柱、至于長和二年作了、倶〔但カ〕献者下給栄云爵〔衍カ〕一人、又金剛力士師（獅）子形等作新（料）備中講師下也、件力士等寛抾（弘）九年二月廿六日造始云〻、大門美福門様也、
有人〔裏聿（書）〕云、内裏記云、美福門薬師寺南大門様云〻、
一、中門一口、五間一盆（蓋）、長五丈一尺、広二丈五尺、高一丈六尺、戸三間、壁二間、南面、左右立二王像幷夜叉形矢〔天カ〕及座鬼形等、合十六躰、
右天禄四年二月廿七日焼亡畢、其後別当平超以寛和二年造立也、但戸三間二王像等、次別当増祐造立云〻、寛抾（弘）三年正月八日始、同九年中造了、
（以上は薬師寺本『薬師寺縁起』による）

この文は南大門・中門に関するほとんど唯一の文献資料である。

昭和二十九年の発掘調査では、まず現在の南門が当初の南大門と中心を合わせて建てられていること、南門両袖の築地《ついじ》も当初の位置を保っていることが明らかになった。また南門西方一四〇尺（復原尺）のところの築地に小門があるが、そこで通路の敷石と考えられる石敷が検出されたので、その小門は創建当初から存在していたかもしれないと推定された。それは前掲の『薬師寺縁起』門条に引用されている「流記帳云」の文中にある「脇門」に相当するとみてよいとされる。ところが、南門の東方、西方小門と対称の位置では石敷が検出されなかったと報告されている。『流記資財帳』には「二脇門」と明記されているのであるから問題が残る。

『薬師寺縁起』の記載と発掘調査の結論がはっきり対立しているのは南大門・中門の規模に関してであ

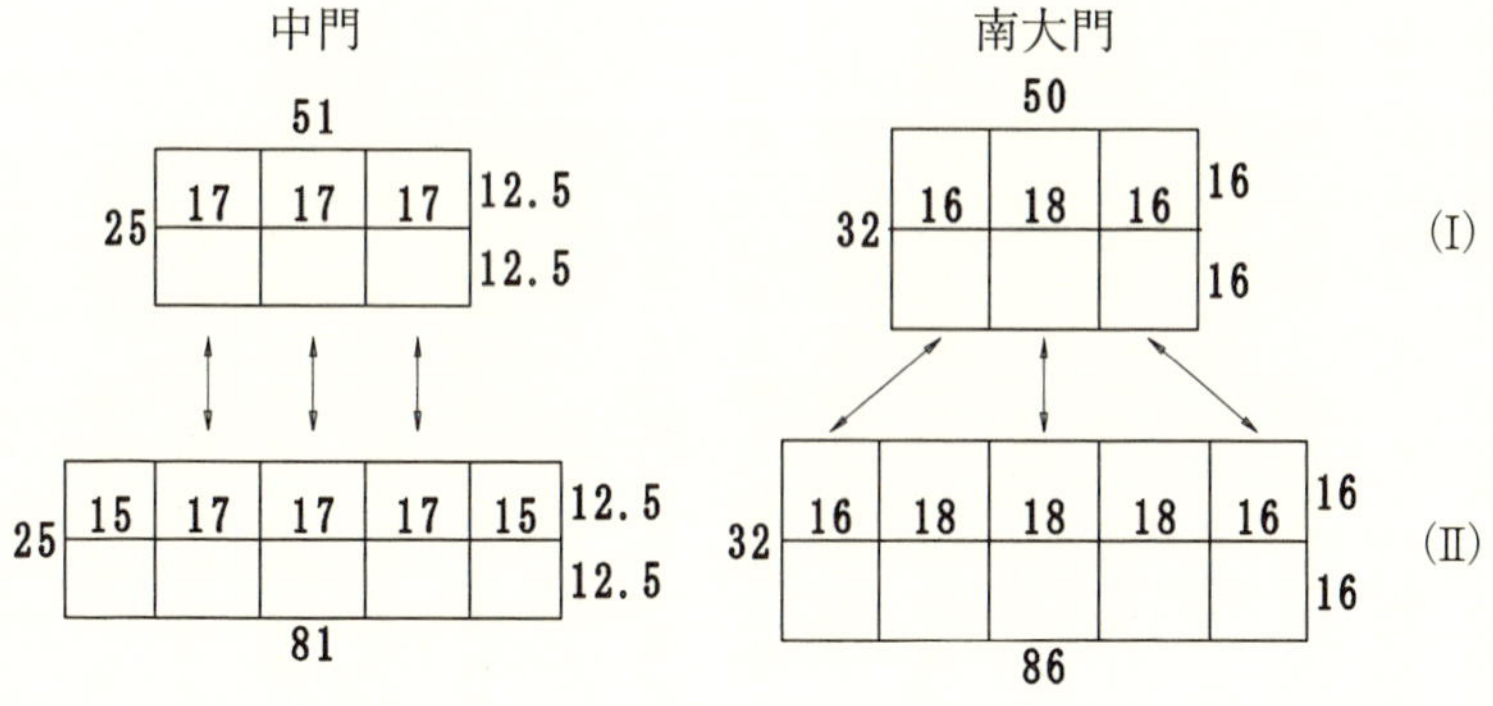

図６　『流記資財帳』から想定される門(I)と発掘で明らかにされた門(II)

る。南大門・中門の桁行柱間数が「五間《ごけん》」で、おのおの梁行《はりゆき》の実長が「三丈《じょう》二尺」、「二丈五尺」であるとする『薬師寺縁起』の数値は発掘結果と一致したが、桁行の実長では大幅に食い違った。すなわちただし、両方の数値間には密接な関係が認められた。『薬師寺縁起』に記す中門の実長である「五丈一尺」という数値は発掘された五間中門の中央三間分の長さに相当し、南大門の「五丈」という数値は発掘された五間南大門の中央間と両端間を加えた長さに一致するのである。つまり『薬師寺縁起』の丈尺から想定される門は、発掘された南大門・中門と比べて桁行柱間が二つ少ないというだけの違いしかないことになる（図６）。

そこで発掘者は、『薬師寺縁起』の丈尺《じょうしゃく》は縮小した時期の規模を示しているのではないかと疑った。中門跡の発掘において前面階段の痕跡らしい石敷がちょうど中央一間分検出され、それによって中門は三間であった時期があると考えられたからでもある。だが南大門跡では、縮小の形跡がないかどうか念を入れて調査したにもかかわらず、それは認められなかった。そこで報告書の結論では、中門が縮小されたとは明記されず、階段が三間から一間に縮小されたということだけが記されている。

この結論にしたがえば、『薬師寺縁起』に記載された南大門・中門の規模のうち、長さの丈尺のほうはまったくの誤謬《ごびゅう》ということになる。だが『薬師寺縁起』記載の丈尺一般についてみれば、明らかにその信頼性は高いのである。たとえば、金堂条に記されている金堂の規模や仏壇の寸法、塔条に記されているその高さに関する丈尺、それらがみな実状と正確に一致することはすでに知られている。またほかの堂宇《どうう》に関する丈尺も、第六章で触れるように、事実を伝えるとみられる。したがって、南大門・中門の丈尺だけが事実と大きく食い違うとは考えにくい。しかも前述した数値関係からみて、その丈尺は架空のものとは考えられず、また書写の際の誤謬としてかたづけることもできない。となれば発掘者が一度は疑ったように、この丈尺で示される三間の南大門・中門は、ある時期、薬師寺に存在したとみるべきであろう。

中門基壇の前面で検出された石敷跡の幅が一間であったことは、三間の中門が存在したことの有力な証拠となろう。では五間中門と三間中門のいずれが当初のものであったのだろうか。五間中門を当初とみる発掘者の結論にしたがえば、中門はある時期に三間に縮小されたことになる。また縮小ということになると、平時に行われるはずはない。そこで薬師寺における最初の大火災、金堂・東西両塔を除く伽藍主要部を焼いた天禄四年（九七三）の火災後の再建に際し、規模を縮小したのではないかと想像されるかもしれない。ところが前掲の『薬師寺縁起』門条によると、再建された中門も焼失前と同じ三間の扉の左右に二王像等を配した五間のものであった。再建にあたって規模が縮小された疑いのあるのは火元になった十字廊だけで、[1]ほかの堂宇は「如本」という方針のもとに造立されたのである。

罹災前から再建後まで中門は五間であったとなると、中門が三間であったのはいつか。それは中門の創建時でなければならない。『薬師寺縁起』に記載された二種の規模のうち、間数のほうは『薬師寺縁起』撰録の際に記されたものとみられるのに対し、丈尺のほうは奈良時代に作られた『流記資財帳』から引用されたと考えられるからである。

『薬師寺縁起』によれば、薬師寺では天平年間と宝亀年間に撰録された二つの『流記資財帳』が存在した。『薬師寺縁起』には「流記帳云」として、その文がしばしば引用されている。丈尺については、いちいちそう断っていないために見過されてきたが、それらが同じく『流記資財帳』からの引用であることはまず疑問の余地がない。現在、伝わっている各寺の『流記資財帳』でみても、天平十九年（七四七）撰録の大安寺、法隆寺のものをはじめとして延喜五年（九〇五）の筑前国観世音寺《かんぜおんじ》の『資財帳』に至るまで、例外なく建物などの寸法は実長である丈尺をもって示されている。正倉院文書などにおいても同様の記法によっているから、それが奈良時代には一般的であったといえる。薬師寺の天平年間の『流記資財帳』というのは、大安寺、法隆寺と同じ天平十九年に撰録されたにちがいないから、同じ記法にもとづいていたはずである。

一方、建築の規模を柱間数と間面記法《けんめんきほう》とをもって示すのは、平安時代になって一般的となったことである。この点は足立氏によって明らかにされ、以来常識になっている。平安時代に各寺で作られた縁起類ではほとんどすべてその記法によっている。『薬師寺縁起』もまた例外ではない。ただ、この場合には『流記資財帳』から引用した丈尺も併記されたのである。したがって『薬師寺縁起』にみえる二種の記載のうち「五丈一尺」(三間)というのが中門の当初の規模で、「五間」(八丈一尺)というのは拡大後の規模と解すべきであろう。

五間の中門が当初の計画でないことはその形態にもあらわれている。桁行長さの八一尺は、梁行長さ二五尺の三・二四倍に相当するが、この値はほかの大寺の中門と比べて、とくに大きいのである。

	桁行長さ	梁行長さ	桁行/梁行
薬師寺中門	八一(尺)	二五(尺)	三・二四
大安寺中門[2]	八八	三〇	二・九四
東大寺中門[3]	九六	三六	二・六七
西大寺中門[4]	七八	三〇	二・六〇

東大寺、西大寺の中門と比べると、薬師寺中門の平面は異常ともいえるほど細長い。梁行が西大寺の三〇尺よりずっと小さいのに、桁行がそれより大きいためである。小規模だった中門の桁行だけを延ばす改造、すなわち増築が行われたと考えられよう。次の第三節で明らかにするように、中門に取り付く部分の回廊の柱間は、中門は当初三間で、後に五間に増築されたとしたときに初めて納得がいく。同じく第四節で述べるように、発掘された基壇の遺構の状態もこの結論を支持する。

南大門のほうは、発掘によって桁行五間の規模を有したことが明らかにされた。それは『薬師寺縁起』に「五間」とあるのに一致し、『流記資財帳』から引用されている「五丈」(三間)という記載と矛盾する。中門跡の場合と違い南大門跡では、三間に縮小した時期があるのではないかと疑って再度念を押して調べたにもかかわらず、その形跡は認められなかったと報告されている。図6から明らかなように「五丈一尺」(三間)の中門と「五間」(八丈一尺)の中門の柱位置は一致するが、「五丈」(三間)の南大門と「五間」(八丈六尺)の南大門との柱位置は重ならない。したがって「五間」の南大門と別の時期に「五丈」の南大門が同所に存在したとしたら、礎石跡の検出によってそれが容易に明らかとなるはずである。それなのに慎重な調査によってもその痕跡が発見されなかったのであるから、「五丈」の南大門が平城薬師寺に存在したことはかつてなかったと断定せざるをえない。とすると、「五丈」の門はいかに解釈したらよいか、また中門は当初三間のものが建てられ、後に五間に増築されるという過程をたどったのに、南大門のほうが最初から五間であったというのはどのような理由によるのか、という点が次に問題になろう。

まず、「長五丈、広三丈二尺」という寸法であるが、それは『流記資財帳』撰録時における本薬師寺の南大門の規模であると考えられる。

現在知られている『薬師寺縁起』が平城薬師寺を記載の主たる対象にしていることはいうまでもないが、そこに引用されている『流記資財帳』の文には本薬師寺に関する記事が含まれている。醍醐寺本と護国寺本『諸寺縁起集』所収の『薬師寺縁起』の塔条にある「流記云、宝塔四基、二口在本寺云、」とある「本寺」が本薬師寺であることは久しい前から注目されてきた。また寺院地条に「寺内流記帳云、寺院地拾陸《ろく》坊、肆《し》分之」とあって、その内訳が記されている中で、先頭にあげられている「四坊堂塔幷僧坊院、二坊大衆院」が本薬師寺分に相当することは、その後の文にもそれを引いて「以上本寺」と注していることで明らかである。これらの例はすでに知られているものであるが、『薬師寺縁起』に引かれている『流記資財帳』の文には「本寺」と明記されていないために、本薬師寺関係の記事であることを気づかずに見過されているものがある。しかもいま問題にしている門条にもそれが見出されるのである。

それは前掲『薬師寺縁起』門条の「流記帳云」以下の文である。いままでほとんど注目されたことはないが、それは本薬師寺の南大門・中門について重要な事実を語っている。その文を素直に解釈すれば次のようになろう。

かつて、門は七口であった。そのうち、仏門は二口で僧門は五口であった。
現在、仏門は一口だけがとどまり、ほかの一口はなくなっているが、いままでに脇門を二口加えているので門は全部で八口ある。

この記載の対象となった寺では、はじめ仏門二口を備えていたのに、『流記資財帳』撰録当時において早くもそのうちの一口の仏門を失って変則的状態になっていたのである。この寺を、創建の新しい平城薬師寺とするのは難しく、文武二年（六九八）に伽藍がほぼ完成していた（『続日本紀』）藤原京の本薬師寺とみるべきであろう。この節のはじめに述べた「脇門」に関する疑問も、この文を本薬師寺に関するものとするときには解消することになる。すなわち、平城京の薬師寺では脇門が南大門の西方にしか検出されていないが、本薬師寺では東西に脇門があったことになる。

『流記資財帳』の記載の対象は平城京の薬師寺に限られていたのではなく、藤原京の本薬師寺をも含んでいたのである。それどころか、以上に挙げた三つの本薬師寺関係の記事からみるかぎり、『流記資財帳』はむしろ本薬師寺のほうを重んじていたとさえ思われる。とくに門条は本薬師寺の状態を詳しく記している。したがって、平城薬師寺の南大門の規模でない「五丈」という『流記資財帳』の記載は、本薬師寺南大門の規模とみてさしつかえなかろう。そうなると「五丈一尺」という中門の丈尺も本薬師寺のものではないかという疑いが生じようが、このほうは平城薬師寺のものである。なぜなら、以上に解釈を示した『流記資財帳』の文によって本薬師寺には当時仏門が一口しか存在しなかったことがわかるので、南大門が存在すれば中門は存在しなかったことになるからである。中門は『流記資財帳』が撰録された時点で、平城薬師寺のほうにだけ建っていたのである。

『薬師寺縁起』の門条に本薬師寺の南大門の丈尺だけがあって平城薬師寺の南大門の八丈六尺という規模の記載がないのは、『薬師寺縁起』撰録の際に参照した『流記資財帳』がそうなっていたためで、それは『流記資財帳』撰録の時点で平城薬師寺の南大門が未完成であったことによると思われる。

　南大門は寺の創建と同時に建立されたように考えられがちであるが、事実はそうでない。東大寺では、天平勝宝四年（七五二）の大仏開眼供養のときに「南門」の語がみえ、当時すでに中門のあったことが知られるが[5]、天平勝宝八年（七五六）の『東大寺山堺四至図』には、西面大垣に開く門の名称は書かれているのに、南大門など南面の門の名称は記されていない。それは未完成だったことを示すと考えられる[6]。天平宝字六年（七六二）には南面の西門や大垣が造られているから、このときまでには完成していたであろう。[7] 天平宝字八年（七六四）に発願された西大寺の場合、宝亀十一年（七八〇）に撰録された『西大寺資財流記帳』には、すでに多数の堂宇が名を列ね、中門・中大門の名も挙がっているが、南面大垣にあるべき門の名は見えず、これも工事未完のためと考えられる。[8]

さらによい例として、天禄の被災後における平城薬師寺の再建を挙げることができる。『薬師寺縁起』によれば、最初に建てられたのは毎年最勝会などが催される講堂であって、中門はそれに次ぎ、寛和二年（九八六）に造立されている。この後、回廊・食堂・鐘楼（仮屋）・十字廊ができ、南大門はもっとも遅く、寛弘三年（一〇〇六）に立柱が行われ（中門の戸三間と二王像等も同時に着工）、長和二年（一〇一三）に造り終っている。

これらの例は、伽藍の造営において中門はその早い時期に造られたのに対し、南大門は遅れて建てられたことを示している。東大寺の北大門が延暦二十年（八〇一）に造立されたというのは例外的であったかもしれないが、寺地の周囲にあるべき門の造営となると、一部を除いて伽藍中心部の造営よりかなり遅れたのであろう。『薬師寺縁起』の門条に引用された『流記資財帳』の文が本薬師寺に関してのみ詳しく、平城薬師寺の門についてまったく触れていないのは、当時、平城薬師寺では中門はあるものの、南大門以下の門が備っていなかったことによるのであろう。南大門の造立時期が金堂などに比べてかなり遅れたであろうことは、第四節で述べるように、その基壇の形式にもっともよくあらわれている。[9]

平城薬師寺における当初の中門（桁行三間、長さ五丈一尺）と南大門（桁行五間、長さ八丈六尺）の規模が大きく異なった理由は、以上で明らかになった両者の建立年代の相違に帰せられる。すなわち、飛鳥寺や四天王寺、川原寺《かわらでら》などにおいて三間（法隆寺中門は四間だが）であった中門は、天平以降の東大寺や西大寺などになると五間に変わる。[10] 平城薬師寺の当初の中門が三間であるのは、それが建てられた時期にはまだ前代以来の三間という規模が一般的であったからにちがいない。これに対して南大門のほうは、天平末年以降に造られたので、当時の新しい傾向にしたがって五間にされたと解釈できる。

本薬師寺跡には現在、金堂と東西両塔の土壇と礎石の一部が遺っている。その各堂塔間の距離、および礎石配置の実測値は、平城薬師寺におけるそれとほとんど一致している。[11] そこで平城薬師寺の建築は本薬師寺を写して建てられたと考えている人が多い。私もそう考える。ただ、前述した南大門の例からみると、平城薬師寺の建築は本薬師寺の建築の完全な模倣とは限らず、ある点においては異なっていたということがわかる。南大門での相違点は正面の柱間数であった。ただここで注目されるのは、柱間数は変更したが、柱間寸法は本薬師寺のそれを踏襲していることである。このことは形態においても同様であったと推定される。

遅れて建立され、しかも柱間数を変更した平城薬師寺の南大門でさえ、柱間寸法では本薬師寺を模しているのであるから、南大門よりずっと前に、しかも前代以来の三間という柱間数を守って建てられた中門においても、柱間寸法は本薬師寺のそれと一致していたにちがいない。すなわち、本薬師寺の中門も桁行三間で各間一七尺であったと考えられる。このように三間等間の仏門の例は、いまのところ少ししか知られていないが、七世紀半ばごろの造立と推定されている四天王寺の中門、そして南大門がそうであるから、本薬師寺にあったとしても不思議ではない。ついでながら一言すれば、四天王寺でも後にこれらの仏門を三間から五間に拡大している。とくに南大門では当初の柱間をそのままにして左右に一間分拡張しており、平城薬師寺における中門の拡大方法と軌を一にしている。[12]

次に南大門と中門の規模の関係をみよう。飛鳥寺では中門の平面が南大門より大で、南大門が単層・切妻《きりづま》屋根であったのに対し、中門は重層・入母屋《いりもや》屋根であったと推定されている。[13]四天王寺でも創建当初はそのように計画されていたらしい。[14]時代はやや降るが、法隆寺でもそうなっていた。ところが平城京の大寺になると、その関係はまったく変わってしまっている。すなわち、南大門のほうが重層・入母屋、中門が単層・切妻になり、平面の大きさはほぼ同じくらいなのが普通である。したがって、基壇は南大門のほうがやや大となる場合が多い。川原寺の南大門の基壇と中門の基壇とは、短辺の長さが一致し、ただ長辺でわずかながら南大門が大となっている。[15]おそらくこの川原寺あたりから新しい計画法が採り入れられたのであろう。本薬師寺の南大門と平城薬師寺の当初の中門を比べると、桁行長さでは平城薬師寺の中門が一尺だけ大で、梁行長さでは本薬師寺の南大門が大である。また基壇は、平城薬師寺の五間の南大門と五間の中門の基壇からみて、入母屋屋根の南大門のほうが、切妻屋根の中門よりひとまわり大きかったにちがいない。このような規模と形態における両者の関係は、川原寺より若干遅れて造立された一寺の南大門・中門の規模・形態としてふさわしい。平城薬師寺の三間中門と同規模のものが本薬師寺にも当初存在したことは、この点からも確かといえよう。

ここで当初と断ったのは、間もなく失われたからである。前述したように『流記資財帳』の時点ですでに本薬師寺には中門がなく、南大門だけがとどまっていた。こんな早い時期にどうして中門が失われたのであろうか。火災による焼失を想定するのは難しい。中門は出火するような場所ではないし（天禄の火災の火元は食殿《じきでん》＝十字廊で堂童子《どうどうじ》の居所であった）、また中門が類焼するほどの火災があったのなら、『流記資財帳』や『薬師寺縁起』（天禄被災の記事は詳しい）などの史料になんらかの痕跡をとどめたはずである。それがないとなると、あとは移建を考えるほかあるまい。移建先としては、同規模の中門の存在した平城薬師寺を考えるのが自然であろう。すなわち、平城薬師寺に存在した当初の三間中門というのは、本薬師寺の中門を模したものではなく、本薬師寺中門そのものを移建したものであったと考えられよう。

ここで南大門・中門に安置された仏像についても触れておこう。南大門には天禄の罹災後に金剛力士像と獅子形が造顕されているが、『薬師寺縁起』南大門条のはじめのところには獅子形を据えたことしかなく、獅子形には「高七尺」と記されているから、この部分は門の規模を示す丈尺と同じく、『流記資財帳』から引用したものと考えられる。ところで『流記資財帳』南大門条には、前述したように、本薬師寺の南大門のことしか記されていなかったから、獅子形が据えられていたのも本薬師寺の南大門のほうということになる。金剛力士像は平城薬師寺の五間の南大門に至って新たに付け加えられたことになろう。

そうなると、本薬師寺の中門すなわち平城薬師寺の当初の中門に安置されていた仏像も、後の五間の中門に安置された「二王像幷夜叉形天及座鬼形等、合十六躰」の中の一部であった可能性が強い。天禄の罹災後、中門はすぐに再建されたのに、二王像が戸三間とともにずっと遅れて南大門と同時に着工されているのは、二王像のほうが中門の拡大後に付け加えられたものであったことを暗示しているかに思われる。

『薬師寺縁起』に引用された『流記資財帳』の文と丈尺からは、三間の南大門だけがあって中門がない本薬師寺と、三間中門があって南大門がない平城薬師寺の状態しか知りえない。それはここに引用された『流記資財帳』が天平のそれであったことを示している。その状態の後、おそらく本薬師寺では中門が再建されたであろうし、平城薬師寺では中門の増築と五間の南大門が新造されているのである。完成の正確な時期をつきとめることはできないが、後述する基壇の形式からみて、また興福寺などの大寺の造営の例からみて、遅くとも奈良時代末までにそれらはすべて終了していたにちがいない。したがって宝亀年間の『流記資財帳』にはその丈尺が記されていたはずなのである。にもかかわらずそのいずれもが『薬師寺縁起』には見出されない。ということは『薬師寺縁起』の撰録にあたって参照したのは天平十九年の『流記資財帳』だけで、宝亀の『流記資財帳』は使われなかったことになる。

三、回廊の規模形態

『薬師寺縁起』は回廊の規模について次のように記している。

(1)一、四面廊一迊（匝）、南面廿間、北面十六間、東面廿四間、西面廿五間、

続いて天禄の被災と、その後の再建のことが記されている。

(2)天禄四年二月廿七日夜焼亡了、其後依　宣旨周坊〔防カ〕国造立十三間也、守清元扶、又別当平超造立四十三間幷講堂東廊十間、合五十余間也、其残別当増祐造立也、但押連子、小壁、脇門等未修補、但長押所ゝ打、

この後、食堂、十字廊、経楼・鐘楼の項があって、次に改めてそれら建物の罹災とその後の再建のことが記されている。それによると、被災より一ヵ月後の宣旨においては、再建は造国《ぞうこく》によるとされ、そのうち回廊に関する分の国宛《くにあて》は次のようになっていた。

(3)中門廡廊卅間備前、卅間備後、廿二間安芸、十四間食堂播广(磨)、

しかし、この年は忌方に当たるということで造営は行われず、実際の工事は改めて前記(2)のような分担で実施されたのである。

以上にあげた(1)(2)(3)三種の記載は、発掘調査が行われる以前における回廊の規模を推定するほとんど唯一の史料であった。

昭和二十九年の発掘調査では、中門東脇の部分が掘られ、回廊基壇の遺構が検出された。興味深いことには、幅および高さの異なる二種類の基壇の遺構が重なり合っていた。そのうち幅の広い基壇のほうは、南側と北側の石が遺っていたので、幅が三一・五八尺であったことが知られた。狭いほうの基壇は、南側の石が中軸から一一・九一尺離れたところから見つかっているので、その幅は二四尺ほどであったことになる。問題はこれら二種の基壇の前後関係であるが、発掘者は、幅の広い基壇のほうが当初のもので、狭いほうは規模を縮小した時期のもの、と推定しておられる。

このときの発掘調査は回廊跡のごく一部が発掘されたにすぎなかったが、昭和四十三年から四十六年

にかけての近畿大学の調査では、東塔と金堂の東側にあたるところと、東北隅部、それに西南隅内角部など、かなり広い面積が掘られ、それによって回廊の全体規模が初めて解明されるに至っている。検出された回廊基壇の幅は約一〇メートルというから、さきに検出された二種の基壇のうち、発掘者が当初と考定した幅の広いほうの基壇に一致する。また、その広い基壇には複廊の回廊が建っていたであろうと予想されていたが、そのとおり複廊の礎石跡も検出された。しかもそれによって明らかになった複廊は、前掲の『薬師寺縁起』記載の間数とも符合する、とされる。またその複廊は室町時代初期まで存続し、その間に柱の位置はほぼ動いていないと考えられるということである。かくして薬師寺の回廊の件はおおよそ解決したかにみえるのだが、問題も残っている。

それは昭和二十九年の発掘調査で基壇石が発見されている幅の狭い基壇のことである。昭和四十三年以降に発掘した場所では検出されなかったというから、それは中門付近を含む一部だけが施工されたにすぎなかったのであろう。また昭和二十九年の発掘者はその狭い基壇を、広い基壇を縮小した二次のものと考定されているが、そうだとしたらその造立時期は室町初期以降ということになる。しかし、この点には疑問の余地がある。

複廊の廃絶した時期を、昭和四十三年以降の発掘者が室町初期としたのは、康安元年（一三六一）六月二十四日の地震によって薬師寺の回廊がことごとく顚倒《てんとう》したという記事（『嘉元記』）のあることを考慮されてのことと推察されるが、その記事によれば、回廊のほかに中門と西院は顚倒し、金堂、東西塔、そのほかの諸堂も傾いたり破損したりしている。その後、西院の文殊堂の再建が行われたりしてはいるが、文安二年（一四四五）に大風で金堂が顚倒すると、その再興に窮し、将軍足利義政は朝鮮国王にまで合力を求めている。このような状態にあった当時の薬師寺において、規模を縮小するためとはいえ、回廊を基壇から新規に造り直すなどということを企てる余裕が果たしてあったであろうか。また、発見された基壇の形式を室町時代のものとすることも難しいのではないかと思う。

そうだとすると、幅の狭い基壇は複廊基壇より以前の時期に施工されたとしなければならない。またその幅からみて、そこには単廊が建てられる計画であったと思われる。だが単廊基壇は、中門の基壇に接する部分が（おそらく同時に）造られはしたが、結局その計画は放棄され、基壇の幅を拡大して複廊を建てた、というのが回廊の造立過程の真相であったろうと思われる。

『薬師寺縁起』には回廊の規模を示す丈尺が記されていない。前の南大門、中門の場合と比べれば、それは天平十九年の『流記資財帳』撰録の時点で、回廊が未完成であったことを示すと解釈できる。平城薬師寺はそうであっても本薬師寺では当時単廊の回廊が存在したと思われるが、その丈尺も記されていないのは、そのころ複廊への改造が行われていたためではなかろうか。

以上の推定が承認されるためには、

(イ)発掘された遺構の状態からみて幅の狭いほうの基壇が一次であること

(ロ)複廊は一次の計画ではなく、一次の計画に制約された二次の計画であること

の二点が証明されなければならない。(イ)については第四節に譲り、ここではまず(ロ)について述べよう。

発掘結果と『薬師寺縁起』記載の間数とがだいたいにおいて符合することはすでに発掘報告の中にも

触れられているが、複廊の実態を知り、『薬師寺縁起』に記載されている間数がいつの状態を示すかを明らかにするために、また罹災後の再興の模様をみるために、もう少し詳しく吟味をしたいと思う。

発掘結果にもとづいて復原された複廊と、『薬師寺縁起』記載の(1)の間数との対応関係は、昭和四十四年度の『薬師寺伽藍発掘調査概要』に「回廊柱間割付図」（図7）として示されている。これによって(1)の間数は回廊を内側から数えたものであることが知られる。

『薬師寺伽藍発掘調査概要』によれば、東回廊の桁行柱間は四・二メートル、南回廊の桁行柱間は四・〇メートルほどで、梁行柱間は三・〇メートルほどであった。天平尺に換算すると、それぞれ一四・二尺、一三・五尺、一〇尺ほどに相当する。また、伽藍の中軸線と東回廊の中軸線との距離が五八・五メートルと測定されているのを使って、中門との取付部の柱間Fを算出すると一二尺ほどになる。

以上のような柱間をもつ回廊を当初計画によるものとは認めがたい。問題となるのはまず一四・二尺という柱間寸法である。当時の建築の柱間は一般に完数尺ないし完数尺＋五寸に計画されるのが普通であったことはすでによく知られている。また東（西）回廊と南（北）回廊の桁行柱間の寸法が異なる点とか、桁行柱間の寸法に比して梁行柱間の寸法が極端に小さいという点、そして講堂や中門との取付部の柱間（図7A、F）がほかの柱間より狭い点も問題である。これらの点は、当初の計画としては理解しがたいところである。当時の建築は工具の未発達や未熟練労働力の使用などが原因して施《せ》工斑《こうむら》は少なくない。だが、それと設計計画とは別である。多数の部材の寸法を調整して複雑で美しい形態の建築を設計しているのであるから、回廊に関しても整然たる計画が作成されていたはずである。

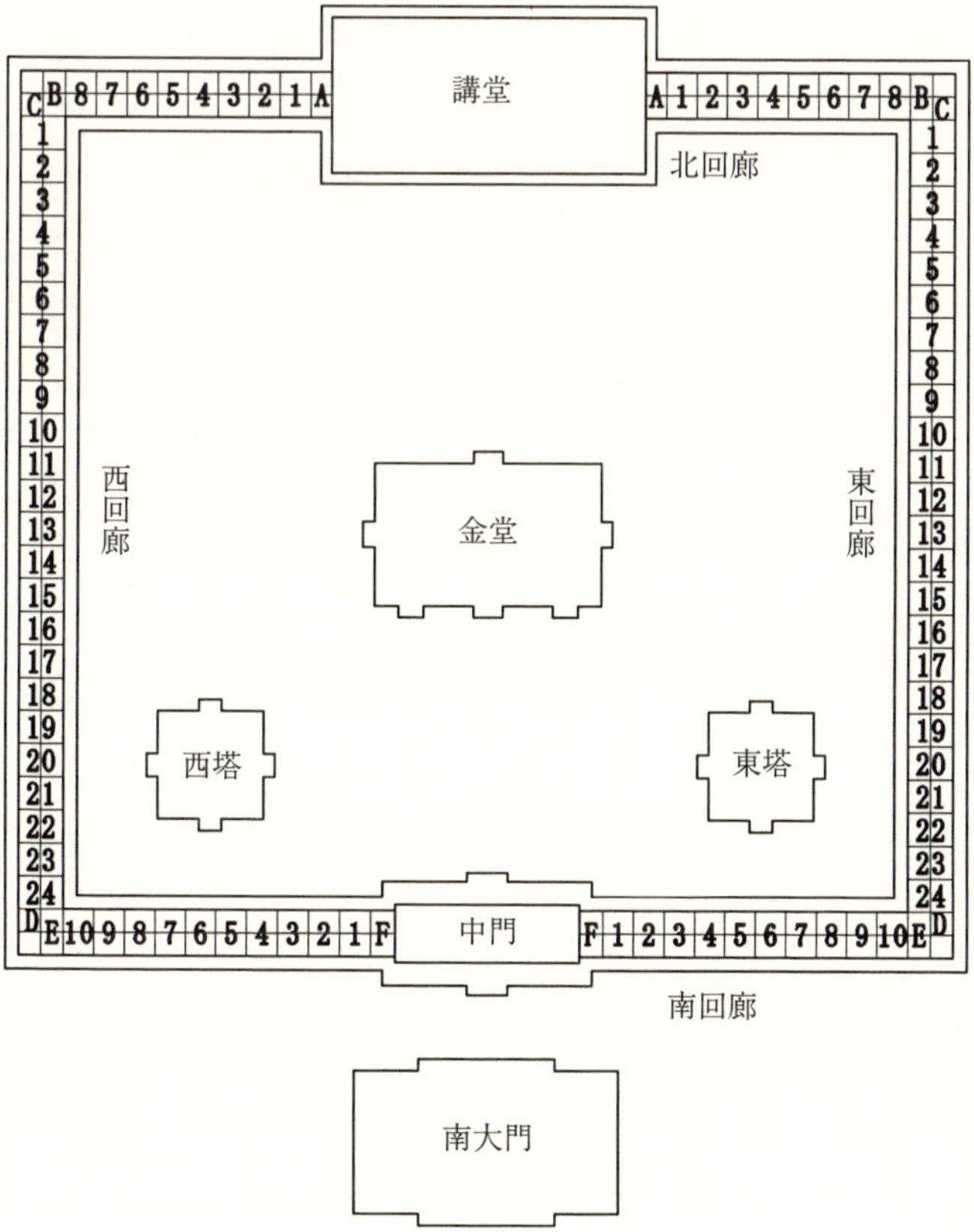

図７　回廊柱間割付図（『薬師寺伽藍発掘調査概要』昭和44年度より）

そのよい実例は東大寺の大仏殿院の回廊である。それは桁行柱間、梁行柱間とも一五尺の複廊で、もちろん各面とも同一柱間である。また中門との取付部の柱間もほかと同じである。(16) 一般に創建当初の計画とはこれに準じたものであったと考えてよいと思う。そうなっていない例の多くは、実施にあたって何らかの計画変更があったものとみるべきであろう。

薬師寺の場合は、複廊基壇のほかに単廊に相当する基壇の一部が検出されているのであるから、計画変更は単廊を複廊に変えるということであったにちがいない。前述した複廊の東面と南面での桁行柱間の相違と、東面の桁行柱間の寸法に端数がある原因は、単廊の計画を、その全体規模や間数の変更をできるだけおさえて、複廊に改めたことにあったと推定される。また桁行柱間に比して梁行柱間が極端に狭いのは、単廊の計画に合わせて設計されていた中門の梁行の長さに制約されたためと解釈できる。

複廊をもって当初計画と認めることができない理由はまだほかにもある。東回廊の桁行柱間は発掘の際に四・二メートルと測定されたが、この数値を東回廊全体の二十四間に割り付けると全長で一メートル以上の差が生じ、四・二七メートルだとちょうどよいのだが、実際の柱位置とは若干のずれがあると報告されている。これについて発掘者は、一部に柱間の広い部分があったか、柱間が不等であった可能性がある、としている。当時の建築の施工斑《せこうむら》はたしかに少なくないが、同じ回廊の柱間に七センチメートル以上もの違いがあったとはとても考えられないから、各柱間の不等が原因ではなく、中の一間だけがとくに広い柱間であったとみるほうが妥当であろう。計算するとその広さはちょうど二〇尺ほどになる。そこは門だったろうと推定される。

西大寺の金堂院の東西の回廊に桁行二〇尺の「脇門」のあったことが同寺の『西大寺資財流記帳』にみえる。東大寺の大仏殿院の東西回廊にも南寄りに「楽門《がくもん》」（あるいは「脇門」と史料にみえる）があった。また興福寺が蔵する古図を集めた『肝要絵図類聚鈔《かんようえずるいしゅうしょう》』所収の興福寺中金堂院図(17)をみると、ここでも東西回廊の中央よりやや南寄りに「カク門」の記入があって、その柱間だけがほかより広く開いてい

図8　再建計画『薬師寺縁起』(3)の記載

る。薬師寺の複廊にも同様のものがあったと考えられるであろう。次にこの点をもう少し詳しく吟味したい。

『薬師寺縁起』記載の(1)の間数と発掘にもとづく復原とが一致するとはいっても、それは西面も東面と同じ二十四間であったとしたときのことである。ところが実際には西面を二十五間と記している。この点は以前から不審とされている。『薬師寺縁起』の誤謬としてかたづけられれば簡単だが、それは無理であろう。実際に一間の違いがあるのを同数と錯誤するというならその可能性はあろう。同数というのがまず常識だったにちがいないからである。それをあえて「東面廿四間、西面廿五間」と記したからには、確かな事実の裏づけがあったにちがいない。一

図９　再建回廊　内側が『縁起』⑴の記載、外側が『縁起』⑵の記載

方、回廊全体の矩形にひずみのあることが発掘報告において指摘されているので、それに関連させた解釈もありうるが、東回廊と西回廊の長さに一柱間分もの違いがあったとは考えにくいから、その解釈も適当ではなかろう。

そこで次のように推定するのが妥当ではなかろうか。すなわち、『薬師寺縁起』⑴の間数を数えた時点においては、東回廊だけに広い柱間の楽門があり、西回廊ではその分が二柱間の回廊になっていたので、間数において一間の違いとなったのである。

では、回廊ははじめからこのような状態だったのかというと、どうもそうではないらしい。

『薬師寺縁起』⑶の文を図示すると図８

のようになる。宣旨に記載されていた間数だけであって講堂と中門との取付部の柱間や隅角部の柱間も数に含まれている。そしてこの場合には、西回廊も東回廊と同数の二十四間であったとしなければ数が合わない。つまり天禄に被災した直後の再建計画では、東回廊のみならず西回廊にも楽門を設けることになっていたのである。再建は前規にしたがうという方針で行われたと考えられるので、この回廊の再建計画は、被災前の回廊の状態を示すものといえる。そうなると、『薬師寺縁起』(1)の文が示すやや変則的ともいえる状態は、再建後のそれである可能性が強い。

そこで、実際の再建工事における分担を示す『薬師寺縁起』(2)の文を検討する。それを図示すると図9のようになろう。被災直後の宣旨ではすべて造国制による再建になっていたのに、これでみると、周防国が南回廊の東側十三間を造立した以外は、薬師寺別当《べつとう》の責任で工事を実施しなければならなかったことが知られる。別当平超の造立分のうち「四十三間」は回廊の西半分に相当するであろう。ところで同じ平超の造立分として「講堂東廊十間」が挙がっているから、平超の造立分を数えた人は講堂との取付部の狭い柱間(図9A)を勘定に入れていない。そこで「四十三間」の中にもAは含まれていないと考えられるが、中門との取付部の柱間(図9F)を数に入れているかどうかはわからない。それを除いて四十三間ということであると、西回廊は内側から数えて二十五間だったことになり、Fを含めて四十三間ということであれば二十四間だったことになる。前者であれば、この時点ですでに西回廊の楽門は廃されていたことになる。間数だけからはいずれとも決めがたいが、『薬師寺縁起』(2)の文の割注からみて、完成した回廊には西の楽門がなかったと思われる。

すなわち、『薬師寺縁起』によれば、平超の後、別当増祐が残りの東回廊を造立したが、連子《れんじ》や小壁、そして脇門が「未修補」で、長押《なげし》さえところどころにしか打たれていないという状態で、薬師寺が再建に困難をきたしていたことが知られる。ここにある「脇門」は楽門のことであろう。それが「未修補」とは具体的には扉ができていなかったことを指しているにちがいない。前述したように、中門の再興においてもその扉だけはずっと遅れて南大門の再建と同時に造り始めている。木材に比較的恵まれていたと思われる当時においても、板扉用の木材を得るのは難しかったのであろう。そうした状況の中で、楽門の使い勝手とを勘案して、最終的には西の楽門の造立を諦めたのであろう。

平超が造立した当時は西回廊にも楽門となるべき広い柱間があったかもしれないが、回廊の一部とするには広すぎたので後で間に柱を付け加えたのであろう。『薬師寺縁起』(1)の文は、この状態と一致するのであるから、再建工事が終了したころ、すなわち『薬師寺縁起』撰録当時の観察によって記されたものと考えられる。

なお『薬師寺縁起』(3)の文によると、分担の境が東北・西北の隅角部からはずれた位置になるが、それはそのあたりの柱間に戸口があったことによると思われる。『肝要絵図類聚鈔』所収の興福寺中金堂院図においても、同様の位置に門の表示があり、「脇門」と記されている。

以上、『薬師寺縁起』の記載と、発掘にもとづいて復原された複廊とを照合した。両者は合致したが、(1)の文も再建後の状態を示すものであることがわかったので、それは複廊が平安時代中期に実在したことを保証するにすぎない。一方、その複廊の北回廊の東西には扉のある柱間があり、東回廊と西回廊にはとくに広い柱間があって楽門になっていたことが知られた。このうち前者のようなものは古くよりあるが、広い柱間のような門は川原寺や法隆寺の回廊にはみられない。実例は、前にも挙げたように、東大寺、西大寺、そして『肝要絵図類聚鈔』所収の興福寺中金堂院図などにみられるのである。そのうち東大寺と西大寺のものは梁行の長さが回廊より大きい独立した門であったが、興福寺のものは回廊の一柱間をとくに広くとって扉を設けた程度のものであった[18]。

薬師寺の場合、再建に際して途中で楽門の計画をやめて回廊に変えているくらいであるから、楽門といっても興福寺型のほうであったにちがいない。問題は楽門を有する回廊がいつごろから始まったかである。

東大寺は天平十七年（七四五）から造営を始めて、回廊は天平宝字元年（七五七）にできたらしい[19]。西大寺は天平宝字八年（七六四）に発願され、回廊は『西大寺資財流記帳』の撰録された宝亀十一年（七八〇）より前に完成している。『肝要絵図類聚鈔』所収の興福寺中金堂院図の回廊の状態がいつまで遡るかは問題であるが、興福寺の『興福寺流記』のうち「天平記」（「天平十六年記」と同一のものとみられている）には回廊の丈尺の記載がなく、「宝字記」になって初めて記されていること、その丈尺と興福寺中金堂院図の回廊規模とはよく対応するので（東西回廊の楽門の柱間が薬師寺と同じ二〇尺であることも知られる）、この図の複廊は天平末から天平宝字ごろに造立されたと考えられる。『大安寺伽藍縁起幷流記資財帳』には回廊の丈尺の記載があり、それは発掘された複廊の規模と対応する。したがって、大安寺は天平十九年（七四七）までに複廊が完成していたことの確実な唯一の例ということになる。それは大寺筆頭という寺格と関係があろう。ところが同寺の『流記資財帳』には、後の西大寺の『西大寺資財流記帳』などと違って、回廊の楽門あるいは脇門のことは記されていない。一方、回廊のほうも等間に割付けが可能で、とくに広い柱間があったとは考えられない。したがって大安寺の複廊には、少なくともこの時点まで楽門はなかったと考えられる。

以上の例から次のことがいえよう。回廊に楽門を設けることは、回廊を複廊にするのが一般化することとともに天平末以降の新しい現象としてとらえられ、天平十九年以後に完成した薬師寺回廊が楽門を有する複廊であったという事実もその中に位置づけられる。したがって、天平以前の薬師寺造立計画における回廊はそれと異なり、発掘された基壇の遺構が示唆するような（楽門のない）単廊であったにちがいない。また、本薬師寺の中門を移して建てているくらいであるから、それに取り付く単廊の規模も本薬師寺の回廊を踏襲したものであったにちがいない。

つまり、平城薬師寺では当初、本薬師寺の回廊を模すつもりで単廊基壇の一部を施工したのであるが、その後、複廊に計画を改め、天平末以降になってその工事を完成させたのである。この過程はちょうど中門の移建から南大門の造立に至るまでの過程と対応する。

複廊の造立完成と、中門の拡大がいずれも天平末以後のことであることが明らかになったので、ここでその前後関係を述べておこう。

すでにみたように、複廊は講堂との取付部Aと五間中門との取付部Fの、両方のところで半端な柱間（図9）になっている。これは計画する立場でみると実におかしい。柱間寸法を適当にとれば、AとF

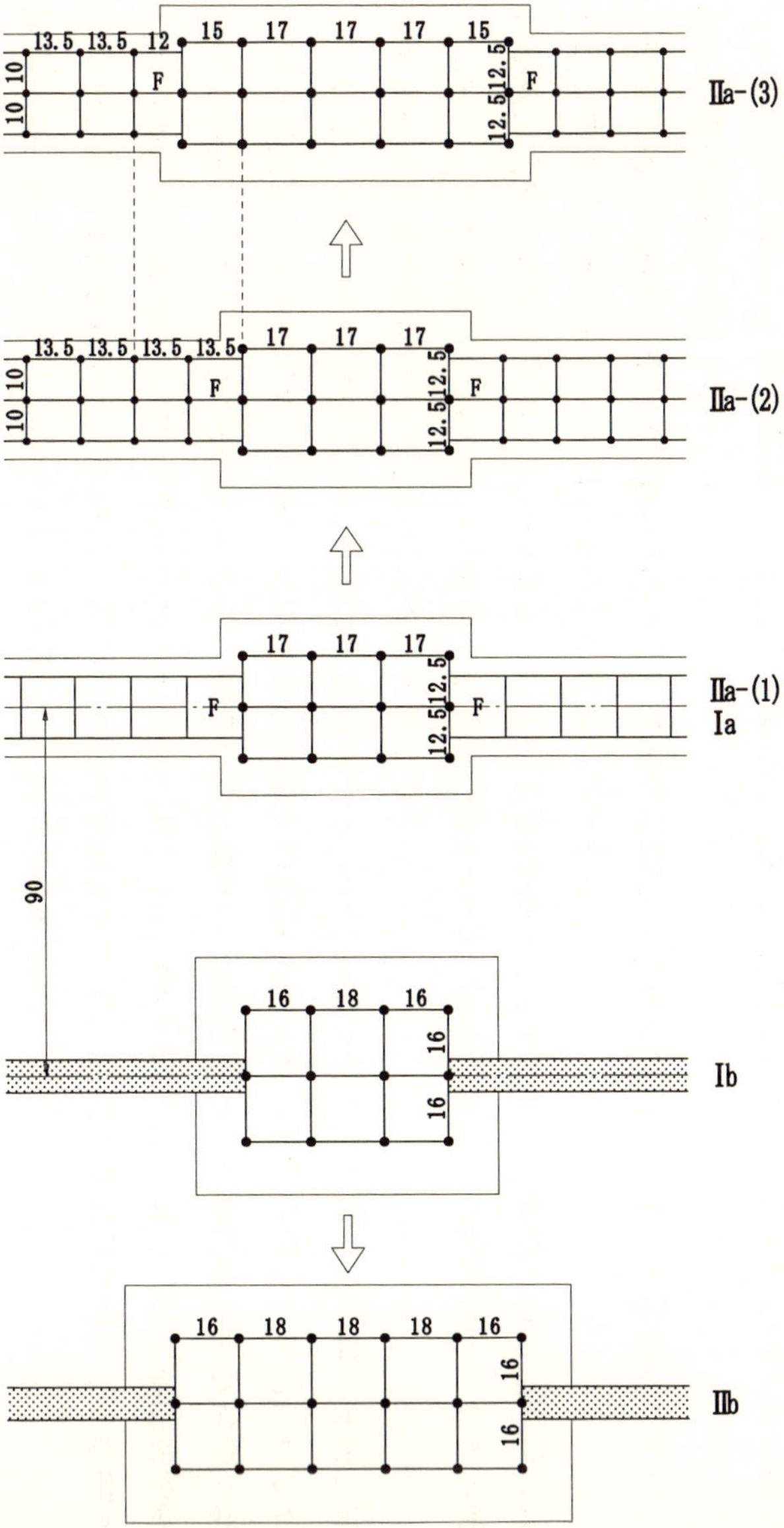

図10　本薬師寺(I)と平城薬師寺(II)の中門回廊(a)と南大門(b)の規模の変遷

のうち少なくとも一方はほかと同一の柱間にすることが可能だからである。この点から考えると、複廊の計画は中門の増築より以前に造られたことが予想される。実際、中門を三間とすると、その取付部の長さは五間中門の取付部Ｆの一二尺と五間中門の端間一五尺を合わせた二七尺となる。この値は南面と北面の回廊の柱間一三・五尺のちょうど二間分に相当し、取付部Ｆと回廊柱間が同一の寸法で納まる。複廊が計画された当時、中門はまだ三間だったこと、またその南面と北面の回廊の柱間寸法は南回廊がすべて等間となるように決定されたことが、これによって明らかであろう。Ａという半端な柱間は複廊が造られた当初からあったが、Ｆという半端な柱間は中門の拡大によって生じたのである（図10、Ⅱａ－⑵とⅡａ－⑶の点線部）。

四、南大門・中門・回廊の基壇遺構

当初の基壇の形式を推定し、また前節までの推定を傍証するために、発掘された基壇の遺構に注目したい（図11）。

〔回廊〕中門東脇で単廊の基壇石と複廊の基壇石が同時に検出されていることはすでに触れた。単廊の基壇石は壇の端に並べられていた直方体の凝灰岩の切石《きりいし》である。この外側には雨落《あまお》ちの溝《みぞ》があって、その縁にかなり大きな玉石が並んでいた。これに対して複廊基壇のほうは、地覆石《じふくいし》と羽目石《はめいし》が見つかっており、その上には葛石《かつらいし》が載っていたと推定されている。基壇石の底面のレベルは複廊のほうが低い。そ

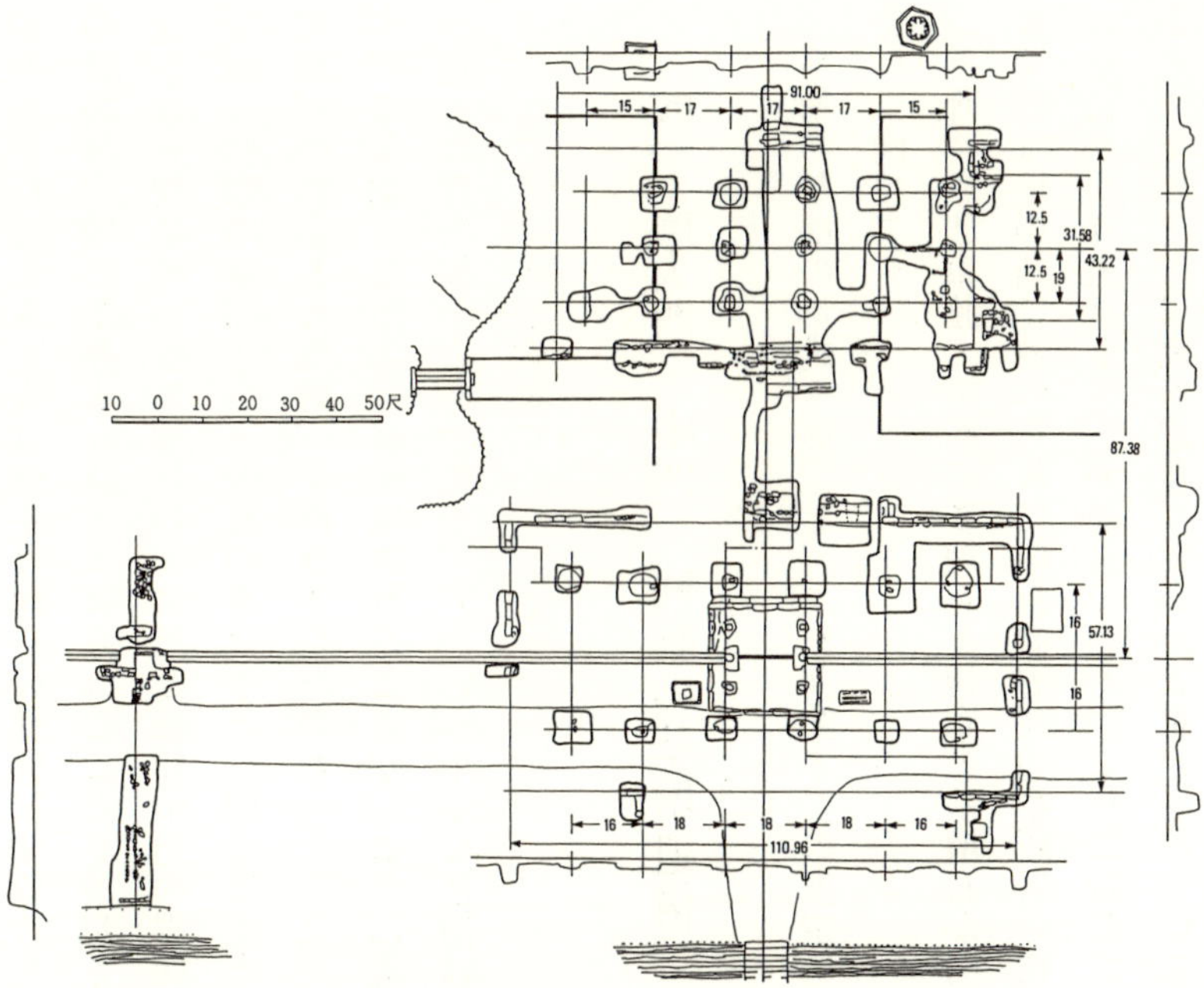

図 11　平城薬師寺南大門および中門跡の遺構実測図
（大岡実ほか「薬師寺南大門及び中門の発掘」より）

れは発掘者が複廊基壇を当初のものとみた根拠の一つになっていた。しかし、基壇上に敷かれていた石の断片とみられるものの散らばっていたレベルは単廊基壇の上端《うわば》より高いから、敷石は複廊基壇のものとしなければならない。つまり複廊基壇と単廊基壇は、前者が後者を覆う関係にあったとみられる。複廊基壇のほうが二次で、かつ最終的なものであったと判断するのが妥当であろう。したがって直方体の切石を並べただけの単廊基壇が一次だったことになる。

飛鳥寺の回廊基壇は、外側では玉石を並べて基壇の縁石としただけの簡単なもので、内庭側には板石あるいは凝灰岩を並べ、その外に石敷の雨落ち溝を設けたものであった[20]。川原寺でも基壇の外側は玉石を並べただけで、内庭側には凝灰岩を据えていた。[21] 平城薬師寺の回廊の当初基壇は、これらの玉石を凝灰岩の切石に替えただけの素朴なものであったわけである。したがって、それは本薬師寺にまで遡らせることができよう。

〔中門〕中門基壇の遺構の状態はかなり錯綜しており、発掘者も二次、三次の改造があったと推定している。発掘された基壇は五間中門に対応するものであった。この基壇の東南隅角部では小玉石列の内側に立て並べられた背の高い側石が発見されている。その上端のレベルは前述の複廊回廊の敷石の痕跡のそれにほぼ一致する。また下端のレベルも複廊基壇石の下端に一致する。それゆえ複廊とこの五間中門の基壇は同時期に存在したと考えられる。したがって、三間中門の基壇が存在した時期があったとしたら、この五間中門の基壇に先立つ時期でなければならない。

三間中門の基壇のものとみられる基壇石も指摘することができる。五間中門の基壇の正面には三間幅の階段があったであろうが、その東西の耳石《みみいし》に相当するあたりの位置で見つかっている石がそれである。西のもので見ると次のような基壇であったらしい。[22] すなわち、葛石様の凝灰岩の切石が壇の端に置かれ、側石《がわいし》のようなものが地中にあって葛石様の石を支える。さらに葛石様の石の前には小断面の布石《ぬのいし》が置かれ、雨落ち溝の外縁としては大き目の自然石が並べられていた。

この基壇の形は前述の単廊基壇の南面のそれと似ている。溝の縁に並べられた自然石は両者に共通してみられるものである。壇端に切石を並べただけの基壇という点でも一致している。ただ中門のほうは、その石を支える石が地中にあり、その石の前にもう一つ布石が置かれているという点で、単廊の基壇より上等ということがいえる。単廊基壇と比べたとき、さらに注目されるのは、この中門の基壇石の上端のレベルが単廊基壇石のそれと一致していることである。単廊基壇石とこのようによく対応する中門の基壇石は三間中門の基壇のものと考えられよう。また三間中門の存在した有力な証拠である幅一間分の石敷のレベルがこの基壇石のそれに対応することも、この基壇石を三間中門の基壇の遺構とみることを許す。したがって、当初の三間中門の基壇に階段はなかったことになる。[23]

飛鳥寺の中門基壇は周囲の地表とほとんど差がないきわめて低いもので、正面は花崗岩の自然石を並べて雨落ち溝をめぐらし、背面は一種の二重基壇で、凝灰岩の延石《のべいし》を並べた外側に余地をとって玉石を敷いた雨落ち溝をめぐらす。[24]川原寺の中門基壇は大きい玉石を並べて地覆とした上に凝灰岩が載った形式であったと考えられている。周囲には石敷の雨落ちがあった。[25]薬師寺の三間中門の基壇は、川原寺あるいはそれに次ぐ時期にまで遡らせることができよう。平城薬師寺の創建中門が本薬師寺の中門を移建したものとみられることをも考慮すれば、その基壇形式は本薬師寺のそれを踏襲したものと考えられよう。

ここで当初の基壇のものと考定した基壇石の上端のレベルは、五間中門の基壇のそれ（前述したように複廊基壇と同じくらいであった）よりずっと低い。当初の基壇は二次的に拡大されただけではなく、地上げされたことになる。実際、地上げが行われ、その際、礎石を上げて据え直したこと、そこから当初瓦が出土したことが発掘報告でも指摘されている。当初の基壇に関する推定の妥当性はこの点からも傍証される。中門基壇の地上げは、複廊基壇を造った際にそれに揃えるべく行ったのではないかと思われるが、あるいは中門を増築した時期であったかもしれない。

五間中門の東北の隅柱跡のすぐ近くで、これまた礎石跡と認められるところが検出されたことが報告されている。それは位置からみて中門が拡大される以前に存在した複廊の礎石跡と考えることができるから、中門の建て増しは、第三節で推定したように、複廊の造立より後、厳密にいえば少なくともその礎石を据えたときより後で実施されたことになる。

〔南大門〕発掘された基壇は五間南大門に相当するもので、布石・地覆石・束石《つかいし》を有する正規の壇正積《だんじようづみ》であった。第五章で述べる金堂の基壇には束石がない。南大門の基壇は金堂の基壇より上等の形式で造られていたことになる。その高さは五尺もあって金堂・塔のそれに等しい。平面の大きさでは金堂の基壇をしのぐ。南大門がほかの中心的建築のそれよりずっと遅れて造られたこと、その際、当初の計画を変更したことは、これらの事実からも明らかであろう。

五、結　語

本章の考察で得られた主な結論を整理すると次のようになる。

(1)平城京に薬師寺が造営されるにあたって、中門は本薬師寺のものが移建された。その規模は桁行五丈一尺（三間）、梁行二丈五尺（二間）であった。

当時、回廊は本薬師寺に倣って単廊を建てる計画であったので、中門付近などで基壇の一部が施工されたが、まもなく工事は中断されたらしい。

(2)その後、工事を再開するにあたって当初の計画を変更し、複廊を建てるべく、幅の広い、高い基壇を造り、複廊の建物を建築した。完成したのは天平十九年より後のことであった。東西の回廊には柱間の広い楽門が設けられていた。

(3)複廊の造立より後、厳密にいえば、少なくともその礎石を据えたときより後になって、正面三間であった中門を五間（八丈一尺）に増築した。それにともなって基壇も拡大した。中門の基壇は複廊基壇の工事の際、あるいはこの改造のときに地上げが行われた。

(4)天平十九年の時点で本薬師寺の中門は再建されていなかった。南大門は桁行五丈（三間）、梁行三丈二尺（二間）のものが存在した。

(5)平城薬師寺の南大門は、中心的建築よりかなり遅れて造営され、天平十九年には完成していなかった。新造された南大門は本薬師寺の南大門をもとに、柱間寸法もそれに一致していたが、桁行の長さはそれより二間多い五間（八丈六尺）であった。

(6)平城薬師寺における創建時の中門の基壇と、一部施工された単廊の基壇の形式は、本薬師寺のそれを踏襲したものらしい。南大門の基壇は奈良時代盛期の形式であるから、本薬師寺の南大門の基壇を模したとは考えられない。

(7)平城薬師寺の創建時の南大門・中門・回廊は天禄の火災で失われ、その後、旧規を踏襲して再建された。ただ東西の回廊にあった楽門のうち西のものは廃された。

新都平城京に薬師寺が創建された時期は『薬師寺縁起』に、「（元明）太上天皇養老二年戊午移伽藍於平城京」とあるので明らかであるが、その後の造営過程は詳らかではない。『続日本紀』養老三年（七一九）三月二日条に造薬師寺司に新たに史生二人を置く旨の記事があり、また『薬師寺縁起』は東院が養老年中の造立であることを記すから、工事は順調に進められたらしい。『七大寺年表』天平二年（七三〇）三月二十九日条に、「始建二薬師寺東塔一」とあり、『扶桑略記』『一代要記』『元亨釈書』にも同様の文のあることが知られている。それは東塔の工事が開始されたという意に解するのが妥当であろう。舎利を奉安する西塔や本尊を安置する金堂の着工は、当然、東塔に先立つものであったろう。

造営の終了時期を明らかにする史料はないが、東塔の完成によって中心堂塔が揃った後、まもなく伽藍の主要部の工事は終ったであろう、と想像するのは自然である。また『続日本紀』天平四年（七三二）十月十七日条に造薬師寺大夫任命のことがみえるのが造薬師寺司関係記事の最後であり、養老二年からこの年までで十四ヵ年に及んでいることから、従来、このころ工事が終了したと考えられてきた。

しかし、仏門・回廊に関する本章の結論にしたがえば、東塔より後の工事は順調ではなかったらしい。回廊・南大門は天平十九年（七四七）になっても完成していなかったのである。早くできた中門は、本薬師寺の中門を移してそのまま建てたとみられ、またそのころ施工したらしい回廊の基壇は、本薬師寺の規模と形式を模したものと推定される。これに対して天平十九年以降に完成した南大門・回廊は本薬師寺のそれより規模を増し、基壇の形式も進んだものに変わっている。すでに存在した中門も増築され、基壇は地上げされたのである。そうしてみると、天平十九年以降に完成した建築工事と、それ以前の工事とは分けて考えられるのではないかと思われる。すなわち、平城薬師寺の造営は東塔の工事あたりを最後に一度中断され、天平の終りごろに再開されたと考えるのが適当かと思う。前期の工事では本薬師寺の規模と形式を模すことが強く意識されていたらしいが、後期においては、加うるに伽藍の一層の荘厳化が意図されたとみられる。

平城薬師寺の造営にあたって、本薬師寺から堂塔・仏像の移転が行われたか否かは、薬師寺研究の中心的課題とされる。とくに創建当時の建築としてただ一つ現存する東塔と、金堂に安置される本尊薬師三尊像とが、平城における新造であるか、移転したものであるかという問題に関しては古くから議論があり、いわゆる薬師寺論争にまで発展していることは周知に属する。

これに関連して仏門・回廊が問題とされたことは今までになかったが、本章では、南大門・回廊は新造であることと、中門が移建されたものであることを明らかにした。本薬師寺跡で出土する瓦と同形のものが平城薬師寺でも発見されているところから、少なくとも一部の建物が移建されたであろうということは従来から推定されているが、ここでその一つが初めて知られたわけである。そればかりか、二字の仏門の一方が新造で一方が移建であるという点に着目すれば、二基ある塔の造立、ひいては伽藍全体の造営事情についても、ある推定が可能となるであろう。

本薬師寺の建築の中には平城に移建されずに残されたものもあった、ということが同時に明らかになった。『薬師寺縁起』文の「移伽藍於平城京」の「移」すとあるのを単純に解すと、藤原京の本薬師寺はなくなってしまったかのようにとれるが、本薬師寺は平城遷都後も存続し、創建時の建築の一部を遺していたのである。なお、この問題については第三章以降も引き続き考察する。

伽藍の規模形態の復原も薬師寺研究の重要な課題であることはいうまでもない。本章もその一部としてまず仏門・回廊を取り上げたのであるが、その主旨からすると、あと、単廊の平面形態を復原する作業が残っている。これについては第六章で取り上げる。

『薬師寺縁起』は薬師寺に関する根本史料である。とくにその金堂条の記載は本尊の移座を主張する立場の人から重視され、逆に非移座説の側からはその信憑性が疑われている。非移座説の側にとって、そこに記された仏門の丈尺と、発掘の結論が矛盾しても大して問題にされなかったのもそのためであろう。だが、本章で扱った仏門・回廊条に関するかぎり、その丈尺をも含めて、記載には疑うべきところは認められないといってよい。そこに引用されている『流記資財帳』に関しては、それが天平の『流記資財帳』であることなどが明らかになった。『薬師寺縁起』の史料批判の続きは、これも次章以降の課題としたい。

第二章注

(1)『薬師寺縁起』十字廊条に「十字廊一宇、東西十四丈一尺、南北五丈六尺、高九尺二寸、云食殿、右天禄四年二月廿七日焼亡、而別当増祐以寛厷(弘)二年造立、但南北如本」とあるのは、南北はもとの規模にしたが、東西長さは変えた(おそらく縮めた)という意か。

(2)大岡実・村田治郎・福山敏男・浅野清・杉山信三・鈴木嘉吉「大安寺南大門・中門及び回廊の発掘」『建築学会論文集』五〇、日本建築学会、昭和三十年。

大安寺の中門に関しても、当初の規模を変更した疑いがある。またこの表に興福寺の中門を入れなかったのも、その規模に関する通説に問題があると思われるからである。

(3)奈良県教育委員会『重要文化財東大寺中門回廊修理工事報告書』奈良県教育委員会事務局文化財保存課、昭和三十六年。

(4)『西大寺資財流記帳』(『大日本仏教全書』第八五巻、鈴木学術財団、昭和四十七年)。

(5)太田博太郎「東大寺の歴史」、「奈良六大寺大観」第九巻『東大寺I』解説、岩波書店、昭和四十五年。

(6)鈴木嘉吉「南大門」、「奈良六大寺大観」第九巻『東大寺I』解説。

(7)注(6)に同じ。

(8)福山敏男「西大寺の創建」『仏教芸術』六二、毎日新聞社、昭和四十一年。「(『資財流記帳』に)仏門として重要な南大門がないのは工事未完のためであろうか」。

(9)注(5)に同じ。

(10)『西大寺資財流記帳』には実長だけで間数の記載はないが、中門・中大門の実長はそれらが五間だったことを示している。

(11) 大岡実「南都七大寺建築論　二　薬師寺」『建築雑誌』五一九、日本建築学会、昭和四年。
大岡実『南都七大寺の研究』所収、中央公論美術出版、昭和四十一年。
(12) 『埋蔵文化財発掘調査報告　第六　四天王寺』文化財保護委員会、昭和四十二年。
(13) 『奈良国立文化財研究所学報　第五冊　飛鳥寺発掘調査報告』奈良国立文化財研究所、昭和三十三年。
(14) 注（12）に同じ。
(15) 『奈良国立文化財研究所学報　第九冊　川原寺発掘調査報告』奈良国立文化財研究所、昭和三十五年。
(16) 注（3）に同じ。
(17) 鈴木嘉吉「興福寺の伽藍」『仏教芸術』四〇、毎日新聞社、昭和三十四年。
(18) 大岡実「興福寺建築論」『建築雑誌』五〇五、日本建築学会、昭和三年。
大岡実『南都七大寺の研究』所収、注（11）に同じ。
(19) 注（5）に同じ。
(20) 注（13）に同じ。
(21) 注（15）に同じ。
(22) 東のものについては注（23）を参照。
(23) 以上は中軸の西で発見されている基壇石について述べたのであるが、中軸に関してこれとほぼ対称の東方でも側石《がわいし》らしきものの一部が発見されている。断面は西方のものと異なるが、上端には造出しがあるから、この上に葛石が載っていたと考えられ、したがって形式的には西方のものと一致するようである。だが、実測図でみると、このほうが西方のものより低いレベルに据えられており、上端で五寸ほどの違いがあるのである。基壇前面の石敷もこれに対応するかのように中軸より以東では五寸ほど低い位置に据わっている石がある。またこの石敷の下方から大きな凝灰岩の延石《のべいし》が出ているのも不審であり、中軸より東方で基壇の前面から九尺ぐらいも離れたところの、かなり深いところから同じく凝灰岩の延石の痕跡が検出されているのはさらに不思議である。発掘報告はこれらについての解釈を示していない。だが、あるいはこのもっとも低い位置に据わっている側石こそ当初のもので、延石は整地に使われた捨石ではないのか、また中門の基壇は施工中に位置を変え、レベルを変えて造り直されたのではないのか、といった疑いが生じる。薬師寺の伽藍中軸線は平城京の条坊の中心より西方に三〇尺ずれているといわれており（『平城京発掘調査報告』Ⅱ、一〇一頁）、そうだとしたら養老年中に東院が創建されているので、その際にずらした可能性もなくはないと思われるからである。しかし、これらは憶測の域を出ないので、後考に俟ちたい。

(24) 注 (13) に同じ。
(25) 注 (15) に同じ。

第三章　本薬師寺宝塔の形態と平城京移建

一、緒　言

平城薬師寺の唯一の建築遺構である東塔と、金堂本尊の薬師三尊像などの遺品が、旧都藤原京の本薬師寺から移転したものであるのか、はたまた現地で新たに造立したものであるのかという問題は、それらの製作年代を決定するものとして重視され、明治以来多くの議論が繰り返されてきたことは周知のとおりである。

本章では、そのうち東塔の造立事情の解明に主眼をおいて、薬師寺の塔をめぐる種々の問題点について考察しようとするものである。この問題の主要な論点となった東塔相輪の銘文については、すでに第一章で詳細に論じた[1]。また平城薬師寺における仏門・回廊の造立事情などに関しても第二章で考察した[2]。ほかにも薬師寺問題に関連する論考を用意しており、塔に関する論点の中にも、本章以降において取り上げたものもあることを、あらかじめお断りしておきたい。

二、移建説と非移建説

いわゆる薬師寺論争の全体の経過についてはすでにいくつかの論文で紹介されているが[3]、東塔に関する議論だけをまとめたものはない。そこでまず従来のおもだった諸説を、その論拠を中心にして紹介しておこう。それによって本章で検討を要する問題点のいくつかが明瞭になるからである。

移建説の代表的なものとしては古く関野貞氏の説[4]、天沼俊一氏の説[5]、大岡実氏の説[6]があった。関野氏の論文の主旨は、

(1)東塔の檫管に彫られた銘文の内容は文武朝のものと考えられるから、少なくとも相輪部は本薬師寺から移転したものである

(2)東塔の木造部の様式は飛鳥式と天平式の間にあり、本薬師寺創建当時のそれと認められるという点であった。

檫銘を根拠に移建説を唱えた人としては平子鐸嶺氏などが著名であり、銘文の内容を平城京時代のものとみる喜田貞吉氏などと論争にまでなった。だが第一章において詳論したように、東塔の檫銘は本薬師寺の塔の銘文を模して追刻したものであるという足立康氏の説が基本的に正しいと認められるので、檫銘をもって、東塔の移建、あるいは非移建を決定する根拠とすることはできない。

(2)の様式の点については、法隆寺再建・非再建論争とも関連して喜田氏から、天平のものと認めるべしという強い主張があったが[7]、建築史家のあいだでは今でも関野氏の見解が支持されているといってよいだろう。しかしながら、新しく建てる場合でも古い様式で建てることはありえないことではないから、この点を移建説の主要な根拠とはなしがたく、すでに関野氏自身、移建の可能性を大としながらも、東塔が本薬師寺の様式を模倣して新造された可能性があるということを認めておられた。

関野説・天沼説と大岡説との違いは、本薬師寺の塔の形態に関する見解の相違にある。平城薬師寺東

塔の形態的特徴は、いうまでもなく三重の各重に裳層《もこし》が付属しているところにあるが、本薬師寺の東塔跡には塔身《とうしん》（身舎）(8)の礎石だけが遺っていて裳層柱の礎石がない。そこで関野氏・天沼氏は本薬師寺の塔として裳層のないものを考えられた。関野氏は、初重平面の大きさが三重塔としては大きすぎるとして五重塔を想定され、移建に際して三重に変えるなどの模様替えが行われたと推定された。これに対して天沼氏は三重塔であったと考えられたが、移建の際に裳層を付加したとみる点では関野氏に一致していた。

これに対して大岡氏は、平城薬師寺東塔の塔身が三間等間であるのは裳層を付けて計画されたためであって、裳層は普通の塔における両脇間の役を果たしている、したがって、平城薬師寺東塔と同じ柱間をもつ本薬師寺の東塔においても当然裳層があったであろう、と推定された。だが、塔身が等間だからといって裳層が付いていたとはかぎらないとして、田中重久氏は、等間の塔の遺跡で、かつ裳層柱の礎石を欠いている例を多数挙げられた。(9) それらすべてに裳層がなかったという保証があるわけではないが、氏の批判そのものは受け入れられよう。

本薬師寺の塔が平城薬師寺の塔と同形であったと大岡氏が主張された根拠はもう一つあった。本薬師寺跡に遺る金堂・東塔・西塔の土壇の位置関係ならびにそれら堂塔の礎石配置が、平城薬師寺のそれと似ていることは早くから注目されていたが、大岡氏は二つの寺の精密な測量を行って、両寺が寸法計画において一致していたであろうことを証明されたのである。氏は移建説の直接的根拠を明示しておられないが、当時としては本薬師寺の塔跡に裳層柱の礎石がないというのが移建説の弱点であったので、両寺の寸法計画における同形を証明することが、すなわち移建説となりえたのであろう。しかし、同形であることを証明しただけでは論考として不充分であると考えられたのか、後年になって移建説のほうは取り下げられたようである。

以上からもわかるように、東塔の移建・非移建を論じるには、前提としてまず本薬師寺の創建の塔と平城薬師寺東塔との形態上の異同を明らかにしておく必要がある。

また、東塔の移建は仏像の移座問題との関連で論じられることも多い。金堂に安置されている薬師三尊像をもって本薬師寺の本尊を移したものとみる移座説は、様式論的にはともかくとして、少なくとも文献的には、それを平城における新造とみる非移座説より有利な立場にあるかにみえる。薬師寺に関する基本的史料である『薬師寺縁起』は、「(元明)太上天皇養老二年戊午移伽藍於平城京」と記し、金堂条では奈良時代の『流記資財帳』の抄文《しょうぶん》を掲げて、本尊を「持統天皇奉造鋳坐者」とする。そのうえ、七日を要して平城薬師寺に移送したという伝承を付け加えている。さらに講堂条では、安置の繍仏を持統天皇の製作させたものであると記す。またそのほかの仏像についても平城遷都前の造像を示唆する記載がみられる。これらが移座説のみならず移建説の背景になっているのは否みがたい(もっとも関野氏は金堂の本尊に関して非移座説であった)。

非移建説は喜田氏の説と足立氏の説をもって代表させることができると思う。喜田氏は、『扶桑略記』に「天平二年三月廿九日、始建二薬師寺東塔一」という記事があるのをはじめ、『元亨釈書』『一代要記』にも同趣旨のことが記されていることを指摘し(その後『七大寺年表』にもその記事のあることが知られている)、東塔は天平二年に平城において新造されたものであると断定された。さらにまた醍醐寺本『諸寺縁起集』所収『薬師寺縁起』[10]の塔条の記事、

一、宝塔二基、各三重、毎重有裳層、高十一丈五尺、縦広三丈五尺、右両塔内安置釈迦如来八相成道形也、東塔、因相、入胎、受生、受楽、苦行、西塔、果相、成道、転法輪、卅〔涅槃〕、分会〔舎利カ〕也、流記云、宝塔四基、二口在本寺云、、

における「流記云」の文に注目し、『流記資財帳』が撰録《せんろく》された当時(『薬師寺縁起』によると天平年間と宝亀年間)、塔は平城薬師寺に二基あるだけでなく本薬師寺にも二基存在していたのであるから、塔の移建はなかったと考えるべきであるとされた。

これらのうち前者『扶桑略記』などの記事は、東塔が天平二年に建てられたという事実以上のことを語っているわけではないから、非移建説の根拠とはなりえないと思われるが、『流記資財帳』の文はたしかに有力な根拠と認めざるをえないであろう。

足立氏はいくつかの論考において東塔の建立問題を種々の視点から論じられた。[11] まず檫銘を移建説・非移建説いずれの根拠ともなしがたいことを明らかにするとともに、非移建の証拠として次の事項をあげられた。

(1)本薬師寺では東塔の心礎《しんそ》の中に舎利が安置されるように造られているのに、平城薬師寺では西塔の心礎がそのように造られている。換言すれば二寺の東西両塔はその位置を交換した形になっている。移建ならば東塔は東塔に、西塔は西塔に遷されたはずである。

(2)平安時代中期に本薬師寺東塔跡で舎利が発見されている。舎利は塔婆の本尊であるから、養老年間ごろに本薬師寺の東塔が解体されて平城に移建されたのであれば、当然舎利も奉遷されたはずである。

(3)『薬師寺縁起』に引用されている『流記資財帳』の文を裏づける事実がある。すなわち『中右記《ちゆうゆうき》』（平安時代末期の右大臣藤原宗忠の日記）天承二年（一一三二）二月二十八日条によると、この日、落慶供養の行われた法成寺の二基の塔は藤原道長が創建した塔が焼失した後に、薬師寺の塔を「移」したものであった。したがって本薬師寺には、この時点まで二基の塔が実在していたことになる。

(4)本薬師寺東塔の身舎《もや》の一辺は、礎石で測って二三・六尺であるのに対して、平城薬師寺東塔の身舎の一辺は二三・四尺である。

以上のうち(3)はとくに注目されたようである。しかし喜田氏などから「移」（うつす）は「模」（うつす）の意であるといった批判があり、[12]実際しばらくして同じ法成寺《ほうじようじ》の塔に関する記事に「模」の字を使っている『平知信記』（平安時代末期の貴族平知信の日記）が家永三郎氏によって紹介されるに及んで、[13]本薬師寺の二基の塔が法成寺に移建されたと主張する足立説は板橋倫行氏によってまったく否定され、[14]それが今日の学界の常識になっている。かくして醍醐寺本、護国寺本『薬師寺縁起』塔条の『流記資財帳』の文は、実証される機会を失ったが、それでも非移建説の有力な証拠として今も重視されている。

しかし『薬師寺縁起』に引用されている『流記資財帳』の文の信憑性には疑問をいだく人も少なくない。前に触れたように『薬師寺縁起』金堂条の『流記資財帳』の抄文は、本尊の本薬師寺よりの移座を意味しているが、その意味するところに反して非移座説を唱える学者も多い。その同じ人が、塔に関しては『流記資財帳』の文を根拠に非移建を主張したとしたら、『薬師寺縁起』、『流記資財帳』に対して矛盾した態度をとることになる。それを解消するには両者についての史料の批判的検討が必要となるはずだが、それは充分行われていないのが実状である。この点も残されている重要な課題といえる。

ただし、仮に『薬師寺縁起』塔条の『流記資財帳』の文の信頼性が保証されたとしても、それだけで平城薬師寺東塔の非移建が決定的になるかどうかは疑問だと思う。非移建説を唱える人は、本薬師寺の塔を平城に移建した跡地に改めて再建するというのは、経済的に大きな無駄をともなうから行われたはずはないという。たしかに今日の常識では考えにくいことかもしれない。しかし古代においては、周知のごとく、天皇の代替りごとに遷都や宮城の造り替えが繰り返されていたのである。したがって、薬師寺の移建問題も経済合理主義の観点だけで割り切ろうとするのは適当ではないだろう。

石田茂作氏は心礎の形式に着目して、平城薬師寺東塔は新造であるが、西塔は本薬師寺の西塔を心礎ごと移転したものであるという説を提示された。(15) 一基が移建され、本薬師寺と平城薬師寺で各一基を新造したということになるが、これならわれわれの常識でも、それほど抵抗なく受け入れることができよう。心礎については足立氏も注目されているので、詳しく検討してみる必要があろう。

また同じく足立氏が(4)で着目された、本薬師寺東塔と平城薬師寺東塔の塔身（身舎）の礎石の配置寸法における若干のずれが、果たしてほんとうに東塔非移建説の根拠となりうるかどうかも、改めて吟味する必要があろうかと思う。

足立説によって学界の大勢は非移建説に傾いたとはいうものの、戦後ふたたび移建の可能性が論じられている。福山敏男・久野健両氏の共著『薬師寺』（東京大学出版会、昭和三十三年）は移建説（本尊に関しては移座説）の立場で書かれている。[16] 内外の実例との比較検討によって東塔の様式が持統朝ごろのものとして妥当であることが確認されたためでもあるが、昭和二十七年に行われた東塔の修理工事を担当された日名子《ひなご》元雄《もとお》氏の談話に負うところが大きいようである。

平城薬師寺東塔は法隆寺の塔などと違って今までに大規模な修理を受けていないらしい。そのようななかにあって、明治三十一年から三十三年に古社寺保存法にもとづいて行われた修理工事がもっとも本格的なものであったといってよかろう。このときに法隆寺の昭和大修理におけるような精密な調査が実施されていたら、東塔の移建・非移建に関する議論も起こらずにすんだかもしれない。文化財保護法による昭和二十七年の修理のときには、屋根の葺替えが主たる対象であったために充分な調査はできなかったらしい。それでも、このときの調査によって東塔の初重・二重の側柱頂部と大斗心とのずれなどの新事実が指摘され、当初、柱には内転《うちころ》びがあったのではないかという疑問が提出されている。この問題も未解決のままになっているが、移建問題と関連する可能性もあり、検討してみる必要があろう。

福山氏の見解に影響を与えた日名子氏の談話の内容は『薬師寺東塔及び南門修理工事報告書』（奈良県教育委員会事務局文化財保存課、昭和三十一年）には明記されていないが、後日、日名子氏自身が「薬師寺の建築」（近畿日本叢書五『薬師寺』近畿日本鉄道、昭和四十年）の中で述べておられる。それを要約すると次のようになろう。

木《こ》口斗《ぐちます》が大多数を占める中に平斗《ひらます》が混っており、肘木《ひじき》の中にも舌《ぜつ》や笹繰《ささく》りのない例外的部材がある。また身舎の巻斗《まきと》に寸法のやや異なる二種のものがある。これらの例外的部材を単なる仕事の誤りとか見落としとして無視できるであろうか。それらは移建の際の補足材として解釈できるのではないだろうか。

例外的部材あるいは二種の部材が混っているとしても、それを補足材、とくに移建の際の補足材と断定できるかどうかは問題であるから、日名子氏も、移建された疑いはあるが確証とまではいえない、と慎重に結んでおられる。とはいえ平城薬師寺東塔の建立問題は、ここで初めて東塔の建築的調査にもとづいて論じられたのである。

昭和四十三年五月に伊藤延男氏の企画された調査では、日名子氏の指摘された点を確認することに重点がおかれた。寸法の異なる二種の部材が存在するという事実があるかどうかを確かめるために、風蝕《ふうしょく》の少ない塔の内部で全組物《くみもの》の部材の実測が行われた。日名子氏の指摘は明治の修理の際の実測野帳《じっそくやちょう》(17)にもとづいており、みずから実測することは時間がなくてできなかったといわれていたからである。この調査の結果は「奈良六大寺大観」第六巻『薬師寺全』（岩波書店、昭和四十五年）における伊藤氏による東塔の解説に反映されており、また実測値のほうは宮本長二郎氏が整理して略報告を「古代建築についての二三の調査　薬師寺東塔」（『奈良国立文化財研究所年報一九七〇』）所収、奈良国立文化財研究所、昭和四十五年）に発表しておられる。「奈良六大寺大観」第六巻『薬師寺全』では初重の繋虹梁《つなぎこうりょう》に二種の部材が混在する疑いがあるとしているものの、『奈良国立文化財研究所年報』においては東塔の組物の部材を、少なくとも寸法の違いによって二種に分類することは不可能であるという結論を出している。以上、従来の諸説からその根拠となっている論点を取り出してみたわけであるが、本章では、これに新たな論点を加えて、改めて東塔の建立問題を考えてみたい。

三、本薬師寺宝塔の当初形態

本薬師寺の西塔跡には心礎だけしかないが、東塔跡には、その他の礎石も比較的よく遺っている。大岡氏作成の精密な実測図によれば、中には若干移動しているとみられるものもあるが、ここに建っていた塔の初重平面が平城薬師寺の東塔と同じく各柱間八尺（天平尺）ほどで計画されたものであったことは疑いの余地がない（図12）。ただし、ここには裳層柱の礎石が一つもない。また平城薬師寺東塔では裳層柱の礎石に地覆座《じふくざ》が造られ、その位置に壁があるので、塔身側柱《とうしんがわばしら》の礎石に地覆座はなく柱間は開放になっているが、本薬師寺の東塔跡では、塔身側柱の礎石のほうに地覆座が造り出されているので、この位置に壁（あるいは連子窓）・扉が設けられていたと考えられる（図13）。本薬師寺の塔には裳層が付いていなかったのではないかという推定は、こうした事実にもとづいている。

しかしながら本薬師寺の塔が平城薬師寺東塔と同様、各重に裳層を有する三重塔であったことを証する史料がすでに知られている。足立氏が見出された『中右記』天承二年（一一三二）二月二十八日条の法成寺塔に関する記事である。一部だけ引いておこう。

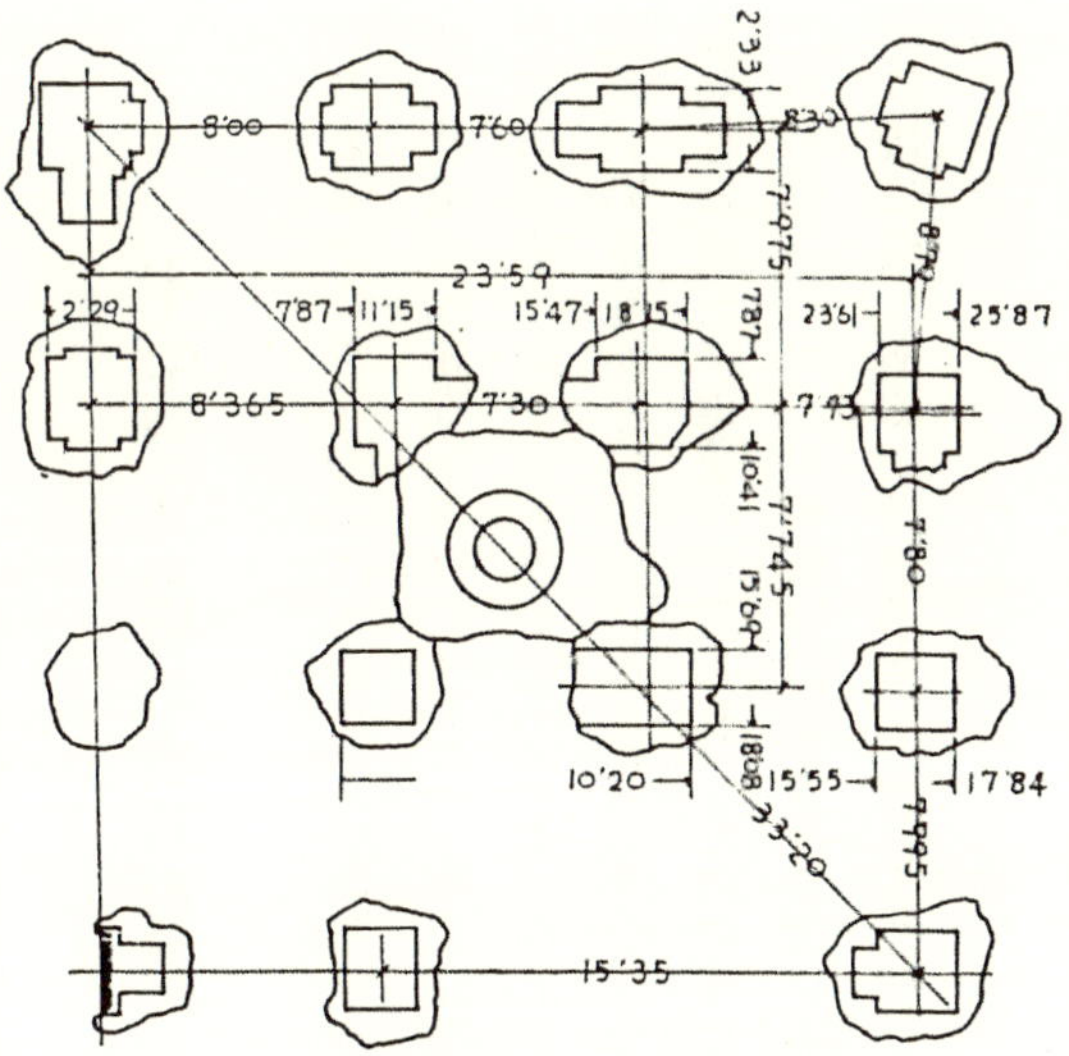

図 12　本薬師寺東塔跡の礎石実測図
（大岡実「南都七大寺建築論　二　薬師寺」より）

其後天喜六年〔一〇五八〕二月二十三日夜、本寺焼亡時為猥(煨)燼、其後有議、移薬師寺塔成二基、三重、毎重有母層、作八相成道、承暦三年〔一〇七九〕十月五日供養了、

これによれば、藤原道長の創建した法成寺が焼亡した後、再興にあたって薬師寺の塔二基が移建された。平城薬師寺には現に創建当時の塔が遺っているのであるから、移建されたのは本薬師寺の塔であったことになる。またこの記事からは、その塔が三重で各重裳層付であったこと、内部に釈《しゃ》迦《か》八相成道《はっそうじょうどう》が造られていたことの二点において、平城薬師寺の塔と同じであったことが知られる、と足立氏は解釈されたのである。

これに対して文中の「移」は「模」の意に解すべきという反論があって、足立説が否定されたことは前節で触れた。しかし私は、その駁論《ばくろん》のほうにむしろ問題があるとみており、足立氏の解釈のほうが正しいと考えている。この点については詳

図 13　本薬師寺東塔跡　塔身側柱の礎石

図 14　本薬師寺東塔跡　心礎と四天柱の礎石

しく論じる用意があるが、長くなるので第七章に譲ることとし、ここでは本薬師寺の塔跡の現状と法成寺移建とのかかわりについてだけ述べておきたい。

前にも触れたように、本薬師寺の西塔跡には心礎だけしかないのに、東塔跡には塔身の礎石の大部分が残っている。このような礎石の現存状態は、長年にわたって少しずつとか、数度にわたって礎石を持ち去った結果とは考えにくい。東塔の礎石群のほうが残されたのは、心礎に舎利容器の納置孔があるという点が考慮されてのことと思われるから、一度の決定によって、ほとんど現在に近い状態がつくりだされたと考えるのが自然であろう。そのような一度の機会として、二基の塔の法成寺移建を想定することが可能である。しかも、それによって礎石の現状を合理的に説明できる。すなわち、法成寺では一基あった五重塔が焼失したのであるから、本薬師寺から運んだ二基の塔を建てるには、一基分については裳層の礎石だけがあればよく、他の一基分についてはすべての礎石が新たに必要とされた。そこで本薬師寺から、その必要な分の礎石を持ち去ったのである。ただし西塔の心礎は巨大で運搬が困難なので残されたのであった[18]。

本薬師寺の塔に平城薬師寺の東塔と同規模の裳層が付属していたであろうことは次のようにしても推定できる。

東塔のような三間等間《さんげんとうま》の塔身に付属する裳層は普通の塔における両脇間に相当する、といわれたのは大岡氏である。これには異論がなかろうと思う。ところでいま同氏がその証明に用いた中の間と脇間の比に注目すると、それは法隆寺・法輪寺の塔が最大で一・四四ぐらい、次に法起寺の塔が続く。これに対して平城遷都後に造立された塔では、当麻寺《たいまでら》の東塔の一・三三ぐらいが最大で、東大寺の東塔が一・二三、[19]興福寺の塔（平城薬師寺東塔と同じ天平二年の造立）・元興寺《がんごうじ》の塔・西大寺の塔では一・一ぐらい、また海竜王寺《かいりゅうおうじ》の小塔（平城薬師寺東塔に次ぐ様式的特徴をそなえている）でも、それを若干上まわる程度にすぎない。

これに対して平城薬師寺東塔では、塔身柱間八尺、裳層柱間（端間）五・八尺（ともに天平尺）であるから、その比の値は一・三八と大きく、法起寺の塔の値にごく近い。薬師寺東塔が平城において新規に設計されたものであったのなら、形態的にも法起寺の塔よりも類似の関係にある同時代の塔の値に近くなるのが自然であると思われるのに、実際にそうなっていないのは、その計画が本薬師寺創建当時のものであったことによろう。つまり平城薬師寺東塔は設計計画において本薬師寺の創建塔のそれを踏襲しているとみられるので、本薬師寺の塔にも平城薬師寺東塔と同規模の裳層が付いていたにちがいない。

では、二寺の塔はまったく同形態であったかというと、そうではない。

(1)本薬師寺の塔の初重裳層は当初において吹放ちだったはずである。

前にも触れたように、本薬師寺の東塔跡の側柱の礎石に地覆座の造出しがあるので、塔身側まわりに壁（あるいは連子）・扉があったと考えられるからである。

柱間が開放になっている裳層というものは従来の本薬師寺の塔に関する議論には出てきていない。平城薬師寺東塔の、あのまわりを囲った裳層が前提としてあったからである。そのため側柱の礎石の地覆座を重視すれば裳層はなかったと解釈せざるをえなかったし、逆に裳層があったと主張するには側柱の礎石の地覆座を無視するほかなかったのである。[20]

柱間を開放吹放ちにした裳層の例は少なくない。薬師寺の塔と同様に、角柱の裳層を有する遺構としては平等院鳳凰堂の中堂や法界寺《ほうかいじ》阿弥陀堂が著名であるが、いずれも周知のごとく、一部を除いて柱間は吹放ちである。海住山寺《かいじゅうせんじ》五重塔の初重にも同様の裳層があったと推定されて、修理工事の際に復原されている。中国における現存最古（一〇五六年）の木造塔である山西省応県の仏宮寺八角五重塔の初重にも、円柱の柱間を開放にした裳層が付属している。同じような裳層はわが国でも興福寺中金堂や建長寺仏殿[21]などに存在したことが知られている。これらの例は興福寺中金堂を除けば薬師寺よりずっと時代の降るものばかりであるが、発掘調査にもとづいて復原図が作られた唐の長安城の大明宮含元殿《だいめいきゅうがんげんでん》の場合も吹放ちの裳層を有する建築であったから、[22]同種の建築が興福寺中金堂よりわずかに遡る本薬師寺に存在したとしても不思議でない。しかも第五章と第六章で明らかにするように、薬師寺には塔以外にも吹放ちの裳層を有する建築が存在していたのである。

(2)創建当初の本薬師寺の塔は、内陣のありさまも平城薬師寺の塔とは違っていたであろう。平城薬師寺の東西両塔内に釈迦八相成道の塑像群像が安置されていたことは『薬師寺縁起』に見え、また『七大寺巡礼私記』には、

右両塔之内、八相之様不可思議也、山川嶮之峡、巌洞曲折之路、皆奇妙也、

と記されている。それは法隆寺五重塔の塔本塑像《とうほんそぞう》群像に類するものであったと考えられている。現在、薬師寺にはもと東塔内にあった塑像の心木が保存されている。また昭和九年の西塔跡の発掘の際にも焼

損した塑像の断片が出土している。

それら薬師寺の塔の塑像と法隆寺の塔の塑像の違いがいろいろ指摘されている中で、ここでまず問題にしたいのは塑像の数の著しい違いである。法隆寺の九五躰（現在数）に対して薬師寺東塔では現存する心木だけで一六〇個もある。塑像の法量はほとんど同じであるが、法隆寺の塔の当初像には立像がなく、薬師寺の塔では立像が六割を占める。[23] したがって、塑像群像全体としては薬師寺の塔ののほうが法隆寺の塔のそれよりずっと大きかったはずである。ところで、その小さいほうの法隆寺の塑像群像でさえ、四天柱《してんばしら》を越えて側柱との中間近くにまで達しているのである。薬師寺の塔では四天柱が法隆寺の塔のものよりずっと高いとはいえ、それらが囲む面積は法隆寺の塔のそれより二割以上も狭いから、塑像群像は、福山氏も推定しておられるように、塔身側柱近くにまで及んでいたにちがいない。

平城薬師寺東塔の初重の塔身側柱まわりを開放とし、裳層のまわりを囲って、塔身と裳層を一体の内部空間としたのは、塔身内の大部分が塑像群像によって占められてしまうのを考慮したためであろう。したがって平城薬師寺におけるのと同様の塑像群像が本薬師寺の塔にも安置されていたのなら、初重の建築形態も同様のものであったとしなければならない。

『中右記』の記事によれば、法成寺へ移建された当時の本薬師寺の塔には、平城薬師寺の塔と同じように釈迦八相成道の塑像群像が安置されていた。しかし、それが創建当初からあったという保証はない。このことに関して、本薬師寺の塔に安置された塑像の一部であろうとして薬師寺長老橋本凝胤師の所蔵されていた一片の塑像頭部があげられているが、それは昭和初年ごろに、本薬師寺金堂跡の北裏の道路わきの溝から発見されたということであるから[24]、塔に関係する遺品であるかどうかさえ定かでない。また、その形式も平城薬師寺の塔の塑像とは異なるものとみられている[25]。

平城薬師寺の塔に安置された塑像は、遺っている心木などからみて法隆寺の塔のそれより進んだ様式のものであったと認められ、平城薬師寺東塔が建てられた天平二年ごろの造立とみて妥当であるというのが、その方面の研究者の一致した見解のようである。すなわちその塑像は本薬師寺から移転したものではなく、それを模造したものでもないということになる。一方、東塔の建築の様式は、天平より以前というのが建築史家のほぼ一致した意見であるから、東塔は移建か、さもなくば旧様式を模して新造したかのいずれかということになる。こうした違いは、塑像の安置そのものが平城において新規に企画されたものであったことを示しているように思われる。

そう考えられるもっと有力な根拠として、本薬師寺東塔と平城薬師寺東塔の四天柱の礎石の造りの違いをあげることができる。平城薬師寺東塔の四天柱の礎石には方形柱座だけがあって地覆座の造出しがない。西塔跡に遺る礎石の一つも四天柱の礎石とみられるが、これにも地覆座はない。それは、これらの塔では四天柱内に木製須弥壇を設ける計画がはじめからなかったことを示している。福山氏が推定しておられるように、法隆寺の塔の須弥壇の一部に用いられている日干煉瓦のごときものを積みあげて壇の基礎としていたのかもしれない。これに対して本薬師寺東塔では、四天柱の礎石のうち北の二個に地覆座が造られているから、当初は木製須弥壇が設けられていたと考えるべきであろう[26]（図14）。つまり本薬師寺において木製須弥壇であったのを、平城薬師寺においては日干煉瓦かなにかの壇に変更したわ

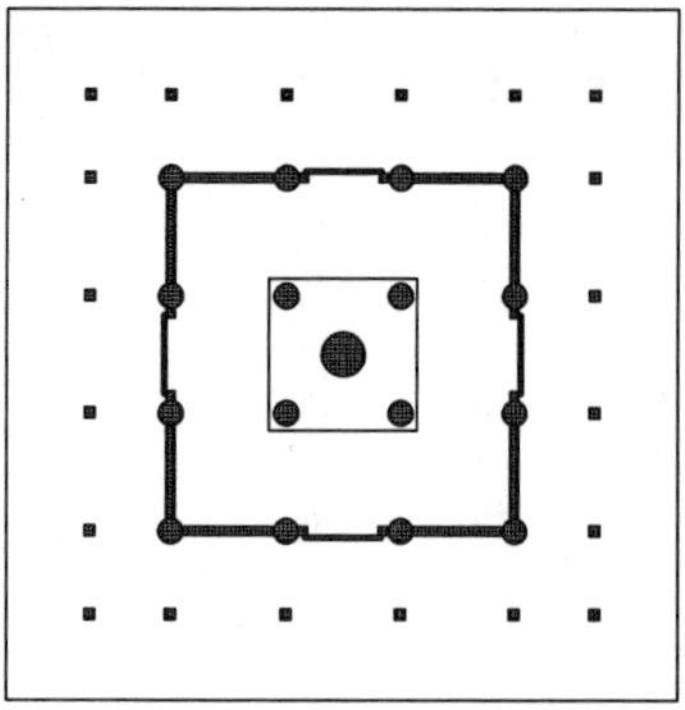

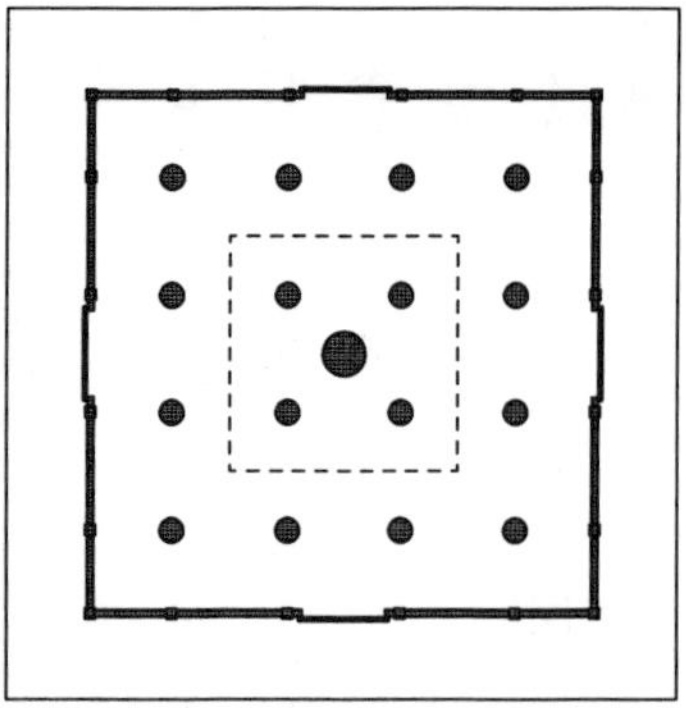

図15　本薬師寺の塔の復原平面図

平城薬師寺の塔、本薬師寺の塔（再建改造後）の復原平面図

けで、それは釈迦八相成道の塑像群像の造立を新たに計画したのに対応するものであったにちがいない。

　本薬師寺では東塔の心礎に造られていた舎利納置孔が、平城薬師寺では西塔の心礎のほうに造られている。伽藍配置が共通していたはずの二つの薬師寺に、こうした違いがあるのは不審とされ、あるいは東塔非移建説の根拠の一つとしてもあげられた。だがこの点も、釈迦八相成道の塑像群像が平城において初めて造立されたとするときには合理的な解釈が可能となる。すなわち舎利をあえて西塔のほうに安置することにしたのは、分《ぶん》舎利《しゃり》相《そう》を西塔に安置することにしたのにともなう措置であったと考えられる。分舎利相は法隆寺の塔においても西面に安置されているから（法隆寺では塔自体が金堂の西に建てられている）、そうすべき思想的根拠があったのであろう。これに対して川原寺や大官大寺では金堂の東に塔を配置しており、平城京の興福寺・元興寺でも塔は伽藍の中心から東方に配されている。このほうが一般的な配置であり、釈迦八相成道の塑像群像を安置しない本薬師寺の塔において舎利を東塔のほうに安置していたのも同じ思想にもとづくものであったろう[27]。

以上縷述《るじゅつ》したように、本薬師寺東塔は当初において四天柱内に木製須弥壇を備えていて、塔身いっぱいになるような釈迦八相成道の塑像群像を安置していなかったと考えられる。したがって、その初重の塔身側まわりに壁があって裳層が吹放ちになっていた、という前の結論に支障はないことになる（図15）。

本薬師寺の塔の当初形態と平城薬師寺の塔の形態とがまったく違っていたということであれば移建の可能性などは、はじめから問題にならないのであるが、初重の壁の位置と安置像に違いがあるだけという結論になったので、移建の可能性を改めて検討してみる必要がある。

四、本薬師寺宝塔の平城移建

心礎は、本薬師寺の二塔と平城薬師寺の二塔の、いずれもが現存する。そのうち本薬師寺東塔（図16、図17）と平城薬師寺西塔（図18、図19）のものには、心柱を受ける円形の孔があり、その中央にはさらに舎利容器を納入するための孔と、その石蓋を受ける孔の、都合三段になっている。平城薬師寺西塔には石蓋も遺っている。

本薬師寺西塔の心礎（図20、図21）では平らな面に心柱の移動を防ぐための枘《ほぞ》が造り出されている。平城薬師寺東塔の心礎（図22）ももとは同じ形式であったと考えられている。現在は心柱の下方に、高さ三尺五寸あまりの根継石《ねつぎいし》（柱根石）を置き、その石のずれを防ぐためであろう、心礎上面を不整形に浅く掘りくぼめてある。根継石と心柱の間には厚い板をはさんで、そこを須弥壇としているから、須弥壇を新造した江戸時代、正保年間（一六四四～一六四八）の仕事とみて間違いないであろう[28]。

以上四個の心礎のうち舎利容器納置孔を有する平城薬師寺西塔の心礎では東側を直線に造り出しており、本薬師寺東塔の心礎も直線に近いほうを西に向けて据えられている。これは双方の寺の東塔・西塔が、それぞれ西・東を正面として計画されたことを示すものと解される。薬師寺の伽藍配置は四天王寺式における塔を二基にしたものとして説明されるのが普通になっているが、塔の向きの違いからくる空間構成上の相違にも考慮を払う必要があろう。

それはさておき、本薬師寺の塔と平城薬師寺の塔における前述したような形式上の一致はすでに早くから注目されている。とくに石田氏は、古代寺院の心礎形式に関する詳細な研究にもとづいて一説を提示された。すなわち、本薬師寺東塔と平城薬師寺西塔の心礎のような三重孔式のものは、後者を除けば飛鳥・白鳳期の寺院に見られるものであり、また本薬師寺西塔の心礎のような枘式のものは、これを例外として、一般には奈良時代造立の寺院に見られるものであるから、本薬師寺の西塔は心礎とともに平城薬師寺西塔として移建され、本薬師寺西塔はその後再建され、平城薬師寺東塔は新造されたのであろう、といわれる。

これに対してはすでに批判があるが[29]、それはともかくとしても、心礎の移転が行われたという点には問題があると思う。建築を解体して移築することは日本の建築史上珍しいことではないが、心礎を遠く

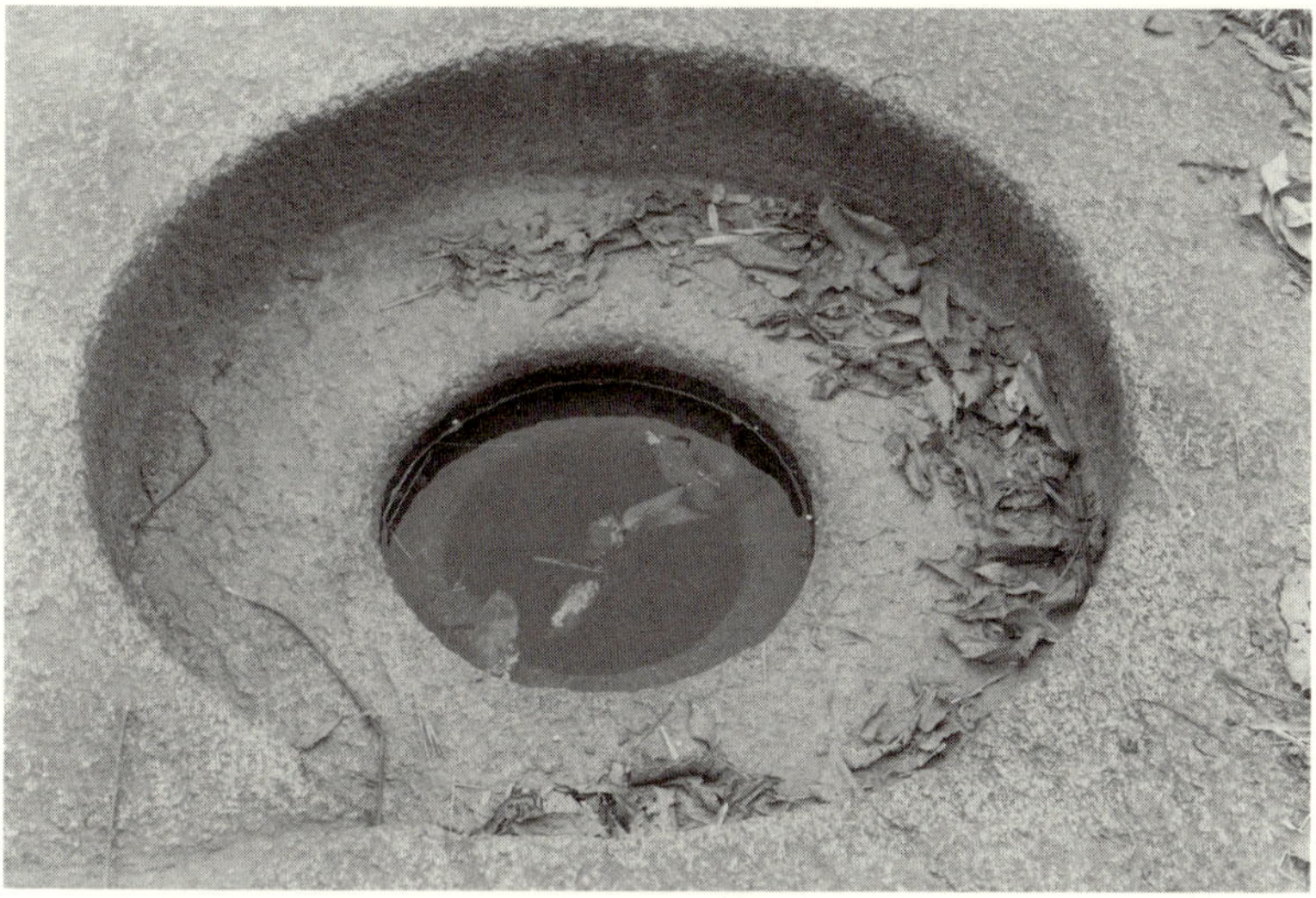

図 16　本薬師寺東塔の心礎

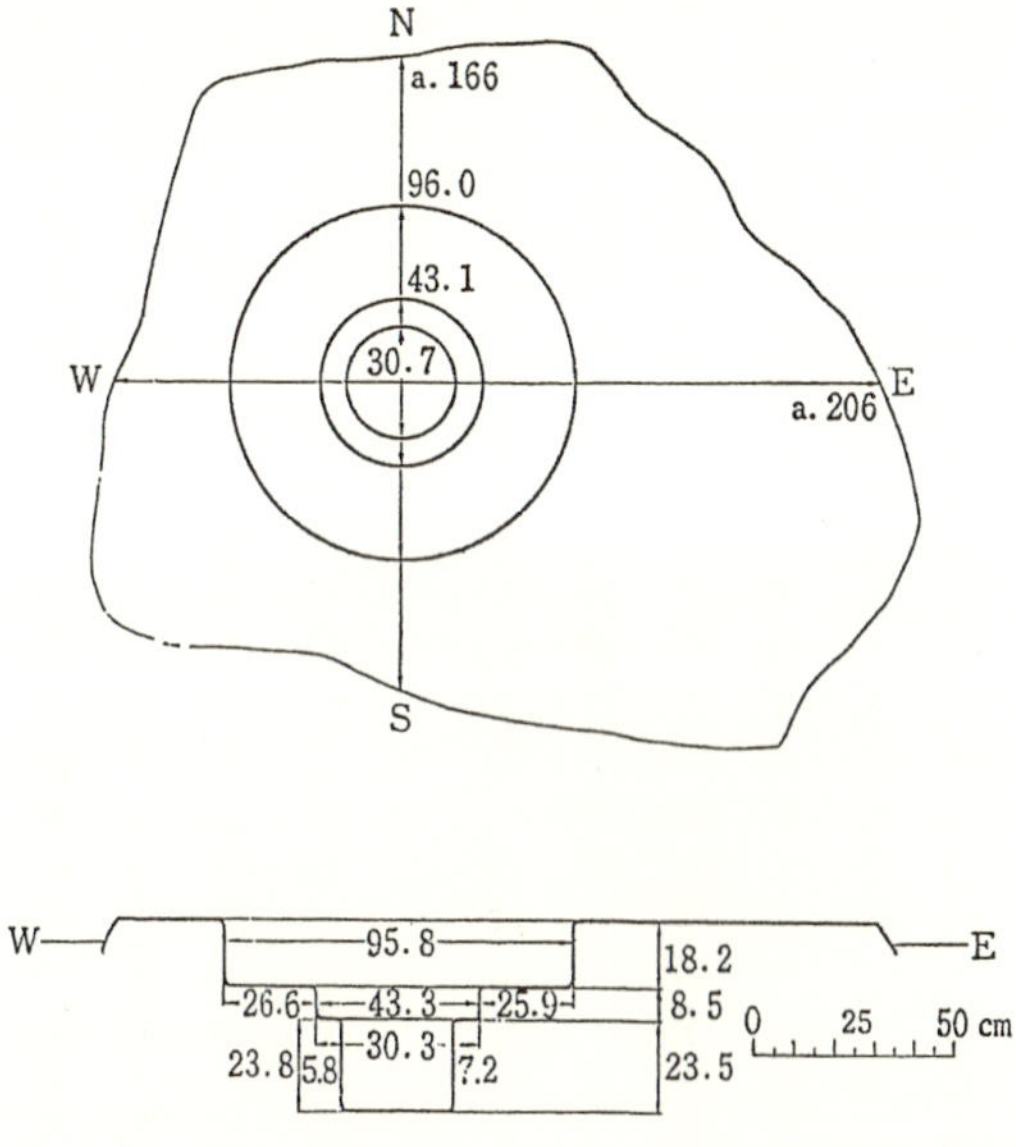

図 17　本薬師寺東塔の心礎の実測図（坂本万七・町田甲一『薬師寺』より）

図 18　平城薬師寺西塔の心礎

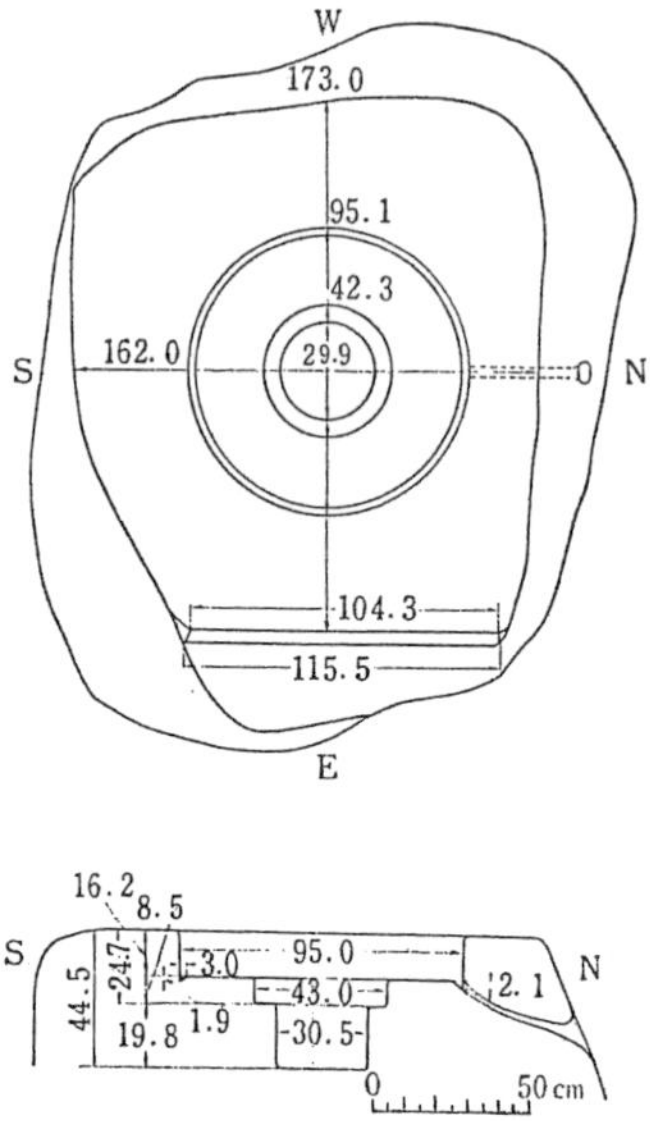

図 19　平城薬師寺西塔の心礎の実測図(坂本万七・町田甲一『薬師寺』より)

図 20　本薬師寺西塔の心礎

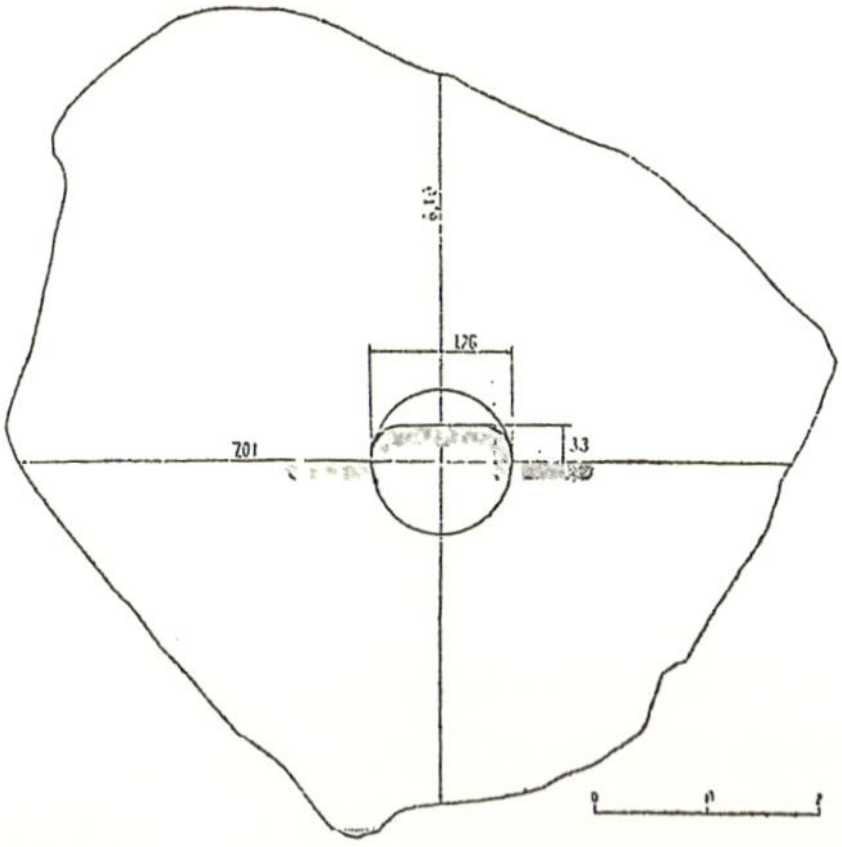

図 21　本薬師寺西塔の心礎の実測図（足立康『薬師寺伽藍の研究』より）

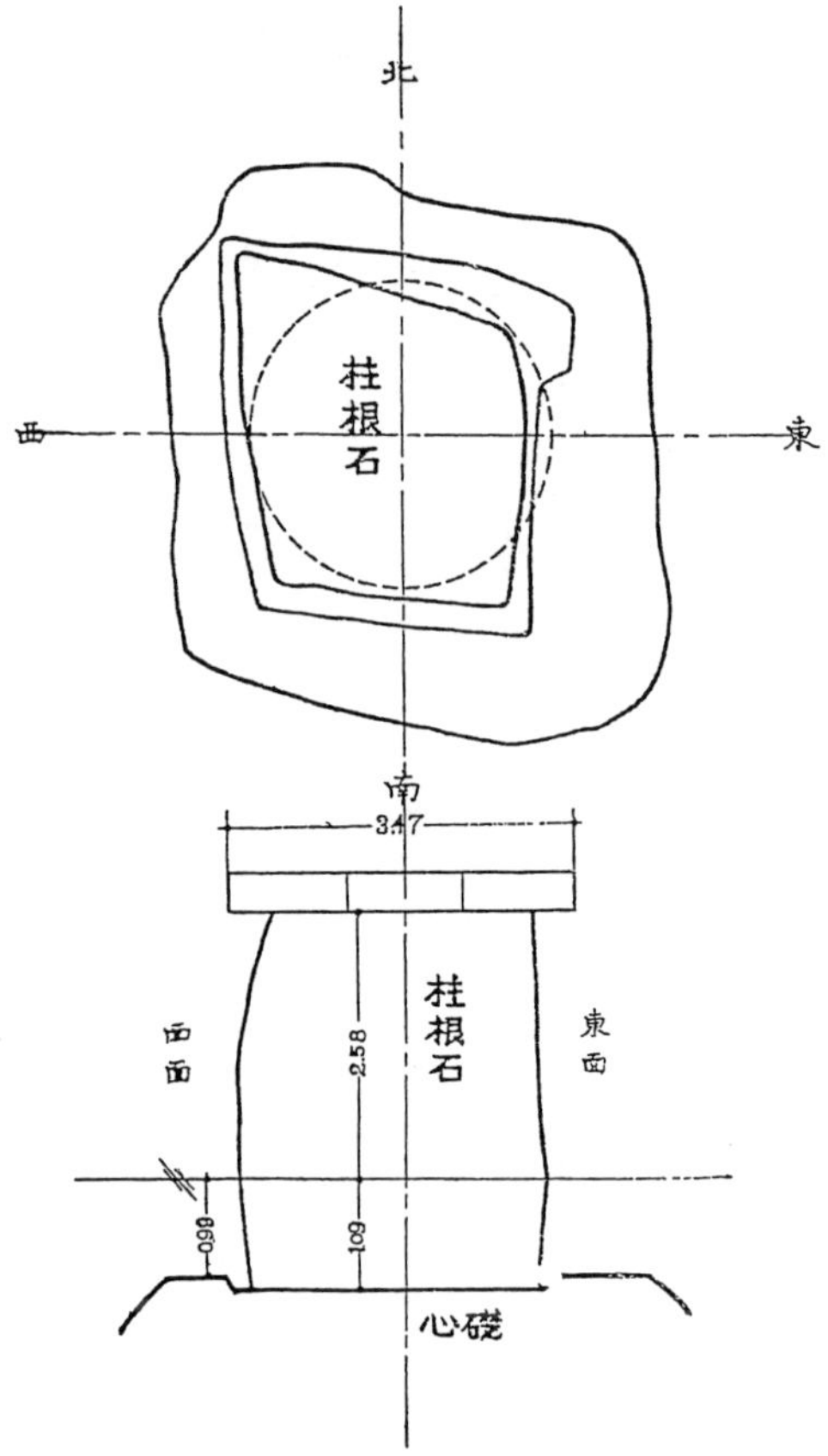

図 22　平城薬師寺東塔の心礎の実測図
（『薬師寺東塔及び南門修理工事報告書』より）

まで移したという例は寡聞《かぶん》にして知らない。法隆寺の若草伽藍などのように、すべてが失われた跡に心礎だけ残っているという例が少なくないことからみても、心礎は動かしにくいものであったことが知られる。したがって、移転すればその後に造り直さねばならないことがみすみすわかっている本薬師寺のような場合、心礎の移転は、はじめから問題にならなかったにちがいない。

それに、本薬師寺東塔の心礎と平城薬師寺西塔の心礎とでは、同形式とはいえ、同時期の工作とは思えないところがある。両者の孔の寸法の違いはわずかであるが、よく見ると孔の工作の状態に違いがある。すでに足立氏も一部指摘されたように、本薬師寺東塔の心礎では三重孔の各円心が一致せず、孔の側壁が垂直でなしに少し内に転んでいるところがあり、舎利納置孔の側壁には若干胴張りが認められる。

これに対して平城薬師寺西塔のものでは三重孔が比較的同心円に近く、孔の壁に転びや胴張りはない。また本薬師寺東塔の心礎は西側正面に直線的な一辺を向けているだけだが、平城薬師寺西塔の心礎では東側正面をきちんと直線に造り出している。要するに平城薬師寺西塔の心礎のほうがずっと丁寧に仕上げられているのである。しかもこの平城薬師寺西塔の心礎には、心柱受孔の周囲に排水用の溝（心柱頂部から伝わってくる雨漏りの水を受けたものだろう）があり、そこに溜まった水が石の外に抜け出るように、北側には斜めに排水穴まで造られている。これは本薬師寺東塔の心礎にはみられない。これらを勘案すると平城薬師寺西塔の心礎は、本薬師寺東塔の心礎とは別の時期に、それを模し、かつ新たな改良を加えて造られたとみるのが妥当であろう。

平城薬師寺の西塔跡には心礎のほかに二個の礎石が残存しているが、これらも、柱座の方形造出しの高さ（一一センチメートルぐらい）が本薬師寺金堂・東塔跡の礎石の柱座（七センチメートルあまり）より、かなり高いから、移転されたものとは考えられない。

心礎の形式に代わって、ここで新たに着目したいのは、本薬師寺東塔の心礎と平城薬師寺西塔の心礎の寸法上の近似についてである。町田甲一氏作成の実測図[30]（図17、図19）によれば、舎利納置孔の深さにおいて三・七センチメートル、心柱受孔の深さにおいて二センチメートル、いずれも平城薬師寺西塔のほうが浅いが、石蓋受孔の深さでは両者一致し、舎利納置孔径、石蓋受孔径、心柱受孔径はほとんど一致しているといってよい。これは注目すべきことであると思う。

とくに建築との関係上重要なのは、心柱受孔の径がほぼ等しいという点である。本薬師寺東塔のそれが九六・〇センチメートル（南北方向）ないし九五・八センチメートル（東西方向）、平城薬師寺西塔のそれが九五・〇センチメートル（南北方向）ないし九五・一センチメートル（東西方向）であるから、その差は一センチメートル以下にすぎない。ところで心柱受孔を設けるのは心柱がずれないようにするためであるから、心柱受孔の径は心柱の径に等しいとみてよい[31]。したがって二個の柱孔の径がほぼ等しいということは、とりもなおさず、そこに立っていた心柱の径がほぼ等しいものであったことを意味する。ほぼ等しいといったが、その差はわずか心柱径の百分の一にすぎないのである。二本の心柱の径はまったく一致していたと表現してもいいすぎとはいえないであろう。

それは、二本の心柱材が実は同一のものであったことを暗示している。すなわち、本薬師寺東塔の心柱は、平城薬師寺に運ばれて西塔の心柱として再使用されたと考えられよう。またそうなると、本薬師寺東塔は解体されたことになり、その部材は当然平城薬師寺における塔の造営に使われたことになろう。

二個の心礎が、心柱受孔の径だけでなく他の部分の寸法においても近似していること自体も本薬師寺東塔の移建を暗示している。というのは、本薬師寺東塔が建ったままの状態では、仮に心柱受孔の径を測れたとしても、その深さや、柱下に隠れている舎利孔、石蓋受孔の径や深さまで測ることは不可能だからである。それが可能だったということは、平城薬師寺西塔の造営前に本薬師寺東塔は解体されていたことになる。

以上のように考えるのが自然であり、かつ妥当であると思われるが、次のような批判が出るかもしれない。平城薬師寺の塔は本薬師寺の塔と規模形態が同じだったのであるから、心柱の太さが同じなのは当然のことで、それを移建の根拠にすることはできない、と。

二つの心礎の寸法上の一致が以前から知られていたにもかかわらず、そこから移建説を導きだせなかったのは、こうした考え方があったからであろう。しかし、平城薬師寺東塔の心柱径は八六・七ないし九二・四センチメートル（『薬師寺東塔及び南門修理工事報告書』より）であるから、西塔心礎の心柱受孔の径とは、八・三ないし二・七センチメートルもの違いがあるのである。このように向かい合って立っていた一対の塔の心柱の太さにおいてさえ数センチメートルの差があるのであるから、遠く隔たった二つの寺の塔の心礎の心柱受孔の径が一センチメートル以下の差しかないのは、単なる模倣ということでは説明できない。また、同一の心柱が立っていたということを認めなければ理解できないことであろう。

本薬師寺の塔の心礎と平城薬師寺の塔のそれとの間には二、三十年の違いしかないから、前者を造った石工《いしく》も生存しており、絵図寸法書の類も存在していたはずだから、両者の一致も怪しむに足らないという意見もある[32]。だが平城薬師寺西塔の心礎を造るにあたって本薬師寺の古い絵図寸法書にもとづいたか、それとも本薬師寺の心礎を新たに実測して作成した絵図寸法書にもとづいたかは、もとより知るすべはない。したがって問題は、平城薬師寺西塔を新造する場合に、その心礎をわざわざ本薬師寺東塔のそれと同一寸法に造るということが果たしてありえたかどうかである。私はまずないであろうと考える。

まだまだ木材に恵まれていた当時のこととはいえ、元口三尺あまりの心柱材を求めることは、そうたやすいことではなかったはずであり、心礎のほうが前にできている場合には、その寸法に合った材を捜さねばならないのであるから一層難しくなる。太目の材を削って指定の太さにするということもできなくはない。やむを得ざる場合ならそうするかもしれない[33]。だが先に心柱材を求め、それを仕上げ、しかる後にその太さに合わせて心礎の心柱受孔を造れば、そんな無理をする必要ははじめからないのである。したがって、心礎に水抜きまで造った細心の工匠なら必ずや心柱の太さに合わせて心礎の心柱受孔を造ったにちがいないであろう[34]。その場合には心柱受孔の径が本薬師寺の塔のそれとほとんど一致するなどということは、よほどの偶然でも起こりえないはずである。ところが事実として一致しているのである。ということは本薬師寺東塔を解体し、その心柱材を平城で西塔のそれとして用いる計画があったために、平城薬師寺西塔の心礎を本薬師寺東塔の心礎と同一寸法に造った、と考えるほかなかろう。

本薬師寺の塔、とくに東塔の平城移建を否定する論拠として、嘉保二年（一〇九五）の本薬師寺の

（東）塔跡における舎利三粒の発見[35]が取り上げられていることは最初に触れた。だが本薬師寺が平城薬師寺創建後も存続していた以上、舎利が残されたのも当然で、それは非移建の証拠にはならないと思う。名称、伽藍形態とも等しい二寺のことである。分舎利が行われたと考えられよう。[36]本薬師寺の東塔が解体された理由の一つは、心柱下に納められた舎利を取り出すのに、それが必要だったということが考えられる。またその東塔の心柱が平城薬師寺で西塔のほうに使われたのも、平城では舎利が西塔に納められたためであろう。

五、平城薬師寺東塔の塔身

平城薬師寺東塔の形態上の特徴が、三重の塔身の各重に裳層が付属している点であることはいうまでもない。初重にのみ裳層が付いている塔の例はいくつかあるが、平城薬師寺東塔のような例は他に知られていない。その塔身と裳層の構造上の結合関係をみると、次のようになっている。

初重の裳層柱は、その上の組物部分で、大断面の繫虹梁《つなぎこうりょう》によって塔身の側柱と結ばれている。また裳層屋根の隅木《すみぎ》と地垂木《じたるき》の一端は、塔身側柱の側面に打ち付けられた垂木掛長押《たるきがけなげし》に載っている。二重・三重では、それぞれ初重・二重の塔身地垂木に置かれた土台に腰組が組まれ、その上に根太《ねだ》が敷かれて床になっている。裳層柱は、その上に立ち、平《ひら》では塔身の空間を貫く通《とお》り肘木《ひじき》によって向かいあう裳層柱と結ばれて安定を保っている。[37]初重と違って裳層柱筋と塔身の柱筋とは一致していないので、裳層柱と塔身側柱を結ぶ太い繋虹梁というものはない。それに相当するのは隅柱上の隅肘木四本だけで、それらと床隅木が塔身側柱に枘差《ほぞさ》しになっている。裳層屋根の隅木と地垂木は、塔身側柱に打ち付けられた垂木掛長押にそれぞれ一端が固定されている（図23、図24、図25）。

東塔の塔身と裳層は外観上一体のものとしてとらえられるが、両者の結合関係は二重・三重においては意外に疎であり、構造的には塔身のみが独立して存在でき、裳層のほうは塔身に依存している[38]。裳層が移建の際に新たに付加されたのではないかと疑われた理由の一つも、そのようなところにあろう。

そこで平城薬師寺東塔に本薬師寺の塔の旧材が使用されているかどうかを検討するにあたって、両者を分離し、ここではまず塔身のほうだけを問題にしたい。方法としては、本薬師寺の塔だけが有する形態的特徴に注意すればよい。

⑴本薬師寺の塔の四天柱内には木製須弥壇が設けられていたと考えられるが、平城薬師寺東塔の四天柱にその痕跡はあるか。

四天柱に旧須弥壇の痕跡と認められるものはない。四天柱には須弥壇ぐらいの高さに横材を入れた痕とみられる埋木《うめぎ》があるが、東・西面と南・北面とでは高さが異なるから、それらは後補の貫材《ぬきざい》の痕と考えられる。正保年間（一六四四〜一六四八）に須弥壇を造る際に旧仕口《しぐち》を利用したのではないかという想像も不要だと思う。現須弥壇は非常に高く、それは心柱と根継石の間を支える厚板の上端レベルをそのまま須弥壇の高さとしたためで、この高さはかなり偶然的なものとみられるからである。したがって四天柱は本薬師寺の塔の旧材である可能性がまったくないといってよいであろう。なお四天柱の上部に

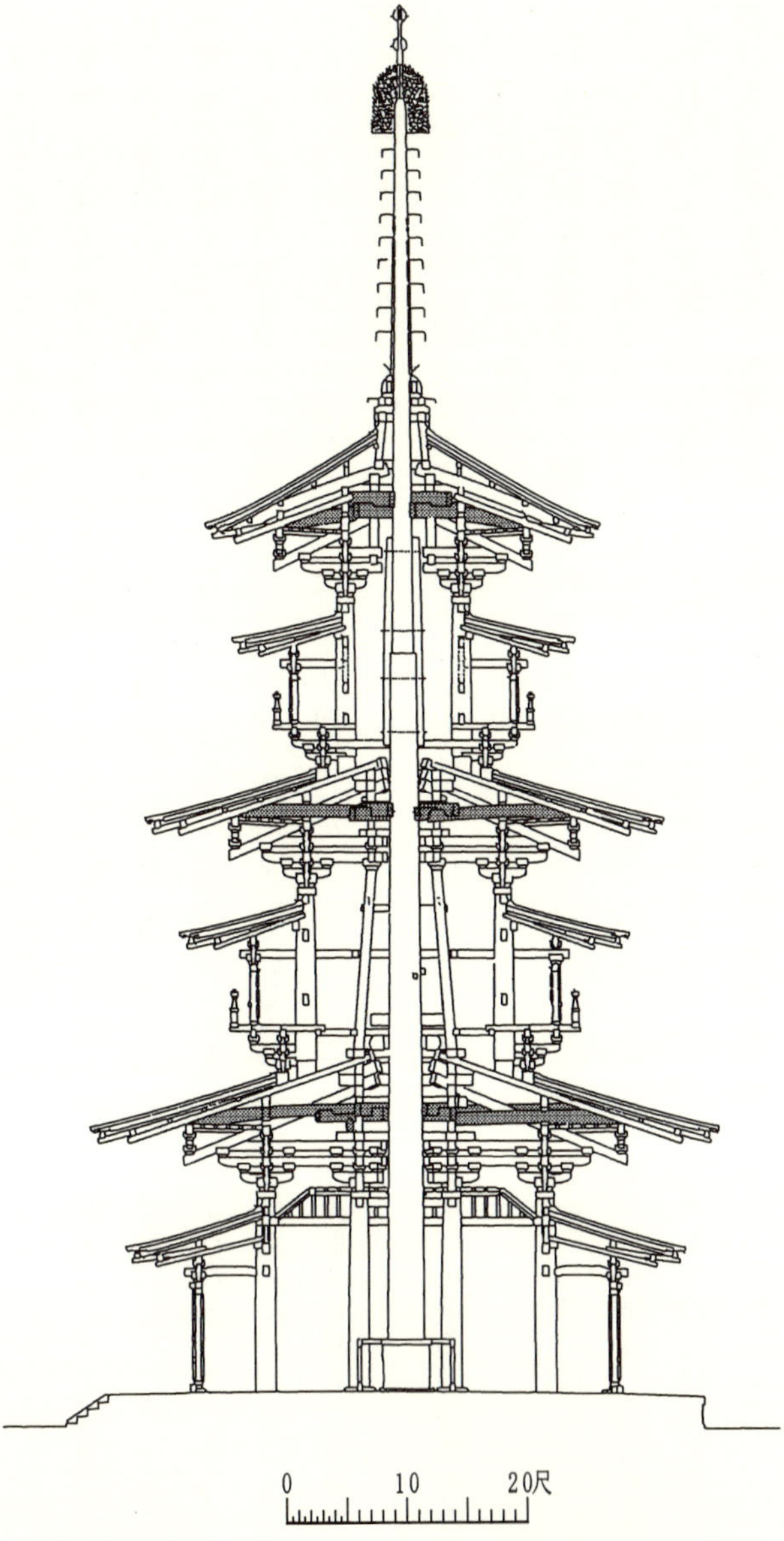

図 23　平城薬師寺東塔の現状断面図

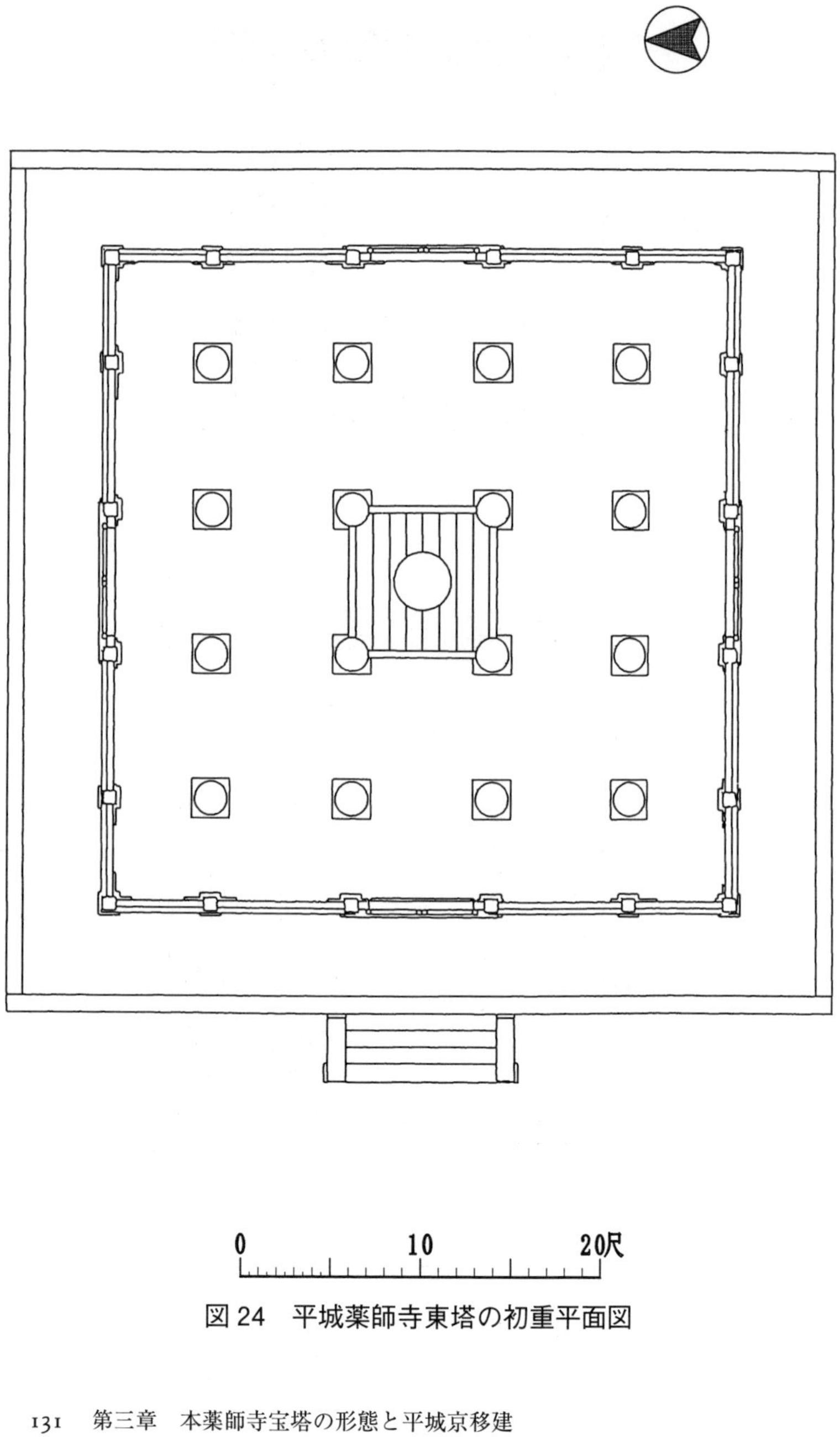

図 24　平城薬師寺東塔の初重平面図

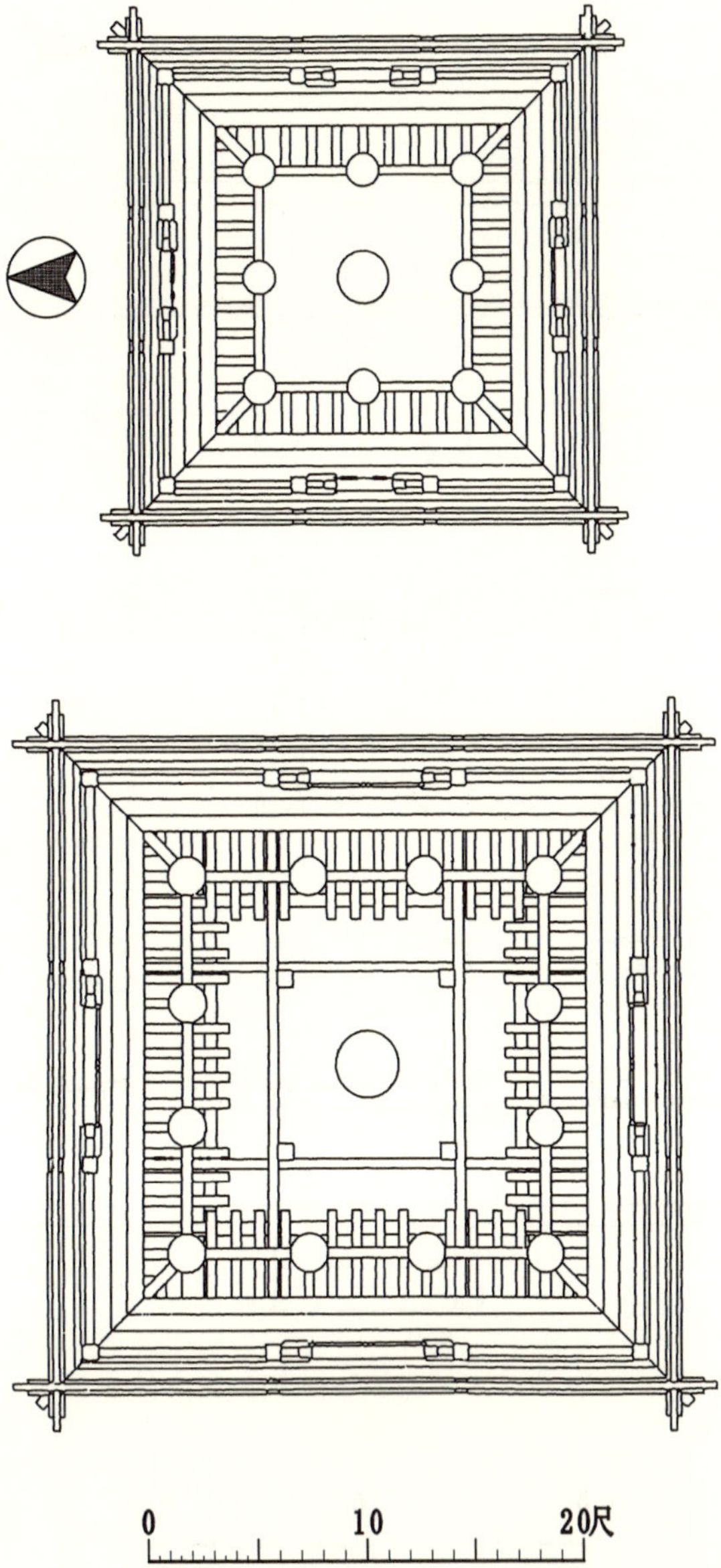

図 25　平城薬師寺東塔の二重（下）・三重（上）平面図

は、頭貫下端《かしらぬきしたば》から三尺あまりの壁があった痕跡が遺っている。

(2)本薬師寺の塔では当初、側柱間に柱間装置があったと考えられるが、平城薬師寺東塔の側柱にその痕跡はあるか。

側柱には中段に大断面の横材を柱間に入れた痕とみられる埋木がある。しかし、それはすべての柱間にあり、しかも東面と西面の埋木が南面と北面の埋木より低い位置にあるから、ある時期に補強用に入れた貫材の痕とみられ、柱間装置を取り付けた痕跡とは考えられない。したがって側柱もまた、すべて平城薬師寺で新たに調達した材であるといえる。

四天柱・側柱が本薬師寺の塔の旧材でないとなると、初重の塔身には旧材が使用されなかったと断定してまず間違いないだろう。また、そうなると二重・三重の塔身部も旧材ではなかろうと推定されるが、実際、次章で取り上げる側柱の内転びの問題を除けば、塔身部には問題となるようなところがない。したがって平城薬師寺東塔の塔身部に本薬師寺の塔の旧材が使用されている可能性はほとんどないといってよいであろう。

そうなると本薬師寺から平城薬師寺に移送された塔身材は一基分、すなわち前述した本薬師寺東塔のそれだけだったことになる。またその材は平城薬師寺においては西塔の塔身部として使用されたことになろう。この結論は、本薬師寺東塔の心柱材が平城薬師寺では西塔に立てられたという第四節の結論とも符合する。

六、結　語

〔本薬師寺の塔の形態〕　本薬師寺の創建塔は平城薬師寺の東塔と基本的には同形態であったが、以下の二点においてそれと異なっていた。その一は、平城薬師寺の塔に造られたような釈迦八相成道の塑像群像がなく、四天柱内には木製須弥壇が設けられていたという点であり、その二は、初重では塔身側まわりに壁（あるいは連子）・扉があって、裳層が吹放ちであったという点である。

平城薬師寺の西塔跡で行われた発掘調査の結果、当初の西塔の基壇は、東塔の基壇の現状より一辺で〇・六メートルほど小さく、高さは、それより高く約一・五メートルであった（東塔の基壇は現在半分ほど埋まっていることになる）[39]。この規模は、もちろん本薬師寺の塔のそれを踏襲したものにちがいない。そこで、これらの点を考慮して平城薬師寺東塔の現状立面図から本薬師寺の創建塔の立面図をつくれば図26のようになる。

現在の平城薬師寺東塔をみると、全体として強い上昇感を感じさせるのに対し、初重裳層の横長の壁面が不調和に感じられるが、本薬師寺の創建塔は初重裳層が吹放ちだったので、細い塔身部がみえ、全体としては足下のすっきりした調和のとれた形になる。二次的なものとオリジナルとの違いというべきであろう。

平城薬師寺においてその形態を踏襲しなかったのは、内陣に釈迦八相成道の塑像群像を新たに安置す

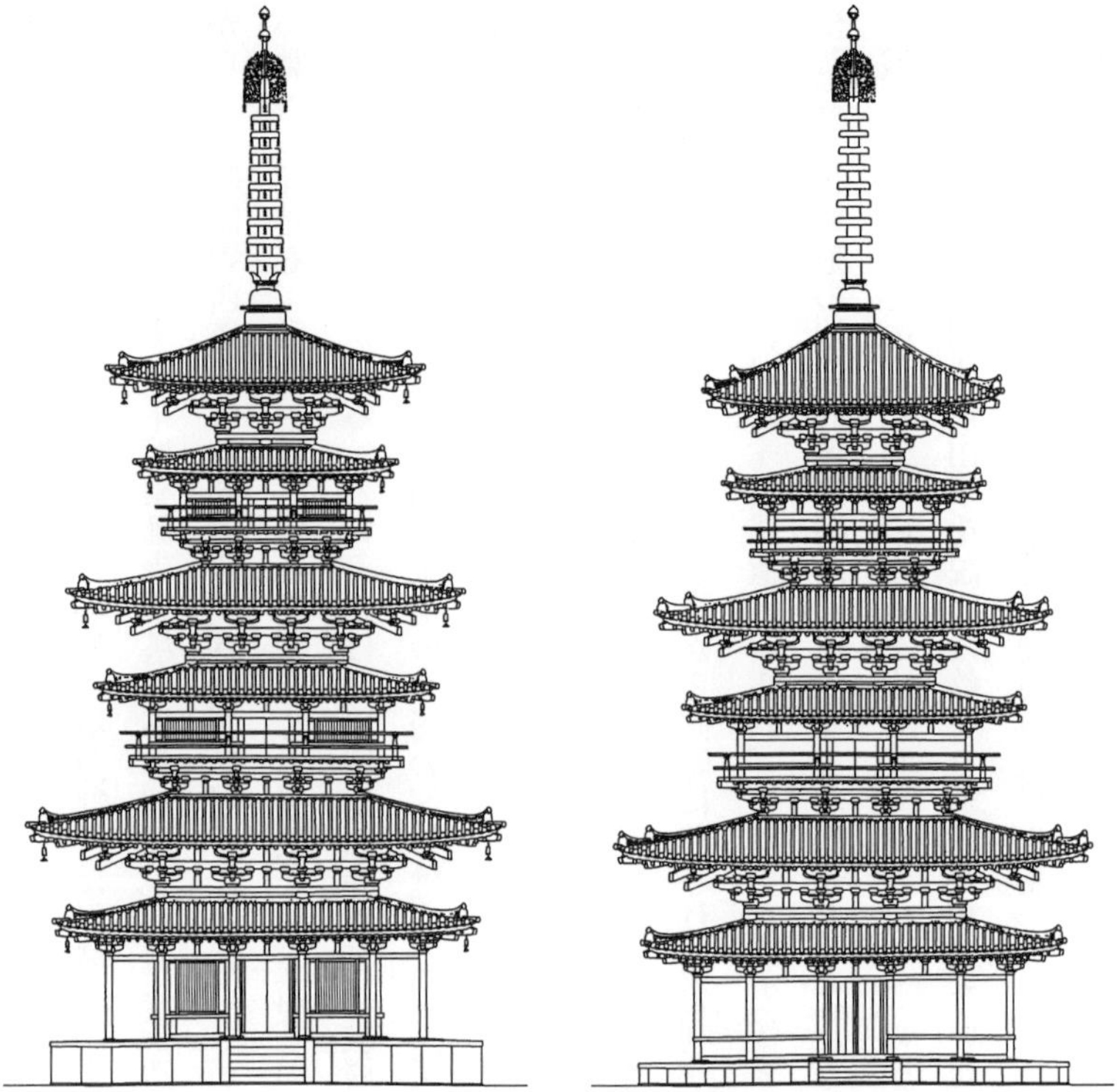

図 26　本薬師寺の創建塔の復原立面図
(右は平城薬師寺東塔の現状立面図)

る計画のほうを重んじたためで、それによって裳層を内部空間として取り込むほかなくなったのである。ついでにいえば、薬師寺より前に塑像群像を設けた法隆寺五重塔に二次的に裳層が付け加えられたのも、塑像群像の造立計画あるいはその拡張と関係があるのではないか、と私は考えている。

創建当時の本薬師寺と平城京に新設された薬師寺とでは、南大門・中門・回廊の規模などに関しても若干違いがあったことは第二章で明らかにした。

〔本薬師寺の塔の平城移建〕平城薬師寺の造営にあたって藤原

京の本薬師寺から塔が移建されたか否かという問題に関しては、ここで結論が得られた。すなわち本薬師寺の東塔だけが解体され、その心柱と塔身部材は平城薬師寺に運ばれて西塔として建てられたのであった。一方、現存する平城薬師寺東塔の塔身部は現在地で新造されたものであることが明らかになったから、本薬師寺西塔の塔身部は移建されずに同寺にとどめられたことになる。解体された本薬師寺東塔の裳層の部材も、常識的には塔身部と同じく平城薬師寺西塔のそれとして使われたと考えられようが、そうでない可能性がある。というのは、平城薬師寺東塔の裳層には本薬師寺の塔の旧材が使用された疑いがあり、そうなると本薬師寺東塔の裳層の部材は、ここ（平城薬師寺東塔）に使われたということもありうるからである。この点に関する検討は第四章の課題とするつもりなので、ここでは塔身部に限って述べておくことにしたい。

平城薬師寺に移送された本薬師寺東塔の塔身部の部材が、平城薬師寺では東塔ではなく西塔として建てられたのは、本薬師寺東塔の心礎から同時に移された舎利が、平城薬師寺では西塔の心礎に奉安されることになったのに対応する措置とみられ、また舎利を安置する塔を東塔から西塔に変えたのは、新たに釈迦八相成道の塑像群像を塔内に造立する計画があったためであるから、結局、本薬師寺の創建塔と平城薬師寺の塔との間に種々の相違を生ぜしめた源は、この塑像群像であったことになる。

本薬師寺には、創建の由来を説いた銘文を刻した相輪をいただく塔が平安時代まで存在していたので、平城薬師寺の創建にあたって解体移建された塔があったとしたら、それは銘文のないほうの一基だけだったはずであるということを、第一章の結びで述べたが、本章の結論はそれと一致するものになった。

さらに移建された塔が本薬師寺の東塔であることが明らかになったので、移建されなかったのは本薬師寺の西塔ということになる。本薬師寺における西塔の完成は東塔に先だつことはなかったと思われるから、その時期は伽藍の造営がほぼ終ったと『続日本紀』に記される文武二年ごろのことであったはずである。銘文は伽藍主要部の一応の完成を機に西塔相輪に掲げられた、ということになろう。

インドでは造塔銘を刻した石板などを舎利とともに塔内に安置した。また舎利を納めずに縁起法頌《えんぎほうしよう》の銘や経典などを法舎利《ほうしやり》として納めた奉献塔・記念塔の類も古くから存在していた(40)。本薬師寺では舎利と銘文を二塔に頒かっていたのである(41)。

本薬師寺において移建すべきものとして東塔を選んだのは、分舎利に必要な舎利を心礎から取り出すためであったろうから、それが平城薬師寺でふたたび舎利塔である西塔として建立されたのも自然というべきであろう。平城薬師寺では後になって（私は本薬師寺の塔が法成寺に移建された際とみている）、銘文を東塔のほうに追刻したが、それも、ここでは西塔が舎利塔にあたるということを考慮したからにちがいない。

第二章で明らかにしたように、本薬師寺に当初存在した二口の仏門のうち、中門は平城薬師寺の創建にあたって移建され、南大門のほうはとどめられたために、平城薬師寺ではこれを後に新造したのであった。ここで明らかになった塔の移建・造立の方法が、この仏門の場合と似ているのは注目される。これらの例からみるかぎり、少なくとも伽藍主要部に関しては、本薬師寺の堂塔の半数が移建され、残る半数を平城薬師寺において新造したのではないかと思われる。

〔本薬師寺における塔の再建と改造〕醍醐寺本と護国寺本の『薬師寺縁起』塔条に「宝塔四基、二口在本寺」という『流記資財帳』の文が引用されていることは最初に触れた。これも第一章においてすでに明らかにしたように、その『流記資財帳』は天平の『流記資財帳』であり、大安寺や法隆寺などとともに天平十九年に撰録されたものとみられる。したがって本薬師寺では、移建によって失われた塔をそれまでに再建し終っていたことになる。『薬師寺縁起』が塔条においてのみ『流記資財帳』の文を掲げて本薬師寺の分を明示しているのを不審とするむきもあったが、第二章で詳しく論じたように、仏門条の『流記資財帳』の文も本薬師寺に関するものであり、しかもその内容は信頼できるものと認められる。また『薬師寺縁起』『流記資財帳』の史料批判的検討は、この後の金堂に関する論考（第五章）においても続けて行うつもりであり、それによって『流記資財帳』の条文の信憑性に対する疑いも払拭されるものと思う。

法成寺に移建された本薬師寺の塔には釈迦八相成道の塑像群像が安置されていたが、それが造立されたのは再建の時期、すなわち平城薬師寺における塔の造立と前後するころであったと思われる。『流記資財帳』が本薬師寺の塔と平城薬師寺の塔を合わせて四基と記しているのは、両寺の塔にすでに同じように塑像が造られていたからに相違ない。仮にそうでなく、本薬師寺の塔に違ったものが安置されていたのなら、本薬師寺の宝塔二口は当然、その安置仏とともに平城薬師寺の宝塔二口とは別々に記されたはずだからである。再建された本薬師寺の東塔は、塑像群像を容れるために平城薬師寺の東塔などと同じように造られ、また以前からある西塔のほうも、そのように改造されたにちがいない。

終りに一つ興味深い文献記事を挙げておこう。それは『大日本仏教全書寺誌叢書　四』所収の「薬師寺縁起」（絵入り）と「大和国添下《そえしも》郡右京薬師寺縁起」（絵入り、享保元丙申歳黄鐘中澣　東大寺別当兼華厳宗長吏《ちょうり》安井門主前大僧正道恕の奥書を有する）にみえる次のような内容のものである。

天平六年春三月。聖武天皇の叡願に依て。東塔を建立し給ひにけり。西塔は。此より先。持統天皇既に建立ありけり。ここに至りて。東西両塔始て角立しぬ。梵刹荘厳備れりといひつへし。（後略）

西塔が持統天皇の造立で、東塔が天平の造立であるというのは、平城薬師寺創建後の本薬師寺の塔に関する本章の結論と一致する。また町田氏のように文中の天平六年三月を聖武天皇即位六年（天平二年＝七三〇年）の誤りとみれば、この記事を平城薬師寺に関するものとすることもできるが、その場合でも、西塔が持統天皇の造立になるという記載は、西塔塔身が本薬師寺の塔の旧材からなるとする本章の結論と、やはり符合する。これらの史料は、その信憑性を単独に証明するすべはないが、本章の結論をいささかなりとも傍証するものとして注目しておきたい。

なお、本薬師寺東塔の塔身の旧材を用いて建てられた平城薬師寺西塔は、享禄元年（一五二八）九月七日に、筒井順興の兵火に罹《かか》って金堂などとともに焼亡した。[42]

第三章注

（1）宮上茂隆「薬師寺東塔檫銘考」『建築史研究』三八、彰国社、昭和四十七年。

（2）宮上茂隆「薬師寺仏門・回廊の規模形態と造営事情」『日本建築学会論文報告集』二〇九、日本建築学会、昭和四十八年。

（3）町田甲一「薬師寺論争の経緯」『大和文化研究』一一―一〇・一一、大和文化研究会、昭和四十一年。金堂の薬師三尊像など仏像に関する諸家の説は、福山敏男・久野健『薬師寺』（東京大学出版会、昭和三十三年）に詳しく紹介されている。薬師寺研究の現状は、「奈良六大寺大観」第六巻『薬師寺全』（岩波書店、昭和四十五年）によって知られる。

（4）関野貞「薬師寺東塔」『建築雑誌』二〇〇、日本建築学会、明治三十六年。関野貞「薬師寺東塔考」『国華』一五五・一五八、国華社、明治三十六年。

（5）天沼俊一『日本建築史要』六三頁、飛鳥園、昭和二年。天沼俊一「天平時代の建築について」『天平の文化』朝日新聞社、昭和三年。ただし東塔についてはいずれも簡単にしか触れていない。また後の『日本建築』（弘文堂、昭和十七年）では移建とも非移建ともしていない。

（6）大岡実「南都七大寺建築論　二　薬師寺」『建築雑誌』五一九、昭和四年。大岡実『南都七大寺の研究』所収、中央公論美術出版、昭和四十一年。

（7）喜田貞吉「薬師寺東塔建築年代考」『歴史地理』七―五、日本歴史地理学会、明治三十八年。喜田貞吉「薬師寺東塔は古建築物年代鑑定の一好標準」『歴史地理』七―一〇、明治三十八年。

（8）裳層を除いた建物本体を指す術語は統一されていない。「身舎」がしばしば用いられ「シンシャ」と訓まれたりしているが、それは本来「モヤ」と訓まれ、「庇」（ヒサシ）と対になる語であるから、裳層を除く建物本体（普通の仏堂ではモヤとヒサシからなる）を示すのに用いるのは適当ではない。「主屋」の語も使われているが、それは建物群中の中心的建物を指す場合にも用いられるから、これも適当ではないだろう。「塔身」の語はまれにしか使われていないが、私はこれが「裳層」と対になる術語としてふさわしいと考える。

(9) 田中重久「本薬師寺創立の研究」『考古学』一一—一〇、東京考古学会、昭和十五年。

(10) 第一章の注(19)でも触れたように、『薬師寺縁起』は醍醐寺本『諸寺縁起集』と護国寺本『諸寺縁起集』に所収のものと薬師寺本の三つが現存する。塔に関する『流記資財帳』からの引用は醍醐寺本と護国寺本『諸寺縁起集』に収録された『薬師寺縁起』に存在する。しかし、薬師寺本『薬師寺縁起』にはその記載がない。

(11) 足立康「本薬師寺塔婆に関する疑問に就いて」『考古学雑誌』二〇—一一、日本考古学会、昭和五年。
足立康「薬師寺東塔建立年代考」一〜四、『国華』四八三・四八五・四八七・四九一、国華社、昭和六年。

足立康「薬師寺東塔非移建論」『東洋美術』特輯号日本美術史　三、飛鳥園、昭和七年、その他。

足立氏の薬師寺に関する研究は「薬師寺伽藍の研究」『日本古文化研究所報告』第五、日本古文化研究所、昭和十二年にまとめられている。

(12) 喜田貞吉「足立康君の薬師寺に関する新研究を読む」『考古学雑誌』二一—二、昭和六年。
丸山二郎「『本薬師寺塔婆に関する疑問に就いて』の疑」『歴史地理』五七—二、昭和六年。

(13) 家永三郎「法成寺塔婆に関する資料」『建築史』二—四、吉川弘文館、昭和十五年。

(14) 板橋倫行「法成寺三重塔は薬師寺の移建ではなくて模建」『日本歴史』六九、日本歴史学会、昭和二十九年。

(15) 石田茂作「塔の中心礎石の研究」『考古学雑誌』二二—二、昭和七年。
石田茂作「出土古瓦より見た薬師寺伽藍の造営」『伽藍論攷』養徳社、昭和二十三年。

(16) 東塔に関する章を含む前半部は福山氏の執筆とみられるので、以下そのように扱わせていただく。

(17) 奈良県教育委員会に所蔵されていることになっているが、見せてもらうことができなかった。

(18) 同じような趣旨のことを足立氏は「薬師寺東塔非移建論」(前掲書、注11)の注において憶測として付け加えられた。

(19) 東大寺の東塔跡には現在礎石は遺っていないが、明治末年に礎石抜取跡を実測したところでは、中の間二〇・六尺、脇の間一六・七尺であった（村田治郎「東大寺の建築」近畿日本叢書『東大寺』所収、昭和三十八年）。

(20) 福山・久野、前掲書、九〇頁、注（3）。
福山氏は、地覆座の造出しがない礎石だけが設計者の注文にかなったもので、地覆座のある礎石は石工の造り誤りによるものと解釈されている。また、それがそのまま使用されていることについては、立柱を急いだために削り取ることができなかったという事情を想定しておられる。しかし、側柱の礎石のなかで地覆座のない方形柱座だけのものは二個しかなく、しかもそのうちの一個は上面の仕上げが粗雑であるから、このほうが注文どおりの礎石であったようには思えない。むしろ誤って造られたのはこれら地覆座のない方形柱座のほうで、地覆座を削り取ることはできるが新たに付け加えることはできないので、そのまま使用されたものとみられる。

(21) 関口欣也「中世禅宗様仏堂柱間　二」『日本建築学会論文報告集』一一六、昭和四十年。

(22) 伝熹年「唐長安大明宮含元殿原状的探討」『文物』文物出版社、一九七三年。

(23) 西川新次『法隆寺五重塔の塑像』二玄社、昭和四十一年。
田辺三郎助「塔本釈迦八相像残欠」、「奈良六大寺大観」第六巻『薬師寺全』解説、その他による。

(24) 福山・久野、前掲書、九一頁、注（3）。

(25) 町田氏は、この塑像頭部について、「やゝ斜めに顔を向けた老人風の俗体の人物」をあらわしたもので、「顔の向きや斜め向きのまゝ扁平に作られてゐる点などから、浮彫風の塑像のやうに思はれるが、然りとすれば、これは法隆寺五重塔内の塑像や、平城薬師寺の西塔内に安置されてゐたといふ――その断片より察して――塑像とは違つた形式のものであつたことにならう」と述べておられる（坂本万七・町田甲一『薬師寺』三六頁、実業之日本社、昭和三十五年)。したがって、それが仮に塔内に安置されていたものの一部としても、本薬師寺創建塔の安置仏は、平城薬師寺のそれとは、やはり違ったものであったことになろう。

(26) 本薬師寺の塔内に当初から塑像群像があったという立場をとると、四天柱の礎石の地覆座も石工の造り誤りとせざるをえなくなる。

(27) 『摩訶僧祇律』に「伽藍を作る場合には塔処は東または北に作れ」とある(高田修「僧院と仏教」『仏教芸術』六九、毎日新聞社、昭和四十三年)。関係があろうか。

(28) 根継石の下に隠れて舎利容器納置孔があるのではないかと疑うむきもあるかもしれないが、平城薬師寺東塔の心礎は西塔の心礎と違って美しく仕上げられていないから、舎利安置の施設が造られているとは思えない。また舎利が安置されていたら正保年間の修理のときに見つかっているはずで、それに関する何らかの伝承が残っていなければならないだろう。

(29) 石田説にしたがえば、本薬師寺では東西の塔に舎利が納められていたことになるが、そのような例はほかにないから、ありえないことだという批判である。だが、本薬師寺と同時代の新羅の四天王寺(六七九年創建)・望徳寺(六八五年創建)ではそうなっていた(榧本杜人「日鮮上代寺院の舎利荘厳具について」『仏教芸術』三三、昭和三十三年)。四天王寺は新羅が半島統一したのを記念して建てられたもので、わが薬師寺はこれを意識して造営されたと推定されている(福山・久野、前掲書、注3)くらいであるから、本薬師寺の東西塔の心礎に舎利が奉安されていたとしても、あるいはおかしくないかもしれない。

(30) 坂本・町田、前掲書、注(25)。自作の実測図によるよりも、以下の考察に客観性を与えることができると思うので、あえて町田氏の図と実測値を使わせていただいた。

(31)「心柱受孔を造った心礎を有する古代の塔で、現に遺っている唯一のものである法起寺の塔（心柱受孔は八角形）において、心柱は受孔いっぱいにはまっている」（石田茂作「塔の中心礎石の研究」前掲書、注15）。

(32) 足立康「薬師寺東塔非移建論」（前掲書、注11）。

(33) 本薬師寺で東塔を再建したときは、そのやむを得ざる場合に相当することになるが、そのころになると心柱の固定に以前ほど気を使わなくなったとみえ、心礎に枘あるいは枘穴を設ける程度の例が多いから、本薬師寺でも心柱受孔にちょうど合う心柱材を造るというような面倒なことをせず、もっと簡単な方法をとった可能性があろう。

(34) 薬師寺の復原再建工事の棟梁をしておられた法隆寺大工西岡常一氏に念のためお聞きしたところ、心礎を造ってから心柱材を求めるというようなことは、工匠として絶対にしないだろうという答えであった。

(35)『中右記』永長元年（一〇九六）五月二十三日条、および承徳二年（一〇九八）十月十二日条。『七大寺巡礼私記』にもそれに関する記事がある。

(36) 町田氏は、分舎利をしたとすると本薬師寺東塔には当初六粒が安置されていたことになるが、そんな半端な数であったはずはないから、やはり分舎利は考えられないといわれる（坂本・町田、前掲書、注25）。しかしながら、榧木氏の「日鮮上代寺院の舎利荘厳具について」（前掲論文、注29）などによって、日鮮上代寺院の塔に安置された舎利の数をみると、次のようになっていて、一定の原則があったとは考えられないから、六粒を半端とする理由はない。

日本の事例		朝鮮半島の事例	
飛鳥寺	百余（粒）	芬皇寺	五
山田寺	八	皇福寺	四

四天王寺　六　　通度寺　四

崇福寺　三

法観寺　三

法輪寺　二

四天王寺が六粒で、半数の三粒の例もあるところから、本薬師寺でも当初六粒があり、分舎利によって三粒が残されたという可能性があろう。

(37) 三重裳層でも当初はそうなっていたにちがいないが、現在は通り肘木が途中で切られて、塔身の側柱間に入れた貫に固定されている。

(38) 塔身各重の屋根の小屋裏にみられる太い横材（網かけした部分、図23参照）は、明治修理の際に補強として入れた桔木《はねぎ》。

(39) 薬師寺伽藍発掘調査団『昭和四十四年度　薬師寺伽藍発掘調査概要』。

(40) 高田修「インドの仏塔と舎利安置法」『仏教芸術』一一、昭和二十六年。

(41) 一つの伽藍内に二基の塔が並立する例は隋唐ごろの中国では珍しくなく、新羅やわが国の例がそれに倣ったものであることはいうまでもない。その場合、二基の塔がおのおのどのような意義をもつかは一つの問題であろう。新羅の仏国寺では西塔を舎利塔、東塔を多宝塔とし、四天王寺・望徳寺では前に触れた注（29）のように両塔に舎利安置の施設があった。薬師寺は、この四天王寺を意識して造営されたといわれているが（福山・久野、前掲書、注3）、この点では違っていたことになる。

(42) 足立康「薬師寺西塔焼失年代に関する誤謬」『考古学雑誌』二一―一一、二二―一、昭和六、七年。

第四章　平城薬師寺宝塔の建立

一、緒　言

前章の「本薬師寺宝塔の形態と平城京移建」の主な結論は次のとおりである。

(1)本薬師寺の塔の形態は、平城薬師寺の遺構である東塔と基本的には同一であった。ただし、当初においては初重に違いがあり、平城薬師寺東塔が裳層まわりに壁・扉を設けているのに対し、本薬師寺の塔は裳層まわりを吹放ちとし、塔身の側まわりを囲っていた。また本薬師寺の塔の四天柱内には、平城薬師寺東塔にはない（現在あるのは後補）木製須弥壇が設けられていた。平城薬師寺の塔では、新たに巨大な釈迦八相成道の塑像群像を安置するために広い内部空間が必要だったのである。

(2)平城薬師寺の創建にあたって、旧都藤原京の本薬師寺では東塔一基が解体された。そしてその塔身部材は平城薬師寺に運ばれて西塔の塔身として組み立てられた。

(3)平城薬師寺東塔の塔身は新材によって建てられた。

本章では前章の後半を受けて、平城薬師寺の東西塔、なかんずく現存する東塔の建立事情を明らかにしようとするものである。塔身が新造であるという前記(3)の結論を重ねて確認すること、残る裳層部分に本薬師寺の塔の旧材が果たして使用されているかどうかを明らかにすることの二点が主要な課題となる。前記(1)の結論に留意しつつ、いままでいくどか行ってきた東塔の調査をふまえて、関係するとみられる建築的問題点のいくつかについて詳細な検討を加えたい。

二、平城薬師寺東塔の初重裳層

(一)裳層柱およびその礎石

平城薬師寺東塔初重の裳層柱は全部で二十本、そのうち十五本が当初材と認められ、残りはその感じからして、明治期の修理より以前、江戸時代の修理の際の取り替え材とみられる（図27。以下の文中で取り上げる裳層柱と繫虹梁の位置は、図27における番号によって示す）。当初材の柱をみると、現在外側に面している側の風蝕《ふうしょく》が内側に比してずっと少ない。そして内側の面には激しい風蝕の痕と、それをはつりとった痕跡とがみられるから、柱の内外面が入れ替えられていることは明らかで、それは柱に新材を補充したのと同じ時期の仕事であろう。江戸時代には何度か修理が行われているが、郡山城主本多家の援助による寛永二十一年（一六四四）の修理と正保二年～三年（一六四五～四八）の修理の際と考えるのが妥当と思われる。[1] ただし、東北隅の柱11は当初から隅柱で内外面の入れ替えも行われていない。

ここでまず問題にしたいのは北面にある当初材の二本の柱、柱7と柱10である（図28）。これらの柱だけは外側頂部に大きな埋木がある。それは形や大きさからみて、もと頭貫《かしらぬき》が入っていた痕を埋めたものであることは明らかである。同じ柱の内側頂部には同じ位置に埋木がなく、鏝頭金物《まんじゆうかなもの》を打ったとみられる釘穴《くぎあな》だけがあるから、埋木部分に頭貫が入っていた時期に、これら二本の柱は隅に使われていたと考えられる。

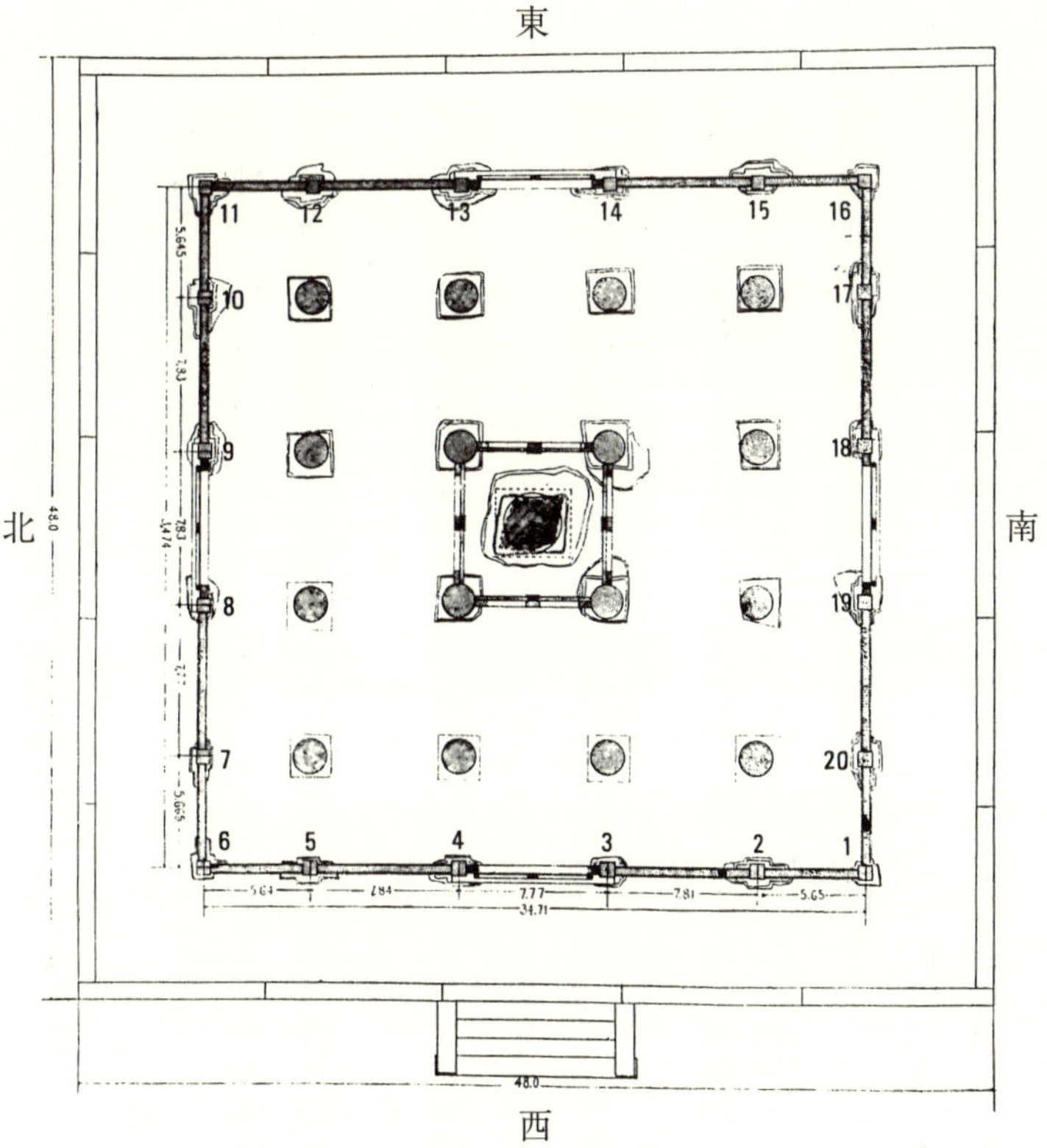

図 27　平城薬師寺東塔の現状実測平面図(足立康『薬師寺伽藍の研究』より。番号は新たに付け加えた。裳層柱のうち、1、6、12、15、16 が後補材)

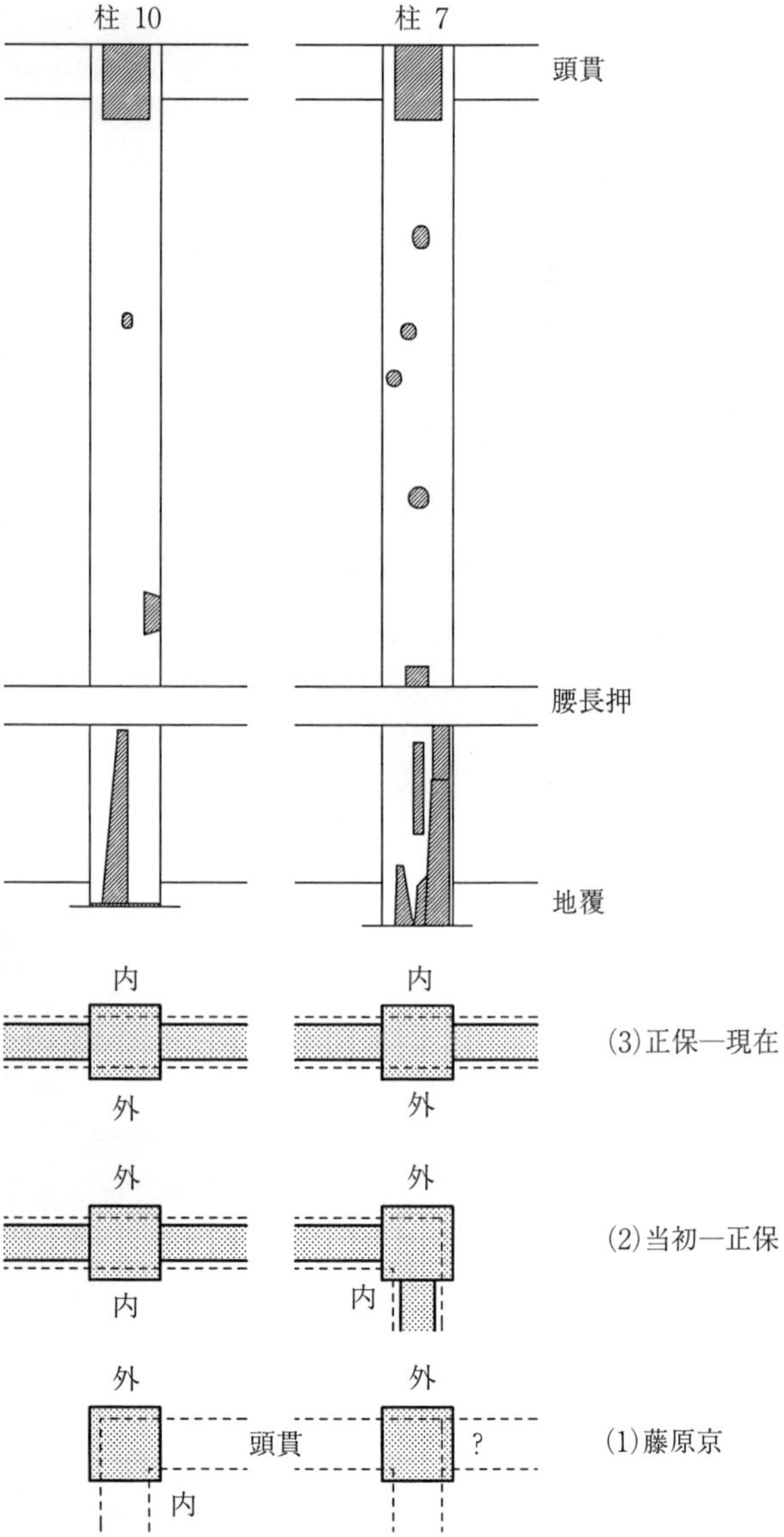

図 28　平城薬師寺東塔の初重裳層柱(柱 7 と柱 10)の立面と柱位置の変遷
(斜線で示した部分は埋木)

図 29
平城薬師寺東塔の初重裳層柱 7
(左の写真は中段の埋木の内側)

図 30
平城薬師寺東塔の初重裳層柱 10
（左の写真は上段の埋木の内側）

以上の二本のうち柱7のほうは、現在内側になっている面に激しい風蝕痕があるだけではなく、外側の面でも右角の部分には相当の風蝕を削りとったと思われる痕があり、面の中央部と段差を生じているほどである。これに対し左角部の風蝕はわずかで、中央部ではさらに少ない（図29）。このような状態からみて柱7は、正保までは現在の内側面と右側面とを外部に向けた隅柱であったものを、その時点で現在の位置に移動したと考えられる。

柱7の外側面には、頭貫の埋木の他にも、いくつかの埋木がみられる。現在、各重の裳層の四面は中央間を扉口とするほかはすべて土壁になっているが、浅野清氏は、各重の裳層に腰長押《こしなげし》が回っていること、二重、三重では頭貫下面に方立状《ほうだてじょう》の部材が取り付いた痕跡があること、そして初重では、いま問題にしている柱7の外側面の埋木などの痕跡を根拠に、当初は連子窓《れんじまど》が入っていたであろうと推定しておられる。そこにおいて柱7の外側面の埋木は、腰長押の直上の四角い埋木が、方立および連子子《れんじこ》を嵌め込んだ横材の痕、それより上方の腰長押から柱頂部までを三等分する位置にある二個の丸い埋木は方立を柱に取り付けた太枘《だぼ》の痕と解釈されている。だが後者の丸い埋木を取りはずしてみたところでは、裏に約三・五センチメートル角の穴の痕が認められ、それは壁下地の間渡《まわた》し材《ざい》の痕ともみられるので、少なくとも初重裳層の端間に関しては、連子窓であったかどうかに疑問が残る。とはいえ、柱7の外側面の痕跡を柱間装置《はしらまそうち》に関係するものとみることには私としても異論はない。

一方、柱10は、柱7と同じくもとは隅柱であったのに、風蝕・埋木いずれの状態にも柱7とは違いがある。

柱10の内側は、側面だけに風蝕が遺り、正面は手斧《ちような》ではつられているが、もとはそこにも激しい風蝕があったことは確かで、現に木目に沿って縦に幾条もの溝が遺り、ことに下方ではそれが内部にまで浸透し裏側（現外側）にまで達している。これに対して現在外側に面している側では、わずかの風蝕しか認められない（図30）。したがって、現在内側を向いている面が長年にわたって外部に面し、それが内外面を入れ替えられた時点から、まだ短い歳月しか経っていないことになる。つまりこの柱10は、長い期間、平の柱として使われ、正保になって他の当初の柱と同じく内外面を入れ替えられたわけで、そのときに隅から平に移された柱7とは経歴を異にすることになる。また、柱10が一定期間、平側の柱であったとなると、この柱が隅にあったのは、それより以前の、しかも短期間であったということにならざるをえないが、その点は、外側面の風蝕の状態からも裏づけられる。

すなわち、この柱が隅に立っていたとき、現在の外側面の左あるいは右の角部は、一方は風雨にさらされ、他の一方は内側の入隅であったはずであるが、現在みる風蝕は全体にほとんど一様であって、強いて比べれば左半部のほうが若干風蝕が多いと感じられる程度であり、しかもその左半部の風蝕といっても内側に比べれば、ごくわずかといってよい。ということは、隅柱であった期間は、平にあった期間に比べて、はるかに短かったということになる。

柱10に関してもう一つ注目すべきは、それが隅柱として使用されていた期間に柱間装置が取り付いていなかったとみられることである。柱7の腰長押の上方にあるような埋木は柱10にはない。図28に示したように、柱10全体としては頭貫の埋木を含めて四ヵ所の埋木がある。だが腰長押より下方にある大きな埋木は、前記の内側から浸透した風蝕を埋めたものであり、腰長押の上方、右角の埋木も、位置および形からみて柱間装置と関係するものとは考えられないだろう。その上方の円い埋木を取りはずしてみると、そこには斜め左方に向いた、ごく小さい釘穴らしきものがあったにすぎない。

以上で明らかになったことは、柱10は平に移される前に短い年月ではあるが隅柱として使われていたこと、その間その部分の裳層の柱間は開放吹放ちだったということである。ところが、第三章で明らかにしたように、平城薬師寺の塔では、はじめから初重裳層の周囲に柱間装置を設けるように計画されており、当初、初重裳層の柱間を吹放ちにしていたのは本薬師寺の塔のほうであったのである。そうなると柱10は最初は本薬師寺の塔の部材であったということになろう。柱間の吹放ちの期間が短かったという点も、本薬師寺の創建から平城薬師寺の創建までの間が三十年ほどしかないということとよく対応する。つまり、柱10は本薬師寺の塔の裳層の隅柱であったものが、平城薬師寺に運ばれて裳層の平の柱として使われ、さらに江戸時代に内外面が入れ替えられて今日に至っているということになる。

柱10が本薬師寺の塔の旧材であったとなると、他の裳層の当初材も旧材である可能性が強いであろう。柱7が本薬師寺にあった当時、隅柱であったかどうかは不明とするほかないが、前述した柱間装置のための仕口などは平城薬師寺に移された後で造られたことになろう。その柱間装置の当初の形式を推定することが難しいのは、旧材に二次的に工作を施してそれを設けたことに、その一因があるのではないかと思われる。

また、ある柱を短い年月だけ隅に使った後で平に移すということは新材の裳層では考えられないこと

図 31　平城薬師寺東塔の初重裳層柱の礎石（上から順に柱 5、柱 6、柱 12、柱 13）

であり、それ自体、裳層の移建を想定することなしには理解しがたいように思われる。では移建の際に、なぜ隅柱を平に移したのであろうか。理由はおそらく柱の長さに関係があろう。

本薬師寺に遺っている当初の礎石は、いずれも正方形に近い柱座を造り出したもので、地覆座《じふくざ》のある場合には、それを柱座と続けて同じ高さに造り出している。そして、凝灰岩の床敷の遺っている平城薬師寺の東塔塔身と金堂でみると、柱座が床面よりわずかに高くなるくらいに礎石は据えられている。地覆座のある礎石では、地覆材を水平に置くためにも礎石レベルはこのように同一でなければならない。ところが、平城薬師寺東塔の裳層柱の礎石は地覆座が造られているにもかかわらず、おのおの高さが異なり、高いものは五寸ほども敷石面からとびだしているのである。そのために地覆材（現在のものはすべて後の取り替え材）を礎石の突出に合わせて欠いて使用している[2]（図31）。それは矛盾しており、不自然なやり方といわざるをえない。どうしてもそうせざるをえない事情があったからに相違ないが、それは裳層柱が本薬師寺の塔の旧材であり、それらの長さがすでに一定ではなかったことによるのではないかと思われる。

本薬師寺では塔の初重裳層の柱間は開放であったから地覆はなく、したがって裳層柱の礎石のレベルの統一にこだわる必要がなかった。しかも当時の塔の造営は、本薬師寺の東塔跡の礎石からみるかぎり拙速の疑いがあるから、各裳層柱の礎石のレベルに高低差があり、そのために裳層柱の長さに長短の斑《むら》があったということは充分ありうることであろう。そうした本薬師寺の塔の裳層柱を平城薬師寺東塔で使用するにあたり、本薬師寺の塔の裳層柱の礎石のレベルを平城薬師寺東塔のそれとどのように調整したかは知るよしもないが、平城薬師寺東塔の裳層柱の礎石の高さの不揃いはその結果であろう。したがって本薬師寺で隅に使っていた柱を平に移したのは、意図的であったかもしれないが、[3]あるいは調整の不手際でそうせざるをえなくなったということも考えられよう。

(二)化粧裏板と彩色板

東塔初重の内部は、塔身内が折上組入《おりあげくみい》れ天井《てんじよう》、裳層は化粧屋根裏になっており、いずれにも彩色画がある（図32）。塔身内の天井の格間《ごうま》には、格間四つで一花になる宝相華文《ほうそうげもん》が、支輪板《しりんいた》には蓮と宝相華唐草文とが一枚に一枝ずつ交互に描かれている（図33）。また裳層の化粧屋根裏にも塔身内の支輪と同じように蓮と宝相華唐草文が垂木間に一枝ずつ交互に描かれている（図34）。塔身内の天井と支輪板には彩色画が直接描かれているのに、裳層の化粧屋根裏では垂木間ごとに一枚ずつ釘で打ち付けられた二分ほどの薄板に描かれている。そして、この薄板に隠された化粧裏板のほうには白土塗《はくどぬり》の痕跡が認められるのである。したがって彩色された薄板は二次的な仕事ということになるが、その文様の様式や、板の材質および風化の状態から、それらは創建当時のものと考えられている。

これらの彩色画は従来あまり重視されていないようである。ただ福山氏が、それを国内および中国の例と詳細に比較検討して、「初唐《しよとう》の、主として七世紀後半あたりの様式に従っているとすることができよう」という結論を出しておられる。[4]しかしながら、この種の宝相華唐草文は中国でも盛唐《せいとう》の時代にあってなお、初唐様式への復古主義的傑作も存在するから、それを本薬師寺創建のころか平城薬師寺創建

図 32　平城薬師寺東塔の内部天井

図 34　裳層垂木間の彩色文様

図 33　塔身天井の支輪の彩色文様

のころのいずれかに決定するのは困難であるとして、彩色画の様式年代と東塔の建立年代とを結びつけることには慎重な態度を持しておられる。また裳層の垂木間の彩色文様のある薄板については、「垂木間がもと白土塗の仕上げであったのを物足らないとして落成の直前か直後かに彩色した薄板を取付けたもの」と推定しておられる。福山氏は東塔の移建説を支持しておられるので「落成」といっても本薬師寺におけるそれと、平城移建後のそれとがあるはずであるが、どちらを指しておられるのかは、この文からは明瞭でない。

この彩色板はもっと重視されるべきだと思う。というのは、この種のやり方は他に例のないものだからである。したがってそれは、軽い思いつきで付加されたものとは思えない。

一般に化粧屋根裏は彩色画を施さないのが原則だったはずである。化粧裏板は本来、上に瓦葺の下地となる土が敷かれるものであるから、彩色画に適したところではない。また彩色画は建築工事が一応終ったところで行われるのが普通であろうが、すでに垂木間に打ち付けられてしまった化粧裏板に絵を描くというのは容易ではなかろう。それに、彩色画による荘厳が必要な空間なら、化粧屋根裏とせずに天井を設けるのが普通である。野屋根というものが成立して、内部に面する垂木・化粧裏板が、事実上、天井に近いものになった時代になっても、化粧裏板に彩色画を施す例がほとんどないのはそのためといえよう。したがって東塔の裳層が丸垂木である（そのために彩色板と垂木の間に隙間が生じている）にもかかわらず、彩色板によって化粧屋根裏を装飾しているのは、裳層内を荘厳しなければならない新たな要請にもとづいて考え出された一つの解決策だったにちがいない。

では裳層の化粧屋根裏を荘厳する必要はどうして生じたのであろうか、と考えたときに想起されるのは、すでに明らかにした本薬師寺の塔と平城薬師寺の塔との初重における相違である。本薬師寺の塔においては塔身側まわりに柱間装置があり、裳層は吹放ちになっていた。したがって裳層の化粧裏板は当然、単なる白土塗の仕上げだったはずである。一方、平城薬師寺の塔では、塔身内いっぱいになるような釈迦八相成道の塑像群像が新たに企画されたことから、裳層も内部空間として取り込まれた。そこにおいて裳層の空間は、本薬師寺の塔における四天柱外の空間（仏堂でいえば内陣柱の外側の庇）に相当するものになったので、それにふさしい天井画による荘厳が必要になったはずである。

平城薬師寺東塔の初重裳層の化粧裏板に白土塗の痕があり、その上に彩色板が取り付けられているのは、まさに以上の事実に対応するものである。したがって初重裳層の化粧裏板は、もともと本薬師寺の塔の部材であったことになろう。

平等院鳳凰堂の中堂には裳層が付属し、その三方は吹放ちであるが、背面部だけは裳層柱間に壁を設けて裳層の空間を堂内に取り込んでいる。中堂の殿身《でんしん》は三間×二間の母屋だけで、普通の仏堂にある庇の空間がないので、裳層でその分を補っているのである。そこで、吹放ち部分の化粧裏板はただの白土塗であるのに対して、堂内になった化粧屋根裏の部分には、垂木のみならず化粧裏板にまで、殿身部の天井に準じた華麗な彩色が施されている（ここの垂木は角垂木で、しかも細いから彩色するのはそれほど難しくなかっただろう）。これは平安後期に造られたものであるから東塔よりかなり時代が降るとはいうものの、右に示した解釈の妥当性を傍証する格好の実例というべきであろう。

東塔より二十年ほど遅れて造られた東大寺大仏殿は、東塔と同じように裳層を堂内空間の一部とする建築であったが、ここでは殿身全体（母屋と庇）に天井を設けて彩色したのに対し、裳層には各間に一つずつ倒蓮華《とうれんげ》が取り付けてあった。(5)また同じ造東大寺司《ぞうとうだいじし》によって建てられた法華寺浄土院の金堂では、倒蓮華が母屋の天井と庇とに取り付けられていた。(6)この倒蓮華というのは、東大寺法華堂の内陣天井にあって、現在、天蓋《てんがい》と呼ばれているものに相当する。(7)大仏殿の裳層、浄土院の金堂の庇、いずれの場合も隅の間にだけは倒蓮華がなかったが、それは、そこが化粧屋根裏であったために取り付けにくかったのであろう。化粧屋根裏部分を荘厳するものとして、東塔造営当時にこうした方法が知られていたら、丸垂木の間に彩色板を打ち付けるという、どうみても体裁がよいとはいえないやり方を採らなかったのではないかと思われる。

平城薬師寺東塔の彩色文様の様式について福山氏は久野氏との共著『薬師寺』のなかで次のように述べているが、本稿の結論はそれとも矛盾しない。

（唐草文様の）骨線が左右に波打つことは六朝《りくちょう》の忍冬唐草《にんとうからくさ》（五世紀の敦煌石窟一〇三洞の垂木間文様の例）以来の古い伝統をもつもので、法隆寺金堂の中の間と西の間の天蓋や橘夫人厨子《たちばなぶにんずし》の天蓋の支輪間の六朝風の蓮・忍冬唐草文、法隆寺金堂支輪間の初唐風の蓮唐草文にも明瞭に伝わる。薬師寺東塔ではこの波動は支輪間文様第一種では明瞭であるが、第二種では枝が重なる関係もあってやや明瞭でなくなり、垂木間文様では一層不明瞭になって茎は直立する状態に近くなっている。盛唐の様式を示す唐招提寺金堂支輪間の宝相花文は唐草というよりも切枝というのが適当なくらいに写実風になって六朝風な規則的な骨線の波動は全く忘れられている。

平城薬師寺東塔の塔身は平城における新造と考えられるが、それにもかかわらず天井支輪間の文様が初唐様に近いのは、本薬師寺の塔のそれを模した結果であろう。いや、東塔の彩色をするころには、すでに本薬師寺東塔の塔身を移建して平城薬師寺に西塔が建ち上がっていたであろうから、直接の手本はそのほうであったかもしれない。

裳層の垂木間の彩色板のほうは、塔身天井の支輪間の文様を模した可能性が強いと思われる。二種の唐草を交互に配している点のみならず、花や葉の描き方まで似ているからである。平等院鳳凰堂の中堂では、殿身天井の支輪間は薬師寺東塔と同じく二種の唐草を各間に一枝ずつ交互に配しているが、背面部裳層の垂木間は二間を一単位として宝相華《ほうそうげ》を組み合わせた変形菱形文を描いている。薬師寺の塔でも支輪間と垂木間とでは、塔身天井と裳層の化粧屋根裏との違いがあり、画面の形も異なるのであるから、本薬師寺の塔において、もしも垂木間に彩色を施していたのなら、その図案は支輪間とは違ったものになっていたにちがいない。またその場合には平城でもそれに倣ったに相違ない。しかるに、平城薬師寺東塔においてそうなっていないのである。ということは垂木間の彩色板は平城において新たに付け加えたもので、その際、支輪間の文様を模して間に合わせたということが考えられるであろう。その唐草が支輪のものより直線的になったのは、画面がより細長いためと、もう一つは福山氏が指摘された、時代による様式的傾向の変化とによるものであろう。

以上の考察で、東塔初重の裳層柱に本薬師寺の塔の旧材と認められるものが使用されていること、裳層の化粧裏板も本薬師寺の塔の旧材と考えられること、そして裳層柱の礎石は、本薬師寺の塔の旧材の柱を立てることを前提に据えられたらしいことが明らかになったと思う。そうなれば平城薬師寺東塔の初重裳層は本薬師寺東塔の初重裳層の移建と認めてさしつかえなかろうが、次節ではまた別の視点からこの結論を裏づける証拠を示したい。

三、塔身と裳層——柱の内転び問題

昭和二十五年から二十七年の東塔修理の後で出された『薬師寺東塔及び南門修理工事報告書』は、次のような事実をあげて、初重・二重の柱に当初は内転《うちころ》びがあった疑いがあると指摘した。

(イ)初重、二重の本柱（塔身側柱）上台輪の位置で、柱真（心）と大斗真（心）がちがつている。すなわち、台輪下の柱真（心）より、台輪上の大斗真（心）が、隅において初重では九分、二重では八分内方に偏つている。たゞし三重目にはこのような差はなかつた。

(ロ)初重内部の天井支輪受け長押の隅の留めが、すべて一寸前後の隙間を生じて埋木を施され、隅支輪の下部には継木が施されてあつた。

(ハ)初重身舎（塔身）ともこし（裳層）を結ぶ繋虹梁には、もこし（裳層）柱上大斗の旧当り痕跡が現在の大斗の取付位置よりやゝ内側に残つている。

(ニ)もこし地榧（裳層地垂木）は、その下ばに残る旧桁当りの痕跡によつて、後修理の際に木口を切断して、やゝ前方に送り出しているものが多く認められたがこの地棰（地垂木）下に残る、旧軒桁当りと、旧棰（垂木）掛当りのそれぞれの旧痕跡の間隔を実測すれば、現在寸法より、もこし（裳層）の出が、六分乃至一寸一分短《（ママ）》かくなる。

(ホ)もこし地棰（裳層地垂木）掛の隅の留《と》めに、隙間がある。

(ヘ)初重側柱礎石と、柱の据付位置の関係は、礎石がほゞ方形の切石であるのに、柱真（心）は、礎石真（心）よりやゝ内方に偏つている。

(ト)初重もこし（裳層）隅木の落ち掛りの旧仕口が、現位置よりも二寸前後内方に残つている。

以上のような事実が認められるとはいえ、これら外部から観察される旧痕跡や継木や埋木などの仕事が、いつの時代のものか、はっきりとした断定が困難であるとの理由で、『薬師寺東塔及び南門修理工事報告書』は、当初内転びがあったか否かに関する結論を保留している。だが、この内転びの問題と、それに関連するものとして挙げられた以上の事実の中には、移建問題に関係するものが含まれている可能性があるので、ここで深く考察してみたい。

以上の事項中、(イ)(ロ)(ホ)は同一事実を物語っている。(イ)に指摘される組物心と柱心とのずれは、当初計画によるものとはとうてい考えられない。組物心と台輪《だいわ》との関係は正常であるのに、柱頂部と台輪の心はずれている。報告書の記述は柱からみて組物心が内方に偏っているとなっているが、組物心からみれば柱が外側へずれていることになる（図35）。柱頂部は二次的に外に押し出されたと考えられる。組物心とのずれもその結果にちがいない。側柱頂部を二次的に外側へ移動すれば、側柱内側と外側に打ち付けられた支輪受長押と垂木掛長押は長さ不足になり隅の留《と》めで隙間が生じる。(ロ)および(ホ)はまさにそのことをいっているのである(図36、図37)。このことからみても側柱頂部が二次的に外側へ動かされた

図35　平城薬師寺東塔の初重塔身側柱と台輪

図36　平城薬師寺東塔の初重塔身側柱と垂木掛長押

図37　平城薬師寺東塔の初重塔身側柱と支輪受長押(上方の材)

ことは確かであろう。

ではいつ、またなぜそのような二次的変更をしたのであろうか。

周知のように台輪と柱頂部とは太枘《だぼ》によってずれないようになっているから、ずらすには太枘を造り直さねばならず、それを建築後にしようとしたら軸部まで解体しなければならない。しかし、それだけのために解体までするとは考えられないから、仮に解体されたことがあるとすれば、それは大修理の際ということになろう。だが、薬師寺東塔については、初重軸部まで解体して修理したという形跡はない。[8]

法隆寺西院の塔・金堂はたびたび修理され、ことに豊臣秀頼による慶長年間の修理工事は相当のものであった。にもかかわらず塔では五重の柱盤《はしらばん》以下、金堂では上層の組物から下方は解体による補修を受けていない。[9] 解体移築の例は珍しくないが、解体修理のほうはよほどのことがないかぎり行われなかったということが、この法隆寺の例からだけでも推察できよう。また法隆寺は、中世には聖徳太子信仰と法隆寺郷によって支えられ、豊臣、徳川両政権下でも法隆寺大工が重く用いられたために大修理を行える環境に恵まれたのであるが、薬師寺のほうは平安末以降は有力な外護者がなく、被災した金堂の復興すら思うにまかせぬ状態にあったのである。それに現状からみても、東塔は初重塔身までを解体して修理しなければならない状態が、かつてあったとは思えない。三重には組物、柱、柱盤に新材がみられるから、そこまでは明治に解体されたことが明らかであるが、それより以下は明治にも解体された形跡はない。

結局、初重・二重の塔身側柱頂部の移動は後世の解体修理の際の仕事とは考えられないが、それは柱頂部付近の現状からも首肯しうるところである。頭貫の柱に入りこんでいる部分と外部に露出している部分とでは、当然のことながら長い年月の間に風蝕に差が生じる。したがって、塔身側柱頂部を創建後相当たってから外側にずらすようなことを（仮にできたとして）したら、頭貫にはもとの柱位置を示す風蝕差の境が明瞭に認められるはずである。しかしながら、現状ではそれがみられない。また同じように台輪には、もとの柱頂部の位置が圧痕《あっこん》と風蝕差となって遺るはずであるが、それもみられない。しかも柱頂部は現に台輪にめりこんでよくなじんでおり、これが二次的変更の結果であるとは、とても信じられないのである。

柱頂部の移動が、従来一部に想像されていたような解体修理の結果ではないとなると、それは、当初の施工時における計画変更によるものと断ずるほかはない。では一体、どうしてこのような変更をしたのであろうか。結論から先にいえば、それは塔身が新造であるのに対して裳層が本薬師寺の塔の旧材であったことによるとみられ、計画変更は、そのために生じる寸法的ギャップを調整する必要から行われたものと考えられる。次にその証明をしよう。

㈠造営尺

東塔の塔身部と裳層の造営尺を求めてみる。その算出には柱間寸法によるのが適当であろう（以下とくに断らないかぎり、各柱間寸法は前掲の『薬師寺東塔及び南門修理工事報告書』の図面による）。

まず三重の塔身。二間で各柱間は現尺（一尺＝三〇・三センチメートル）で四・八五尺となる。当時の一尺は現在の一尺より若干短く、また柱間寸法は完数に近い値を使用していたとみられるので、実測値の四・八五尺は天平尺の五尺に相当するであろう。実測寸法から天平尺ℓの寸法を求めると、

$$(5.00+5.00)\ \ell=4.85+4.85$$

$$\ell=0.970$$

すなわち、現尺にして〇・九七〇ぐらいの尺が使われたことになろう。

二重の塔身は三間で各柱間の寸法は、現尺で五・四五、五・四二、五・四五である。いずれも天平尺の五・六尺に相当するであろうから、

$$(5.60+5.60+5.60)\ \ell=5.45+5.42+5.45$$

$$\ell=0.971$$

初重では、すでに問題にしたように柱心と大斗心とがずれているが、当初計画では現在の大斗心に柱心が一致していたはずであり、また現に柱心ではなく大斗心において柱間に相当する寸法が等間になっているのであるから、この部分から造営尺を求めるのが適当であろう。三間の各柱間は、現尺の七・七三、七・七四、七・七三であり、いずれも天平尺の八尺に相当するであろうから、

$$(8.00+8.00+8.00)\ \ell=7.73+7.74+7.73$$

$$\ell=0.967$$

このような方法ではもちろん、造営尺として厳密な数値を期待することはできないが、三重・二重・初重の値として、いずれも〇・九七〇尺前後の値が得られるのは偶然ではなく、その程度の尺が塔身部

の造営に使われたことを示していよう。それは天平尺の中でもかなり小さいほうに属する。では、裳層のほうはどうか。

初重裳層西側正面の柱間の寸法は北から順に次のようになっている（■は柱を示す）。

■ 5.64 ■ 7.84 ■ 7.77 ■ 7.81 ■ 5.65 ■

裳層柱は塔身側柱とは繋虹梁によって結ばれているから、中の三間だけから算出した造営尺は塔身のそれとほとんど一致する値になるが、それは裳層の造営尺とはいえない。その証拠に、初重塔身の造営尺として前に算出した〇・九六七尺によって裳層の端間を天平尺に換算してみると、

5.64÷0.967＝5.832…

5.65÷0.967＝5.842…

のように、半端な値になってしまう。裳層の端間は、裳層柱と塔身側柱の間隔に相当するのであるから、その計画寸法はもっと単純な数値であったはずであり、実際、第五章と第六章で明らかにするように薬師寺の金堂や講堂でもそうなっていた。したがって、東塔のそれは、いままでも考えられてきたように五尺八寸であったにちがいない。となると、端間五・八尺、中間の三間を八尺等間として、裳層全体の一辺の長さは三五・六尺で計画されていたことになる。現尺による実測値は、西面で三四・七一尺、北面で三四・七四尺であるから、これらをもとに裳層の造営尺ℓを算出すると次のようになる。

$35.6\ell=34.71$　　$\ell=0.975$（初重裳層西面）

$35.6\ell=34.74$　　$\ell=0.976$（初重裳層北面）

初重に関するかぎり裳層の造営尺は〇・九七五ないし〇・九七六尺であったとみてよかろう。それは天平尺としては平均的な大きさに相当する。また塔身部の造営尺に比べて一尺で五厘あまり大きい。この違いは決して小さいものとはいえないから、東塔塔身と初重裳層とは、やはりもともとが一体のものとして造られたものではないということになろう。

本薬師寺の塔の造営尺は大岡氏作成の東塔跡礎石実測図（図12）から求めることができる。その数値を検討してみると、礎石の中には多少動いていると認められるものもあるが、礎石相互間の相対的位置関係が当初からほとんど変わらずに保たれているとみられるところもある。いま仮に裳層の造営尺として求めた〇・九七五尺によって換算してみると、東第一列の中の間の実測値は七・八〇尺で、換算値はちょうど八・〇〇尺に、その南脇の間の実測値は七・九九五尺で、換算値は八・二〇尺、また北第一列の西脇の間も実測値が八・〇〇尺で、換算値は八・二〇尺になる。このようにきれいな数値が得られるというのは偶然ではありえない。それだけではなく、同じ換算法によって東第二列の中の間も実測値が七・七四五尺で、換算値は七・九四尺という八尺にごく近い値となり、北第一列と北側四天柱礎石との距離も実測値が七・九七五尺で、換算値は八・一八尺という八・二〇尺に、これまたごく近い値になるのである。したがって礎石からみるかぎり本薬師寺東塔の塔身は、換算に用いた〇・九七五ぐらいの尺を使用して建てられたと考えられよう。

本薬師寺東塔の塔身の造営尺が、前に求めた平城薬師寺東塔の塔身の造営尺と異なり、初重裳層のそれと一致するのは注目される。それは平城薬師寺東塔の塔身部が新造であったこと、そして裳層のほうが移建であったことを示唆するものである。第三章で明らかにしたように本薬師寺では東塔が解体され、その部材のうち、心柱と塔身材とが平城薬師寺の西塔の造営に使われたのである。したがって、平城薬師寺東塔の裳層に本薬師寺東塔の材が使われた可能性が大であろう。もっとも本薬師寺の東西両塔が同一の造営尺で造られたとすれば、造営尺の点だけからいえば、移建された裳層は本薬師寺西塔のそれであった可能性がないわけではない。

現在、平城薬師寺東塔の裳層柱は礎石の外側の辺と内側の辺の中間に立っていると認められるから、その礎石配置は本薬師寺の塔と同じくらいの尺を使って定められたものと思われる。それは礎石を据える段階で、すでに本薬師寺の塔の移建が予定されていたためかもしれない。

平城薬師寺東塔の二重裳層と三重裳層においては、柱間寸法から造営尺を決定するのが難しい[10]。したがって、それらの部材が本薬師寺の塔の旧材であると、ここで主張することはできない。ただ、仮に柱間寸法から求めた造営尺が塔身のそれと一致したとしても、それだけではそれら部材が新材であるという結論にもならない。なぜなら、旧材を組み立てる際に新造の塔身と同じ尺を使用したということもありうるだろうし、その場合、初重裳層だけがその尺を使用していないことになるが、それは礎石に規制されたという事情が考えられるからである。

平城薬師寺東塔の初重の側柱心と組物心とのずれの原因、すなわち本来、組物心に一致しているべき柱心を外側にずらす計画変更をした理由は、以上で明らかになったように塔身と裳層の造営尺の不一致に帰せられる。新造された塔身部は、使用された造営尺が本薬師寺の塔のそれより短かった分だけ、本薬師寺の塔身部より全体に小さくなったから、本薬師寺から移してきた裳層を取り付けるとギャップが生じる。そこで、そのギャップを少なくするために塔身の側柱を外側に出したものとみられる。

いま本薬師寺の塔の造営尺を〇・九七五尺、平城薬師寺東塔の塔身のそれを〇・九七〇尺として計算すれば、塔身の平面の一辺二四尺は二三・四〇尺と二三・二八尺になり、その差は一寸二分の違いとなる。ということは塔身側柱を平城薬師寺の基準尺どおりに立てた場合、六分だけ内側に立つことになる。それはまず礎石との間に不整合を生じさせる。前述したように平城薬師寺東塔の礎石配置は裳層の造営尺、すなわち本薬師寺の塔の造営尺と同じくらいの尺を使って定められたとみられるので、側柱の心が礎石の心より六分だけ内側にずれてしまう。礎石柱座の造出しは柱径より一まわり大きく造られているから、その寸法がみな正確に一定であれば、その程度のずれは問題でないかもしれない。だが実在する柱座は正方形ではないし、寸法にも斑《むら》がある。そのような場合には六分のずれでも、柱の中には礎石から一部はみ出てしまう恐れがある。そうしたことは建物の安定上、絶対に避けなければならないことはいうまでもない。そこで側柱心が組物心より外にずれている現状は、側柱を礎石からはみださないようにしようとの配慮から柱全体を外側に移した結果であるという推定が成り立つ。

ただ、『薬師寺東塔及び南門修理工事報告書』の指摘㈠にあるように、現状においても側柱の中には柱座の内側辺いっぱいに立っているものがあり、一本などはわずかながらはみだしているので、柱脚部と礎石とのずれは別の理由も考慮する必要があろう。つまり当初、内転びの予定だった側柱を垂直に変更して立てたという可能性もあるので、この点は後で改めて検討してみなければならない。

小さい塔身にそれより大きな裳層を取り付ける場合、建築自体としても問題が生じる。側柱と裳層柱を結ぶ繋虹梁は長さが不足し、とくに隅の繋虹梁ではそのギャップが拡大されてあらわれる。また、隅の側柱に取り付く（隅行を除く）繋虹梁は、相手の裳層柱を礎石心に立てると、側柱心と裳層柱心のずれから建物と直角方向に渡すことができず振れが生じる。さらに裳層屋根においても、塔身との取り合わせなどに不整合が生じることはいうまでもない。当初の予定位置を変更して塔身側柱を外側に移動したのは、こうした支障をすべて生じさせないためであったと思われる。

本薬師寺と平城薬師寺の造営尺の違いからは側柱心を六分ずらせば充分であるのに、『薬師寺東塔及び南門修理報告書』にあるように九分もずらしたのはなぜか。それは、計算によってではなく現場で調整したためであろう。それに、実測値で九分であっても計画値では一寸だったということもありうるが、その場合には当時の柱間計画の方法に準じて単純な数値である一寸を選んだのであろう。いずれにしても六分よりずっと大きいわけであるが、それは次に述べる内転びの問題が考慮された結果であろう。

㈡内転び

本薬師寺東塔跡の礎石配置において、塔身の中の間が八尺であるのに対し、脇の間がそれより大きい八尺二寸になっている点は注目される。塔でも仏堂でも、中の間が脇間より大きいのがむしろ普通だからである。平城薬師寺東塔からみて、組物部分そして柱頂部のレベルでは三間が八尺等間であったにちがいないから、礎石のレベルで脇の間が二寸だけ広くなっているのは、側柱および壁面がその分、下方で外側に開いていたこと、すなわち内転びであったことを示すものにほかならない。

では平城薬師寺の塔でも、当初は同様の内転びの計画があったのであろうか。

平城薬師寺東塔の礎石配置の精密な実測図はまだ作られたことがないようである。明治の修理の際に、沈下した塔身の礎石の高さを水平に揃えるために礎石上にセメントを被せてしまったところがあり、また現に建物が建っているので、実測したとしても精度にやや問題があったのかもしれない。私が礎石間を簡単に測ってみたところでは等間のようであり、そうであるならば内転びの計画ははじめからなかったということになろう。だが、前述したように、塔身側柱の心が組物心と一寸近くもずれている現状からは、次の二つの可能性が考えられる（図38）。

(1)最初九分ないし一寸の内転びにして立てる予定の側柱を、柱脚部はそのまま、柱頂部のほうだけ外に回転移動して垂直に改めた結果、ずれが生じた（図38の(1)）。

(2)最初から垂直に立てる予定の側柱全体を外に平行移動した結果、側柱心と組物心とのずれが生じた。（図38の(2)）。

どちらにしても計画変更の目的が塔身と裳層の造営尺の違いからくる建築的ギャップを埋め合わせることにあったことは前述したとおりである。では、(1)、(2)のいずれが事実であった可能性が大であろうか。

まず(1)の場合。一寸の内転びの側柱を垂直に改めると繫虹梁レベル（側柱全高の約六割）で柱位置は六分だけ外に移る。それは塔身と裳層の造営尺の違いからくる繫虹梁の長さの不足分に一致し、そこで

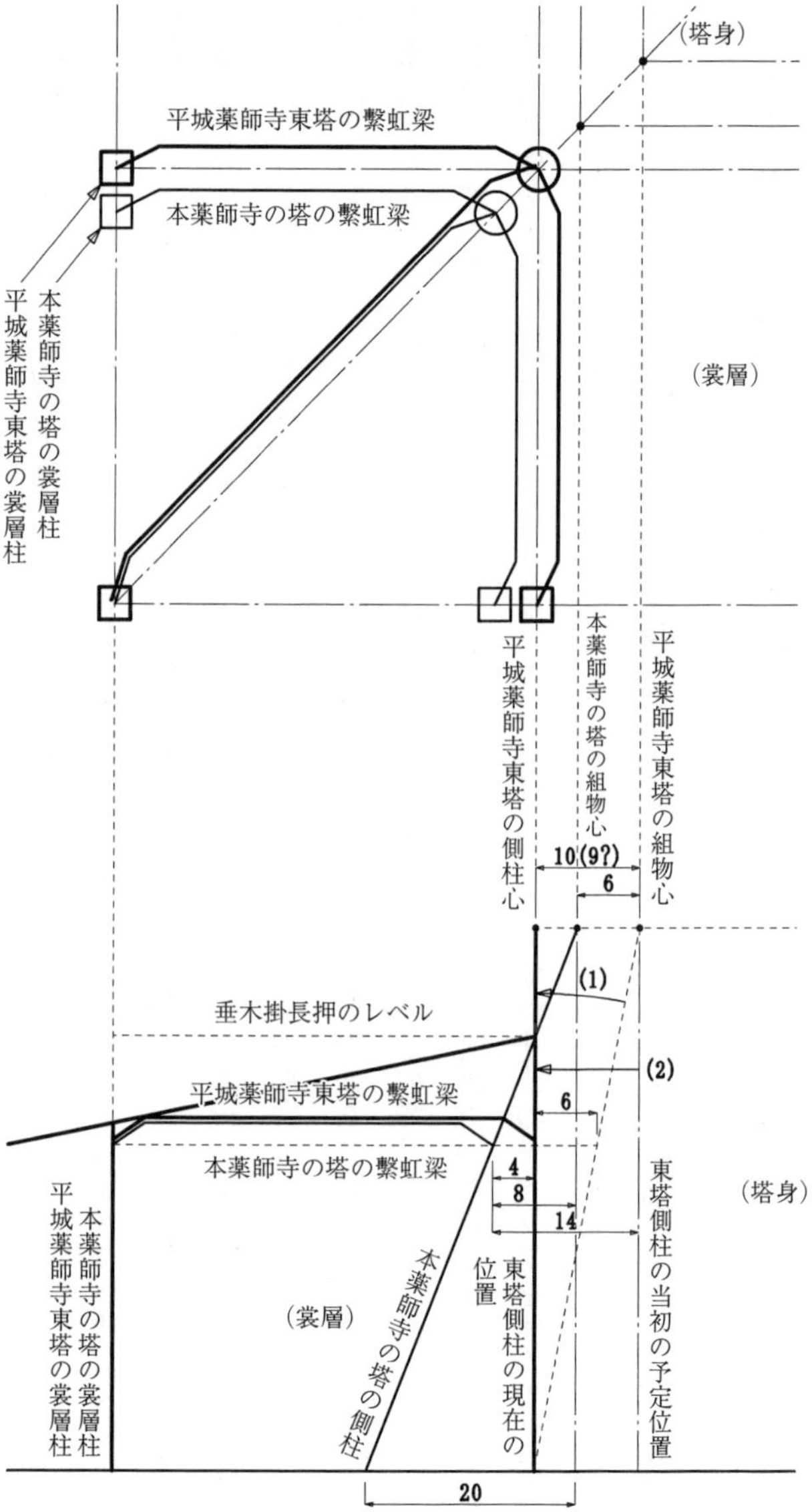

図 38　本薬師寺と平城薬師寺の塔の寸法関係を示す模式図
(上が平面、下が立面。数字の単位は分)

のギャップをちょうど埋め合わせることになる。一見合理的に見えるが、わずか六分のために側柱頂部を一寸ずらしたとは考えにくいから別の理由が考えられよう。

⑵の場合。本薬師寺の塔の側柱には二寸の内転びがあったので側柱を垂直にしたとすると、繋虹梁レベルにおいて八分内側に入ることになる。それがなくとも造営尺の違いによって、平城薬師寺の塔の側柱は六分だけ本薬師寺の塔より内側に立つのである。都合一寸四分、繋虹梁の長さ不足となる。また隅の側柱に取り付く繋虹梁（隅行を除く）は一寸四分の振れを生じ、隅行の繋虹梁の長さ不足は二寸にもなる。むろん、こうした大きな寸法上のギャップは裳層屋根にも不都合を生じさせることになろう。側柱頂部を組物心より一寸も外にずらすという思い切った変更をしたからには、そうせざるをえない深刻な事情があったからにちがいないが、それは以上のような点にあるのではないかと思われる。

したがって平城薬師寺の塔では、最初から側柱は垂直に立てる計画だったことになろう。また計画変更は、側柱全体の平行移動だったことになる。繋虹梁レベルでの寸法のギャップを埋めるには一寸四分ほど移す必要があったのに、それを実際に九分ないし一寸で止めたのは、組物心と側柱心とのずれが大きすぎて、側柱頂部が台輪から大きくはみだすようでは（現状でも少しはみだしている、図35）、これまた構造上問題であるという点を考慮してのことであろう。

平城薬師寺の塔の塔身側柱に最初から内転びの計画がなかったであろうことは、また別のほうからもいえそうである。

興福寺の中金堂と東大寺の金堂（大仏殿）は、いずれも裳層を有する（といっても、それらの裳層は薬師寺堂塔のものとはやや異なるタイプで、裳層柱は殿身部と同じ太い円柱。裳層の出も大きいので裳層屋根は殿身の屋根の内に納まらなかったはずである）仏殿であるが、前者の裳層が吹放ちであったのに対し、後者では裳層まわりは壁で囲われていた。大岡氏の作成された興福寺中金堂跡の礎石配置の実測図[11]を見ると、殿身の庇に相当する柱間の寸法が天平尺の一四尺にしては大きすぎる値になっており、その外側、すなわち裳層柱の側柱よりの出に相当する柱間のほうは天平尺の一〇尺にしては、逆に小さすぎる値になっている。これを前述の本薬師寺東塔跡の例に照らせば、殿身側柱にかなり大きな内転びがあったことになろう。一方の東大寺大仏殿はどうかというと、その側柱に興福寺中金堂の側柱に準ずる内転びがあったとしたら、もっと顕著に礎石間の距離の差としてあらわれるはずであるが、その形跡は認められていない。両者の建築としての大きな違いといえば、裳層が吹放ちであるか否かという点であるから、内転びの有無もその違いと関係があるとみるほかないだろう。

すなわち、裳層を吹放ちとする仏殿の殿身側柱は内転びにするが、裳層周囲を壁にする仏殿では内転びにしないという原則が当時あったものと思われる。裳層を吹放ちにした本薬師寺の塔の塔身側柱に二寸の内転びがあったのも、それに則《のっと》ったものであろう。したがって、平城薬師寺の塔では初めから塔身の初重側柱に内転びを計画しなかったのであろう。

組物心と側柱心がずれているという状態は平城薬師寺東塔の二重に関しても指摘されており、その差は八分という[12]。それは初重の場合と同様、当初の設計によるとは考えられず、二次的な計画変更で側柱頂部を外方に動かした結果であることは間違いないだろう。また、そうせざるをえなかった原因も、初重の場合と同じく、裳層部材が本薬師寺の塔の旧材であったということをおいてはほかにないだろう。

二重の塔身の一辺は一六・八尺であるから造営尺の違いによる側柱位置の違いは四分強ほどであり、またここでは各側柱と裳層柱をつなぐ繋虹梁というものがなく、それに相当するのは隅行の肘木《ひじき》と根太だけだから、寸法的ギャップといっても、初重の場合ほど実際には問題ではなかったかもしれない。それに二重の裳層柱の位置は、前に触れたように、塔身と同じ尺で決められている可能性もなくはない[13]。それにもかかわらず八分も（計画では一寸だったということもあろう）ずらしたのは、初重のやり方に準じた結果であろう。その際、内転びの計画を止めて柱脚部を動かさずに柱頂部だけを外に回転移動したのか、最初から垂直に立てるつもりの柱を平行移動したのか、やはり問題になるが、ここでは判断のすべがない。先の原則にしたがえば二重にも最初から内転びの計画はなかったことになるが、二重裳層の例が薬師寺の塔以外にないので、その原則を二重にあてはめてよいかどうかわからない。

なお、二重の四天柱（といっても側柱と違って細い角材）間は、柱頂部で二重の側まわりの中の間の寸法に一致し、柱脚部では初重の中の間の寸法に一致しているので、四天柱のつくる錐体には一尺二寸という大きな内転びがある。

『薬師寺東塔及び南門修理工事報告書』が指摘した事実（一六五～一六六頁参照）のうち、残るは(ハ)(ニ)(ト)である。これらは、塔身側柱と裳層柱頂部の間隔が当初は現在より狭かったこと、すなわち裳層柱に当初は内転びがあったことを示唆するものとして挙げられたようである。しかし、その推定は当たっていないと思われる。

(ハ)項がいうように、東塔初重の塔身側柱と裳層柱を結ぶ繋虹梁の下面には、裳層柱上の大斗《だいと》の旧当り痕が、現在大斗と接する位置より内側に残っており、繋虹梁の上側には、肘木とかみあうところの仕口の一部を埋めた埋木がみられる（図39）。これら下面の圧痕と上側の埋木の長さを測ってみると、ある繋虹梁では一致し、またある繋虹梁ではほぼ一致しているから、これらの痕跡が、裳層柱と繋虹梁の初めの位置関係を後になって変更したことを証しているのは確かである。

だが見落としてならないのは、東側の平にある古材の繋虹梁の中の一本（図27における柱13）にその痕跡がまったくなく、また痕跡が拡大されてあらわれるはずの隅行の繋虹梁にもそれがみられないものがあるという点である（図40）。これらの繋虹梁はそれ以外には他の古材の繋虹梁と区別しなければならないところはないから、後世の取り替え材とは考えられない。となれば裳層柱の上部と塔身側柱との間隔は、東塔が現在地に建った当初から今日まで変化していないことになり、したがって、裳層柱は当初から現状のように垂直に立っていたことになろう。裳層柱と繋虹梁との関係が二次的にずれた原因はほかに求めなければならない。

まず考えられるのは、裳層の移建との関係であろう。前述したように本薬師寺の塔の旧材である繋虹梁では、平城薬師寺東塔の塔身がわずかながら小さかったために長さ不足となったはずであり、塔身の側柱を当初計画より外にずらした後でも計算値にして四分だけ不足した（図38参照）。それが裳層柱の側で大斗とのずれとなってあらわれた、という解釈がありうる。これを採れば、圧痕と埋木のない繋虹

図 39　平城薬師寺東塔の初重繫虹梁（裳層大斗際の圧痕）

図 40　平城薬師寺東塔の初重繫虹梁（塔身側柱と裳層柱 13 を繫ぐ繫虹梁）

梁は平城で補充した材ということになろうが、それを証する根拠を見出せない。それに、問題の痕跡は江戸時代、正保年間の裳層の修理の結果とみることもできる。その際には裳層柱の内外面を入れ替えたり、柱の位置を変えたり、新材を補充したりしているので、各部材間の寸法斑《むら》がこうしたずれを生じさせたということもあろうし、あるいはまた、繋虹梁の側柱側の仕口を造り直し、そのぶん繋虹梁を内側に引き込んだという可能性もあろう。繋虹梁と側柱との結合に使われている羽子板金物様のものも、その際に付け加えられたものと考えられるからである。以前は鎹《かすがい》を使っていたとみえ、その一部と痕跡が柱に残っている。

以上を要するに、(ハ)項の事実は柱の内転びとは無関係であり、同時に裳層が旧材であることとも結びつけにくいということである。

(ト)項に指摘されている事実、すなわち隅木の旧い落掛りが現在かなり内側に入っているのは、そのずれの大きさが各隅木で一様でなく、しかも何寸にも達するから、この場合には、修理の際に隅木を内側に引き込んだ結果であることが明らかだと思う。それは隅木の垂木掛長押と接する部分が傷んだのを切り縮めたことによるとみられ、現にそのあたりには二次、三次の修理の痕が残っている。それは正保年間に軒を二尺切り縮めたという文献の記載と関係があるかもしれない[14]。

(ニ)項によれば、裳層地《じ》垂木《たるき》には旧軒桁当りと旧垂木掛当りとがあり、それらの痕跡の間隔を実測すると、現軒桁当りと現垂木掛長押の間隔より短いという。この事実を『薬師寺東塔及び南門修理工事報告書』は、当初、裳層の出が六分ないし一寸一分短かったことを示すと解している。しかし、塔身側柱と裳層柱頂部との間隔を拡大する後世の改造はなかったとみられるので、このような解釈は妥当ではなかろう。では、ほかに解釈がありうるかといえば、もう一つだけある。前記の解釈は垂木掛長押を基準にして裳層軒桁の位置が当初はもっと内側にあったというのであるが、そうでないとなると、変わったのは垂木掛長押（厳密にいえばそれと垂木との接点）の位置だったことになる。ところが、初重の塔身は解体されたことがないのである。現在の垂木掛長押が隅の留めに隙間を生じているのは（前記(ホ)項）塔身側柱を外側に移動して立てた結果であり、垂木掛長押と側柱との合わせがきれいに納まっている点からも垂木掛長押を打ち直した可能性はない。となると、垂木掛長押の位置の変化は、本薬師寺の塔と平城薬師寺の塔との間において生じたとみるほかはない。つまり、旧軒桁当りと旧垂木掛長押当りの痕跡は、地垂木が本薬師寺の塔の部材として用いられていた時期のものと考えざるをえない。

ただ、図38からもわかるように垂木掛長押のレベルにおいては、本薬師寺の塔と、側柱を外に移して立てた平城薬師寺の東塔とでは、側柱の位置にほとんど違いがないから、垂木と接する垂木掛長押の位置もほぼ同じだったはずである。したがって、報告書に記された六分ないし一寸一分の差は、垂木掛長押の外面《そとづら》部分が本薬師寺の塔において平城薬師寺東塔のそれよりわずか外にあったためであろう。その差は長押の見込み寸法の違いであったかもしれないし、あるいはまた、長押を取り付ける際の柱の削り方の深浅の違いであったかもしれない。

以上、『薬師寺東塔及び南門修理工事報告書』において塔身側柱および裳層柱の内転びに関係する疑いがあるとして取り上げられた事項を仔細に検討してきたわけであるが、その結果、本薬師寺の塔には塔身側柱に内転びがあったが、平城薬師寺の東塔では塔身側柱と裳層柱は共に初めから内転びがなかったこと、また二重の塔身側柱については疑いを残したままに終ったが、そのほかの側柱および裳層柱では内転びの計画もなかったことが明らかになったと思う。それと同時に、(ハ)(ト)を除く各項に指摘される事実は、塔身は新材、裳層は旧材という結論に結びつくことが知れたと思う。

四、結語

〔平城薬師寺東塔の建立〕東塔の塔身が平城薬師寺における新造であることは、すでに前章で明らかにしているが、本章において造営尺の違いを証拠に加えて、その結論はいっそう確かなものになったと思われる。

一方、裳層については、それが本薬師寺の塔の旧材を用いて建てられたと考えられる具体的証拠がいくつか見出された。すなわち、

(1)初重裳層の当初材の柱に、本薬師寺の塔に使われていたと考えられるものが存在すること。
(2)裳層柱の礎石は、そこに本薬師寺の塔の柱を立てることを前提として据えられたとみられること。
(3)初重裳層の化粧裏板にみられる白土塗仕上げの痕は、その材が本薬師寺の塔において使用されていた当時のものと考えられること。
(4)初重裳層の造営尺は塔身部の造営尺と大きく異なり、しかもそれは平城薬師寺の創建にあたって解

体された本薬師寺東塔跡の礎石配置から算出される値と一致すること。

(5)初重塔身における側柱心と組物心とのずれは、塔身と裳層の間に生じる寸法的不整合を、当初の施工時に調整したことを示すこと。不整合の原因としては、両者の造営尺の不一致があるが、もう一つは、側柱に内転びのある本薬師寺の塔の塔身に取り付いていた裳層を、側柱に内転びのない新造の塔身に取り付けたことに起因する、と考えられること。

(6)裳層の地垂木に遺っているという軒桁および垂木掛長押の圧痕は、それら部材が本薬師寺の塔のそれとして使われていた当時のものである可能性があること。

これらによって平城薬師寺東塔初重の裳層は、本薬師寺の塔の旧材を用いて造られたと考えられる。また二重においても側柱の位置をずらす計画変更が行われているので、二重の裳層も旧材である可能性が強いであろう。二重・三重の裳層に関しては他に有力な客観的証拠を提示できなかったが、昭和四十三年の東塔調査において、

(1)塔身と裳層とでは部材の感じが異なり、材質や仕上げにも微妙な違いがある

(2)塔身には移建を疑わせるようなところはないが、裳層のほうには、それと関係がありそうな問題点がある

という印象をもった。したがって私としては二重・三重の裳層の部材も本薬師寺の塔の旧材からなるものと考えている。

〔平城薬師寺の創設にともなう塔の移建・新造・再建〕平城京に薬師寺を造営するにあたって藤原京の

本薬師寺の東塔が解体されたこと、そしてその心柱と塔身部材が平城に移されて西塔のそれとして使われたことは、前章で明らかにしたとおりである。したがって、平城薬師寺東塔の裳層に使われた藤原京の旧材というのは、たぶん本薬師寺東塔のそれだったであろう。また、そうした平城薬師寺東塔の造立方法から察すると、旧材からなる平城薬師寺西塔の塔身には新材の裳層が付け加えられたものと思われる。すなわち平城薬師寺では、東塔は塔身新材、裳層旧材、西塔は塔身旧材、裳層新材の構成になっていたであろう。

ここで生ずる疑問は、まず第一に、なぜ「移建」が行われたかということであり、第二には、なぜ旧材を東塔、西塔に振り分けたのかということであろう。だが、それらの疑問にここでは充分答えることができない。

ただ、前者に対していえることは、わが国では移建は古代から珍しいことではなかったということである。[15]それに薬師寺では分舎利のためにも塔の解体が必要であった。また、後者に関していえば、薬師寺伽藍が中軸線に対して左右対称に同形の塔二基を配していたこと、しかもその塔が塔身と裳層の二つの部分から構成されていたこと、の二条件がそうした造立方法を可能にしたのであるが、同時にそれらが、そうした特殊な造立方法を企画させた一因でもあったのではないかということである。

そうだとすれば、本薬師寺の塔の再興時にも、古い西塔の裳層を解いて、新造された東塔塔身に取り付けるということをしたかもしれない。また、そのようにしたとすると本薬師寺と平城薬師寺とにおける塔の新旧部材の構成は一致するが、それこそ移建の主要な目的の一つであったように推察されるからである。ただ新材、旧材といっても、その差は三十年ほどにすぎないから、彩色後はほとんど見かけに違いはなかったはずである。したがって旧材は、持統天皇が創建した塔の部材というところに意義があったことになろう。

〔東塔の様式〕平城薬師寺東塔の基本的な設計計画が本薬師寺の塔のそれを踏襲したものであることは、前章でも推定したところであるが、本章で、東塔の裳層が本薬師寺の裳層そのものであることが明らかになったので、推定の内容は事実として認められよう。新造の塔身は、旧材の裳層、そして旧材の西塔塔身と調和しなければならないから、旧様式に則って造られたにちがいない。したがって、東塔全体を持統朝の様式とみて大過ないことになろう。

ただし、前章でも述べたように、平城薬師寺では塔内に釈迦八相成道の塑像群像を安置したので、それに関連して本薬師寺の塔と若干の違いを生じた。平城薬師寺東塔では塑像群像を入れるために四天柱内に木製須弥壇を造らず、また裳層まわりに壁を設けたが、本薬師寺では内陣に木製須弥壇があって塔身側まわりを壁とし、裳層を吹放ちにしていた。本章でとりあげた裳層柱10、そして裳層屋根の化粧裏板の白土塗は、その実証的証拠となしうる。また本薬師寺の塔の塔身側柱には、平城薬師寺東塔にはない内転びがあったが、それも本薬師寺の裳層が平城薬師寺の裳層と違って吹放ちであったということに関係があるとみられる。

二寺の塔には、このほかにも目立たないところに違いがある。平城薬師寺の礎石のほうが柱座の造出しが高いこと。また、いずれの心礎も四天柱の礎石より少し低く据えられているが、本薬師寺東塔跡におけるほうが、その差は大きいようである。

〔柱・壁の内転び〕かつて天沼俊一氏は「栄山寺八角円堂に就て」（『建築雑誌』二九七、明治四十四年）の中で栄山寺《えいざんじ》八角円堂の側柱が内側に転んでいることを指摘された。その後、この問題は大岡氏の「古建築の柱の内転び」（『建築史』一―二、昭和十四年）において詳しく論じられ、実例として法隆寺夢殿、法隆寺東大門、根来寺《ねごろじ》大伝法院多宝塔が付け加えられた[16]。また、それを受けて竹島卓一氏の「支那建築に於ける柱の延びと内転び」（『建築史』一―六、昭和十四年）、小川敬吉氏の「朝鮮建築に於ける柱内転び」（『日本建築学会大会論文集』、昭和十五年）が発表されている[17]。

そして平城薬師寺東塔修理の際、ここでも当初は内転びがあったのではないかという疑問が提出されたのである。しかし、本章における検討の結果、東塔の塔身側柱および裳層柱には、初めから内転びのなかったことが明らかになった（ただし、二重の塔身側柱に関しては、最初内転びの計画がなかったかどうか保証のかぎりではない）。これに対して本薬師寺の塔では、初重塔身の側柱に二寸の内転びがあったと考えられる。

わが国の建築における内転びに関して従来はっきりしなかった点が、新たに薬師寺の例を加えて、ある程度わかってきたと思われるので、ここで整理しておきたい。

(1)内転びがある場合の柱間の寸法計画の基準は柱頂部の心であったと考えられる。

東塔の初重、そして二重もそこにおいて等間であり、それは本薬師寺の塔でもそうであったはずだからである。

(2)内転びは、計画としては、柱脚部を外に出す技法であったといえる。したがって礎石配置から、そこに建つ建築に内転びがあったか否かを判定できることがある。また、従来は柱の勾配の数値を問題にしてきたが、本薬師寺の塔の柱で、柱脚部が柱頂部よりちょうど二寸だけ外に出ていたとみられるから、

(3)内転びの計画は、柱よりむしろ壁面の下端を上端よりどれだけ外に出すかが問題

(4)その大きさは単純な数値に決められた

といえる。

夢殿の場合、側柱間を柱頂部で測った値と柱脚部で測った値との差は八分三厘（数値は大岡氏の前掲論文による。以下同じ）で、これにより側柱の内転びを求めると二・一七寸と半端になるが、壁面の内転びを算出すると二・〇〇寸が得られる。栄山寺八角円堂では、柱頂部と柱脚部の差が六分五厘で、柱の内転びとして一・七〇寸、壁面の内転びとして一・五寸という値が得られるから、ここでも壁面の内転びを一寸五分とする設計が行われた可能性があろう。

朝鮮建築における内転びの実例として小川氏は、高句麗古墳の石室や百済・新羅の石造塔、そして現存する高麗以後の木造建築を挙げられた。そこに示される数値を調べてみると、日本の例のように(3)や(4)があてはまるものが多いから、技法としては同じであったかもしれない。しかし、内転びを採用した意図に関して、朝鮮と日本とでは、やや違いがあるように思われる。

朝鮮における内転びの目的として、小川氏は美観のほうを重視された。朝鮮ではずっと後までエンタ

シス式の柱が使われ、そうでない柱でも上方が細く下方が太い。そのために柱を垂直に立てると柱間は上方で拡がって見え、不安定に感じられる。これを矯正するために建物全体を錐体状にしたのである、といわれる。小川氏が実例として最初に挙げておられる高句麗双楹塚《そうえいづか》の場合、前室と玄室の境に立つ二本の八角柱（高六・六二尺、太さ下部一・五尺、上部一・二五尺）の双方を内側に二寸倒しているが、これなどは確かに構造上の必要からとは考えられないであろう。そこで玄室と前室の壁面が転んでいる（四寸に相当する）のも墓室を堅牢ならしめるための手法とばかりは考えられない、といわれる。また、韓国に現存する木造の仏教建築では、柱の太さが上下で大きく異なるばかりでなく、柱の長さを隅へ行くにしたがって延ばし（中国宋代の建築技術書『営造法式』でいう「生起」）、頭貫そして軒を大きく反らせることが多いから、構造上のみならず美的安定観のうえからも柱の内転びを必要としたというのは充分頷ける。

一方、日本においては現存する遺構に内転びの例が少ない。わずかに法隆寺東院の夢殿や栄山寺八角円堂の外壁に内転びの例があり、

(5)裳層を有する塔・堂では、裳層を吹放ちにした場合に塔身・殿身の壁面を内転びにしている
ことなどからみて、

(6)わが国における内転びの採用には、視覚的よりも構造的配慮のほうに重きが置かれていたのではな
いか
と思われる。

八角円堂に内転びが使われたのも、木造ではそれが矩形平面の場合より構造的に不安定とみられたからではないか。また、裳層のある堂塔では殿身・塔身の柱は高くなるので、側柱の内転びによって少しでも安定を図ろうとしたものであろう。興福寺の中金堂と東大寺の大仏殿とでは、大仏殿のほうにより多く構造上の配慮が必要なのにもかかわらず、内転びが興福寺の中金堂にあって大仏殿にないのは、大仏殿のような壁体をともなう裳層の場合には、側柱にわずかの転びをつける以上の構造的堅固さが期待できると考えられたためではないかと思われる。

また、日本では法隆寺以後の建築にエンタシスはみられず、柱の太さは上下で顕著な違いがないのが普通である。隅の柱の長さを延ばして軒を反らせるにしても朝鮮ほどではない。したがって視覚上、内転びを必要とする条件は朝鮮の場合ほど備わっていなかったということがいえよう。

また中世以降の建築に内転びの実例が見出されないのは、すでに構造的な不安が経験的に解消されていたことによるのではないかと思われる。

第四章注

（1）四天柱間に設けられた木製須弥壇の框金具《かまち》の銘によれば、それが造られたのは正保二、三年ごろであったから、当初からあった釈迦八相成道の塑像群像は、そのときに取り払われたと考えられる。また、正保年間の修理で屋根の垂木を二尺ずつ切り縮めたという記録もある（注14参照）。
次の文化年間（一八〇四〜一八一八）の修理の「願書」に、初重の柱三十七本のうち十六本を二、三尺切り縮めて根継ぎをしたい旨が記されているのは、現に塔身の柱（心柱を除く）十六本のすべてが根継ぎされているのに相当するとみられるから、より傷みやすい裳層柱の取り替え補修は、すでに正保の修理のときに終っていたものと思われる。

（2）地覆材と柱を繋ぐ仕口が造られていないで、地覆材は礎石上に単に置かれているだけのようである。円柱の場合なら地覆材を柱型に合わせて欠いて突き合わせるだけで地覆を固定することができるが、角材の場合には地覆との接合に仕口をつくる必要があるはずである。それがないのは、柱間装置自体が二次的に付け加えられたことを暗示しているように思われる。

（3）正保の修理の際に柱7を隅から平に移動したのは、三隅に新材を補充したためと考えられる。

（4）福山敏男・久野健『薬師寺』一七三頁、東京大学出版会、昭和三十三年。

（5）奥村秀雄「天平創建の東大寺大仏殿装飾についての一考察」『大和文化研究』四六、大和文化研究会、昭和三十七年。

（6）福山敏男「奈良朝末期に於ける某寺金堂の造営」『建築学研究』五五・五六、内外出版社、昭和七年。福山敏男「奈良時代における法華寺の造営」『日本建築史の研究』所収、桑名文星堂、昭和十八年。

（7）飯田須賀斯「三月堂の『所謂天蓋』は天井の倒蓮華ならん」『日本建築学会研究報告』二二、日本建築学会、昭和二十八年。

（8）塔身のすべての大斗《だいと》が欅材《けやきざい》であり、また隅行組物の一手先目の肘木《ひじき》と斗《ます》が欅の一木から造り出したものであるという点は、欅材の一般的使用が比較的近世のことであるという常識からすれば、解体の際の後補という疑いがかけられるかもしれない。しかし、平安時代の石山寺本堂（永長元年＝一〇九六年造立）ですでに、東塔のように大斗に欅材を使っており、醍醐寺五重塔（天暦五年＝九五一年造立）の柱にも欅材が混っている（『国宝石山寺本堂修理工事報告書』『国宝醍醐寺五重塔修理工事報告書』による）。しかも、このような使い方は理にかなっている。欅は檜に比べて圧縮強度・引張強度ともやや大で、剪断強度ははるかに大きく、弾力性は同じくらい。風化によって細いひび割れは出るが、檜のように大きな割れ目はできないから強度の極端な低下がない。したがって、大斗や隅行の斗肘木のような重要箇所に適している。それに檜より大材が得やすい。東塔の大斗は一尺七寸四方で、成は一尺一寸四分という大きなものである。隅行材にいたっては長さ五尺六寸、成一尺六寸、厚さ一尺という材から斗を削り出している。このように斗肘木を一木から造るやり方も、すでに法隆寺の塔でみられる。

東塔では法隆寺の塔と違って内側の人目のつかないところまで材に仕上げを施しているくらいである。欅材も慎重な配慮から当初において使用されたと考えるべきであろう。

二重の四天柱上にある斗は、激しい風蝕があるから後補とみられるが、四天柱の上端部を切って入れたことが明らかなので、これも解体とは結びつかない。

（9）『法隆寺国宝保存工事報告書　第一三冊　国宝法隆寺五重塔修理工事報告』『同　第一四冊　国宝法隆寺金堂修理工事報告』法隆寺国宝保存委員会、昭和三十年。

（10）三重裳層の柱間は三間とも、現尺で六・一〇尺の等間である。したがって、全体では一八・三〇尺である。いま造営尺を現尺の〇・九七五尺として計算すると、18.30÷0.975＝18.77という関係から各柱間は六・二五尺の計画だったことになる。だがこの場合、塔身側柱と裳層柱の間隔は四・三七五尺（6.25×3－5.0×2）/2という半端な値になってしまう。一方、造営尺として〇・九六八尺を仮定すれば、18.30÷0.968＝18.90という関係から各柱間は六・三〇尺というすっきりした値になるが、この場合にも裳層柱の側柱よりの出は四・四五尺（6.30×3－5.0×2）/2といった値になる。造営尺としていずれをとるべきか、あるいは他に求めるべきか問題である。また、ここ三重の裳層では、塔身部を貫通する通り肘木を切断して裳層柱の内外面を入れ替えるということを古い時期にやっているのも気になる。

二重の裳層では、以上のような修理はされていないが、『薬師寺東塔及び南門修理工事報告書』の柱間寸法だけでは、やはり造営尺を決定しにくい。各間は八・三三、八・六〇、八・三三であるから全長は二五・二六尺。これを初重裳層の造営尺〇・九七五で換算すると二五・九〇尺、塔身の造営尺〇・九七〇で換算すると二六・〇四尺。前者の場合、各間は八・五四、八・八二、八・五四、計画値としては八・五五、八・八〇、八・五五ということになろう。裳層柱の側柱よりの出は四・五五尺（25.9−16.8）/2。後者の場合の柱間は八・五八八、八・八六六、八・五八八。計画値としては八・六、八・八、八・六、したがって裳層柱の出は四・六尺となろう。比較的すっきりした設計値を想定できるという点では、塔身の造営尺が二重裳層の造営尺のようでもある。

(11) 大岡実「興福寺建築論」『建築雑誌』五〇五、日本建築学会、昭和三年。
大岡実『南都七大寺の研究』所収、中央公論美術出版、昭和四十一年。

(12) 二重での側柱心と大斗心のずれの大きさは第三節の初めにあげた（イ）項では八分となっているが、『薬師寺東塔及び南門修理工事報告書』の断面詳細図における軸部の寸法と組物部の寸法からは八分五厘ないし一寸という値が得られる。

(13) 注（10）参照。

(14) 文化年間（一八〇四～一八一八）の東塔修理の際の『願書』に、「正保年中。修復相加エ候。乍然其砌修復仕方。施主家ゟ大工諸職人請負ニ被申付候ニ付。大工共之了簡ニ而。朽損候棰木裏板取替不申。朽損候総垂木弐尺計切縮メ。裏板不残取払。切縮メ候垂木鼻江瓦座を打。瓦葺付候故。総屋根四尺計り縮り候。因茲右絵図面ニ書記仕候通。吹付ケ候風雨角木ゟ内外組物柱根迄相廻リ。惣体之痛ニ相成破壊仕候」とあるが、屋根まわりを詳しく調べられた浅野氏は、裳層の垂木はきわめてよく旧形をとどめ、いかにしても近世に切り縮めた形跡は認められないから、これはおそらく、裳層軒が主屋に比してあまりに短いことに発した付会の説ではないかと思われる、と述べておられる（「薬師寺東塔復原考」『奈良学芸大学紀要』二—一、奈良学芸大学、昭和二十八年）。

(15) 奈良時代の遺構のうち移建されたことが明らかになっているものは法隆寺東大門、同東院伝法堂、唐招提寺講堂であるが、私は東大寺法華堂も移建されたものと考えている。

(16) 法隆寺東大門の梁行柱間は、柱脚部で柱頂部より一寸二分二厘大きいというが、この門は移建されたものなので（太田博太郎「法隆寺東大門の旧位置と移建年代」『建築史』五—三、吉川弘文館、昭和十八年）、その値が設計値かどうか疑問である。また、根来寺大伝法院多宝塔は、下層の端間が上下で測って四分の差がある内転びの例として挙がっているが、修理前の実測図をみると、柱間自体に大きな寸法斑があるから、内転びの計画があったかどうかがまず問題になろう。

(17) 中国宋代の建築技術書『営造法式』において、柱の内転びは「側脚」の名で次のように解説されている。「凡て柱を立てるのには、いずれも柱首を微かに収めて内に向わせ、柱脚を微かに出して外に向わせる。これを側脚という。いずれの屋でも正面の柱（柱首が東西に相向うものをいう）は、柱の長さに随い、一尺につき側脚を一分にする。もし側面の柱（柱首が南北に相向うものをいう）であったならば、一尺につき側脚を八厘にする。そして、隅の柱になったら、柱首の相向う方向に対して、それぞれ本法によって側脚をつける（柱の長短が一定でなかったならば、この率に随って加減する）。凡て柱に側脚の墨を打つのには、十字の心墨の内側に、もう一本直墨を打ち、その後で柱脚と柱首とを截断し、それぞれ平正ならしめる」（竹島卓一『営造法式の研究二』中央公論美術出版、昭和四十六年）。

以下の本文で述べる奈良朝の場合と比較されたい。

付記

本稿提出後、宮大工の小川三夫氏から西岡常一氏のもとで行われた東塔実測調査の記録を見せていただくことができた。本稿で明らかにした塔身と裳層で造営尺が異なるという点は、そこに記載される数値からも確かめることができる。と同時に、『薬師寺東塔及び南門修理工事報告書』の柱間寸法だけでは決定しにくいと本文中に記した二重の裳層の造営尺と柱間計画寸法も（注10参照）、その記録の数値から求められることがわかった。すなわち、そこには二重裳層の柱間を、斗栱《ときょう》間で測った値として、中の間二五七六ミリメートル（八・五〇一尺）、脇の間二五四二ミリメートル（八・三八九尺。以上は四面の実測値の平均値）を記すが、それを初重裳層の造営尺の〇・九七五で除すと、

8.501÷0.975＝8.72

8.389÷0.975＝8.60

二重裳層の中の間の計画寸法は八・七尺、脇の間は八・六尺、そして造営尺は、〇・九七五相当のものということになる。この造営尺は初重裳層柱間から求めたものと一致するといってよい。二重・三重の裳層柱は、それぞれ初重・二重の大屋根の垂木上の腰組の上に立つので、外側方向に押し出されがちであるが、二重の斗栱部分は通り肘木によって向かい合う斗栱と繋がれている（南面のものは北面のものと、東面のものは西面のものと）から、そこで測った柱間寸法はもっとも信頼に値する。したがって二重裳層はこの造営尺を根拠に、初重裳層と同じ本薬師寺の塔の旧材でできているといえよう。

三重裳層でも当初は二重裳層同様、通り肘木が向かい合う斗栱を繋いでいたが、現状では、通り肘木は切ら

れて、塔身側柱間に入れた貫（もちろん後補材）に固定されている。したがって、ここでは正しい柱間寸法を求めることができないが、初重裳層、二重裳層が本薬師寺塔の旧材からなる以上、三重裳層だけがそうでないということは、まずありえないであろう。

第五章　薬師寺金堂および本尊

一、緒　言

本章では本薬師寺と平城薬師寺の金堂について、その形態、内陣の荘厳、本尊の光背の復原的考察を行う。そしてそれらが金堂の性格とどのような関係にあるか、また平城薬師寺創建の際、本薬師寺の金堂ならびに本尊は、平城薬師寺のそれとして移建あるいは移座されたかどうかを明らかにしたい。本尊の移座を示唆する『薬師寺縁起』金堂条が検討の中心的対象になろう。

二、金堂の原形態

本薬師寺の金堂に関する資料といえば、従来は遺跡に遺る礎石だけしかない（図41、図42）。これに対して平城薬師寺のほうは、比較的史料に恵まれている。

金堂に関するもっとも重要な文献史料は、次に掲げる『薬師寺縁起』金堂条である。

一、金堂一宇、二重二閣、五間四面、長八丈七尺五寸、或七丈八尺、広四丈、或五丈一尺五寸、或五丈一尺、或四丈五尺、柱高一丈九尺五寸、仏壇長三丈三尺、広一丈六寸、高一尺八寸、以馬脳為鬘石、以瑠璃為地敷之、以黄金為縄堺道、以蘇芳造高欄、以紫檀為内殿天井障〔隔〕子、以鉄縄鉤（釣）天盖（蓋）、宝〔益、脱カ〕四端交立白輝宝珠及半月等、不可称計、其堂中安置丈六金銅須旀（弥）座薬師像一軀、円光中半出七仏薬師仏像、火炎間翅〔刻カ〕造無

図 41　本薬師寺金堂跡(側柱と入側柱の礎石。後方は畝傍山)

図 42　本薬師寺金堂の礎石(入側隅柱の礎石)

数飛天也、左右脇士日光遍照月光遍照廾（菩薩）像各一躰、已上持統天皇奉造鋳坐者、　已
上流記文云、今畧抄之、
古老伝云、件仏像従本寺七日奉迎之、
又二躰観世音廾（菩薩）像、〔一躰、脱カ〕坐高
流記帳云、奉為難波那我良豊前宮治天下天皇孝徳天皇也皇后御願云、、壱躰所由不分明、或説云水尾天
皇御願云、、或涼清〔淳カ〕和御願云、、又帳外壇下仏前幷左右、造立綵色十二薬叉大将像十二躰、高各七尺
五寸、
右古歟老伝云、件十二神将上代別当紘（弘）耀大僧都奉造云、、又会金十禅師奏聞　公家、定十口僧
毎日修法花長講、又天禄四年八月八日、守平天皇六十四代円融院殊下官苻（符）、始置御祈願僧五口、毎日
令転読大般若経薬師経等、即以大和国正税統〔永充、脱カ〕薬師寺御祈願、金堂五僧供養析（料）黒米肆拾弐斛
肆斗捌升云、、已上官苻（符）日別一斗二升、口別二升四合別当趁禅時、
又天元四年十二月廿七日、下官苻（符）給年分度者四人、可読法花寂（最）勝王経等、無差別論、
花厳論、善見論律宗、中論三論、唯識論法相宗、依興福寺維摩会勅使試例、以寂（最）勝会勅使令試
此経論等、天元二年十二月十六日寺解文偁、重案傍例、興福薬師両寺、乃至、而彼寺御願僧中長被
給五人度者、此御寺亦御願僧中、何不被置件度者哉、囙（因）之仏法寿命遥続鶏足之暁、聖朝宝
祚旀（弥）競龍花之春者、別当平超時、
右金堂上重閣、永祚元年八月十三日夜、大風被吹落也、而別当平超急速造作之、古記云、宿直屋二口、長一丈五尺、広八尺三

寸、高七尺、在金堂左右云、堂前立金銅燈爐一基、六角、一面左右扉半出金剛力士形、五面皆半出音声𦬇形、

金堂の正確な創建年代について述べた史料はないが、その後の沿革はかなりわかる。(1)

以上の『薬師寺縁起』文の終りのほうにある記載によって、当初の金堂は永祚《えいそ》元年（九八九）八月十三日夜の大風で「上重閣」を吹き落とされ、その後ただちに修復されたことが知られる。だが康安元年（一三六一）六月二十二日と二十四日の大地震では大破し、鎌倉末から南北朝の動乱期を法隆寺の僧らが記した『嘉元記』には、「二階カタフキ破」れと記される。その後、文安二年（一四四五）六月二日の大風で南大門などとともに顚倒《てんとう》した。その後、再興の努力が続けられ、文正元年（一四六六）に将軍足利義政は朝鮮王に送った書状でその援助を求めたりしたが、ついに復興は実現せず、仮建築でその後は本尊を守ってきた。昭和になって金堂が再建される前までの建物は江戸時代のものである。ただその礎石は、側柱列のものを除けばほとんどが本薬師寺跡に遺るものと同形式で、その配置も一致するところから、当初から動いていないと考えられるので、金堂の当初形態を推定する重要な史料になっている。『薬師寺縁起』などの文献史料と礎石とにもとづいて金堂の当初形態の復原的考察をすることは、すでに戦前において大岡実、足立康、戦後において福山敏男らの各氏によって行われている。(2) なかでも大岡氏は、二つの薬師寺に遺る礎石を精密に測量し（図43）、伽藍主要部の復原を試みた。その一環として金堂の復原平面図を提示され、さらに、後になって復原立面図も描いておられる。(3) 再建された金堂の設計も大体においてそれにもとづいているように見受けられる。その大要は次のとおりである。

『薬師寺縁起』および『七大寺巡礼私記』が「五間四面《ごけんしめん》」と記すので、正面五間の内陣の四面に庇のあ

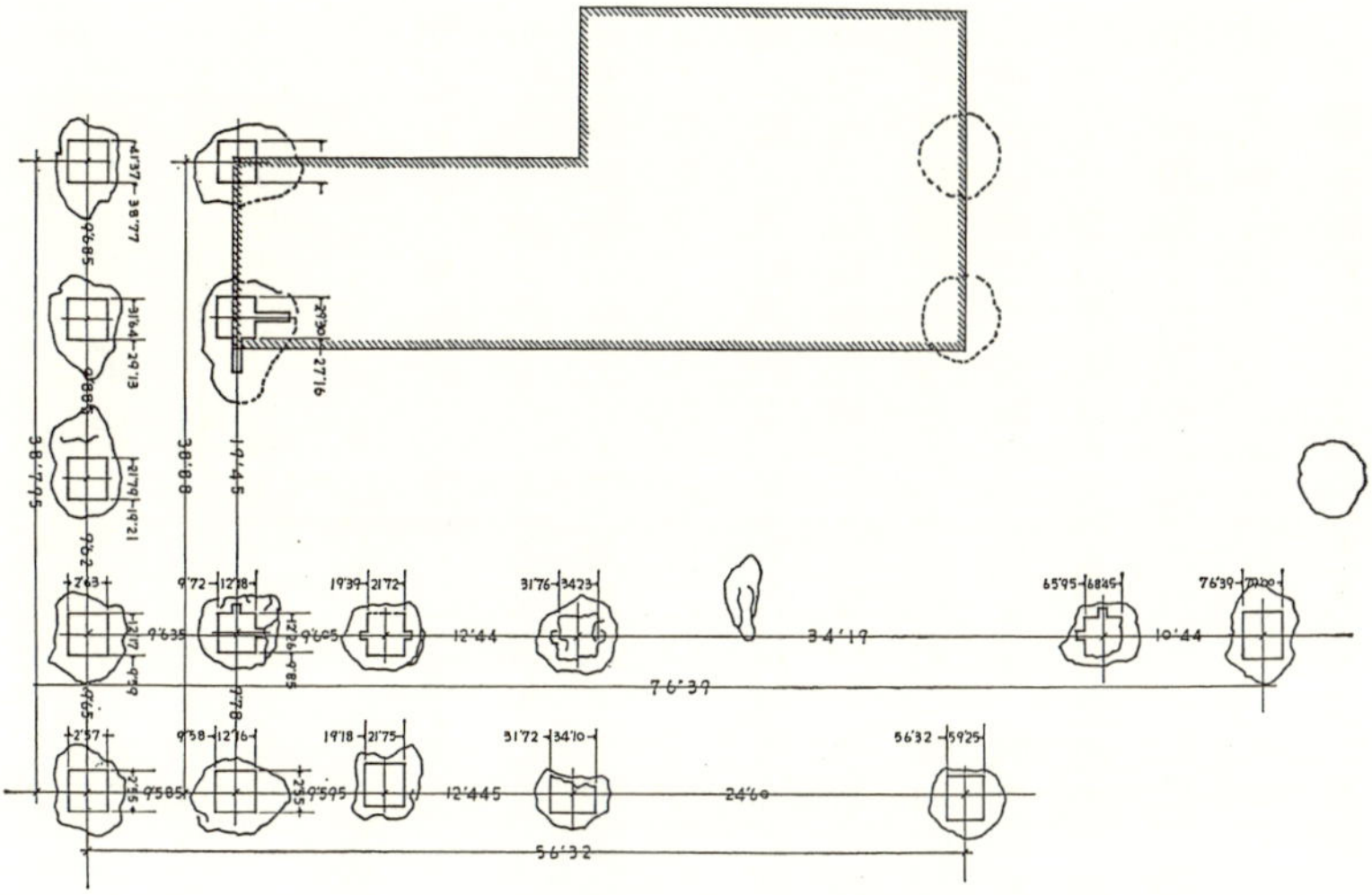

図43　本薬師寺金堂跡の礎石実測図
（大岡実「南都七大寺建築論　二　薬師寺」より）

る正面七間側面四間の仏堂と考えられるが、本薬師寺金堂跡の礎石配置、平城薬師寺金堂の礎石ともまさに一致する。昭和の金堂再建により興福寺に移された江戸時代造営の旧金堂は、その外側にもう一列礎石（当初のものでない）があって側柱が立っていたので、その位置が当初の裳層柱列に相当すると推定された。『薬師寺縁起』には「二重二閣」とあり、『七大寺巡礼私記』にも「重閣各有裳層、仍其造様四蓋（蓋）也[4]」と記されるので、殿身《でんしん》二重で、各重に裳層が付属する、東塔の三重各重裳層付に似た形態であったことがわかる。殿身側柱の礎石には、本薬師寺跡でも平城薬師寺でも地覆座の造出しが認められないので、側柱列は開放で、裳層まわりで戸締りをしていたと考えられた。福山氏は両寺の内陣柱（入側柱）の礎石に地覆座（図42）があることに注目され、内陣まわりは壁で、その正面に扉口が並ぶ形を推定された。上重の屋根は、金堂が回廊内に独

図 44　平城薬師寺金堂の基壇の発掘

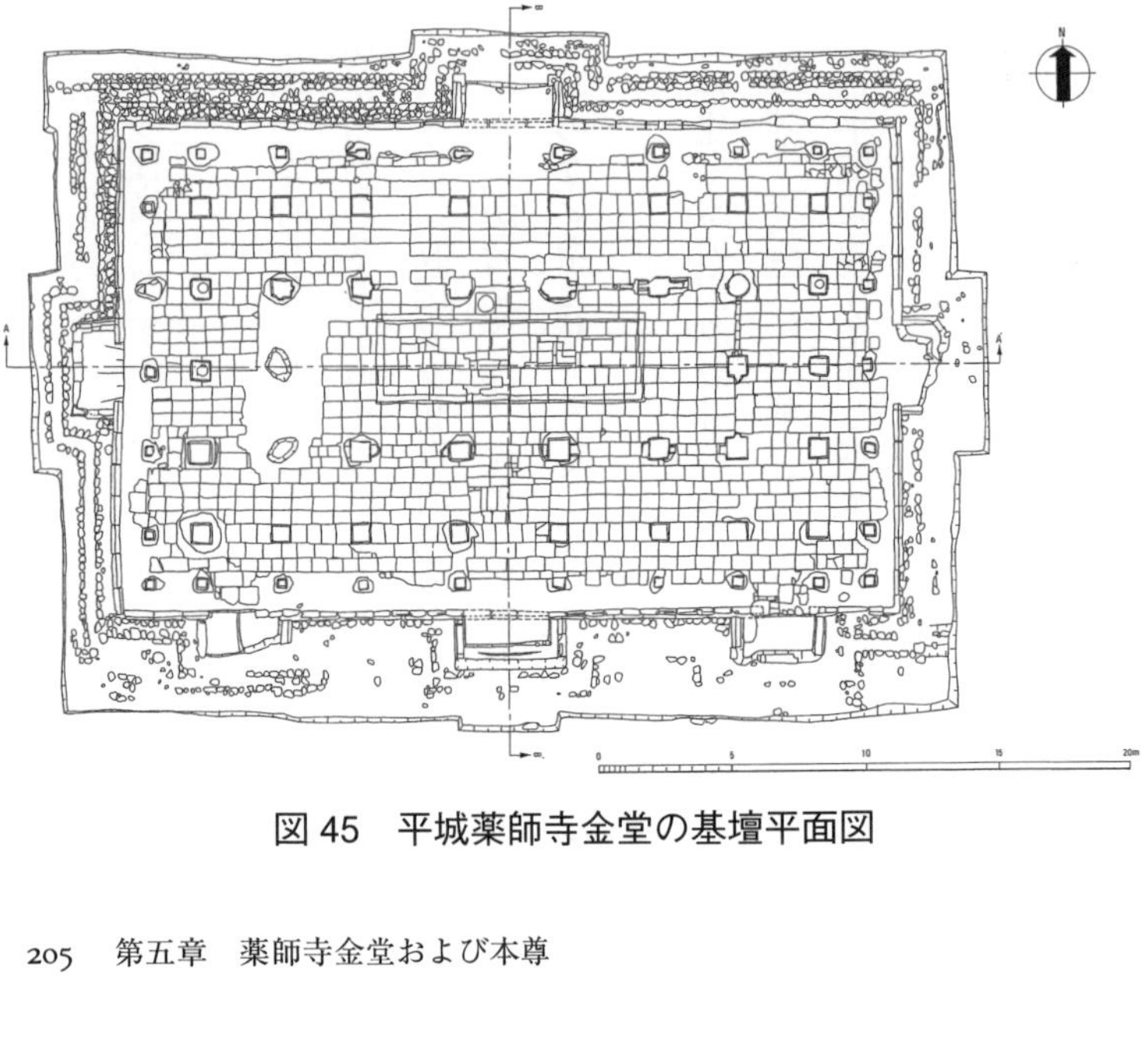

図 45　平城薬師寺金堂の基壇平面図

立して建つことを考慮して、法隆寺金堂のような入母屋《いりもや》屋根であったであろうと大岡氏は推定された。『薬師寺縁起』は食堂《じきどう》のところにだけ「東屋《あずまや》」（寄棟《よせむね》屋根）と記しているから、その推定は当たっているであろう。『薬師寺縁起』はさらに金堂の柱高すなわち一重目の柱高を記すから、二重の殿身ならびに裳層の規模だけが不明として残されていることになる。[5]

一方、平城薬師寺では金堂の復原再建工事に先立って発掘調査が行われ、昭和四十四年夏には近畿大学の杉山信三氏を中心に金堂基壇が調査され、現基壇の内側に当初の基壇が遺っていることが確認された。[6] そこで金堂の工事に先立って基壇の全面発掘が昭和四十六年に奈良国立文化財研究所の手で行われ新知見が得られた。[7] 旧金堂側柱の礎石下から、当初の裳層柱の礎石が発見され、従来の推定の正しいことが証明されたのは、とくに重要であろう。基壇まわりは束石のない壇正積であること、階段の位置なども明らかになった（図44、図45）。

以上述べたところはすでに学界の常識になり、また現実に再建金堂の復原設計に生かされていることと思われる。それには私としても基本的に異論はないが、『薬師寺縁起』に記載される金堂の丈尺を詳しく検討し、発掘結果と照合すると、従来同一とみられてきた平城薬師寺金堂と本薬師寺金堂の形態に、二、三違いがあったことが指摘できるので、以下それについて述べてみたい。

『薬師寺縁起』には、他の堂宇の場合と同じく、金堂条に規模を示す丈尺が記されている。これについてとくに注記はないが、第二章の第二節で述べたように、[8] 天平十九年撰録の『流記資財帳』から引用したものと考えられ、その数値は実測値として正確なものと認められる。金堂に関する丈尺に限っては、

表2 『薬師寺縁起』各写本における金堂丈尺の違いと原丈尺

薬師寺縁起写本	長(桁行長さ)	広(梁行長さ)
醍醐寺本諸寺縁起集	七丈八尺五寸 八丈七尺	四丈一尺 五丈五寸
護国寺本諸寺縁起集	七丈八尺 八丈七尺五寸	四丈五寸 五丈一尺
薬師寺本薬師寺縁起	八丈七尺五寸 或七丈八尺	四丈 或五丈一尺五寸 或五丈一尺 或四丈五寸
遺構の実測結果から求めた本薬師寺・平城薬師寺の殿身規模	七丈七尺五寸	四丈

結　論

薬師寺流記資財帳 天平19(747)年撰録 薬師寺縁起 長和4(1015)年撰録 本薬師寺金堂条 平城薬師寺金堂条	八丈八尺五寸 七丈八尺	五丈一尺 四丈五寸

『薬師寺縁起』各写本で記載に多少の違いがあるので、もとになった『流記資財帳』に記されていた数値をまず明らかにしておかねばならない（表2）。

まず各写本に記す金堂の長さ（桁行長さ）を比べると、薬師寺本と護国寺本が一致、醍醐寺本だけが異なっている。しかしその違い方は、後半の「五寸」が「八丈七尺」に付くか「七丈八尺」に付くかというだけだから、そもそもの原因は、原本における記載の曖昧さにあったと考えられる。

各写本の筆者は、それに対して異なった解釈をしたところから以上のような相違になったにちがいない。広さ（梁行長さ）の記載についても同様で、醍醐寺本と護国寺本の違いは、後半の「一尺」と「五寸」を、「四丈」に付けるか「五丈」に付けるかに関して転写した者が違った選択をした結果生じたものにすぎないだろう。一方、薬師寺本の筆者は迷って、四通りの記載になったと考えられる。では各写本の中で正しい数値の組み合わせはどれか。

すでに礎石の実測結果から二つの薬師寺の金堂の殿身規模は、長さ七丈七尺五寸、広さ四丈であることが確定している。一方『流記資財帳』が撰録された当時の天平尺は、同じ一尺でも使用された尺によって長さが微妙に異なり一定ではなかった。さらに『流記資財帳』の建物規模の表記は一尺以下の寸法を切り上げるか切り下げて五寸または尺単位に書き換えており、『流記資財帳』に記載された数値と実際の数値に差が出ることは充分ありうることである。しかし、その差が一尺以上になることはまず考えられない。そこでもう一度『薬師寺縁起』の各写本を見ると、礎石の実測結果から求められた規模と一尺以上異なる「七丈八尺五寸」や「四丈一尺」といった数値は写本の際の書き誤りとみられる。したがって護国寺本『薬師寺縁起』の長さ「七丈八尺」広さ「四丈五寸」の組み合わせがもっとも妥当な数値として認められるであろう。

次に問題になるのは、護国寺本に記された残りの長さ「八丈七尺五寸」と広さ「五丈一尺」が何を意味するかである。これらの数値は、遺構の実測値から求めた長さ七丈七尺五寸、広さ四丈より、長さのほうは一丈、広さのほうは一丈一尺だけ大きい。そこで、これらの数値も一組となって裳層を含めた金堂の規模を示しているのではないかと思われる。そうだとすると裳層柱の側柱からの出は、長さの丈尺からは五尺、広さの丈尺のほうからは五尺五寸と求められるが、もちろん食い違うのはおかしい。長さあるいは広さのいずれかに数字の誤りがあるが、裳層柱の出としては五尺五寸のほうが正しい値と認められるので、「長八丈七尺五寸」はもともと「長八丈八尺五寸」であったとみられる。「七」と「八」の誤記は、前に「長七丈八尺」があったりしたために生じたものであろう。

以上の値は、現存する三種の写本の原本においてすでに誤っていたことになる。本章の終りのところで述べるように、現存する写本の原本は長和年間の『薬師寺縁起』そのものではなく、その後、抄本化されたものである。したがって誤記はその書き直しの過程で生じた可能性があろう。『薬師寺縁起』原本と、そのもとになった『流記資財帳』では、「長八丈八尺五寸、広五丈一尺」という丈尺が、前述した「長七丈八尺、広四丈五寸」とともに記されていたことになろう。

護国寺本の「広五丈一尺」から遺構の実測値の四丈を差し引いて得られる一丈一尺の半分＝五尺五寸という値が裳層柱の殿身側柱からの出として適当と認められる理由は次のとおりである。

殿身庇の柱間は一丈＝一〇尺だが、五尺五寸はその殿身庇の柱間の二分の一に五寸を加えた値に相当する。これは第六章で述べるように、薬師寺講堂でも同様の計画が想定されるから、裳層設計の一方法であったと考えられる。下って鎌倉時代の建長寺三門の柱間寸法も同じような考え方で設計されているらしい[9]。したがって、「長八丈八尺五寸、広五丈一尺」という『流記資財帳』の丈尺は裳層も含めた金堂の計画規模に相当するのである。以上の検討結果を整理すると次のようになる。

(1)『流記資財帳』には金堂規模として二通りの丈尺が記されていた。

(イ)長七丈八尺、広四丈五寸

(ロ)長八丈八尺五寸、広五丈一尺

このうち(イ)は金堂の殿身規模を示し、他方(ロ)は裳層を含む建物全体の規模をあらわしている。

(2)殿身の規模を示す丈尺(イ)は、長さ広さとも裳層を含む金堂の計画規模(ロ)から裳層の出五尺五寸を差し引いた値より五寸ずつ大きい。

これらは重要な事実を物語る。一宇《いちう》の建物について『流記資財帳』が二種類の丈尺を記すことは常識的に考えてありえないことであり、また現存する他の寺の『流記資財帳』においてもそのような例はない。したがって二通りの丈尺は二宇の金堂の存在を示唆する。すなわち平城薬師寺金堂と本薬師寺金堂である。ではいずれの丈尺がいずれの金堂と対応するのか。

平城薬師寺金堂の基壇の発掘結果によると、裳層柱の殿身側柱よりの出は六尺三寸であった。[10] これは(ロ)の丈尺を求める際に算出した裳層の出五尺五寸と八寸もの違いがある。それゆえ殿身規模(イ)は平城薬師寺金堂の実測値、裳層を含む規模(ロ)は本薬師寺金堂の実測値(計画規模)ということになる。同じ『流記資財帳』に記された二つの薬師寺金堂の実測値が、裳層を含めた規模と含めない規模になっているのはなぜであろうか。それは二つの裳層の一方が吹放ちで、他は壁で囲われていたためであると考えられる。

平城薬師寺および本薬師寺金堂の殿身側柱の礎石に地覆座の造出しがないので、従来は、いずれの金堂も殿身側まわりが吹放ちで、裳層まわりに壁があったと考えられてきた。ところが平城薬師寺金堂跡の発掘で、その裳層柱の礎石にも地覆座がなく、北面中央の三間分にだけ地覆座があることが明らかになったのである。そこで発掘関係者の中には、北面の一部を除いて裳層は開放だったという解釈を示している人もある。[11] しかし、それは統一見解ではなく、従来どおりの解釈の報告もある。[12] だが、基壇の東側の中央に階段が検出され、階段を登った位置に裳層柱が立つという関係になっている以上、そこでの裳層柱間は開放吹放ちだったとみるのが妥当であろう。殿身側柱の礎石に地覆座がないのは、法隆寺金堂のように地長押をまわしていたと考えれば問題にならない。さらに、『流記資財帳』に記された実測値の一方が裳層を含まないという点も、裳層が開放であったという第二の証拠となろう。薬師寺では講堂も裳層付であったが、第六章で述べるように、その裳層は吹放ちであったと考えられ、『流記資財帳』の丈尺も裳層を含んでいない。[13]

実測値として裳層を含めた規模の丈尺が『流記資財帳』に記されている本薬師寺金堂の場合は、従来考えられてきた、裳層まわりで戸締りをし、殿身側まわりを吹放ちとするタイプであったにちがいない。その裳層柱の側柱よりの出五尺五寸を、平城薬師寺金堂では六尺三寸に拡げたのは、裳層まわりを吹放ちにしたのにともなう措置であったと考えられる。というのは、裳層まわりを囲っていた本薬師寺金堂では扉を内側に開くことができたが、裳層を吹放ちにした平城薬師寺金堂では内部が狭くなるので扉を外に開くように改めなければならないが、その場合、裳層柱に扉が触れないようにするためには本薬師寺金堂より裳層柱を外に移す必要があったにちがいないからである。裳層柱一本分に相当する八寸ばか

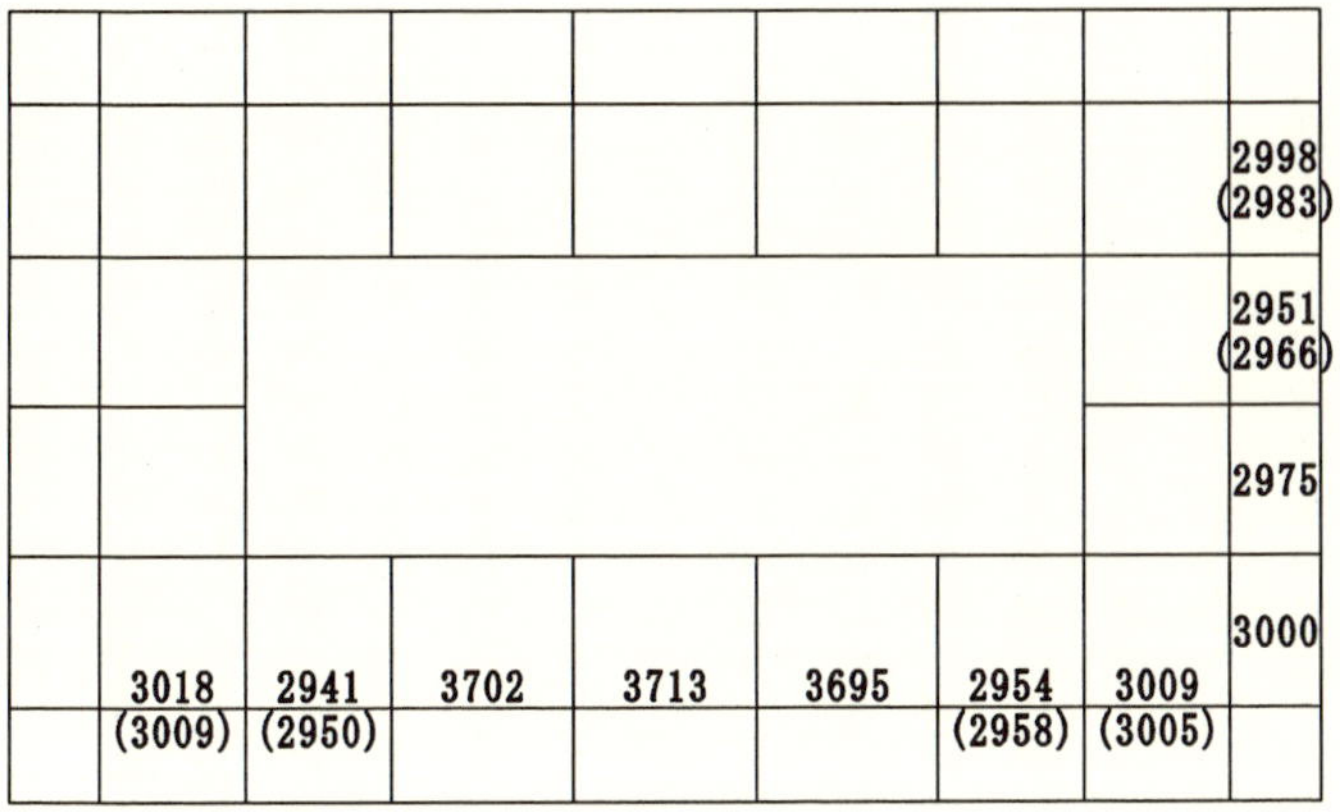

単位　ミリメートル　（　　　）内は平均値

図46　平城薬師寺金堂跡の礎石間実測図
（奈良国立文化財研究所作成の実測図より寸法だけ取り出して記す）

り、裳層柱を移動した主な理由はそこにあろう。

平城薬師寺金堂と本薬師寺金堂との違いは、ほかにも二点指摘できるが、いずれも以上に述べた主要な相違点、すなわち裳層が吹放ちであるか否かに関係するとみられるものである。

その一つは側柱の内転びの有無である。奈良国立文化財研究所遺構調査室が作成した平城薬師寺金堂の礎石配置の精密な実測図（図46）をみると、殿身部の同じ一〇尺の柱間でも、庇の間に相当する柱間の値がやや大きくなっている。これは、すでに第四章で述べたように、(14)殿身側柱にいわゆる内転びがあったことを示すと考えられる。同図の値から計算したところでは、柱脚部を柱頂部より二寸外に出す計画であったとみられる。(15)

一方、大岡氏が作成した本薬師寺金堂の礎石実測図（図43）を見ると、ここでは庇の間だけがとくに広いという状態にはなっていない。もっともここの礎石は底まで露出しており、やや傾いているものもあるくらいだから厳密なことをいうのは控えなければならないが、少なくとも平城薬師寺金堂におけるほどの大きな内転びの存在を想定するのは難しいといえる。

塔の場合には、本薬師寺東塔の塔身側柱に二寸の内転びがあり、平城薬師寺東塔の塔身側柱には内転びがない。それは本薬師寺の塔の初重裳層が開放吹放ちで、平城薬師寺の塔が裳層まわりを囲っていたことと関係があり、当時そうすべき原則があったためであることは第四章の第三節で述べたところである。したがってこの点からも、平城薬師寺金堂の初重裳層は開放吹放ちであったと考えられるし、本薬師寺金堂は裳層まわりを囲っていたと考えられよう。

二一〇頁(2)項で、殿身の規模を示す丈尺、すなわち平城薬師寺金堂の殿身の実測値が、計画規模より桁行、梁行とも五寸大きいことに注目したが、その原因は、仮に一部造営尺と実測尺の齟齬《そご》にあったとしても、実際の殿身下部が側柱の転びの分だけ大きかったことにもよるであろう[16]。

平城薬師寺金堂と本薬師寺金堂とは、基壇の階段についても違いがあったと思われる。平城薬師寺金堂の基壇の東西面の中央に柱筋に合わせてつくられていた階段は、裳層まわりを囲っていた本薬師寺金堂には、同位置になかったにちがいない。では、そこでは柱間に合わせた位置にあったかといえば、その可能性もないだろう。本薬師寺において柱間筋に合っていた階段を模さずに、平城薬師寺にきて、わざわざ柱筋に位置をずらしたとは考えにくいからである。つまるところ本薬師寺にその階段はなく、平城薬師寺でそれを新規に計画したために、柱筋にくることを気にせずに、東西面の中央にその位置が決定されたものと思われる。平城において新たに東西の階段を付け加えたのは[17]、平城薬師寺金堂の初重裳

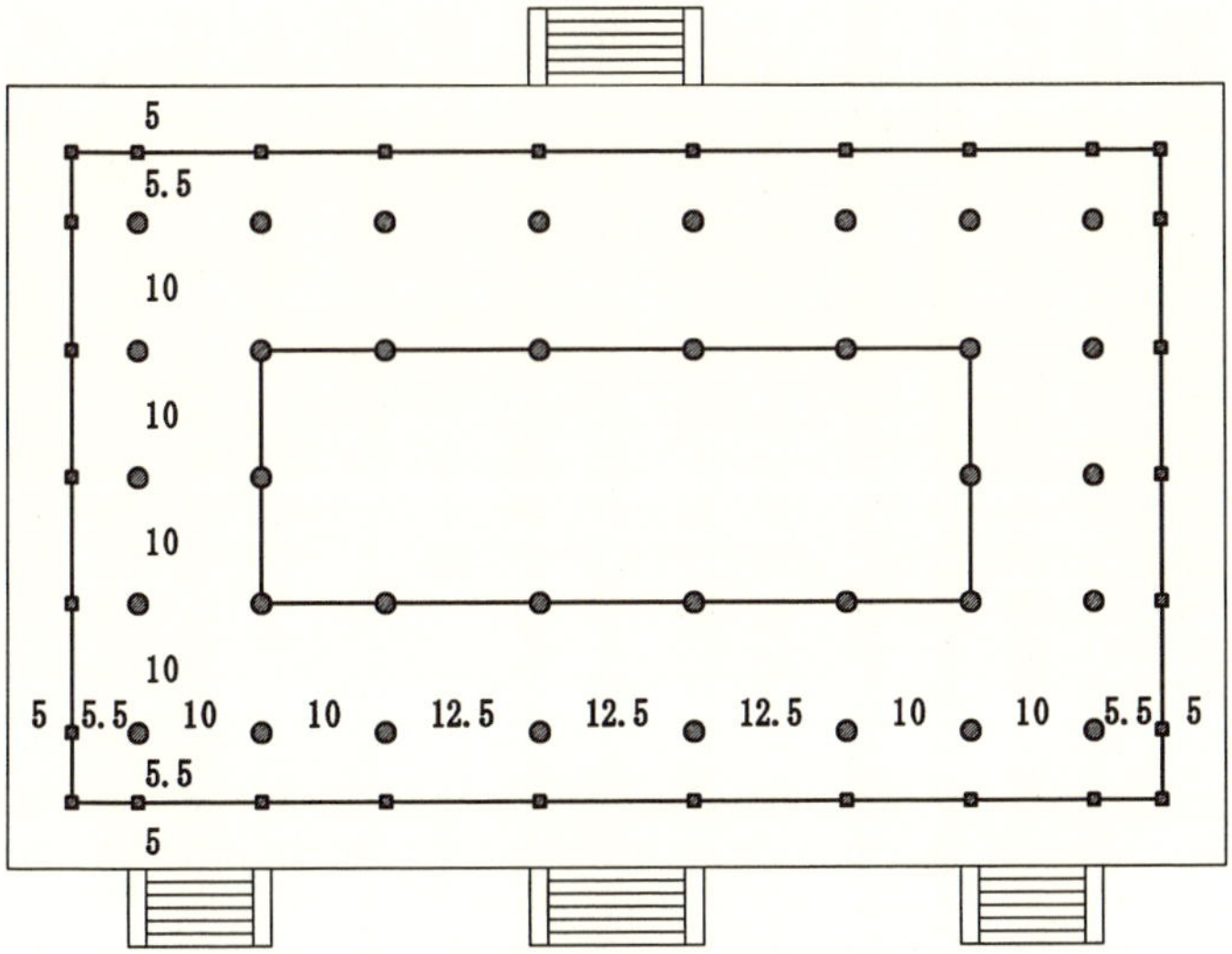

図 47　本薬師寺金堂の復原平面図

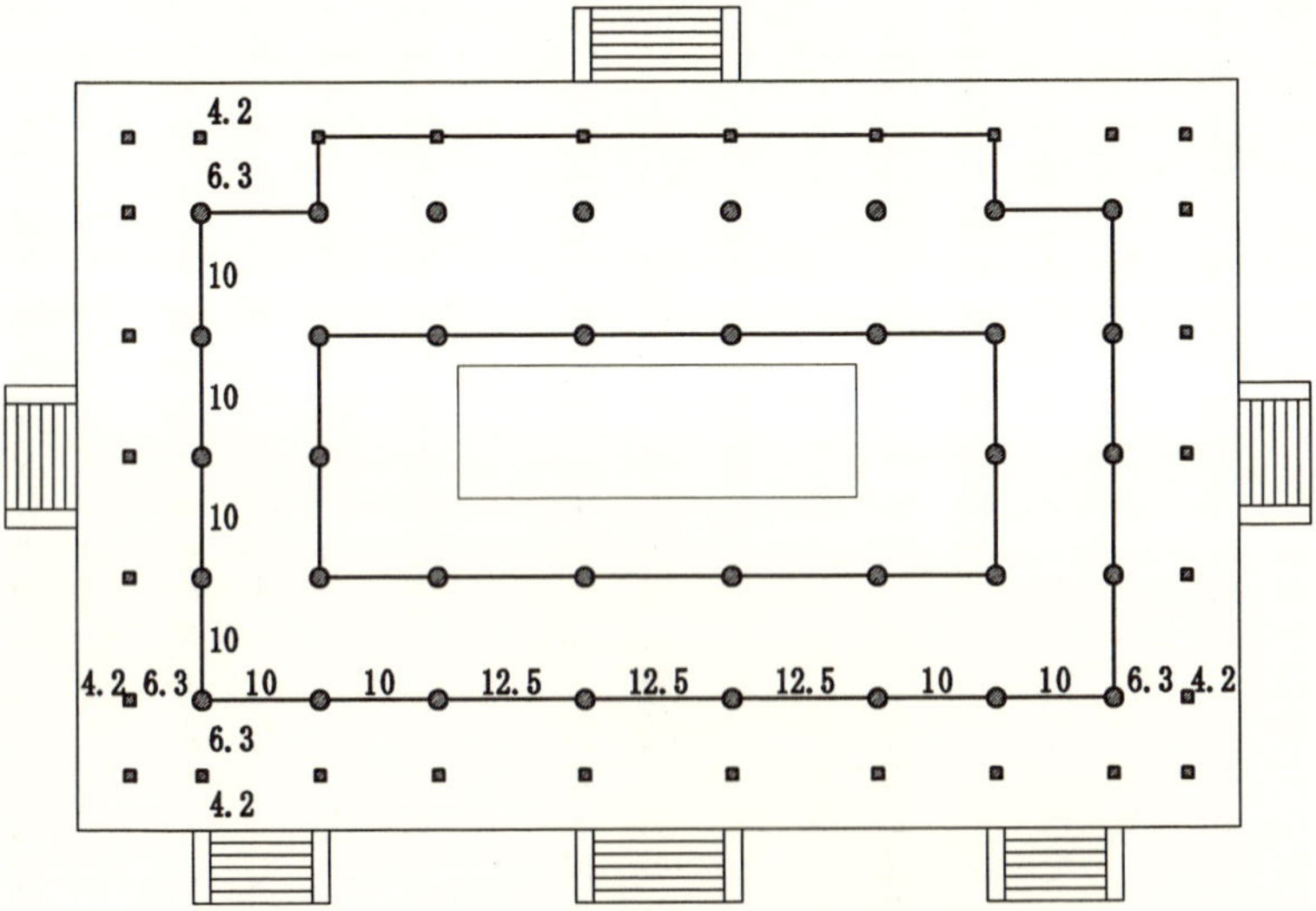

図 48　平城薬師寺金堂の復原平面図

層を開放に改めたことと一連の計画であったにちがいない。以上の考察をもとに本薬師寺と平城薬師寺の金堂の復原平面図を示す（図47、図48）。

三、藤原道長の薬師寺参詣と金堂

薬師寺金堂、あるいはその内陣に入ることが堅く禁じられていたことを示す史料についてはすでに福山氏が触れておられる。[18]

『今昔物語集』巻十二、「薬師寺食堂《ノ》焼《ヤケテ》、不焼金堂語《コンダウヤケザリシコト》第二十」には、そのことが次のように記される。

此ノ寺ノ金堂《コンダウ》ニハ昔ヨリ内陣《ナイヂン》ニ人入ル事无シ。只堂ノ預《アヅカリ》ノ俗三人、清浄《シヤウジヤウ》ニシテ旬《ジユン》ヲ替《カヘ》テ各《オノオノ》十日ノ間入ル。其ノ外《ホカ》ニハ一生不犯《イツシヤウフボン》ノ僧ナレドモ入ル事无シ。昔《ムカ》シ浄行《ジヤウギヤウ》ノ僧有《アリ》テ、「我レ、此ノ三業《サンゴフ》ニ犯セル所无シ、何《ナン》ゾ不入《イラ》ザラムト」思《オモヒ》テ入《イリ》ケレバ、俄ニ戸閇《トヂ》テ入ル事ヲ不得《エ》ズシテ返出《カヘリイデ》ニケリ。実《マコト》ニ此ノ薬師ノ像、世ニ難有《アリガタ》キ霊験《レイゲンマシ》在マス仏也トナム語リ伝ヘタルトヤ。

『今昔物語集』巻十一、「天智天皇、造薬師寺語第十七《ヤクシジヲツクリタマヘルコト》」にも、次のようにある。

□亦、此《コノ》寺ノ薬師仏□受《ウケ》タル人、此《コノ》寺ニ参《マヰリ》テ祈請《イノリコ》フニ、其利《ソノリ》益不蒙《ヤクカウブラズ》ト云フ事无シ。専《モハラ》ニ、可崇《アガメタテマツルベ》奉キ仏ニ在《マシ》マス。

其《ソノ》寺ノ内ニハ止《ヤム》事無キ僧ナレドモ入ル事无シ。只、堂童子《ダウドウジ》トテ俗ナム入《イリ》テ仏供《ブツク》・燈明《トウミヤウ》奉ル。止《ヤム》事無《ナシ》ト語リ伝ヘタルトヤ。

鎌倉時代の南都の社寺について記した『建久御巡礼記』の薬師寺条にも、

養老二年戊午、此ノ寺ヲ平城宮ニ遷造ラセ給ヘリ、金堂薬師十二神将也、貫二キテ玉一ヲ為二羅網一ト、瑩二テ馬腦一ヲ築《ツケリ》壇一ヲ、寺家別当猶シ無レシ入レコト内一ヘ、

とある。そして大江親通《おおえちかみち》の撰とされ、十二世紀半ばに成立した、当時の南都諸大寺の実状を知ることのできる貴重な史料である『七大寺巡礼私記』の薬師寺金堂条には、この件に関して、もっと具体的な伝承が記されている。

古老口伝云、去治安三年十月之比、大相国入道殿下御修行之次、令参詣当寺給、被仰云、如伝聞者、当番童子之外、他人敢不入堂云々、而至我者依前世持戒、今生為摂録之大臣、如道巻天下如草靡万人、而及老耄永脱俗服、偏帰仏陀、仍入堂中恣拝礼、起座臨門之時、猛風忽吹閇扉矣、仍為恐令退出御云々、是則薬師寺之霊験云々、但御修行記更不令参詣此寺給者也、実不審、可尋之、

ここに「大相国入道殿下《だいしょうこくにゅうどうでんか》」とあるのは、寛仁三年（一〇一九）三月に病気のため太政大臣を辞して出家した藤原道長である。彼は東大寺、延暦寺で受戒する一方、法成寺《ほうじょうじ》の造営に着手し、丈六阿弥陀像九躰などを安置する無量寿院、さらに西北院を造立。治安二年（一〇二二）七月には三丈二尺の大日如来像を本尊とする金堂、二丈の不動尊などを安置する五大堂の落慶供養を、天皇の行幸を仰いで執り行っている。

翌治安三年十月には弘法大師の廟堂のある紀伊国の高野山金剛峯寺《こんごうぶじ》へ詣で、途中「七大寺幷所々名寺」を拝見する目的で従者十六名とともに巡礼の旅に出た。

皇円撰の『扶桑略記』は十月十七日の出発から帰京まで、その行動を日を追って記す。その記述は、前掲『七大寺巡礼私記』の文において、大江親通が参照したという「御修行記」の逸文《いつぶん》と考えられている。また『扶桑略記』の引用文の最後に、「修理権大夫源長経依ニ教（勅）命一記レ之。多々略抄」とあるので、原本は一行の一人、源長経が書いたもので、『扶桑略記』の文は、その抄録であることがわかる。(19) 親通は「御修行記」の原本のほうを見て、そこに古老口伝にある薬師寺参詣のことが見出されないので実に不審と記しているのであるが、『扶桑略記』のほうにも薬師寺の名はない。

この『扶桑略記』の文を検討した田中重久（たなかしげひさ）氏は、薬師寺へ行ったとすれば東大寺、興福寺、元興寺、大安寺、法蓮寺をまわって山田寺へ行った十月十八日のこととなるが、いくら騎馬行であっても薬師寺へ寄れそうにない、したがって古老口伝は単なる薬師霊験談で史実ではなかろう、道長の参詣中に突然、風で堂の扉が閉まるなんてこともありえない、と述べておられる。(20) だが道長が薬師寺に参詣したことを証す史料があるのである。『薬師寺縁起国史』に次の文がある。

縁起云、治安三年〔一〇二三〕癸亥十月二十日、大相国藤原道長高野山参詣之節、当寺参詣、令読薬師経一百二十巻焉、

この『薬師寺縁起国史』という史料は、原本の所在が不明で明治の写本しか伝わっていないが、(21) ほかにも他の史料にない珍しい記事を含み、しかもこの記載の例でわかるように、信頼性の高いものである。

ところで、この記事で注目されるのは道長の薬師寺参詣を治安三年十月二十日としている点である。というのは『扶桑略記』所引の「御修行記」に記される道長の旅程をみると、出発から帰京までの十五

日間のうち十四日間の行動は詳らかであるのに、ちょうどこの十月二十日の一日だけが記録から欠落しているからである。この符合は決してただの偶然ではありえないであろう。やはりその日、道長一行は薬師寺に詣でたにちがいない。ただし、その薬師寺は、田中氏が考慮した平城薬師寺ではない。本薬師寺のほうである。十九日には飛鳥の寺をめぐり、二十一日には吉野川を下っているからである。そのあたり『扶桑略記』の文は次のようになっている。

（十八日夜、山田寺に宿す）十九日。覧二堂塔一。堂中以二奇偉荘厳一。言語云黙。心眼不レ及。御馬一疋給二権大僧都扶公一。次御二本元興寺一。開二宝倉一令レ覧。中有二此和子（宇イ）陰毛一。宛如レ纔。不レ知二其尺寸一。鐘堂鬼頭忽難二撰出一。依二物多事忙一也。次御二橘寺一。披二覧宝物一。覧物已少。所レ遺猶多。是依二日暮途遠一也。今日所レ恨。不レ求二得天雨曼陀羅花一。太子講二勝鬘経一時所レ雨之瑞也。次漸向二晩頭一。※次二竜門寺一。于レ時仙洞雲深。峡天日暮。青苔巌尖。曝布泉飛。見二其勝絶一。殆欲レ忘レ帰。礼仏之後。留二宿上房一。（中略）二十一日。於二吉野川之末一御レ船。漸棹二迅瀬一。遠過二奇巌一。午時。御二高野政所一。（後略）

これを読むと、傍点部分の文の接続に不自然さがあることに気づくであろう。また内容からいってもおかしい。すなわち十九日は山田寺、本元興寺《もとがんごうじ》（飛鳥寺《あすかでら》）、橘寺という飛鳥の寺を見物し、橘寺ですでに日暮れて、宝物の多くを見残したというのに、その後、途中の勝景を愛でながら遠く離れた吉野の竜門寺に赴いたというのでは、旧暦十月のこととて時間的に矛盾している。そこで※印のところへ本薬師寺を入れる。すると橘寺で日暮れたので本薬師寺に戻って留宿、翌二十日は、『薬師寺縁起国史』にあるように、『薬師経』百二十巻の読経をさせ、その後、一行は本薬師寺の西側を通る下ツ道を経て吉野の竜門寺へ向かったとなって、文の続きがよくなるのである。参議左大弁《さだいべん》源経頼が道長より二年後の万寿二年（一〇二五）十一月九日に「本薬師寺」に宿泊したことは経頼の日記『左経記《さけいき》』に記されており、すでに知られているが、その日、経頼は吉野宮滝から竜門を経て本薬師寺に着いたのである。道長一行はちょうどこのコースを逆にたどったことになろう。

以上のことから『七大寺巡礼私記』所引の古老口伝は、道長の本薬師寺参詣の事実を伝えるものであることが明らかになった。大江親通が参照した「御修行記」に本薬師寺参詣の記載がなかったというのも『扶桑略記』所引の「御修行記」の逸文で確かめられた。その文からみると、当初、源長経の記録には本薬師寺参詣が記されていたのに、二次的にその部分が削除されて「御修行記」ができたと考えられる。それにしても、なぜ本薬師寺のことだけが削除されたのであろうかと考えたとき、古老口伝にある本薬師寺での事件もまた事実であったと思われるのである。金堂内に入ってはならないという禁を犯して入堂した道長が退出する際、突如猛風が起こって扉が締まったというのは単なる偶然であったかもしれないし、あるいは寺僧がたくらんでしたことかもしれない[22]。その原因がどうであれ、病気がきっかけで出家受戒し、造寺造仏・巡礼を企て、仏道に専念することを志していた道長にとって、扉が閉じたことは、みずからの不遜に対する薬師如来の仏罰と感じられたであろうことは想像にかたくない。それは巡礼行にもっともふさわしからざる事件であった。そこで結縁の成就しなかったものとして本薬師寺を「御修行記」の草稿から削らせた、というのがおそらく真相であったにちがいない。

以上に述べた道長の一件は、多くの事実を語っている。すなわち、前節において本薬師寺金堂が天平末年に存在したことを明らかにしたが、それが治安三年（一〇二三）になってもなお健在であったことになる。またその金堂に入ることは、当番の堂童子《どうどうじ》を除いて堅く禁じられ、その管理も充分に行われていたとみてよい。本薬師寺自体も立派に維持されていたようで、道長一行が泊まり、飛鳥の寺の中でもっとも長時間留った。『薬師寺縁起国史』によると、そこで『薬師経』百二十巻の読経をさせたという。

本薬師寺金堂には、人を入れなかったことはわかったが、平城薬師寺金堂の場合はどうだったであろうか。そこでは入堂が禁じられていたことを示唆する史料はなく、逆に入れたことを示す史料のほうがある。ここでも『七大寺巡礼私記』がそれである。そこに記されていることは、親通自身が見聞したものばかりでなく、文献からの引用も多いのであるが、薬師寺金堂内陣坤隅に安置された、舎利納入の金銅五重塔一基（高さ三尺ばかり）を、彼が見たことは確かである。その記事（第七章第三節の㈢、三四〇頁参照）の中に「保延六年三月十五日始以拝見、抑去嘉承年中巡礼之日、不拝舎利、無此塔」とあるから、前回の嘉承元年（一一〇六）巡礼の際にも薬師寺金堂内に入ったとみられる。また親通が、くだんの舎利について尋ねたのに対して堂童子が、「本薬師寺」塔跡で発見されたいきさつを語っているから、堂童子が案内をしていたと考えられる（舎利発見の件は第七章の第三節で詳しく取り上げる）。

本薬師寺金堂は、当番の堂童子以外絶対に入ってはならないのに、平城薬師寺金堂のほうは、入ってもよかった（ただし内陣に入ることはできなかったかもしれない。次節参照）。その違いは、前節で明らかにした二つの金堂の形態上の相違とよく対応する。すなわち、本薬師寺金堂は、内陣を囲い、裳層まわりを囲う閉鎖的なものであったが、それは金堂内に入ることを拒否する表現にふさわしい。それに対して平城薬師寺金堂のほうは、初重裳層が吹放ちで、基壇に上がる階段も本薬師寺金堂よりも多かったが、それは入堂を拒まない金堂の形式にふさわしい。これら二つの金堂のうち、平城薬師寺の金堂は内陣を囲っている点を除けば、普通の仏堂に近い。特殊なのは本薬師寺金堂の閉鎖性である。それが本薬師寺の性格とどのように関係するのか、という点は後で考えたい。

四、金堂の本尊と内陣

金堂安置の金銅薬師三尊像は現に平城薬師寺金堂に存するが、その光背は後補のものに替わってしまっている。当初の光背に関しては、二種の記載が史料にみられる。

(1)『薬師寺縁起』は次のように記す。

其堂中安置丈六金銅須旀（弥）座薬師像一軀、円光中半出七仏薬師仏像、火炎間翅〔刻カ〕造無数飛天也、

左右脇士日光遍照月光遍照井像各一躰、已上持統天皇奉造鋳坐者、　已上流記文云、今畧抄之、

古老伝云、件仏像従本寺七日奉迎之、

持統天皇以下の文が、いわゆる本尊移座説の有力な根拠に挙げられていることは周知のとおりである。

『諸寺建立次第』所収「薬師寺縁起」にある次の文は前者にもとづいたものであろう。

其堂中、安置丈六金銅須旀（弥）座ニ、薬師像一口、円光中ニ、半出七仏薬師、左右脇士已上持統天皇ノ奉造也□〔云々カ〕

(2)『七大寺巡礼私記』薬師寺金堂条には本尊のことが次のように記される。

中尊金銅丈六薬師像須㳺（弥）坐、身光刻付半出七仏薬師像、又縁光彫飛天十九躰、其須㳺（弥）炎刻宝塔一基、彼塔上立三柱之九輪、尤以奇、子細可尋、

脇侍金銅日光月光丼（菩薩）像、

己（巳）上斯三尊、口伝云、持統天皇之所造立給也云、、

菅家本『諸寺縁起集』薬師寺金堂条にも次の記載がある。

本尊金銅丈六薬師三尊、身光刻付半出七仏薬師像也、件三尊者持統天皇御願、即位十一年七月開眼、

(1)と(2)の記録は文章が似ているのに、中尊丈六薬師如来の光背については少なからず書き様に違いがある。

(1)によれば、円光中に七仏薬師像を浮き出させ、火炎の間に無数の飛天を刻み出したものであった。(2)によれば、身光に七仏薬師像を浮き出させ、縁光に飛天十九躰、須弥（㳺）炎に三柱九輪を上げた宝塔一基を刻んだものであった。

これらに対する従来の主流となる解釈は、両者を同一物とみるもので、(2)の『七大寺巡礼私記』のほうが詳しいから、それを信頼すべきであるとする。(1)の『薬師寺縁起』の文には宝塔のことが見えないが、(2)が十九躰と詳しく書いている飛天を「無数」でかたづけているくらいだから、書き落としたのだろうという。また(2)の形式の例としては法隆寺献納宝物中の甲寅年銘小光背[23]（図49）があり、類似の例も多いことを挙げている。[24]

これに対して田村吉永氏だけが二者を別物とする説をとっておられるが、[25]私はそのほうが正しいとみ、

図49　甲寅年銘小光背（法隆寺献納宝物　東京国立博物館蔵）

支持したい。⑴⑵の史料を素直に読めば、両者が同一物に関する記述とは、とても考えられない。十九躰の飛天を「無数」と書くことはありえないし、どの光背にもあるというものではない三柱九輪の宝塔を書きもらしたり省略したりすることもないだろう。また『七大寺巡礼私記』の文のほうが正しく、『薬師寺縁起』の文を誤記とすること自体も問題で、両者の書き様の似ていることからみて、『七大寺巡礼私記』のほうも、もともと『薬師寺縁起』原本にあった文を引用したものにちがいない[26]。したがって金堂の本尊の二種の光背は、本薬師寺と平城薬師寺のそれと考えるべきであろう。田村氏は『薬師寺縁起』の文にある円光が平城薬師寺本尊の当初の光背で、それが失われた後で『七大寺巡礼私記』にある身光の光背に変わったと解釈しておられるが、氏の挙げられた根拠はいずれも適当ではないから、その説は認められない[27]。

問題は、(1)の円光光背、(2)の身光光背のいずれが本薬師寺、平城薬師寺にあったかという点である。町田甲一氏は田村氏に対する批判の中で、平城薬師寺金堂の本尊台座天板に遺る三個の枘孔《ほぞあな》は、現在の光背のものでなく当初の光背のものであるから、当初の光背は挙身光《きょしんこう》（身光）であって円光ではなかったといわれる[28]。しかし『薬師寺縁起』が「円光」と「身光」を区別して記すのは、頭光と挙身光を意味するものではないだろう。「円光」は長谷寺の法華説相図銅板《ほっけせつそうずどうばん》（朱鳥元年＝六八六年、または文武二年＝六九八年の製作になる）中の仏像（図50）、山田寺跡出土の塼仏《せんぶつ》などを古い例とする二重円光（円形の頭光の下に円形の身光を重ねた光背）を指しているにちがいない。法華説相図銅板の二重円光の場合、円形の頭光の縁に七体の化仏《けぶつ》を付けているが、小さいための変形で、円光中に七仏を配したという薬師寺のものと元来同じものであろう。東大寺の大仏蓮弁線刻《れんべんせんこく》の如来形も二重円光、大仏の現在の光背も同形式であるが、『信貴山縁起絵巻』に見える当初の大仏の光背も二重円光の大光背である。そこに無数（『七大寺巡礼私記』はそれを「五百卌六軀」と記す）の化仏が描かれているのは薬師寺の円光周りの火炎間に無数の飛天が刻まれていたというのと一脈通ずるものがあろう。また唐招提寺金堂の盧遮那仏《るしゃなぶつ》の

図50　法華説相図銅板（部分　奈良・長谷寺蔵）

光背では円形の頭光と、身光の中だけでなく外縁の火炎間にも無数の化仏を有している。平安時代のものになるが、平等院鳳凰堂本尊の阿弥陀像の光背は二重円光の外側に広い火炎様の雲文を刻み、そのなかに飛天を配しており、当麻《たいま》寺《でら》本尊の弥勒像の光背も同形式である。当麻寺の弥勒像は天武九年（六八〇）に寺が創建されたころに造られたとみられているから、光背は後補ということになるが、当初の形式を踏襲した可能性があろう。また、日野法界寺の阿弥陀堂本尊も同様に火炎様の周縁部に飛天を刻む光背を有する。いずれにしても薬師寺の円光は、火炎間に無数の飛天を配したのであるから、これらの例のように、二重円光の外側に広い周縁部があり、全体としては舟形光背とそう違わない外形のものであったであろう。その周縁部は火炎であったというが、東塔水煙では火炎様の雲文に飛天を配しているから、金堂本尊の円光の場合も同様のものであったとみればよいのではないかと思われる。

『七大寺巡礼私記』に「身光」と記されたほうの光背は、「円光」と記された光背より円光の使い方が印象的でない舟形光背だったであろうと思われる。それは法隆寺金堂の釈迦三尊像をはじめとして広く使われた挙身光の一典型であった㉙。薬師寺の身光が法隆寺献納宝物の甲寅年銘小光背によく似たものであったことは、すでに足立氏の指摘するところである㉚。

もう一つ注目されるのは『七大寺巡礼私記』に記す大安寺金堂の本尊丈六釈迦像の光背である。

中尊丈六釈迦坐像以右足敷下、左足置上、迎接引〔印カ〕也、光中化仏十二躰、飛天十二躰、須弥炎安多宝塔、其塔迴有雲形、斯像世人伝云、解文恵稽主勲之造云〻、相好端厳与霊山尺（釈）迦依毫釐《ごうり》不違、天人影嚮《えいきょう》恒展供養云〻、

これは光中に化仏がある点、須弥炎に宝塔と飛天がある点が、薬師寺の身光に一致している。化仏・飛天の数が少し違っているにすぎない。またこの記事は重要なことを語っている。すなわち大安寺本尊の釈迦像は、同寺の『流記資財帳』に

合仏像玖具壱拾漆軀　丈六即像弐具

右淡海大津宮御宇　天皇奉造而請坐者

と記される丈六像の一に相当し、天智天皇の造らしめたものと考えられているが、以上の文中の世人伝にしたがえば、造像の時期は平城大安寺造営のころの可能性が大きい。というのは作者として挙がっている解文恵・稽主勲は、『諸寺建立次第』長谷寺条に、徳道聖人が朝廷の援助を得て高二丈六尺の観音像を本尊として造った際の巧匠「稽文会《ケモンエ》、稽主勲《ケシユクン》」（中国人だろう）の両人と同一人物と考えられるからである。後者の時期、神亀六年は天平元年（七二九）に改元されている。大安寺の釈迦像が平城で造られたものであることの証拠はもう一つある。『七大寺巡礼私記』薬師寺条に、大安寺の釈迦像を模して仏像を定朝《じようちよう》に造らせた話が載っている。

東院八角宝形、安丈六尺（釈）迦坐像定朝造之、口伝云、斯堂者在唐院之傍、薬師寺別当輔精（静）已講私之建立也、仏像者誂定朝、摸大安寺之尺（釈）迦所奉造也、其金薄依難得、参詣金峯一心祈之、（後略）

輔静《ほせい》は長徳四年（九九八）に権別当《ごんべつとう》になり、十六年後の長和三年（一〇一四）正月に別当になって二十三年在任した。在任中、薬師寺では火災後の復興が進められ、長和四年には『薬師寺縁起』の撰録も行われている。また彼自身は維摩会講師・最勝会講師を経て已講《いこう》になっており、薬師寺の歴史における重要人物の一人に数えられる。

ところで薬師寺には、木造薄肉彫りの舟形光背で丈六座像の光背とみられるものの残欠が遺っているが、足立氏はこれを以上の文にある東院の釈迦像の光背であろうと考定された(31)。その後、井上正氏も、「足立説は、きわめて可能性が強いといわなければならない」という見解を述べておられる(32)。それは図

51に示すように周縁外区に九躰の化仏を配していたと思われる。当初はこの外側に周縁部があった痕跡があるので飛天が取り付けられていたとも想像されるとのことである。さらに井上氏は「奈良六大寺大観」第六巻『薬師寺全』の「光背」の解説のなかで、次のようにいわれる。

この光背の意匠について興味あることは、全体に天平時代の形式が認められ、平安時代以降にはみられない表現をとっていることである。頭光の八葉を小さく、輻状文帯《ふくじょうもんたい》を幅広くとること、身光の唐草文帯が垂直に近く立っていることなどはともに古式であるが、ここにみられる唐草文が、葡萄の房様の実をもつ天平時代に多い宝相華文様であることも注目される。外区の部分にみえる蔓の巻き込みや雲の流れなど、全体に唐招提寺金堂の盧遮那仏および千手観音像の光背の文様意匠に近いものがある。作風のうえでは、天平時代の流暢な流れがみられないので、後世の摸古作とするのが穏当であろう。

この光背が大安寺釈迦像の光背を模したものということになると、大安寺釈迦像の光背は二重円光ではなく、舟形光背であったことになる。『七大寺巡礼私記』に記される宝塔は、その周縁部の頂上にあったものであろう。化仏の数は十二躰であったとあるから、薬師寺における模作と数は一致しない。

以上で、大安寺の釈迦像が平城大安寺の創建ごろに造られたこと、薬師寺金堂の本尊光背のうち『七大寺巡礼私記』所収の「身光」と記された光背が大安寺釈迦像の光背とよく似たものであったことがほぼ明らかになったと思われる。そうなると薬師寺の二種の光背のうち、この「身光」と記されたほうが平城薬師寺創建のころに造られた可能性が大きいであろう。第二章で明らかにしたように、(33) 平城薬師寺

図 51　薬師寺蔵光背残欠

では、当初の桁行三間の仏門、単廊の回廊の計画を改めて、桁行五間の仏門、複廊の回廊にしたが、五間仏門と複廊は薬師寺に先んじて平城の大安寺に造られていたから、薬師寺はそれに追随した結果になっている。したがって本尊光背が似ているのも偶然ではなかろう。

となると、『薬師寺縁起』金堂条に記される「円光」のほうが本薬師寺創建当初の本尊の光背という結論になるが、同条に「持統天皇奉造鋳坐者」と記されていることとも符合する。この部分は『流記資財帳』からの引用と注記されているが、それが事実なら「藤原宮御宇天皇」とか「飛鳥浄御原宮御宇天皇」となっていなければならないとして、この記載に疑問をもつむきもあったが、以上の符合からいっても『流記資財帳』からの引用を疑うことはできないだろう。『薬師寺縁起』食堂条には、「旧流記云、已上三尊難波那我良豊前宮御宇天皇孝徳天皇奉造請坐於此寺」のようにあるから、金堂条も『薬師寺縁起』撰録の際に（あるいは、『薬師寺縁起』は、後述するように改稿されているので、その際に）漢風諡号に書き改められたものであろう。[34]

円光の本尊が創建当時の本薬師寺にあり、身光の仏像が平城薬師寺の創建ごろに造られたといっても、[35]それがただちに奈良・平安時代におけるそれぞれの仏像の所在を示すことにはならないだろう。それどころか『薬師寺縁起』金堂条を信ずれば、本薬師寺の当初の本尊は平城薬師寺に存したことになるのである。

しかし、『七大寺巡礼私記』に身光を有する本尊のほうが記されている以上、後で造られた身光の薬師如来像がやはり平城薬師寺に安置されていたと考えるのが適当であろう。『七大寺巡礼私記』は大江親通の感想よりも引用のほうが多い文献で、身光の薬師如来像に関する記載もすでに述べたように、『薬師寺縁起』の文を引用したものとみられる。したがって、それをもって親通が本尊を実見したと決めることはできない。

だが彼は金堂内に二度入っていることは確かで、二度目には舎利の納められた五重小塔を拝見し、案内の堂童子から舎利発見の事情を聞いているのである。内陣を仮にみられなかったとしても、それについての知識は得ていたにちがいない。それゆえ『七大寺巡礼私記』に身光の記事が引用されたのは、それが平城薬師寺に実際に存在したことを示しているとみてよいだろう。[36]そうなると本薬師寺の円光を有する本尊は平城に移座されなかったことになる。

ここで生ずる問題は、現存する『薬師寺縁起』金堂条に、移座されなかったはずの本薬師寺の円光の本尊のことが記されている点である。だが、それも解決がつく。すなわち前節で明らかにしたように天平の『流記資財帳』においては、平城薬師寺のみならず本薬師寺の金堂のことが併記されていたのである。そして長和年間に作られた『薬師寺縁起』においても同様であった。本薬師寺の寺地、宝塔、金堂の丈尺などが現在の『薬師寺縁起』に載っていることが、その点を物語っている。したがって、現存する『薬師寺縁起』に本薬師寺にあったはずの円光の本尊のことが記され、金堂条の終りのところに「以上流記文云、今畧抄之」とあるのは、長和の『薬師寺縁起』から平城薬師寺金堂の本尊の記載を削除したことを物語っているであろう。そうすることによって平城薬師寺の本尊に「持統天皇奉造鋳坐者」の由緒を付与することができたのであるが、そうした『薬師寺縁起』の改竄《かいざん》は、第七章の第四節で詳述する平安後期における本薬師寺の解体後に行われたものとみられる。
金堂内陣の荘厳について『薬師寺縁起』金堂条は次のように記す。

仏壇長三丈三尺、広一丈六寸、高一尺八寸、以馬脳為鬘石、以瑠璃為地敷之、以黄金為縄堺道、以蘇芳造高欄、以紫檀為内殿天井障〔隔〕子、以鉄縄鉤（釣）天盖（蓋）、宝四端〔益、脱カ〕交立白輝宝珠及半月等、不可称計、

この後に続く円光の薬師如来像が本薬師寺の本尊ということになったので、この文も本薬師寺内陣に関するものということになる。

『七大寺巡礼私記』金堂条は、前述した身光の薬師如来像の記事に始まり[37]、続いて金堂内に安置されている仏舎利のことなどが記される。その後で改めて、薬師寺の創建と、金堂内陣のことで次のように記される。

又古老口伝云、天武天皇之后依病発願所建立也、承永和尚依皇后之命入定、見龍宮□〔之カ〕様令学造云、、乃桩〔粧カ〕厳之美楸〔マヽ〕操之妙勝諸寺、其仏壇者以瑠璃敷地、以黄金堺道、以馬瑙為壇鬘、以蘇芳為高欄高一尺八寸、又内殿天井紫檀為材木、上有天盖（蓋）、以鉄綱釣之、其宝盖（蓋）四面端立日輝、以諸雑宝衆色玉為羅納〔綱カ〕除大安寺尺迦之外此寺仏像及粧厳勝於諸寺云、、

これを『薬師寺縁起』の文と比較すると、最後に羅網のことが付け加わっているほかは、文章もほとんど一致するといってよい。『七大寺巡礼私記』金堂条は、この後「或人語云」として万燈会に関わる伝承と、「古老口伝云」として前述の道長の薬師寺金堂入堂事件のことを載せているが、第七章第三節

で述べるように、万燈会は本薬師寺の重要な法会であり、道長が参詣したのも本薬師寺であった。したがって『薬師寺縁起』の文とよく似た以上の文も本薬師寺に関する史料から引用したものにちがいない（親通がそれを本薬師寺のことと知っていたかどうかはわからない）。

『諸寺建立次第』所収の「薬師寺縁起」にも、『薬師寺縁起』を引用したものであることが明らかな次の文を記す。

> 仏壇長三丈三尺、広一丈六寸、高一丈八寸〔ママ〕、以瑪瑙〔ママ〕為髣〔髴〕石、以瑠璃《ヲ》為地《シテ》敷之、以黄金為縄《ト》堺《サカフ》道、以蘇芳《ヲ》造高欄、以紫檀《ヲ》為内殿天井隔子、以鉄縄釣《ツル》天盖（蓋）、宝盖（蓋）四端、交立日耀宝珠及半満月等、不可称計文、
>
> 其堂中、安置丈六金銅須旀（弥）座、薬師像一口、円光中《ニ》、半出七仏薬師、左右脇士已上持統天皇ノ奉造也□〔云々カ〕

ところが『諸寺建立次第』はこの「薬師寺縁起」を引く前に「薬師寺」の項を立て、金堂について次のように記す。

> 金堂、二階、五間四面、安金銅丈六《ノ》薬師像、又有脇士、日光月光、壇下三面十二神将、貫《ツラヌイテ》珠為羅網、周匝壇《セリ》三面、天井幷高欄《ランハ》、皆用紫檀《テス》、高欄柱上《ノノ》居《ニ》宝珠、

これはいままでの『薬師寺縁起』の系統の文といささか異なり、内容においても少し異なる。『薬師寺縁起』では蘇芳《すほう》をもって造るとなっていた高欄が、ここでは（内陣天蓋の）天井と同じ紫檀製となっている。また高欄柱上に宝珠を据えたということも前者にない。となると、この文は、長和の『薬師寺縁起』平城薬師寺金堂条の文の一部を伝えている可能性があろう。『建久御巡礼記』の薬師寺の項の文

中にも、

貫二キテ玉一ヲ為二羅網一ト、瑩二テ馬脳一ヲ築《ツケリ》壇一ヲ、

と、同系の文を掲げる。

内陣に関するもっとも詳細な記述は、薬師寺本『薬師寺縁起』所収の別縁起中に引用された「摩尼坊《まにぼう》五師澄禅日記《ごしちょうぜんにっき》」の文である。

古日記云、金堂内陳〔陣カ〕五間、仏壇三間、金銀等七宝《以》荘厳之、天井下又有鈎〔釣カ〕天井、件天井紫壇〔檀カ〕上悉鏤金銀、四面有金銅花形日月珠光等、緋羅《螺鈿》絅上又有七宝羅絅、金銅幡并金銅燈爐毎間懸之、仏壇上純敷琉璃、以馬脳為壇鬘、以車渠為立石、以蘇芳為高欄、ゝゝ上居花宝形、仏御手青琉璃壺入不死薬、仏左右並居大鏡、又亘五間懸大小鏡、堂内荘厳尽美極妙、雖無燈火金玉光尤明也、（後略）

これを前の二種の記載と比べると、『薬師寺縁起』金堂条の文の系統であることがわかる。『諸寺建立次第』の「薬師寺」の項と『建久御巡礼記』に似た文はここにない。それらにおいて高欄の柱上に宝珠を据えるとなっているものが、ここでは、高欄上に花宝形を据えるとなっている。『薬師寺縁起』の系統ということは、すなわち円光の本尊を安置する本薬師寺内陣に関する記載ということであるが、ここにはそれを裏づける別の証も見出される。仏像の御手に青瑠璃の壺が置かれ、不死薬が入れられているという記載である。

平城薬師寺に現存する金堂の薬師如来像（図52）は膝に載せた左手の中指を軽く曲げて掌を上にしているが、その面は内側に傾いており、またそこには輪宝を鏨《たがね》で刻んでいるから、薬壺を持っていなかっ

図52　平城薬師寺金堂の薬師如来像

たと考えられるのである。[38] したがって青瑠璃の薬壺を手にした薬師如来像のことを記す「摩尼坊五師澄禅日記」は本薬師寺内陣に関するものということになる。またそのことは『薬師寺縁起』金堂条の記載も本薬師寺に関するものであることを示し、いままで行ってきた光背および内陣に関する史料の解釈の正しさを証明している。

ところで「摩尼坊五師澄禅日記」の文に、仏（薬師如来であろう）の左右に大鏡を並べて置き、かつまた内陣五間に大小の鏡が懸けてあったとあるのは注目される。大官大寺（大安寺）に関しても、天武天皇あるいは文武天皇が丈六像の造立を夢告によって中止し、仏前に一大鏡を懸けて供養したという史料がある。[39] 鏡が神のみならず仏の象徴として用いられたことを示すものとしても興味深い。

平城薬師寺の金堂内陣のほうでは仏壇の背後に井戸が造られているのを注目しておきたい。それは薬師寺本『薬師寺縁起』所収の別縁起（その後半は「摩尼坊五師澄禅日記」からなる）の次の文にある龍神と関係があるのではないかと思われる。

養老二年戊午同時寺ヲ平城宮ニ移造ラムト思食ス、是彼高市寺ハ仏法不久所知食、即天皇自地味ヲ令嘗、此地仏法可久住地也、仍此地令移立御也、金堂跡者本是龍池也、件龍ヲハ勝馬田池ニ令祀移テ、以少石埋池、其上立金堂、

仏壇を来迎壁から不自然なほど離して造ったのは、龍神を象徴する井戸をその間に設けたためであったろう。また、平城薬師寺金堂は初重の裳層の大部分を吹放ちとしていながら、背面部だけは、裳層柱の礎石の地覆座からみて、囲っていたと考えられるが、金堂背面の龍神を北から拝す施設としていたか

らではないかと思う。このような例の有名なものとして東大寺法華堂（金鐘寺羂索堂《こんしゅじけんじゃくどう》）がある。その北面には、金鐘寺の前身である山房に住した良弁の持仏といわれる執金剛神像《しっこんごうしんぞう》が安置されている。薬師寺でも土地神に敬意を表したものであろう。

五、結語

〔金堂および本尊の形態〕本章で明らかになった本薬師寺金堂および平城薬師寺金堂の形態上の違い、本尊、内陣における相違を整理すると次のようになる。図47、図48と次頁の表3を比較されたい。

〔金堂の機能〕本薬師寺金堂への入堂は堅く禁じられていて、わずかに三人の堂童子が十日ごとに交代で入るのを許されていたこと。それに対して平城薬師寺金堂のほうは、入堂が可能であったことも本章で明らかになった。二字の金堂は、いずれも内陣まわりと外陣ないし裳層まわりを二重に囲い閉鎖的であるが、平城薬師寺金堂のほうは初重裳層を吹放ちにしている分だけ、見かけ上も本薬師寺金堂より開放的であった。それにしても、荘厳に飾られた内陣をなぜ厳重に隠したのであろうか。

結論を先に言えば、それは本薬師寺に建立された金堂が天武天皇の廟堂《びょうどう》としての機能を与えられていたからである。荘厳な内部が隠されているのは古墳の場合と似ている。とくにここでは天武天皇を葬った大内陵が注目される。それは藤原京の朱雀大路を南方に延長した地点にある。(40) 鎌倉時代、盗掘された後に書かれた『阿不幾乃山陵記《あおきのさんりょうき》』(41)によると、

表3　本薬師寺と平城薬師寺の金堂・本尊の比較

金堂　殿身二重、殿身初重五間四面、長七丈七尺五寸、広四丈、各重裳層付、内陣周囲閉鎖。	
本薬師寺の金堂と本尊	平城薬師寺の金堂と本尊
初重殿身柱間開放。 初重裳層柱間閉鎖、扉内開き。	初重殿身柱間閉鎖、扉外開き。 初重裳層吹放ち、北側の一部閉鎖。
初重裳層柱の出五尺五寸。 (裳層を含む金堂全体規模、長八丈八尺五寸、広五丈一尺)。	初重裳層柱の出六尺三寸。 (裳層を含む金堂全体規模、長九丈一寸、広五丈二尺六寸)。
階段は基壇の南面と北面にあり。	階段は基壇の四面にあり。
内陣(『薬師寺縁起』・同書所収「摩尼坊五師澄禅日記」・『七大寺巡礼私記』所引古老口伝・『諸寺建立次第』所収『薬師寺縁起』)。 高欄は蘇芳。 高欄上に花宝形を据える(「摩尼坊五師澄禅日記」)。	内陣(『諸寺建立次第』薬師寺条・『建久御巡礼記』)。 高欄は紫檀。 高欄上に宝珠を据える。 井戸あり。
本尊　手に青瑠璃の不死薬の壺(『薬師寺縁起』所収「摩尼坊五師澄禅日記」)。 本尊光背(『薬師寺縁起』・『諸寺建立次第』所収『薬師寺縁起』)。 円光中に半出七仏薬師像、火炎間に無数の飛天を刻む。已上持統天皇奉造鋳坐者。	本尊(現本尊は掌に輪宝を刻む)。 本尊光背(『七大寺巡礼私記』・菅家本『諸寺縁起集』)。 身光、半出七仏薬師像を刻み付ける。縁光に十九躰の飛天を彫る。須弥炎に三柱九輪の宝塔を刻む。

件陵形八角、石壇一匝一町許歟、五重也、（中略）御陵ノ内ニ有二内外陣一、先外陣方丈間許歟、皆馬脳也、天井高七尺許、此モ馬脳、無二継目一一枚ヲ打覆、内陣ノ広、南北一丈四五尺、東西一丈許、内陣有二金銅ノ妻戸一、広左右ノ扉各三尺五寸七分、扉厚一寸五分、高六尺五寸、左右ノ腋柱、広四寸五分、厚四寸、□クサ三寸、鼠走三寸、冠木広四寸五分、厚四寸、已上金銅扉ノ金物六、（中略）已上形如二蓮花返花一、古木ノ形師子也、内陣三方上下、皆馬脳歟朱塗也、（後略）

とあって、その内部は墓室と前室の二室からなり、石室は大理石製で、かつ建築的であった。これは薬師寺金堂の内陣・外陣の構成、大理石の仏壇と通じるものがある。

八角五重という外形は八角五重の仏塔（客殿説あり）を意識して築造したものに相違ない。そのほかの遺物にも仏教関係のものがあり、天武天皇の葬送儀礼全体が、それ以前と比べて著しく仏教的であることは、すでに注目されているところである。(42) 葬儀を指揮した持統天皇自身が亡くなったときには、天皇としては初めて火葬にされて、この大内陵に追葬されたのであるが、これは持統天皇の遺志によったものであろう。

天武天皇が亡くなった朱鳥元年（六八六）九月九日から一年四ヵ月後の持統二年（六八八）正月八日に薬師寺で無遮大会《むしゃだいえ》が設けられている（『日本書紀』）が、これが薬師寺が記録にあらわれる最初である。これよりさき、天武天皇崩御から百日目にあたる朱鳥元年十二月十九日に大官・飛鳥・川原・小墾田豊《おわりだと》浦《ゆら》・坂田の五寺で無遮大会を行っている。薬師寺が遅れたのは、福山氏がいわれるように、持統元年から工事が始められたためと考えるべきであろう。それとともに本尊薬師如来像の造立をまって無遮大会が行われたとみるべきであろうと思う。この間ずっと殯《もがり》が続いていて、各種の儀礼が行われ、天武天皇の遺体が大内陵に葬られたのは、崩御から二年二ヵ月後の持統二年十一月のことであった。他の天皇の殯期間（ただし『日本書紀』記載のもののみ）が平均六ヵ月あまりであるということと比較して興味ある問題とみられている[43]。それにはいろいろ理由があろうが、薬師寺金堂の造営の進捗も考慮されていたのではなかろうかと思う。

いずれにしても、そのころ造営したであろう本薬師寺金堂と大内陵との相似は注目されてよい。金堂は古墳的、大内陵は仏教建築的であったのである。大内陵が天武天皇の遺体を安んずるところであったなら、一方、本薬師寺金堂は天武天皇の霊を祀るところであったという可能性は強いであろう。本尊薬師如来像は天武天皇を象徴していたことになる。堂々たる丈六の金銅像は、その超越的地位が神に擬《なぞら》えられた天武天皇をあらわすにふさわしい。また薬師如来は経典において東方世界の教主と説かれるのである。唐の大陸統一、新羅の半島統一に続いて、東方の島国を統一した天皇を象徴するにふさわしい。本薬師寺西塔に掲げられた銘文において、前半の銘序における「清原宮馭宇天皇」と、後半の願文における「薬師如来」が対になっているのも、成文者が意識的にしたことであろう。

持統六年（六九二）四月十二日に、持統天皇は、阿弥陀仏・脇士・天人等百余躰をあらわした大繡仏を薬師寺に寄進しており、本薬師寺の講堂に納められたとみられる（後に平城薬師寺に移されて講堂に安置されているから）が、金堂に祀られる天武天皇の浄土往生を願ってのことであったにちがいない。

聖徳太子の薨去後に完成した太子の等身像といわれる法隆寺金堂の釈迦如来像は、はじめから聖徳太子を象徴するものとみられたであろうことは想像にかたくない。夢殿の等身の救世《ぐぜ》観音像の場合はその点がもっとはっきりしている。白布で覆われ、秘仏として保存されてきたところは、本薬師寺金堂の本尊と共通する。夢殿が、外部の二重基壇と内部の石製八角仏壇とを合わせて八角三重の石壇上に仏像を祀っているのは、大内陵を想起させよう。(44) だが死者の追善を意図して建てられたのは法隆寺に限らない。多くの例を挙げなくとも、大官大寺（大安寺）の前身が、「古御世御世之帝皇、将来御世御世御宇 帝皇」（『大安寺伽藍縁起幷流記資財帳』）のために聖徳太子が始めた熊凝道場《くまごりのどうじょう》であったことを想起すれば充分であろう。大官大寺は天皇の私寺といってもよいと思うが、飛鳥・白鳳期の寺院はいずれもそうした性格をもっていたであろう。国家鎮護、国家のための寺というのが前面に出てくるのは、密教的要素が濃厚になってくる天平時代からで、大寺でいえば東大寺からのことである。したがって薬師寺が、天武天皇の菩提寺であったというのも驚くことではない。

金堂の建築が、それにもかかわらず他の寺と異なり特別閉鎖的であったのは、夢殿のように、墓（両墓制における参り墓に相当）としての機能を強調したかったからであろう。持統天皇はそうすることによって、薬師寺を天武・持統一家の寺にしようとしたのではなかろうか。事実、奈良時代は、天武・持統天皇の子孫が天皇を継承し、彼らは東院や西院の創建に関わった。そして天智系天皇の時代である平安時代には「王氏の氏寺」あるいは「源氏（賜姓皇族）の氏寺」と呼ばれ、天武天皇系の直世王によって最勝会が始められ、王氏・源氏が勅使・檀越《だんおつ》・堂童子としてこの法会に臨んだのである。すべては、薬師寺が天武天皇の墓廟として創建されたところから始まったとみるべきであろう。(45)

〔金堂および本尊の移転問題〕　藤原京の本薬師寺金堂が新京平城京の薬師寺に移建されたか否かという点は、いままでおそらく論じられたことがないだろう。塔の場合と違って現に金堂が残っていないためでもあるが、金堂の本尊の移座が問題になっていることでもあり、また中心堂宇だけに東塔の移建とも関係するので、はっきり答えを出しておくべきところであろう。幸い、本章ではそれを可能にする新たな結論が得られている。

天平十九年（七四七）に『流記資財帳』が撰録された時点で、平城薬師寺のみならず本薬師寺にも金堂が存在した。平安時代半ばの治安三年（一〇二三）に道長が本薬師寺を参詣したときにあった金堂は先のものであろう。それら二寺の金堂はいろいろの点で違いがあった。なかでも初重裳層柱の殿身側柱からの出が、平城薬師寺において広くなっていることは、裳層が移建されなかったことをはっきり物語っている。塔の場合は二基あったので、一基を解体して、それを塔身と裳層に分けて平城薬師寺で西塔と東塔に振り分けたのであるが、金堂では同じことはできない。したがって初重裳層の移築がなかった以上、金堂そのものの移建がなかったと断定して誤りはなかろう。

本尊の薬師三尊像の移座が行われなかったことはすでに本文中で結論が出ているが、論理の筋道を整理する意味で、表にして示す（表４）。

平城薬師寺の創建にあたって本薬師寺の金堂および本尊が移されなかったというのは、本薬師寺の金堂が天武天皇の廟堂的機能を有した以上、当然であったともいいうるであろう。そうなると、平安時代後期における本薬師寺解体の際に平城薬師寺への本尊の移座が行われたのではないかという疑いも出よ

表4　本薬師寺と平城薬師寺の本尊

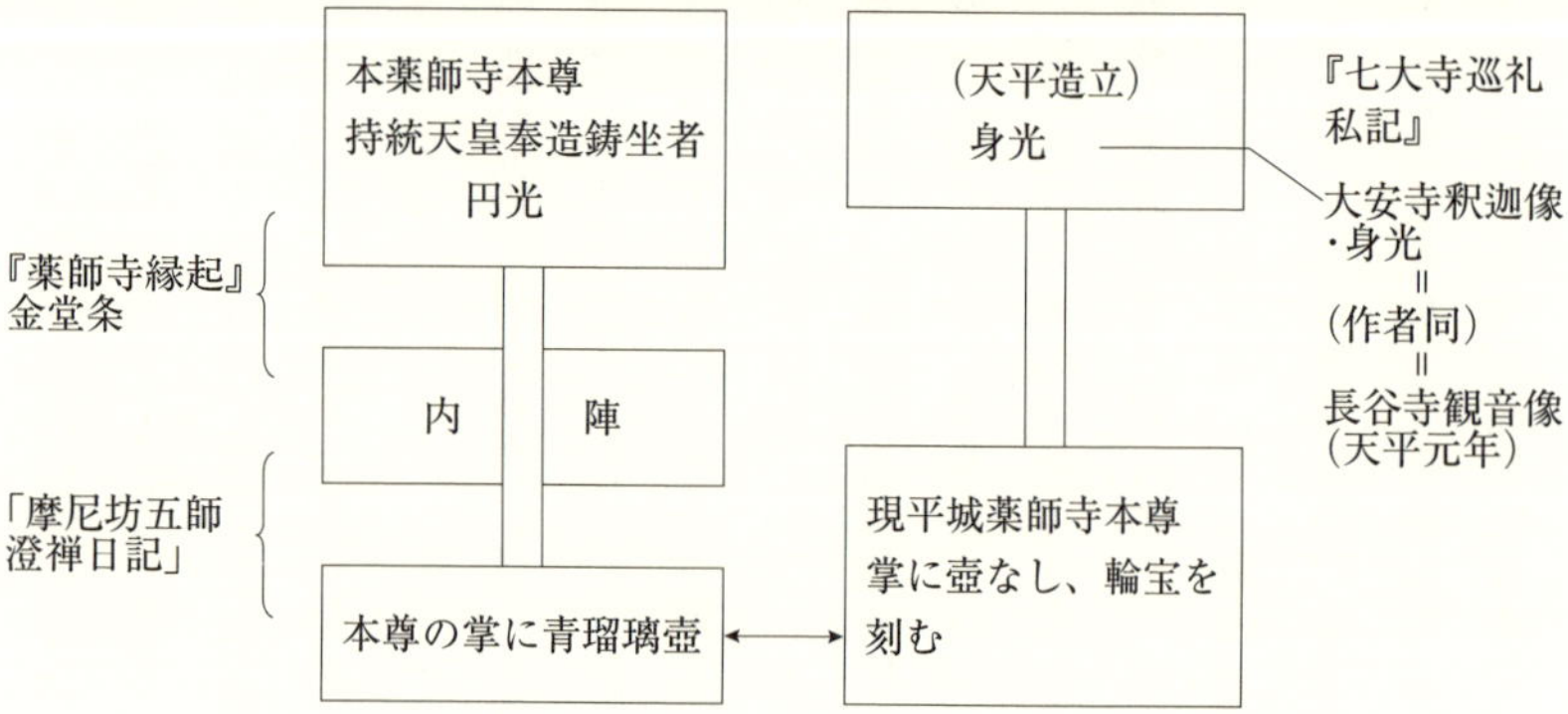

うが、表4から、それもなかったことが明らかであろう。『七大寺巡礼私記』の筆者大江親通は、本薬師寺の解体より数十年後に平城薬師寺を訪れ、持統天皇が造立したほうではない本尊のことを記しているのである。

では、現在伝わっている『薬師寺縁起』が、本薬師寺本尊の移座を示すものになった過程はどうだったか、次に述べよう。

『流記資財帳』と『薬師寺縁起』　『薬師寺縁起』に引用されている『流記資財帳』が天平の『流記資財帳』であること、そこには本薬師寺と平城薬師寺のことが記されていた、ということはすでに仏門に関する第二章において明らかにしている。宝塔に関しても、二寺の分が記されていたことも、第三章で述べた。そこにおいて「宝塔四基、二口在本寺」とあったということは、『流記資財帳』では本薬師寺と平城薬師寺とが別々になっていたのではなく、宝塔条には両寺の塔のことが並記されていたことを示している。また、仏門条も本寺本薬師寺に重点を置いた文になっているから、『流記資財帳』全体がそのようになっていたものと思われる。寺地に関しても『流記資財帳』は二寺の分を記し、本寺分を明示している。これについては第七章の第二節で詳しく触れよう。本章では、金堂および本尊も、『流記資財帳』には二寺分が記載されていたことが明らかになったのである。講堂以下については、第六章で述べるように、『流記資財帳』には一寺分の記載しかなかったようであるが、これは、天平十九年の時点では、講堂以下の新造がいまだ行われていなかった（移建は行われた可能性が強いが）ことを示唆していよう。

『流記資財帳』の金堂条には、本薬師寺金堂と平城薬師寺金堂とが並んで記されていた。宝塔の場合のように、「金堂二宇、一口在本寺」という記し方にならなかったのは、宝塔の場合と違って、金堂では内陣および本尊の内容が多少違っていたからである。

以上の『流記資財帳』の文は長和四年（一〇一五）に撰録された『薬師寺縁起』にすべて引用されたと考えられる。金堂以外は現在伝わっている『薬師寺縁起』の写本に『流記資財帳』の文および丈尺をみることができる。金堂条だけは、一寺分の記載しかないが、本章で詳しい検討を行ったように、丈尺は二宇の金堂のものに相当するから、当初の『薬師寺縁起』（現在の『薬師寺縁起』に対して原『薬師寺縁起』と呼ぶことにしよう）においては『流記資財帳』に二宇の記載があったことは明らかである。現『薬師寺縁起』は、原『薬師寺縁起』を書き直し、そこから金堂一宇の記載を削除したものということになる。現『薬師寺縁起』金堂条の内陣・本尊の文の後に「已上流記文云、今畧抄之」とあるのはまさにそのことをいっているにちがいない。

本章における検討結果によると、そのさい削除されたのは平城薬師寺金堂の文で、現『薬師寺縁起』

金堂条に残されているのは、本薬師寺金堂の文である。そうすることによって現金堂本尊を「持統天皇奉造鋳坐者」とする作為があったものとみられる。『流記資財帳』の文を抄録したと記した後で「古老伝云、件仏像従本寺七日奉迎之」という文を記したのも、『薬師寺縁起』の書き直しの際か、それより後のことであったにちがいない。[46] このような虚構は本薬師寺が存在している間は有効でないし、第一、必要もない。本薬師寺は第七章で述べるように、十一世紀後半、後三条天皇即位の後に解体されたと考えられるので、『薬師寺縁起』の書き直しはその後に行われたであろう。現存する平城薬師寺東塔の相輪に刻まれた銘文は、第一章で明らかにしたように、本薬師寺の創建の由来を述べたもので、本薬師寺西塔の相輪にあったものを、模刻・追刻したと考えられる。『薬師寺縁起』の書き直し同様、本薬師寺解体後の措置とみられる。

『薬師寺縁起』の上では、現存する金堂本尊を本薬師寺金堂本尊の移座とすることができたが、江戸時代の薬師寺ではそれを信じていなかった。講堂の再興にあたって薬師寺が元禄十二年（一六九九）に幕府に提出した書類には、現講堂に安置されている薬師三尊像が、かつての本薬師寺金堂の本尊であり、現金堂に安置されている薬師三尊像は、前者を模して元明天皇が行基に造立せしめたものと記している。誰の目にも質の劣って見える講堂の薬師三尊像を本薬師寺の本尊とし、それよりはるかに優れた作品である金堂本尊を平城における新造として、『薬師寺縁起』の記載にあえて反する記述をしている点、正直な証言として尊重すべきであろう。なお講堂薬師三尊像については第七章で取り上げる。

第五章注

（1）福山敏男・久野健『薬師寺』東京大学出版会、昭和三十三年。
浅野清「薬師寺金堂の沿革とその原形」『薬師寺』薬師寺、昭和四十六年。

（2）大岡実「南都七大寺建築論　二　薬師寺」『建築雑誌』五一九、日本建築学会、昭和四年。
大岡実『南都七大寺の研究』所収、中央公論美術出版、昭和四十一年。

足立康「薬師寺伽藍の研究」『日本古文化研究所報告』第五、日本古文化研究所、昭和十二年。

福山・久野、前掲書、注（1）。

（3）大岡実「日本の美術」七『奈良の寺』五二頁、平凡社、昭和四十年。

（4）この文に続いて「毎層有木絵、花榱□桷皆髣金鐺」と記されている。他の史料にないものなので貴重であるが、「木絵」の意味はわからない。後半については福山氏が「垂木や角木は木口金物で飾る」と解釈しておられる（福山・久野、前掲書、注1）。

（5）金堂二重の規模の推定については、本章の注の後の付記を参照されたい。

（6）発掘結果は、(イ)薬師寺伽藍発掘調査団『昭和四十四年度　薬師寺発掘調査概要』、(ロ)杉山信三・松下正司・阿部義平「薬師寺の最近の発掘調査」（『仏教芸術』七四、毎日新聞社、昭和四十五年）に報告されている。

（7）調査結果は、(イ)奈良国立文化財研究所『平城京羅城門・薬師寺金堂発掘調査概報』、(ロ)黒崎直「薬師寺金堂の発掘調査と写真測量」（『考古学雑誌』五七の四、日本考古学会、昭和四十七年）に報告されている。

（8）宮上茂隆「薬師寺仏門・回廊の規模形態と造営事情」『日本建築学会論文報告集』二〇九、日本建築学会、昭和四十八年、本書第二章参照。

（9）『建長寺指図』（一三三一年作成）における三門は五間裳層付という特色あるものである。関口欣也氏は論文

「中世禅宗様仏堂の柱間(2)」(『日本建築学会論文報告集』一一六、昭和四十年)の中で、正面五間一八尺等間とされたが、博士論文においては、端間を一四尺に改めておられる。指図における柱間の記入方法に問題があるためにそうなったのであろうと推察されるが、後者のほうが妥当であろう。端間一四尺と裳層七尺五寸の関係は薬師寺講堂の場合と一致する。広島の不動院本堂では、殿身柱間の二分の一に四寸を加えたぐらいが裳層柱の出になっているが、ちょうど五寸でないのは、この時代の禅宗様の柱間の寸法計画に、以上の原則だけでなく、別の原則が加味されていたためであろう。

(10) 『平城京羅城門・薬師寺金堂発掘調査概報』によると、裳層を含めた金堂の桁行柱間の総長は二六・七三メートル、梁行柱間の総長は一五・六〇メートルである。これを天平尺に換算して各九〇尺、五二・五尺と記している。これだと殿身側柱から裳層柱までの寸法は六・二五尺になる。この値は、発掘が行われる前、旧金堂建物から推定されていたものと同一である。しかし当時、五分を柱間の設計に使ったかどうかは疑問であろう。それに、殿身の礎石実測図(奈良国立文化財研究所遺構調査室作成)の中央柱間五間の平均値から求めた造営尺(現尺の〇・九七五九尺に相当。殿身側柱には内転びがあったとみられるので、造営尺の算出には桁行七間のうち東西の端間を除くのが適当である)によって前記のメートル値を換算すると各九〇・四尺、五二・八尺が得られ、これらから裳層柱の出を求めると六・四尺を越える値になるから、六・二五尺よりも六・三尺のほうが妥当な値と認められる。

(11) 注(7)(ロ)の黒崎氏は「裳階では、背面中央一間に扉口、その両側二間分は壁と復原できる。その他は開放になっていたようであり、東西両側面の階段中央に裳階礎石が位置していることからも開放の可能性は強い」と記しておられる。

(12) 注(7)(イ)の『平城京羅城門・薬師寺金堂発掘調査概報』では、背面裳層中央五間分については(ロ)と同じことを記すが、殿身の「側柱筋は開放であったらしい」として、他の部分の裳層まわりも壁で囲われていたとする旧来の説を踏襲している。

(13) 法隆寺の『伽藍縁起幷流記資財帳』（『大日本仏教全書』第八五巻、鈴木学術財団、昭和四十七年）でも、金堂の丈尺に裳層を含んでいない。また筑前観世音寺の講堂は、薬師寺講堂の場合と同様、殿身が一四尺等間であったから、同規模の裳層が付いていたと考えられ、実際、江戸時代の絵図には前面を吹放ちにした裳層らしきものが描かれている（福山敏男「観世音寺の研究一～五」『建築学研究』三一～七、内外出版社、昭和三年）が、同寺の『流記資財帳』の丈尺は明らかにその分を含んでいない。したがって、丈尺から裳層がなかったと判定している従来のやり方は改められなければならない。

(14) 宮上「平城薬師寺宝塔の建立（その二）」『日本建築学会論文報告集』二五一、昭和五十一年。本書第四章参照。

(15) 比較的正方形に近い礎石が並んでいる正面五間から得られる造営尺〇・九七五九尺を使って東と西の端間の計画寸法を求めると、一〇・二尺弱になる。本薬師寺東塔の塔身側柱の内転びはちょうど二寸であったから、この平城薬師寺金堂の場合も二寸ほど、柱脚部を外に開いていたと考えられる。

(16) 造営尺と実測尺の齟齬だけでは、遺構から求めた殿身梁行の四丈に対し、実測値が四丈五寸になることはありえない。

(17) 金堂基壇の一部を発掘した昭和四十四年の調査の報告「薬師寺の最近の発掘調査」（杉山他、前掲論文、注6）は、南面三ヵ所の階段について「中央の階段と左右の階段は若干工法が異なり、後者では基壇の化粧石が造られていて、階段は後につきつけて造ってあり、さらに火災（享禄元年＝一五二八年）までに階段はとり去られていた」と記す。これより推すと、本薬師寺金堂では正面中央一ヵ所にしか階段がなく、左右の階段は平城薬師寺でも二次的に付け加えたものではないか、それを取り去ったのは本薬師寺がなくなった後で、本薬師寺の形式を受け継いだのではないかと思えてくる。本薬師寺が解体された時点で、本薬師寺西塔の銘文が平城薬師寺東塔に追刻されたであろうことは第一章で述べた。また本薬師寺金堂本尊の「已上持統天皇奉造鋳坐者」の由緒も、『薬師寺縁起』の上では平城薬師寺金堂の本尊が継承する。江戸時代の金堂が旧裳層柱の位置に側柱を立てて、そこを壁にしていたのも、裳層周囲を囲っていた本薬師寺金堂の形式に倣ったとみられないこともない。しかし金堂の基壇を全面発掘した際の報告では、階段における工法の違いは問題になっていない。

(18) 福山・久野、前掲書、一一二頁、注(1)。

(19) 田中重久「皇円抄録の道長の四国諸寺巡礼記」『史迹と美術』四〇六、史迹美術同攷会、昭和四十五年。

(20) 注(19)に同じ。

(21) 藤田経世編『校刊美術史料』寺院編　中巻、中央公論美術出版、昭和五十年。薬師寺史料における福山氏の解題による。

(22) 道長一行が興福寺を訪れた際には、扉が自ら開いた。「次排二興福寺・北南円堂一。巽角小門扉自開。諸僧驚レ之。此門開時。謂二之物怪一」(『扶桑略記』、『新訂増補国史大系』第一二巻所収、吉川弘文館、昭和四十年)。

(23)「甲寅」年を推古二年(五九四)とする説と白雉五年(六五四)とする説があるが、前者が有力のようである。また朝鮮製の可能性もあるとされる。

(24) 町田甲一「金堂薬師三尊像」、「奈良六大寺大観」第六巻『薬師寺全』解説、岩波書店、昭和四十五年。

(25) 田村吉永「薬師寺金堂本尊薬師像の光背について」『史迹と美術』二三一、昭和二十八年。

(26) 現在伝わっている『薬師寺縁起』は長和四年(一〇一五)撰録の『薬師寺縁起』そのままではなく、その後に一部書き改めたものである。『七大寺巡礼私記』の「身光」の文は、当初の『薬師寺縁起』にあって、後で削られたものに相当しよう。

(27) 田村説は次のとおりである。

『続日本紀』大宝元年(七〇一)七月戊戌条に「太政官処分造宮官准職　造大安薬師二寺官准寮、造塔丈六二官准司焉」とあるのは、藤原京の大官大寺(大安寺)と薬師寺で、それぞれ塔と丈六像が造られたことを示している。二つの丈六像は平城へ移座されたものと思われる。十一世紀前期に薬師寺別当輔精(静)が大安寺の釈迦丈六像を模造して八角堂の本尊としたが、薬師寺に現存する木造舟形の大光背は、足立氏がいわれるように、その八角堂本尊のものと考えられる。それによると大安寺の釈迦像光背には宝塔が付いていなかったとみられる。しかるに『七大寺巡礼私記』では、大安寺の釈迦像光背に宝塔が付いていると記す。それはこの間に光背だけが取り替わったことを示す。薬師寺の薬師如来像の光背について、『薬師寺縁起』が「円光」と記し、宝塔に触れていないのに、『七大寺巡礼私記』が「身光」と記し、それに宝塔が刻まれていたとするのは、大安寺の場合に対応する。すなわち薬師像の光背も、毀損によって前者が後者に換えられたものとみられる。当初の光背には銘文が刻されていたが、光背が新しくされた際に、銘文は東塔相輪に模して追刻された。

田村説を要約すると以上のようになるが、これには多くの問題がある。まず最初の『続日本紀』の文であるが、それは行政機構の変更を示しているだけで、薬師寺・大官大寺(大安寺)で塔と丈六像を造営中であったとは解せないという批判はすでにあるが、私も同感である。『続日本紀』文武二年(六九八)十月条に「薬師寺の構作略了る」と記されている直後のことでもあり、この時点での丈六像の造像は考えられないところであるが、田村氏は後者は天武天皇創建の飛鳥薬師寺で、前者は文武天皇創建の藤原京(木殿)薬師寺であるとする。いわゆる薬師寺再転説である。それは、薬師寺の造営が天武朝に始まっていたこと、藤原京の造営が次の持統朝に行われたことの二点が確かなら成り立つであろう。しかし、藤原京の計画はすでに天武天皇の生前に行われていたであろうという岸俊男氏の説(『古代の日本』五、角川書店、昭和四十五年。『奈良県史迹名勝天

然記念物調査報告　第二五冊　藤原宮』奈良県教育委員会、昭和四十四年）が有力である。また天武紀によれば、天武天皇は早くから遷都を予定してその土地を探していたから、飛鳥浄御原宮近辺に薬師寺の造営を始めるということはありえない。もともと再転説は、以上の『続日本紀』の文の誤解から生じたものである。いまだにその可能性を問題にする論者もあるが、今後はとりあげる必要がない説だと考える。田村氏の光背に関する説も妥当でない。大安寺の釈迦像を模したという八角堂本尊の光背に宝塔がないというが、周縁部が失われているので、かつてはそこにあったかもしれない。また東塔の銘文は、光背銘の模刻ではなく、本薬師寺西塔の相輪にあったものの模刻と考えられることは、第一章で述べたところである。したがって、大安寺の釈迦像と薬師寺の薬師像の光背が平城において、宝塔のない光背が、宝塔のある光背に取り換えられたというのは、単なる一見解にとどまり、根拠のある説とはいいがたい（再転説を述べたものは、田村吉永「薬師寺再転考」『史迹と美術』二二九、昭和二十七年）。

（28）注（24）に同じ。

（29）石田茂作「仏像光背の種類と変遷」『考古学雑誌』三〇―二、昭和十五年。

（30）足立康「薬師寺金堂本尊と七仏薬師光背」『建築史』一―二、吉川弘文館、昭和十四年。

（31）足立康「薬師寺八角堂本尊と国宝大光背」『東洋美術』一九、飛鳥園、昭和八年。

（32）井上正「光背」、「奈良六大寺大観」第六巻『薬師寺全』解説。

（33）注（8）に同じ。

（34）関野氏は金堂薬師三尊像を平城における新鋳と考定された。『薬師寺縁起』が『流記資財帳』の文として「持統天皇奉造鋳坐者」と記すについては、漢風謚号を用いている点からみて『流記資財帳』の文とは認めがたいとされた（「薬師寺金堂及講堂の薬師三尊の製作年代を論ず」『史学雑誌』一二―四、山川出版社、明治三十四年）。爾来この解釈は、新鋳説の論者によって受け継がれているが、本文中で記すように適当でない。なお、『薬師寺縁起』に対する文献批判らしいものは、私の研究以前においては、以上の点だけだったといってもよいくらいである。

(35) 足立氏は、「七仏薬師」の思想は『薬師瑠璃光七仏本願功徳経』にもとづくもので、それが訳されたのは義浄によってである（神竜三年＝文武天皇慶雲四年＝七〇七年）。それゆえ光背（円光）に七仏薬師を表出した金堂本尊（『薬師寺縁起』記載のもの）は平城における新鋳と考えられる、とされた（前掲書、注30）。しかし、「七仏薬師」の点は何の根拠にもならないと思う。なぜなら足立氏も触れておられるように、七躰の化仏を光背に配する例は、義浄訳以前からあり、しかも七仏薬師経にもとづいたものとそうでないものとの間に像様に違いがないのである。したがって『薬師寺縁起』に七仏薬師の光背を記すからといって、その光背を義浄訳の七仏薬師経にもとづいたものであると決めつけることはできない。以上から、本薬師寺金堂の本尊の光背に七躰の化仏があらわされていたのを、『流記資財帳』の筆者が七仏薬師と記したにすぎない、ということになる。

(36) 『七大寺巡礼私記』のほかに菅家本『諸寺縁起集』が「身光」と記し、それを平城薬師寺のこととしているが、後者は前者を参照して書かれたとみられている（『校刊美術史料』寺院編　上巻　昭和四十七年刊における福山氏の解題による）から、重視できない。

(37) 身光の光背の本尊について、「已上斯三尊　口伝云　持統天皇之所造立給也云々」と記している。大江親通が薬師寺へ初めて行った嘉承元年（一一〇六）、二度目の保延六年（一一四〇）というと、第七章で述べる本薬師寺の解体よりそれぞれ三十数年、六十数年後のことであるが、すでに平城薬師寺金堂の本尊をもって持統天皇の造立とする伝承がつくられていたことが知られる。

(38) 注（24）に同じ。

(39)『七大寺巡礼私記』大安寺条では天武天皇のこととし、『諸寺縁起集』(醍醐寺本・護国寺本)所収『大安寺縁起』では文武天皇のときのこととする。

(40) 注(27)の中にあげた岸氏の論文。

(41)『史籍集覧』改定、二七冊、近藤活版所、明治三十四〜三十六年。

(42) 安井良三「天武天皇の葬礼考」三品彰英編『日本書紀研究』第一冊、塙書房、昭和三十九年。

(43) 注(42)に同じ。安井氏は殯期間が長くなった理由として、皇太子の草壁皇子がいまだ皇位を継承するに充分でないということと、大津皇子の謀叛が起こったことに関連するであろう、と述べておられる。

(44) 天武・持統陵の南約五〇〇メートルにある中尾山古墳が、橿原考古学研究所の発掘によって、八角で五段に築成されたものであることが明らかにされ、京都山科の天智天皇陵も八角とみられるところから、文武天皇陵の可能性が強まったとされる(『朝日新聞』昭和五十一年十二月二十四日夕刊など)。

(45) 古代仏教史研究の重要な課題として国家仏教の成立という問題があり、大官大寺(大安寺)・薬師寺が創建され、大寺が定められた天武・持統朝がその方面から重視されていることは周知のところである。しかし大官大寺(大安寺)・薬師寺は天皇のための寺であって、国家鎮護を標榜した寺ではない。この時期には、天皇のために祈ることが、すなわち国家の安全繁栄につながると考えられていたものと思われる。長谷寺の法華説相図銅板の銘に天皇のために造るとあり、粟原寺伏鉢銘(和銅八年＝七一五年)に皇太子(草壁皇子)のために塔を造ったとあるのは、当時、全国に造られた氏寺のあり方を示しているものと思われる。国家のための寺というのが前面に出てくるのは天平における東大寺・国分寺になってからのことで、大官大寺(大安寺)・薬師寺の時代との間に一線が引かれるべきであろう。

以上の点と関連して付け加えたいのは、『日本書紀』天武十四年三月二十七日条の「詔したまはく、諸国に、家毎に、仏舎を作りて、乃ち仏像及び経を置きて、礼拝供養せよ」という記事である。これについては、国府ごとに寺（国分寺）を造れという意味に解する説と、単に私宅に仏殿を設けよという仏教興隆の詔であるとする説があるが、そのいずれでもなく、当時、病身であった天武天皇自身の平癒と延命を祈らせたものであると私は考えている。

（46）現在伝わっている『薬師寺縁起』の三種の写本のうち、以上の「古老伝云」の文は薬師寺本と醍醐寺本『諸寺縁起集』所収の『薬師寺縁起』に記されるから、護国寺本『諸寺縁起集』に見えないのは写し漏らしとみられる。したがってその文は、原『薬師寺縁起』を書き直した際に付け加えられたものであろう。なお「古老伝云」は、現『薬師寺縁起』においてもう一ヵ所、同じ金堂条にある「古老伝云、件十二神将上代別当玄（弘）耀大僧都奉造云、」（誤字欠字の違いはあるが、三種の写本ともこれを記す）。弘耀大僧都は、『薬師寺別当次第』の最初に宝亀年間（七七〇年代）の別当として記されている。それを「上代」の人として記すからには、この「古老伝」も、平安末から鎌倉初めに原『薬師寺縁起』が書き直された際に付け加えられた文である可能性が強いであろう。ただ、その文は削除された平城薬師寺金堂に関する『流記資財帳』の文中にあった可能性があろうし、失われた本薬師寺の十二神将に関する伝承かもしれないから、前の「古老伝」と違って無視することはできない。

付記

金堂二重目の平面規模について、浅野氏は次のように推定しておられる（浅野清「薬師寺金堂の沿革とその原形」『薬師寺』所収、注1参照）。

上層の大きさを定めるについては、外観の格好が第一の条件となるが、下層の各柱間寸尺が、一尺二寸五

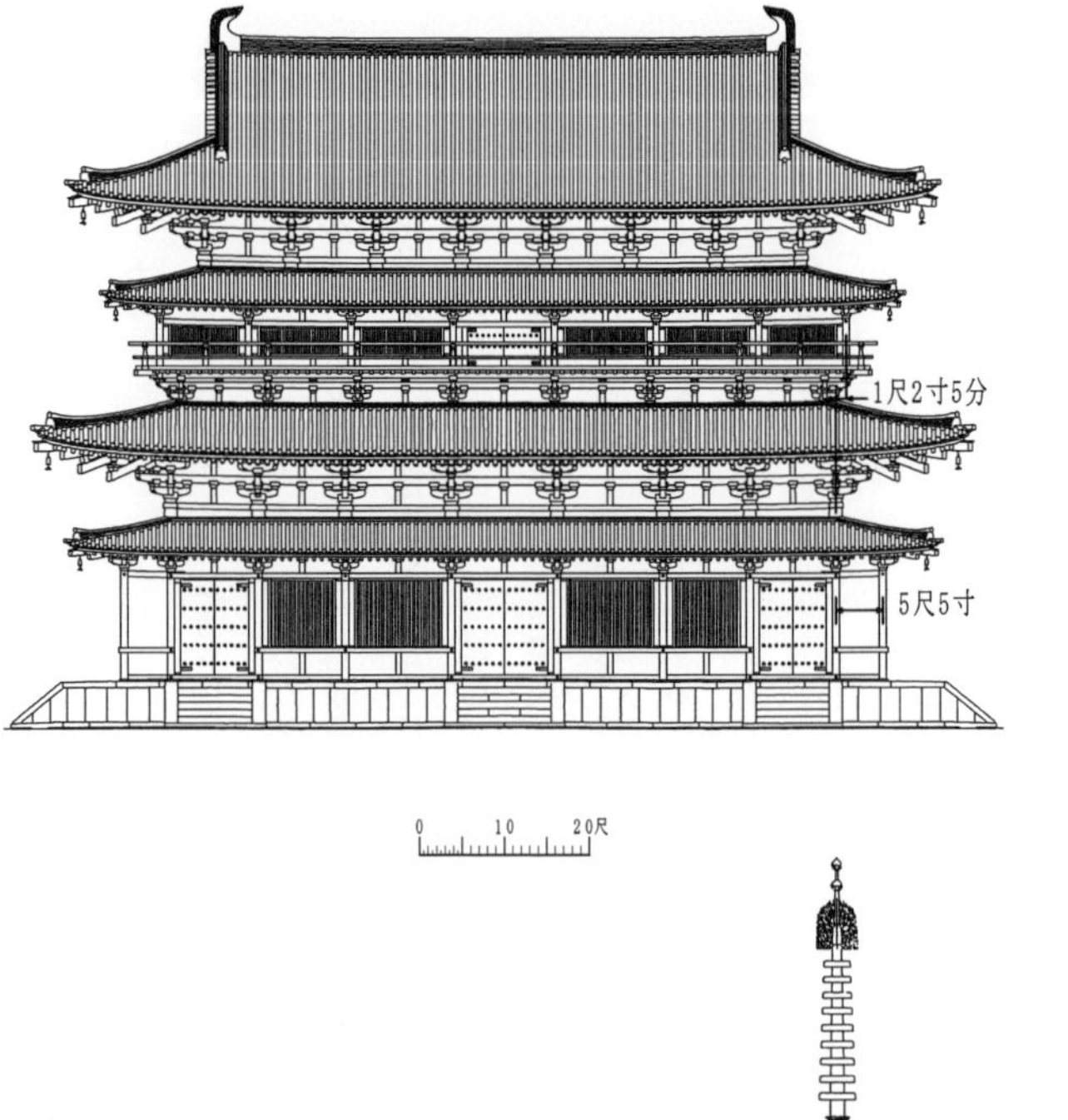

図 53　平城薬師寺東塔の比例にならった本薬師寺金堂の復原図
（下図は平城薬師寺東塔における塔身側柱と裳層柱の関係）

分を単位として、すべて割り切れることが注意される。（正背面中央三間十単位、裳階の出五単位、その他の間八単位）それで上層主屋側柱の位置を、下層の身舎柱より一単位外へ出した上、裳階の出を四単位にとってみると、それが、他の様々の寸尺のものと図上で比較したところ、最も格好が整うことがわかった。

ここで裳層の出がちょうど五単位になると記されているのは、平城薬師寺金堂の裳層柱の殿身側柱の出が六・二五尺ぐらい（私は六・三尺と考定した）に相当するという事実にもとづいているのであるが、平城薬師寺金堂の原型ともいえる本薬師寺金堂では、その値が五尺五寸であったことが本章で明らかになったから、浅野氏の推定の前提は崩れたことになろう。

残された推定の資料は、結局、現存する東塔そのものだけである。これをよくみると、初重塔身と二重裳層、二重塔身と三重裳層の平面規模がほぼ等しいことがわかる。実測値を調べてみると、前者より後者が一辺にして二尺だけ大きくなっている。つまり二重目の裳層柱は初重塔身側柱（柱頂部を基準として）より一尺だけ外に立っているということである。三重裳層柱も二重塔身側柱より一尺だけ外に立っているのである。東塔の塔身の単位長は一尺とみてよいから、以上のことをいい換えれば、二重裳層柱、三重裳層柱はそれぞれの下の重の塔身側柱より一単位長だけ外に立っているということである。それが当時の設計上の原則であったとみてよかろう。

これを金堂にあてはめれば、その単位長一尺二寸五分だけ、二重裳層柱は初重殿身側柱より外に立っていたことになる。このようにして復原された二重裳層の規模は、従来の復原図のそれより一まわり大きい。また二重裳層は初重殿身の屋根（垂木）上に載る構造であるから、当案の裳層のほうが従来の案より少し低い位置になる（図53）。

第六章　伽藍の主要建物の復原

一、緒　言

本章の中心課題は、すでに取り上げた金堂・塔・仏門を除いた伽藍の主要建物の復原的考察をすることである。中心となる史料はここでも『薬師寺縁起』であり、発掘調査の成果と照合して、その信憑性が明らかにされよう。第二の課題は、平城薬師寺創建の際、各堂宇《どうう》が本薬師寺から移建されたか否かを明らかにすることであるが、史料的制約もあり、中心堂宇の半数が移建されたであろうという前提に立って、移建された可能性のある堂宇を指摘するにとどまることになろう。

なお平城薬師寺の回廊の規模は発掘調査で明らかになっているが、第二章「薬師寺仏門・回廊の規模形態と造営事情」の中で記したように、それは当初の計画を変更して造営した回廊のものであると考定されるので、本章では、本薬師寺の計画を踏襲したであろう当初の単廊計画を明らかにしたい。そのためには従来問題にされたことのない回廊の設計法から考えてみなければならない。

二、講堂および回廊

回廊は南の中門両脇に発し、北の講堂あるいは金堂に接続するのが普通で、薬師寺では前者の場合に相当することは周知のとおりである。ところでその回廊はどのように設計されたであろうか。理論的には次の二つの方法がありうる（図54）。

⑴回廊の全長L（図54ⓐのL₁、L₂、L₂′、L₃など）を先に決めて、次に柱割《はしらわり》を施す。

⑵回廊の柱間ℓを先に決めて、これを必要な間数並べる（図54ⓑ）。

このうち⑴の方法においては一間だけ他の柱間と異なるということが生じやすい。中門や講堂との取付き部だけ半端な柱間寸法になっている例が発掘でも検出されているから、[1]現在のところは、⑴の方法で計画された回廊がなかったとは言いきれない。しかし東回廊・西回廊に一間だけ半端な柱間のものがあるという例を知らない（一柱間を広くして楽門にするという場合はあるが）。したがって⑴の方法が使われた可能性は少ないだろう。また⑴の方法ではL₁、L₂、L₂′、L₃のうち、少なくとも一つは任意に数値を選べたはずで、堂の柱間や堂宇間の寸法に完数や、きりのよい数値を使った人たちは、ここでも同様に二〇〇尺とか三五〇尺という寸法にしたはずであるが、実例ではそうなっていない。さらに、現存する唯一の古代の回廊遺構である法隆寺西院の回廊は、中門との取付き部でも半端な柱間になっていないし、発掘によって当初の回廊の状態がわかっている東大寺の場合も同様である。それらの実例は、回廊の計画に⑵の方法が採られたことを示している。

ところで⑵の場合、中門の桁行の全長Cと講堂の桁行全長Kを無関係に決めると、講堂からせっかく一定寸法の柱間ℓを並べても、中門との接続部の柱間は半端な寸法になってしまう。そうならないようにするためには図54ⓒに示すように、講堂全長と中門全長の差を回廊柱間の偶数倍にすればよい。式で示せば、

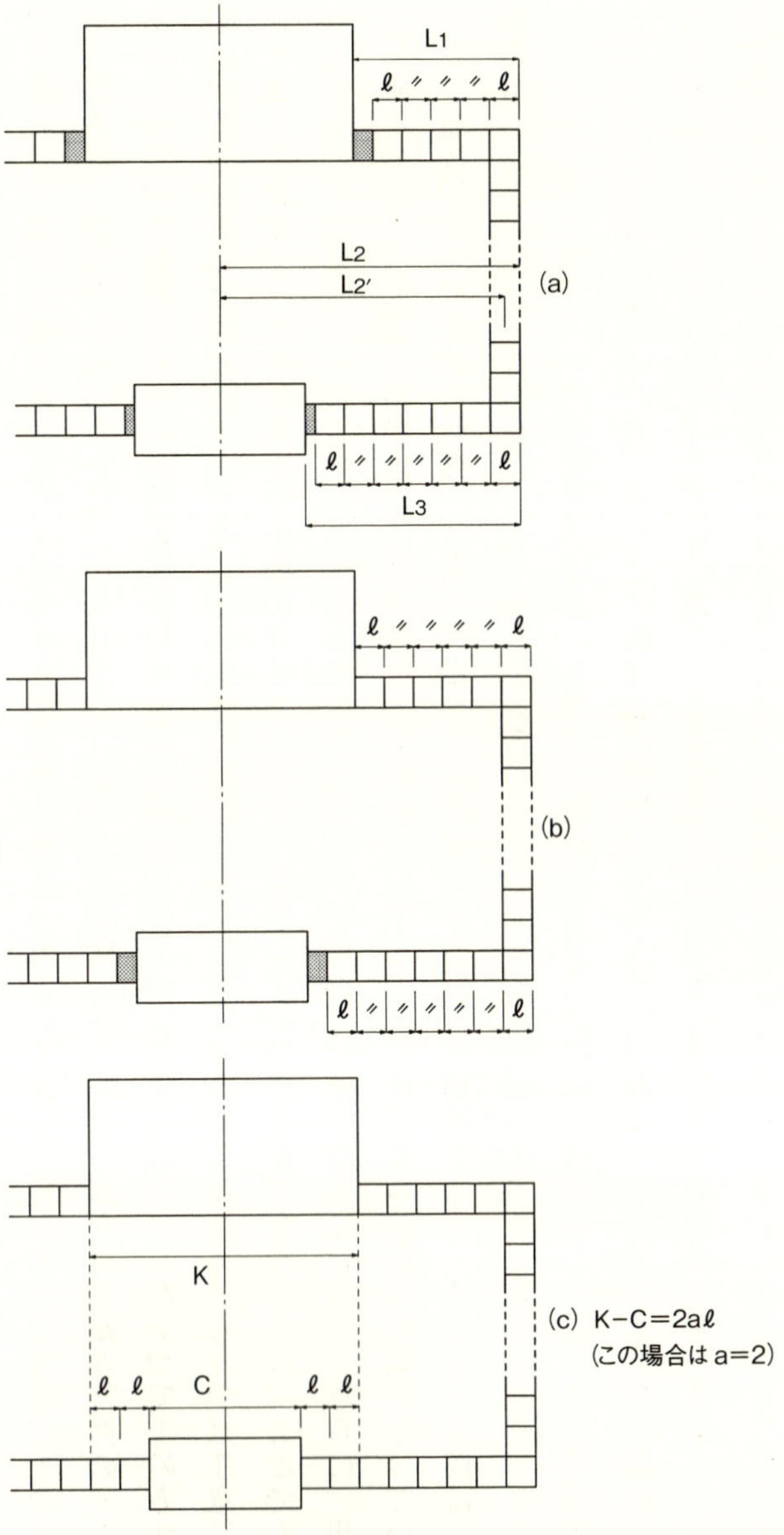

図 54　回廊設計法

$K-C=2al$（ただし$2a$は偶数を意味する）。

多数の部材の複雑な寸法関係を調整して見事な建築を設計した人たちが、この程度の考慮をしなかったということはありえないと思われる[2]。

では、回廊が中門や講堂・金堂と取り付くところで半端な柱間になっている実例が発掘調査で明らかにされているのはどういうわけなのか。それは個々の場合について検討を要するが、回廊の造営にあたって当初の計画になんらかの変更が加えられた場合が多いのではないかと推察する。従来の奈良朝伽藍に関する議論をみていると、寺とは七堂伽藍を備えた姿が普通であるという暗黙の前提があるようであるが、一堂しかない場合や、伽藍の全体計画があっても種々の事情で一部の建物だけしか造営できない寺のほうが、むしろ一般的であったと思われる。天武天皇が即位の年に造立を企図した高市大寺《たけちだいじ》（大官大寺の前身）でさえ、金堂・塔を造ったのは文武天皇の時代であったという[3]。他は推して知るべしというところである。

このように伽藍の造営が長期にわたり、断続的に行われた場合、出来上がった伽藍が当初の計画と統一性を失っているのは当然であろう。たとえば経済的事情などで当初の規模を縮小したり、逆にその寺や施主の地位が高まって当初の規模を拡大したり、あるいは伽藍制度上の新しい変化に対応させて当初の計画の手直しをしたり、ということが造営過程において生じたに相違ないのである。そのような実例は従来あまり知られていないが、それは以上のような問題意識が欠如していたためであって、飛鳥寺・四天王寺・川原寺・法隆寺・大官大寺（大安寺）・興福寺といった寺はみな、そうした当初計画の変更を被っていると私はみている。

いま問題にしている平城薬師寺の場合は、養老二年（七一八）の創建から三十年後の天平十九年（七四七）においてもまだ回廊や南大門は完成していなかった。その後、完成した回廊は複廊で、南大門は桁行五間であったが、中門脇の発掘で単廊基壇の痕跡が検出されているし、複廊も実に不自然で複雑な柱間になっている（梁行柱間一〇尺、南回廊の桁行柱間一三・五尺、東回廊の桁行柱間一四・二尺、中門および講堂との取付きだけは、また別の柱間）から、当初、単廊で造立する予定を変更して複廊にしたと考えられる。一方、南大門も天平十九年に本薬師寺にとどまっていたものは桁行三間であったから、平城薬師寺の桁行五間のものはやはり当初の計画を手直ししたものということになる。中門は藤原京から移建したので天平十九年にはすでにできていたが、その後、複廊が建った後に、五間に建て増しが行われた。それは中門跡の発掘結果にあらわれている（第二章参照）。大寺筆頭の大安寺では薬師寺に先立って複廊および五間仏門の完成をみているから、薬師寺はそれに追随して当初の計画を改めたものと考えられる。複廊の複雑な寸法関係は、当初の全体規模を踏襲しながら設計を変更したことを物語っていよう。

当初の単廊計画は当然、本薬師寺の計画（本薬師寺で平城遷都前に回廊ができていたかどうかは不明）を踏襲したものであったろう。それは前述した式を満足させるような寸法計画でなされていたはずである。ただそのように断定できる証拠はないから、とりあえず仮定として、当初の回廊計画と講堂の平面を復原しよう。仮定の正しさは結果が証明するであろう。

講堂について『薬師寺縁起』は次のように記す。

一、講堂一宇、重閣、七間四面、在裳層、高一丈三尺六寸、長十二丈六尺、広五丈四尺五寸、（或本云、有金銅弥陀立像、高三四丈〔尺カ〕、古人云、行基井所造也）柱高二丈五寸、南無戸、東西各戸一間、北戸三間、自余皆連子今壁、安置繍仏像一帳、高三丈、広二丈一尺八寸、阿旀陁仏幷脇士幷天人等惣百余躰奉繍之、流記帳云、以壬辰年四月十二日、奉為飛鳥御清〔清御カ〕原宮御宇天皇天武天皇、藤原宮御宇天皇持統天皇奉造而請坐者、又其後別安置金色尺迦仏像一躰高三尺、右堂天禄四年二月廿七日夜焼亡了、可依〔而カ〕同廿九日宣旨、始自斯年癸酉至于貞元二年丁丑五ケ年之間、御願寂勝会出為西院堂勤修、焼亡之後、依　宣旨別当赴禅六ケ年之間造立借葺、由貞元三年二月廿七日　宣旨、当年寂勝会如旧於新作講堂勤修、以天元二年七月廿八日平超被任別当、（則堂瓦）幷下閣等造具已了、金銅燈爐一基、以元慶五年九月九日、大衆共知識唱鋳造也、

（　）内は護国寺本『諸寺縁起集』所収の『薬師寺縁起』による補足。

これによれば講堂は、桁行九間の殿身に裳層の付いた建物だったことが知られる。昭和四十三年から四十五年の発掘調査では講堂基壇の一部の発掘が行われ、基壇土の高まりと凝灰岩の地覆石、二ヵ所の礎石抜取り跡などを検出している。それによって基壇は東西約四三・二メートル、南北約二二・五メートル、講堂自体は東西約三六〜三八メートル、南北は約一六〜一八メートルと推定されている。また検出された講堂柱跡は『薬師寺縁起』に「長十二丈六尺、広五丈四尺五寸」とあるものに相当するとみられるので、柱間は一四尺等間の可能性があるとされている。(4) そうなると梁行の広さ

として『薬師寺縁起』が記す「五丈四尺五寸」は五丈六尺の誤りということになるが、『薬師寺縁起』は講堂の次の食堂条にも同じ数値を記すから、それは本来、食堂に関する丈尺で、『薬師寺縁起』撰録の際、『流記資財帳』から引用したとき、あるいは『薬師寺縁起』の写本を作った際に誤ったものと解されよう。[5]

『薬師寺縁起』は「柱高二丈五寸」のほかに、「在裳層、高一丈三尺六寸」を記すが、前者は殿身の柱高、後者は裳層の柱高を示すにちがいない。ただし諸寺の『流記資財帳』において裳層の柱高を記す例はほかにないから、それが『流記資財帳』から引用したものか、『薬師寺縁起』撰録の段階で付け加えたものかは問題であろう。[6] 講堂裳層の規模すなわち裳層柱の殿身側柱からの出の寸法は、『流記資財帳』の通例として薬師寺の『流記資財帳』にも記されなかったのか、『薬師寺縁起』に引用されていない。それを求めるのがここでの課題となるのであるが、それは後にして、薬師寺講堂の特徴的部分について述べておきたい。

『薬師寺縁起』に「南無戸」とあるから講堂南面の柱間は開放であったことがわかり、またその後の記載によって、残る三面は、東西の側面の一間と北側の三間を扉口とするほかは、みな連子窓であったことが知られる。非常に開放的な建物だったことになる。

講堂内には、『薬師寺縁起』によると、高さ三丈、広さ二丈一尺八寸という巨大な阿弥陀の繡仏が一帳あり、後になって高三尺の釈迦像が安置された。『七大寺巡礼私記』は後者について「斯像者当寺別当和〔私カ〕之建立也云々」と記すから、繡仏がもともとの講堂本尊にちがいない。[7]『薬師寺縁起』によると、それは持統六年（六九二）に持統天皇が亡き天武天皇のために造立したものであるから、当時、造営が行われていた本薬師寺の講堂に安置され、後に平城薬師寺の創建にあたってその講堂に移されたものと考えられる。『七大寺巡礼私記』はその繍曼陀羅一帳について「納莒」、「公家御願最勝会時、所奉懸也、自余日不能拝見」と記すから、当麻曼陀羅などのように、厨子様のものに納められていたのであろう。またそれだからこそ講堂が屋外に対し開放的であってよかったのであろう。

繍仏を安置した開放的な講堂というのは、普通の仏像を安置した講堂と比べて特異であるが、近年、鈴木亘氏がそれについて注目すべき解釈を示された。[8] 氏は、円珍撰『仏説観普賢菩薩行法経記』巻上の「重閣講堂」の説明に、唐国の講堂では仏壇を造らず仏像を安置せず、講堂前面に戸を立てず、わが国にもかつてはそうした唐様の講堂が存在したとあるのに着目し、薬師寺講堂はその例に相当するとされたのである。また同時代の大官大寺（大安寺）の場合も、持統八年には講堂を中心に経蔵・鐘楼・僧房などの施設が存在したとみられるが、講堂には二種の繍仏があって、ほかの仏像は安置していなかったらしいとして、同様の例に数えられた。わが国ではその後、講堂に仏像を安置するのが一般化したが、中国では仏像を安置するタイプのほかに、説法講義を重視した仏像を置かない講堂の伝統も継承され、それは禅宗の法堂《はっとう》にまで受け継がれる、と説かれる。薬師寺の造営された持統朝は唐との直接的交渉のなかった時期で、統一新羅を通じて唐の影響が及んでいたはずであるが、それでもかなり直接的影響を被っていたことが知られて興味深い。

文献と発掘調査の結果からわかる薬師寺講堂の実体は以上につきる。裳層柱の殿身側柱よりの出がわからないので、講堂の桁行全長や梁行全長の具体的な寸法も求められない。しかし基壇の規模がわかっているので、桁行全長の値はだいたい見当をつけることができる。

当初計画の回廊柱間ℓと講堂桁行全長K、中門桁行全長Cの関係を示す前掲の式において、正確な寸法がわかっているのは中門桁行の当初の規模で、第二章で明らかにしたように五一尺である。Kがわからないので、この式からℓを求めることはできないはずであるが、薬師寺と同時代の他寺院の回廊柱間と比較してみると、川原寺の一二・六尺単廊[9]、法隆寺の一二・二尺（高麗尺一〇・五尺）単廊、大官大寺の一三尺（梁行柱間一四尺）単廊[10]、大安寺の一三尺複廊[11]、東大寺の一五尺複廊[12]などを参考にすれば、ℓもだいたいわかってくる。かくして数学的には解けないはずの前式から、ℓとKを求めることができる。答えはℓ＝一五、K＝一四一である。

Kすなわち講堂の桁行全長として一四一尺という値が承認される理由は次のとおりである。

まず、講堂の背後にあった食堂、またその後にあったとみられる十字廊の桁行全長が、いずれも一四一尺で計画されていたと考えられるので、講堂がそれに一致していたというのは充分納得できる。

第二に、桁行全長一四一尺、殿身桁行一二六尺から、裳層柱の側柱からの出は七尺五寸と算定されるが、その数値が適当と認められることである。第五章の第二節において、本薬師寺金堂初重の裳層柱の側柱からの出が五尺五寸で、金堂殿身の柱間一〇尺の半分に五寸を加えた値に相当することに注目を促しておいたが、講堂の裳層柱の出の七尺五寸というのは、発掘調査で推定された講堂殿身の柱間一四尺の半分に五寸を加えた値に相当し、裳層の寸法計画方法として前者に一致することになるからである。

以上の結論によると、講堂の梁桁全長は七一尺となる。また前の基壇の規模を天平尺に換算すると一四六尺×七六尺となるから、裳層柱から基壇端までは二尺五寸となる。したがって裳層は吹放ちで、南面をのぞいた殿身側柱列を扉と連子窓で囲っていたであろう。

当初の計画における単廊の柱間ℓとして一五尺が適当と認められるのは次の理由による。

第一の理由は、昭和二十九年の発掘調査の際、中門脇で検出された二種の回廊基壇のうち、幅の狭いほうが当初の計画にもとづく単廊基壇にあたることは、第二章において詳細に論じたが、その単廊基壇幅の二四尺に幅一五尺の単廊がよく調和するからである。両者の関係は、単廊の唯一の遺構である法隆寺西院回廊の基壇幅と回廊柱間との関係にほぼ一致する（図55）。

第二の理由は、昭和四十三年度の発掘調査で実際に造られた複廊の全体規模が明らかにされたが、それによると東回廊の中軸と伽藍中軸線との距離は五八・五メートルと測定されている[13]。ところが、いま当初の三間中門の東へ一五尺の柱間を一二間分並べたところに南北方向の単廊を想定すると、その単廊中軸は、発掘調査で明らかにされた複廊の東回廊の中軸と一致するのである[14]。それは、第二章の第三節で予想したとおり、実施案である複廊の計画が、当初の単廊計画の中軸線をそのまま踏襲したことを物語っている。

講堂全長として一四一尺、単廊柱間として一五尺が適当な値として承認されるということになると、前の式のような寸法関係をもって当初の伽藍の設計が行われたという仮定も正しかったことになろう。

単廊の復原に関して残っている問題点は、それが講堂側面のどこに接続していたかである。二次計画

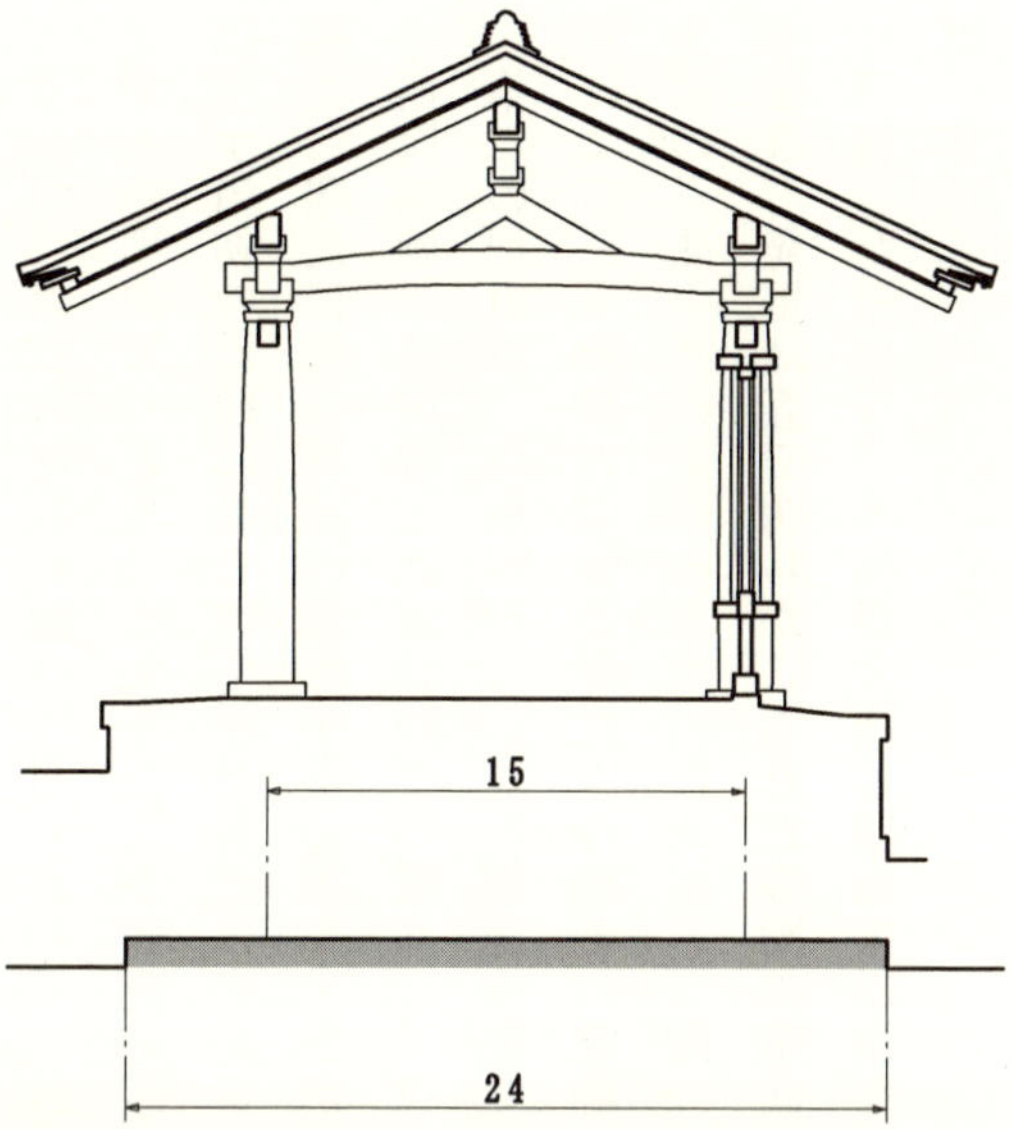

図 55　薬師寺単廊回廊（下）と法隆寺西院回廊（上）との関係

として実際に建てられた複廊は、講堂側面のちょうど中央に取り付いていたことが先の発掘で明らかにされた。従来は、普通の例にならって、講堂側面の南寄りに取り付いていたであろうと推定されていたので、この検出による結果は意外の感を与えた。

単廊の場合には、講堂側面中央に取り付いていた可能性はない。単廊では、つきあたりの中央に講堂の柱がきてしまうからである。そうならないように単廊は講堂側面の柱間に接続していたにちがいないが、その位置はどこか。意外と思われるかもしれないが、四間ある殿身の北から二番目の柱間であったと考えられる。

もともと単廊を講堂側面の南寄りに接続する計画だったのなら、複廊の場合にもそうしたであろう、という理由だけではない。講堂の位置を決める配置計画上の中心がこの北第二間の中心だったという点を、より重要な証拠としてあげることができる。次にその伽藍の配置計画をみてみよう（図56参照）。

それは実に整然としている、南大門と中門の中心間の計画距離は九〇尺[15]、中門の中心から東塔と西塔の中心を結ぶ線までの距離が七五尺[16]、東塔と西塔の中心を結ぶ線と金堂の中心間が一〇〇尺[17]になっている。そして金堂の中心から講堂の北第二間の中心までが二〇〇尺（講堂の中心までだと一九三尺[18]）になっているのである。また、講堂基壇から一六・八メートルのところで食堂基壇の南側が検出され、その基壇の南北の長さは二一・七メートルと報告されていることから計算すると、講堂の北第二間の中心から食堂の中心までが一二五尺であったことになる[19]。これらの数値が配置計画に使われたとみられる。講堂だけが梁行中心でなく、それより少し北の北第二間の中心をもって基準点にしているのは、当初の計画の単廊がそこに接続する予定になっていたからにちがいない。

以上の考察によって単廊および講堂の平面が復原される。

すでにわかっている複廊のほうでは、東塔と西塔の中心を結ぶ線と、東回廊と西回廊の柱間とはまったく無関係であるが、ここで新たに復原された単廊の場合は、東回廊と西回廊の柱間の中心を通る。塔の中心から南に下した線も南回廊柱間の三等分点を通る。ここで二等分点を通らないのは東塔と西塔の正面が南ではなく、それぞれ西と東を正面として計画されたことによるものと考えられる。東西両塔の中心間距離は、従来二四〇尺と考えられてきたが、以上のような計画方法からみて、また本薬師寺・平城薬師寺における実測値（二三六・一九尺。二三四・二八尺、図57、図58）から計算すると、中門の桁

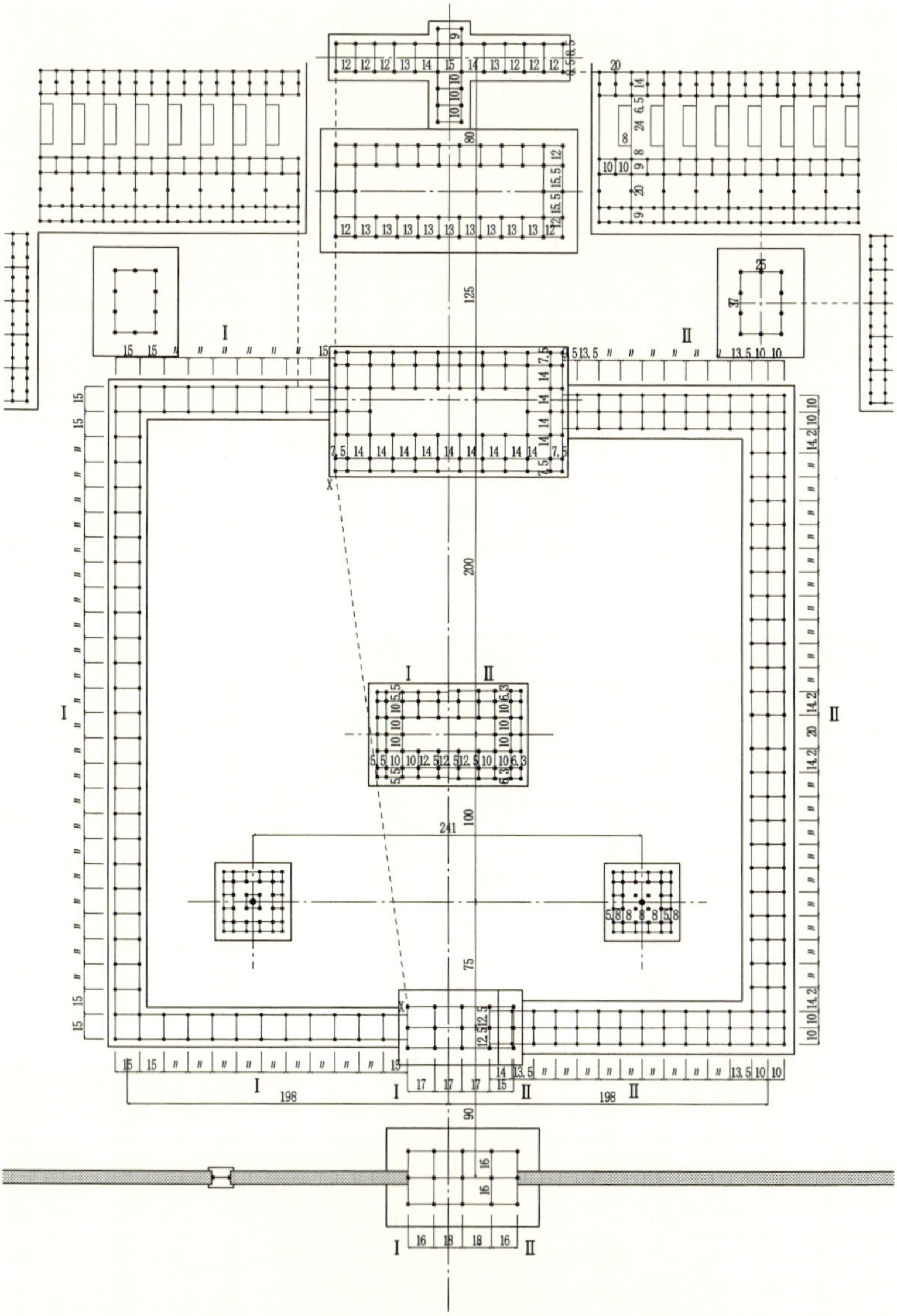

図 56　薬師寺伽藍の全体計画　一次計画(左)と二次計画(右)との関係

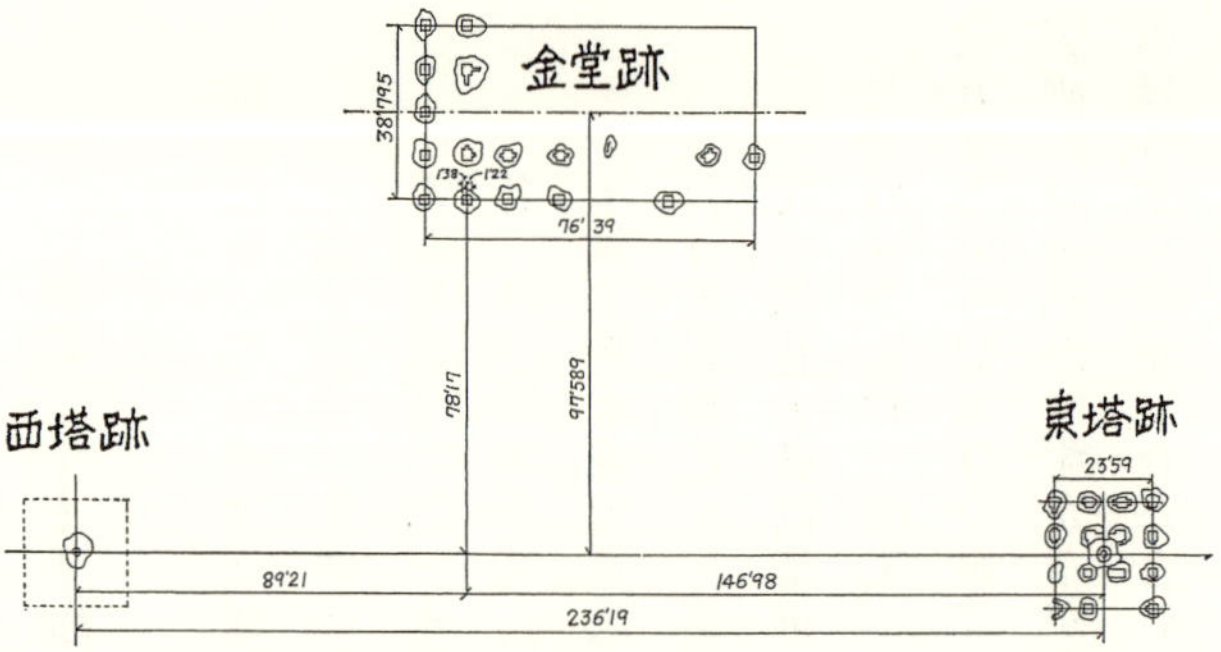

図 57　本薬師寺跡の実測図（大岡実『南都七大寺の研究』より）

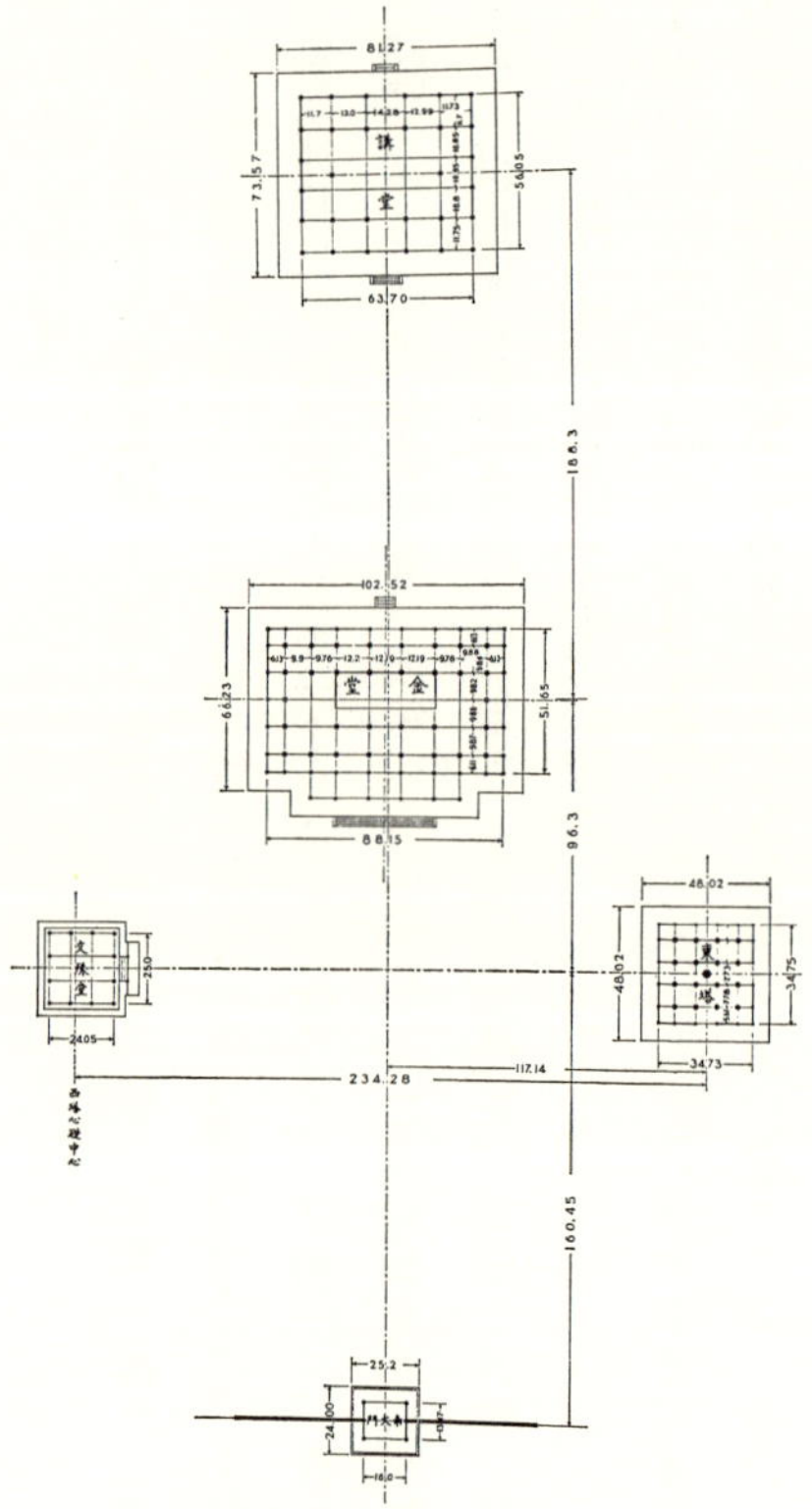

図 58　平城薬師寺の主要堂塔実測図（大岡実『南都七大寺の研究』より）

行全長五一尺の一尺が加わった二四一尺であったとするのが妥当であろう。⒇

三、食堂・十字廊・僧房・経楼・鐘楼

食堂《じきどう》について『薬師寺縁起』は次のように記す。

一、食堂一宇、九間四面、東屋長十四丈、広五丈四尺五寸、柱高二丈五寸、前戸九間、後戸三間、左右脇門各一面、正中一間、内殿安置金銅半丈六阿旀（弥）陁（陀）仏像幷観音淂大勢井（菩薩）各一躰、旧流記云、已上三尊難波那我良豊前宮御宇天皇（孝徳天皇）奉造請坐於此寺云々、又相伝云、百斉〔済カ〕国王献送於本願天皇之三種物之随一云々、所謂仏像三躰、鴻鐘、百済湯銘〔鋊カ〕一口云々、右堂天禄四年二月廿七日焼亡了、其後別当増祐、自長保元年七ヶ年之間造畢、仏像同以焼亡、但脇士躰腰上焼遺也、増祐大法師造継、幷阿旀（弥）陁（陀）仏像如本造立已了、

九間四面で桁行一四丈、梁行五丈四尺五寸といえば、梁行は四間であったにちがいないので、五丈四尺五寸という数値は計画寸法ではない。それは実測値であり、それが計画値と食い違うのは、造営尺と実測尺の実長がわずかながら異なったためであることは第五章の金堂の稿で記した。この場合、いずれのほうが大きかったかといえば、それは実測尺のほうであったろう。仮にそうだとすると、計画寸法の梁行は五丈四尺五寸という実測値より五寸大きい五丈五尺であったことになり（『流記資財帳』の丈尺は五寸単位だから）、桁行の計画値は一四丈より一尺大きい一四丈一尺であったことになろうが、後者

の数値は、食堂の背後にあったとみられる十字廊（食殿）の桁行寸法として『薬師寺縁起』に記され、また前述したように講堂の桁行全長としても得られる値であるから妥当と認められる。「東屋《あずまや》」とあるのは寄棟《よせむね》屋根だったことを示している。[21]戸口については、前面九間、後方三間、側面各一間とある。柱間を推定して食堂のプランを描けば図56のようになろう。

昭和四十九年の発掘調査で、食堂基壇の地覆石などが検出され、その規模は東西約四六・八メートル、南北二一・七メートルであることがわかったが、柱の位置は確認できなかった。この規模から計算すると、軒の出は九尺内外であったことになる。[22]

本尊の金銅半丈六阿弥陀三尊像は、薬師寺本『薬師寺縁起』には「内殿」に安置されたとある。金堂の条にも「以紫檀為内殿天井障《隔》子、以鉄縄鉤（釣）天盖（蓋）」と記す。従来は内殿を内陣と同義語とみてか誰も問題にしていないが、大橋一章氏によると、法隆寺東院伝法堂の天蓋のまわりに帳をめぐらしたようなものらしい。[23]

この本尊について『薬師寺縁起』は「旧流記」の文などを引用しているが、内容に問題がある。まず『流記資財帳』のいう「難波那我良豊前宮御宇天皇（次に孝徳天皇と割注があるのは縁起の筆者の補足）奉造請坐於此寺」だが、本薬師寺創建の時点で孝徳天皇はすでにいないから、同天皇が造立したというのはよいとしても、この寺に請坐したというのはありえないことである。孝徳天皇が造立した仏像を、薬師寺創建の時点でそこに安置したという意味にとるべきであろうか。

阿弥陀三尊像は百済国王が本願天皇（天武・持統・元明）に献送した三種物のうちの随一のものとい

う伝承も、天武即位の十年前にあたる天智二年（六六三）に白村江の敗戦で百済が滅亡しているという事実と対立する。愚考もないわけではないが、後考に俟ちたい。

十字廊について『薬師寺縁起』は次のように記す。

一、十字廊一宇、東西十四丈一尺、南北五丈六尺、高九尺二寸、云食殿、

右天禄四年二月廿七日焼亡、而別当増祐以寛肱（弘）二年造立、但南北如本、

ここに「食殿《じきでん》」とあり（護国寺本にはない）、また『薬師寺縁起』はこの後に経楼・鐘楼の項があって、薬師寺本『薬師寺縁起』には、続いて天禄四年の火災と復興のことを記すが、そこに「従食殿堂童子宿所盧〔慮カ〕外失火、食堂、講堂、三面僧房、四面廊、中門、大門、悉以焼亡」とあるので[24]、十字廊は食殿とも称し、食堂に付属する堂童子の宿所であったと考えられる。

そこで十字廊は、法隆寺や興福寺における細殿《ほそどの》のように食堂前に建っていたと予想されたりしたが、食堂と講堂の間の発掘では両者をつなぐ玉石敷の参道が発見されただけであった。しかし昭和五十三年春の調査で、食堂北側の地から十字廊跡が検出された。『昭和五二年度　平城宮跡発掘調査部　発掘調査概報』に載る復原平面を図59に掲げる[25]。

『薬師寺縁起』記載の丈尺、すなわち東西一四丈一尺、南北五丈六尺は、十字形平面の東西と南北の桁行長さの復原計画値に一致した。このことは、十字廊を建築した際の造営尺と、『流記資財帳』撰録時の実測に使用した尺がほとんど等しい長さのものであったことを示している。

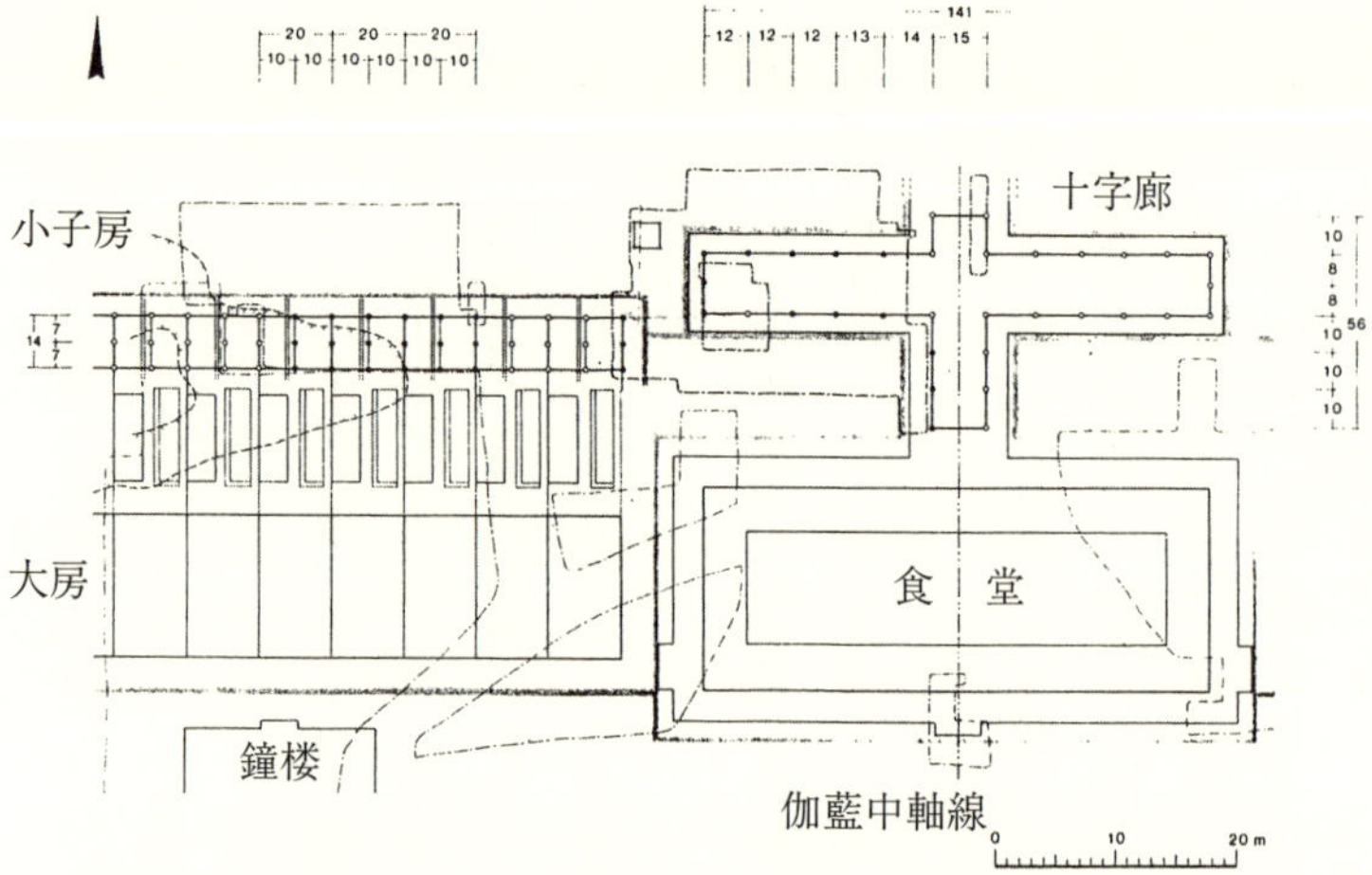

図59　平城薬師寺の小子房・十字廊（食殿）復原図
（『昭和52年度　平城宮跡発掘調査部　発掘調査概報』より）

十字廊の柱間の復原結果は、従来の予想、あるいは私の予想ともかなり違っていて、東西棟部分の桁行柱間は、次のように中央部が広くなっている。

一二・一二・一二・一三・一四・一五・一四・一三・一二・一二・一二（図59参照）

食堂の桁行柱間がこれと同じであった可能性もあるかもしれないが、予想と違い食堂と十字廊とは離れているから、桁行柱間が一致していなかった可能性もあろう。

東西棟部分の梁行柱間は、『平城宮跡発掘調査部　発掘調査概報』の図（図59）では八尺二間になっているが、その後の宮本長二郎氏の検討で、八・五尺二間に修正され、また南北棟の北に突出する部分も一〇尺ではなく九尺に改められている。それと同時に、十字廊の南側柱列と、僧房小子房の北側柱列の線の一致が指摘されている。㉖この結論より求めると、食堂の北側柱列と十字廊南端との間隔は一四尺、食堂の中心から十字廊の中心までの距離は八〇尺となる（図56）。

僧房については『薬師寺縁起』の中に二ヵ所の記載がある。

(1)一、僧坊十四宇為六烈、(以上護国寺本『諸寺縁起集』所収の『薬師寺縁起』、薬師寺本『薬師寺縁起』)

(2)焼亡小子坊十間遺留、焼後造立南六間平超、東僧坊二烈西僧坊二烈焼亡、東南僧坊二烈東北僧坊二烈檜皮葺坊一宇、西南僧坊〔西北僧房、脱カ〕二烈焼亡、檜皮葺坊一宇、

(3)旧流記帳云、合僧坊捌条、大坊四烈(以上は薬師寺本『薬師寺縁起』にのみあり)

あとの一ヵ所は、薬師寺本『薬師寺縁起』だけにある天禄火災の記事で、被災建物をあげた中に、

(4)三面僧坊、

が見え、また再建の造国国宛《ぞうこくくにあて》を決めた宣旨に関する記載の中に、

(5)東南僧坊伊与、西南僧坊讃岐、(中略)平超可檜皮葺僧房行事今講房也、

という文がある。

以上によって、天禄四年=天延元年(九七三)までに、東・西、東南・西南、東北・西北の六列の僧房が、各大房《だいぼう》・小子房《しょうしぼう》の二棟からなっていたこと、東西に各一棟の檜皮葺房があったことが知られている。檜皮葺房は最勝会の際、勅使らが使用したものと思われる。

僧房の復原的考察といっても従来はわずかに配置を推定するにとどまったが、昭和四十九年の発掘調査は、食堂の東西に棟通りを合わせて僧房が存在することを明らかにしたばかりでなく、その西方の僧

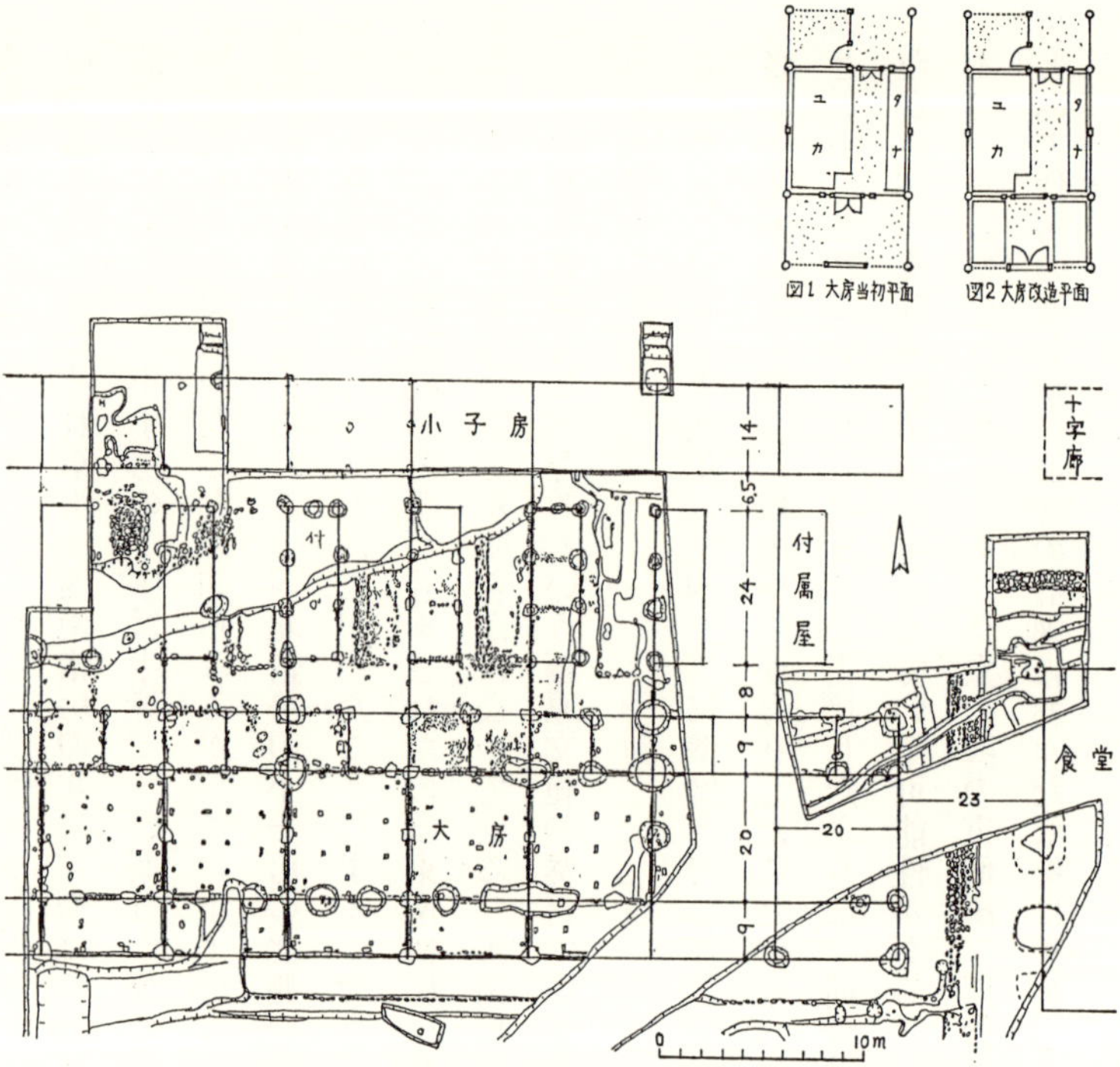

図60　平城薬師寺の西僧房遺構平面図および復原平面図
(岡田英男「薬師寺西僧房について」より)

房に関しては、大房・小子房の平面から、その使い勝手までわかる史料を提供した(図60)。それについては岡田英男氏の報告[27]があるので、ここでは残る問題について私見を述べておきたい。

まず僧房の配置。食堂の東西で検出されているものは東僧房・西僧房に相当しよう。東僧房跡の発掘で、前面の葛石が東僧房の西妻柱通りから約五三・六メートル(約一八一尺)東に行った所で南に折れ、さらに約三一・八メートル(約一〇六・六尺)で角になり東へ折れていることが確認されている。[28]したがって西側も同じようになっていて、東・西僧房と直角に東南僧房・西南僧房があって、講堂と食堂の間の庭を囲んでいたと考えられる。残るは東北・西北の僧房であるが、それぞれ東南・西南僧房の北に、やはり南北を棟通りとして建っていたものと思われる。

前記⑵によると、小子房の一宇は半焼で一〇間分が焼け残り、火災後、南六間を造立したというから、当初は南北一六間あったことが知られるが、この小子房はその後、焼けた僧房を列挙した中にない西北僧房に相当すると考えられる。西北僧房の小子房の北側一〇間分が焼け残ったのは、火元の十字廊から遠く、また火が主として南方に拡がったことによるのであろう。

⑸によると、被災後、再建が計画されたのは東南僧房と西南僧房だけだったようで、西僧房跡の発掘でも再建されなかったことが明らかになっている。東南僧房・西南僧房の造営も、⑸に続く記載によると、かの年は御忌方に当たるという藤原文範の奏言で中止されたというから、それらが実際に建ったかどうかは疑わしい。

⑶によると、天平十九年（七四七）に薬師寺で『流記資財帳』が作られた時点で、大房が四列、それに各小子房が付いて都合八棟の僧房が存在したことが知られる。それらはすべて平城薬師寺にあったものと従来はされているが、第五章で指摘したように、同資財帳の記載対象は平城薬師寺と本薬師寺であったから、本薬師寺僧房の分を含んでいる可能性がある。

⑷に「三面僧房」とあるから、[29] 食堂の隣の東僧房・西僧房と、罹災後すぐに再建が予定された東南僧房と西南僧房の四列が、最初の計画にあった僧房に相当しよう。前述の『流記資財帳』の記載数がちょうどその一寺分に相当するのも偶然ではないだろう。すなわち、その四列の各僧房が天平十九年の時点

において本薬師寺にあったか平城薬師寺にあったかはわからないにしても、いずれも本薬師寺において建造されたものであったろう。

なお西僧房の発掘で、大房前面の雨落ち溝が素掘り、内側の葛石として玉石を並べるだけで、外側の縁は葛石がなかったことが明らかにされている。第二章の第四節で指摘した当初の中門および回廊（単廊）の基壇形式の素朴さ[30]に通じるものがあり注目される。

経楼について『薬師寺縁起』は次のように記す。

一、経楼一口、長三丈七尺、広二丈五尺、柱高三丈、俗云大経蔵、

右天禄四年二月廿七日焼亡、

ここに記される規模は大安寺の『流記資財帳』にみえる同寺の経楼、鐘楼の長さ三丈八尺、広さ二丈五尺にほぼ等しく、法隆寺に現存する奈良時代の経楼の長さ三丈一尺、広さ一丈八尺（以上は法隆寺の『流記資財帳』の数値。実際の広さはそれより少し狭い）、二重目柱頂部までの高さ二丈三尺あまり、という規模より一まわり大きい[31]。

発掘調査によって、北回廊の北側に経楼・鐘楼の基壇跡が検出されている。その規模は東西一五・八メートル、南北一九・五メートルと報告されているから、側柱心から基壇端まで一四尺以上もあったことになる。それは金堂・塔の値よりずっと大きい。大安寺・法隆寺の『流記資財帳』の場合と違って柱高三丈という記載があることも併せて考えると、法隆寺の経楼などとは異なるタイプの建築であった可

能性があろう。[32]

鐘楼について『薬師寺縁起』は次のように記す。

一、鐘楼一宇、丈尺如経楼、懸鴻鐘一口、高口経〔寸法記サズ〕、俗伝仏鐘〔焼亡、脱カ〕百済国王御献《所イ》云、、

右天禄四年二月廿七日、其後別当権少僧都安鏡大衆共議、以同年二月廿九日曳勝光寺鐘懸於西岡上、其後依長保五年十月廿五日綱牒、曳取興福寺別院建法寺鐘、掃旧楼跡新構借屋〔ママ〕、以係件鐘、

高七尺、口径四尺二寸、乳高一寸六分、

建築としては経楼と同じ形のものであったであろう。その位置は、薬師寺に伝わる伽藍古図に、講堂の東北に経蔵、西北に鐘楼を描いているものがあり、またこの記載によって、天禄火災後、とりあえず鐘を西岡の上に懸けたことが知られるから、本来、西にあったと考えてよかろうとされる。[33] 興福寺の伽藍古図[34]でも鐘楼のほうが西にあるが、法隆寺の鐘楼は東であり、東大寺でもはじめから伽藍東方の岡上の現在地にあったらしい[35]から、薬師寺でも当初は東にあった可能性があろう。[36]

四、諸堂の造営過程

平城薬師寺の創建にあたって、本薬師寺の二仏門のうち中門だけが移建され、また東西の二塔のうち東塔だけが解体され、平城薬師寺の塔の部材として使われたことは、すでにこれまでの章で詳しく述べ

たところである。そうした事実からみるかぎり、他の主要建物も半数が平城薬師寺に移建されたものと思われる。以上の仏門・塔以外では金堂が移建の可能性がなく、回廊も移建ではなかったことをすでに明らかにした。となると、講堂あたりは移建だったのではないかと疑われるが、本薬師寺の講堂のために持統天皇が造った阿弥陀の繡仏が平城薬師寺講堂に移されているのである。金堂と本尊が移されなかったことを考慮すれば、講堂は繡仏とともに平城京に運ばれた可能性が強いであろう。

平城薬師寺において南大門が新造、中門が移建、金堂・回廊が新造、講堂が移建となると、その後方にある食堂は新造であったろうと思われるが、それを証明するすべはない。ただ食堂に関して注意されるのは、『流記資財帳』の丈尺が設計値より、桁行長さで一尺、梁行で五寸小さい点で、それは対象の食堂の造営尺が天平尺の中でもとくに小さいものであったことを示している。そのことは当時、食堂がこの一宇だけしかなかったこと、すなわち本薬師寺で造営された食堂だけしかなかったことを示唆している。なぜなら、本薬師寺で造られた食堂とその数十年後に造営された食堂が、とくに短い造営尺を用いたという点で一致していたとは考えにくいから、二宇の食堂が存在したとすれば『流記資財帳』には二種の丈尺が記されたはずであろうからである。新造の食堂は『流記資財帳』が撰録された時点で完成していなかったものとみられる。『薬師寺縁起』には食堂の半丈六金銅阿弥陀三尊像について二つの所伝が記されているが、『流記資財帳』の記載対象が本薬師寺で造られた食堂であったということになると、「旧流記云、已上三尊難波那我良豊前宮御宇天皇孝徳天皇奉造請坐於此寺云々」が本薬師寺食堂の当初の仏像に関する伝承ということになる。ただし、この食堂と仏像が『流記資財帳』の時点で本薬師寺にとどまっていたか、平城薬師寺に移されていたかは明らかではない。だが、初めに述べたように諸堂塔の移建・非移建の様子から勘案すると、前者の可能性が大きいと思われる。

経楼・鐘楼の移建、新造を判定する史料もない。ただ二仏門のうち一仏門が平城に移建され、二塔のうち一基が解体されて平城薬師寺の塔の造営に使われたことからみて、経楼・鐘楼の場合もいずれか一宇が移建された可能性は高いであろう。

西僧房跡の発掘において大量に出土した瓦をみると、軒丸瓦の約二割、軒平瓦の約六割は本薬師寺のものと同笵《どうはん》であったという。[37] 僧房も、本薬師寺から移建されたものがあったとみるのが穏当であろう。[38] 前述したように、『流記資財帳』には一寺分に相当する僧房しか記載されていないから、その時点まで平城薬師寺では僧房で新造されたものがなく、本薬師寺では移建した僧房の再建が行われていなかったことになろう。

天平十九年（七四七）に『流記資財帳』が撰録された当時、塔および金堂は二つの薬師寺に完成していたが、その他の建物は、一方にあれば他方にないというような状態であったと推定される。このような造営の遅れは、おそらく当時の政治情勢の影響であろうと思われる。

神亀六年（七二九）二月、高市《たけち》皇子の子で、左大臣として藤原不比等亡き後の政治を主導していた長《なが》屋王《やおう》が、藤原氏の陰謀によって自殺せしめられ（同年八月には藤原光明子が皇后となり、天平に改元）、天平七年（七三五）には知太政官事《ちだじょうかんじ》である舎人《とねり》親王も亡くなっている。天武天皇以来の皇親政治は、それによって事実上終りを告げたのである。それればかりではなく、第一章で述べたように、舎人親王は本薬師寺西塔檫銘の撰文者に擬せられ、また第七章で述べるように長屋王と舎人親王は本薬師寺の東院・西院の発願者と考えられるので、両人は元明天皇の下で薬師寺造営の責任を負う立場にいたであろうことは容易に想像されるところである。したがって彼らの死は、直接間接、薬師寺の造営を遅らせる要因になったであろうと思われる。薬師寺の造営はその後も続けられたことは明らかであるのに、聖武天皇と薬師寺の関係を示唆する伝承がほとんどないのは、彼らの死が、天皇家と薬師寺との関係の転機になったことを暗示するものであろう。

長屋王事件後の政治情勢の複雑さに加え、それが原因となって、天平十三年（七四一）に恭仁京《くにきょう》、十四年に紫香楽宮《しがらきのみや》、十六年に難波宮への遷都があいついだことも、造営を遅らせる要因になったであろう。天平十九年の時点で多くの建物が未完成のまま残されていたのも、造営再開から日が浅かったという事情が考えられる。

薬師寺本『薬師寺縁起』所収の永保二年（一〇八二）の僉議状《せんぎじょう》によると、薬師寺では天平の『流記資財帳』のほかに宝亀の『流記資財帳』があったらしいが、宝亀年間のころには、薬師寺の造営はほぼ終ったのではないかと思われる。[39] 時に天皇は、天武系の称徳から天智系の光仁に変わっていた。

諸堂塔が整った奈良時代からほぼ二百年後の天禄四年（九七三）二月二十七日夜、平城薬師寺は十字廊の堂童子の宿所からの失火によって、金堂と東西両塔を除く伽藍主要部を焼失した。失われた部分は、ちょうど本章が扱った堂宇に相当する。このときの被災と再建の状況は、復興が終ったのを記念して作られた感のある『薬師寺縁起』に比較的詳しく記されている。それをまとめて年表にして示すと表5のようになる。この再建の過程は、詳しい事情のわからない天平の造営を推察するためにも参考となろう。

再建工事について、注目しておきたい点をいくつか挙げておこう。

まず、各建物は「元のごとく」の方針で再建されたこと。ただし、火元の十字廊は、「南北如本」と記されるから、東西の長さは縮小されたかもしれない。また鐘楼は仮屋であった。経楼は、薬師寺再建に関する宣旨では、周防国に課せられているが、再建された形跡はない。僧房も、宣旨には、西南僧房が讃岐、東南僧房が伊予とあるだけである。半焼だった西北僧房は再建されたが、それ以外は造られなかった可能性が大きい。第七章の第二節で触れるように、奈良時代には塔金堂幷《ならびに》僧房等院の東北に大衆院があったのが、『薬師寺縁起』の時代にはそこが壺坂院と薗院に変わった。江戸時代の古図では、そのあたりに多くの子院の存在が示されている。天禄の僧房被災が子院の造られるきっかけになっている可能性があろう。

天禄の火災当時は、まだ本薬師寺に堂宇があったのに、それを移建したらしい形跡がまったくないことも注目しておかねばならない。仏像の移転もなかったことは、食堂の本尊に関し、「仏像同以焼亡、但脇士躰腰上焼遺也、増祐大法師造継、并阿旀（弥）陁（陀）仏像如本造立已了」という記載があり、また中門は早く造立したのに、扉三間分と二王像が再興工事の終りの段階でやっとできている状況から充分推察することができる。

復興の順序は、講堂、中門、回廊、食堂、鐘楼（仮屋）、十字廊、南大門、中門の扉と二王である。

表5　天禄四年の平城薬師寺火災後の再興に関する年表

和暦	西暦	別当	事　　項
天禄4年 2月27日	973	安鏡	夜、十字廊（食殿）堂童子の宿所より失火。食堂・講堂・三面僧房・四面回廊・中門・南大門・経楼・鐘楼を焼亡。
2月29日			別当大衆共議し、この日、勝光寺の鐘を曳き、西岡の上に懸く。
3月 5日			朝廷、実検勅使として左少弁源朝臣伊渉らを遣す。
5月 3日			左大臣源兼明、薬師寺造営を分担する10ヵ国を定む。
5月15日			造講堂長官等の任命に関する宣旨あり。
天延2年	974	趆禅	趆禅（珍禅）、別当に補任せらる。
貞元3年 2月27日	978		趆禅、足かけ6年を要して講堂再建、仮葺まで終り、この日の宣旨により、当年の最勝会は旧のごとく、再建講堂で勤修となる。
天元2年 7月28日	979	平超	平超、別当に任ぜられ（『薬師寺縁起』）、講堂瓦葺、下閣等を造り終る。
寛和2年	986		平超、中門を造立。
			平超、回廊50余間を造る。周防国守清原元輔13間（南面東側回廊）を造る。
永祚元年	989		平超、別当に任ぜらる（『薬師寺別当次第』）。
			大風により金堂の上重閣が吹き落とされる。その後修復。
長保元年	999	増祐	増祐、別当に任ぜらる。
			増祐、回廊の残りの分（東回廊）を造る。
長保5年10月25日	1003		興福寺別院建法寺（植槻寺）の鐘を曳いて、旧楼跡の新講の仮屋に懸く。
寛弘2年	1005		増祐、食堂・十字廊を造営。
寛弘3年 1月 8日	1006		南大門の立柱始、中門戸3間・二王像等造始。
9月			中門戸3間・二王像等造了。
寛弘9年 2月26日	1012		南大門の金剛力士・師子形を造始。
長和2年	1013		増祐、栄爵。南大門再建終る。
長和3年	1014	輔静	輔静、別当に任ぜらる。
長和4年	1015		『薬師寺縁起』撰録さる。

仏門のところで述べたように当初の造営においても中門は早く完成し、南大門はずっと遅れて造られた。

講堂は毎年の最勝会に必要なので急いで造られたにちがいないが、完成までに六年を要している。同じような規模をもつ食堂の場合も六年を要している。そして再建事業全体としては四十年にも及んでいる。伽藍の造営期間というものを考える場合、これは貴重な実例として記憶されるべきであろう。

各建物等の再興が、各国に割り当てられた、すなわち造国によったという点も重視される。それは寺院造国の初見とされる。(40)『日本紀略』天禄四年五月三日条に次のように記される。

被定可造薬師寺之国々。大和。伊賀。美濃。播磨。備中。備後。安芸。周防。讃岐。伊予十ヶ国也。

『平親信卿記』同日条にも次のようにある。

左大臣已下定申可造薬師寺事、定申云、以諸国十ヶ国可造進云々、依請、

『薬師寺縁起』にみえる宣旨における各国の分担を整理すると次のようになる。

大門——————大和
中門・回廊三十間——備前
回廊三十間————備後
回廊二十二間———安芸
回廊十四間・食堂——播磨
経楼———————周防
鐘楼・東院房————美濃

東南僧房――伊予
西南僧房――讃岐
講堂――寺家別当趁禅

これを『日本紀略』の記載と比べると、備中がここでは備前に、伊賀が寺家別当になっている。こうした違いが生じた理由はわからない。

『薬師寺縁起』は以上の記事に続けて、五月十五日の宣旨で次のように造営責任者が任命されたことを記す[41]。

平超……………檜皮葺僧房行事
朝静……………鋳鐘行事
寺主慶空…………造曲殿二宇行事
右少弁高階真人威忠《なりただ》……造講堂長官
左少夫三統宿禰……同判官

諸堂宇の再建が、このように朝廷の指導と造国によって行われることになったのは、平城薬師寺が、鎮護国家を祈願する最勝会が催される寺として、国家的重要機関の地位を維持していたことと、当時の左大臣が源氏の兼明であったことによると思われる。造国に関する宣旨に続いて、造講堂長官や最勝会講師房行事等を任ずる宣旨が出されているのも、最勝会が重視されていたことをよく示している。また造講堂長官に、源氏と同じく天皇家の血をひく高階氏が選ばれているのも偶然ではなかろう[42]。

源氏の意向を入れて朝廷が用意した造国による再建計画が、実施に移されなかったということも注目されるところである。周防の国司が回廊の一三間を造営したほかは、すべて薬師寺別当の責任で諸堂諸仏の再興が行われたのである。もっとも経楼や僧房は再建されなかった可能性があり、鐘も新鋳されず、興福寺別院の建法寺（植槻寺《うえつきでら》）のものを曳いてきてすませている。

なぜそのような結果になったのか。その原因は一口にいって、律令体制の崩壊にあったとみられる。それは私的土地所有である荘園の拡大と、その公地侵蝕がもたらしたものであったことはいうまでもない。私有地の増大はすでに奈良時代から始まっているが、平城薬師寺が焼失した十世紀後半は一つの転機にきていた。天禄の火災の四年前に、左大臣源高明が藤原氏の陰謀によって大宰権帥《だざいのごんのそつ》に左遷されるという事件（安和《あんな》の変）が起きてからは、藤原氏に対抗しうる政治勢力もなくなった。このように、国衙《こくが》収入が減少し、かつ藤原氏の専制政治が始まった情勢下では、各国司が宣旨に反して、源氏の寺、薬師寺の造営に協力しなかったとしても無理からぬところであろう。平城薬師寺は、それら各国の援助なしに、なんとか再建をなしとげたのであるが、それは寺領荘園の経済力を示しているものといえよう。

五、結　語

〔伽藍の復原〕仏門・回廊に関して述べた第二章において、平城薬師寺では複廊が建てられる前に単廊の当初計画が存在していたことを指摘した。本章ではその単廊計画を復原するとともに、講堂の裳層を含めた全体の規模を明らかにした。本薬師寺から移建された中門と一体となったそれら単廊・講堂の計画は、本薬師寺の計画を踏襲したものであったとみることができる。本章では、講堂・回廊の北側にあった食堂・十字廊・僧房・経楼・鐘楼についても考察したが、それらの建物の規模および位置は、後述するように、講堂・回廊と一体のものとして計画されたとみられるので、それらも本薬師寺の計画を踏襲した可能性が強い。建物そのものの移建が考えられる以上、計画の踏襲も当然であろう。

図61は平城薬師寺伽藍の一次計画を示したものである。持統天皇創建の藤原京の本薬師寺伽藍の形態に相当する。

図62は、各建物の二次計画を示したものである。

一次から二次への変更は各建物ごとに時期が異なる。塔と金堂の初重の変更は、平城薬師寺の創建時において行われた。次に単廊から複廊への計画変更があり、その後、三間仏門を五間仏門にする変更があった。西北僧房と東北僧房が平城薬師寺に建てられた時期は明らかでないが、延長二年（九二四）ごろ僧栄穏が本薬師寺に持っていた大房・小子房からなる僧房と、平城薬師寺の最勝会講師房とを取り替えようとする問題が起こっている（詳細は第七章の第三節で触れる）から、その後になって本薬師寺僧房が実際に移築された可能性がある。その結果が西北・東北の僧房かもしれない。ともかく、図62は、全体としては、平城薬師寺伽藍がもっとも完備した状態を示すものである。この伽藍が、塔・金堂を除いて烏有に帰すのは、それから半世紀後の天禄四年（九七三）のことであった。

なお図56は、一次計画と二次計画を重ねて、両者の関係を示したものである。復原された薬師寺伽藍

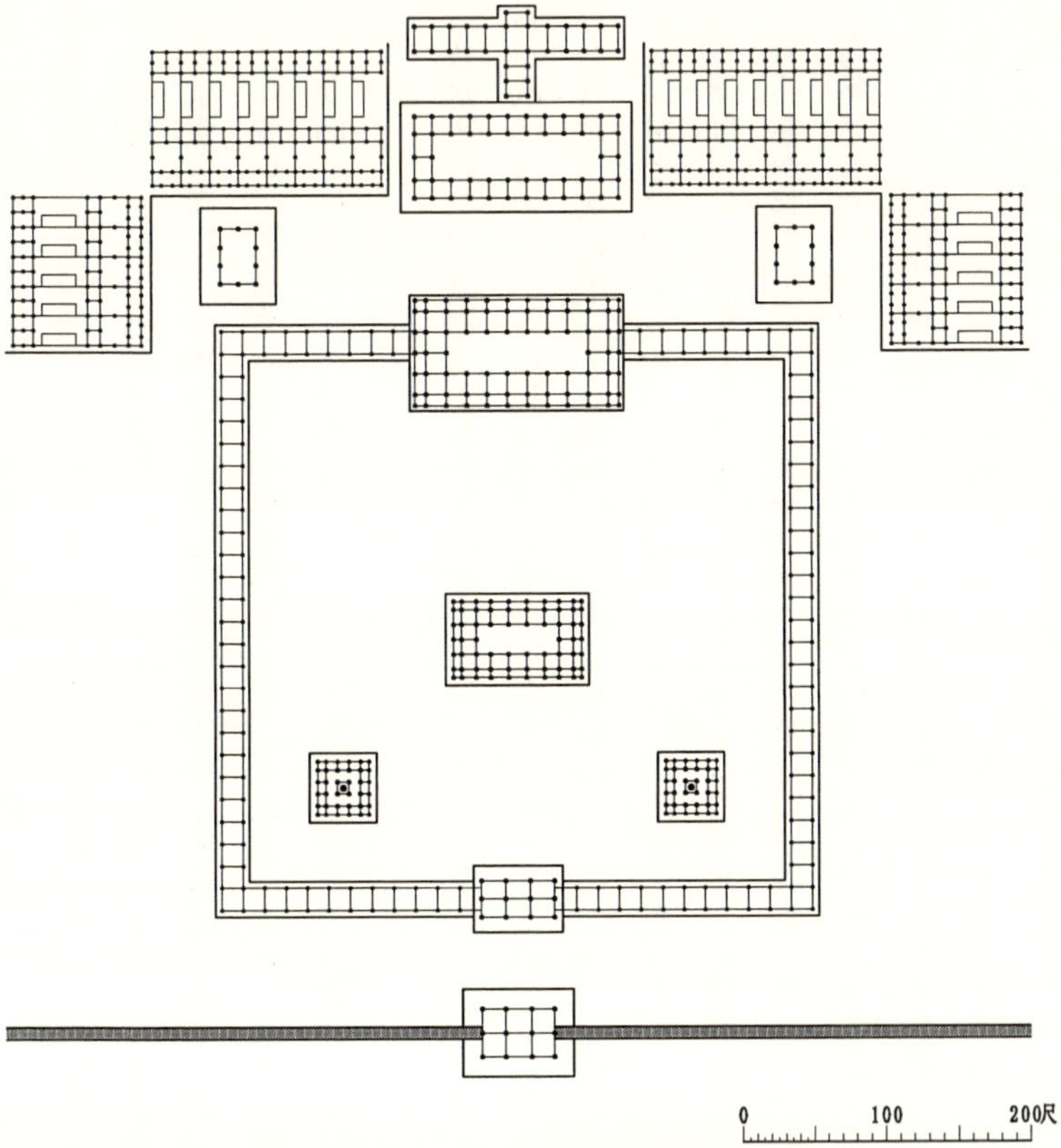

図61　薬師寺伽藍の一次計画復原図(本薬師寺創建時)

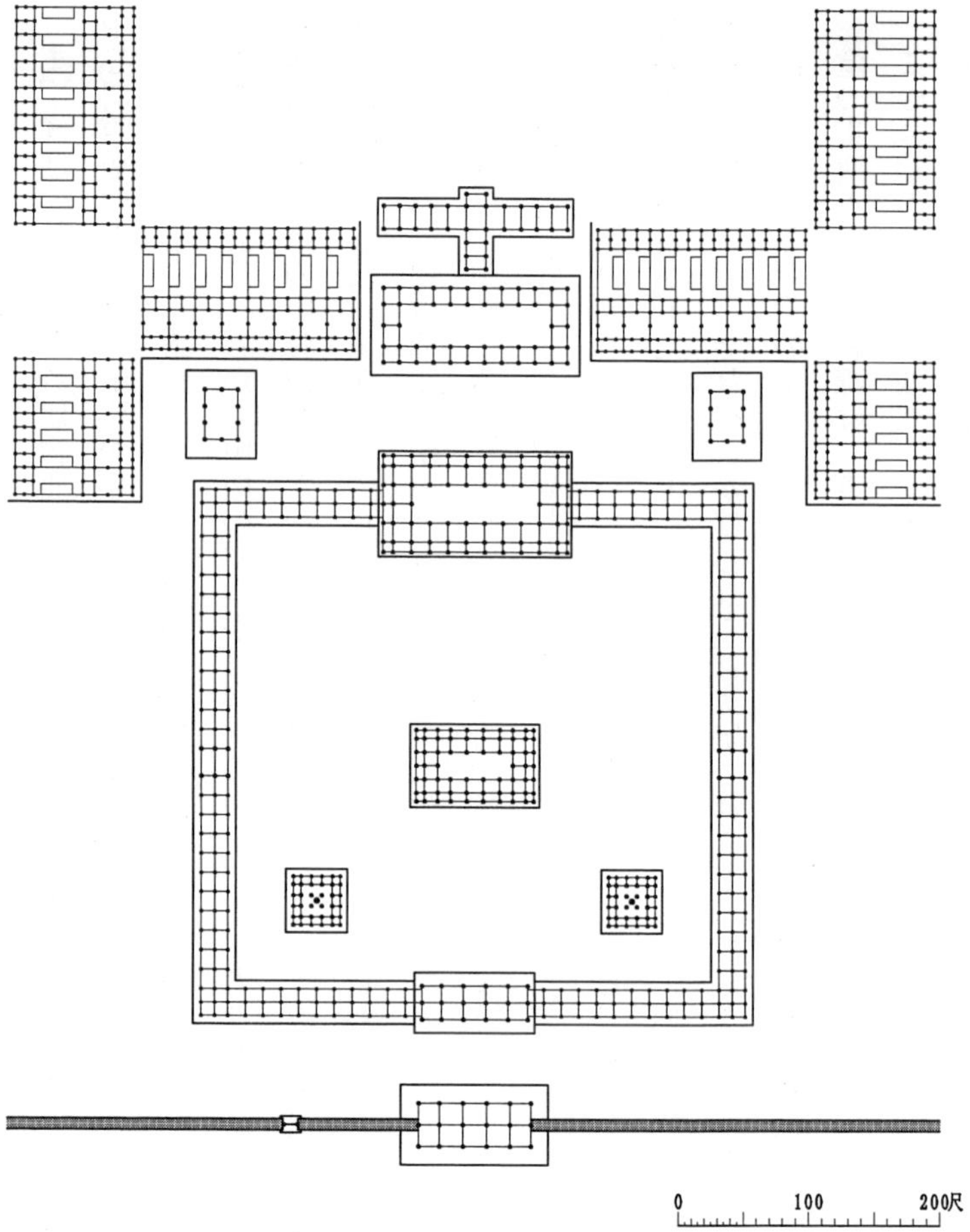

図 62　薬師寺伽藍の二次計画復原図（平城薬師寺平安時代）

の計画性にはいろいろ注目すべきところがある。

まず伽藍中軸に並ぶ各建物間の距離が五の倍数で統一されていることが挙げられる。南大門と中門の中心間距離が九〇尺。中門から二塔の中心を結ぶ線までが七五尺。その線から金堂の中心までが一〇〇尺。金堂の中心から講堂の北第二間中心（一次計画の北回廊中軸）までが二〇〇尺。そこから食堂の中心までは一二五尺。しかも中門の中心から食堂の中心までがちょうど五〇〇尺になっているのである。西回廊と東回廊の中軸間距離が一九八尺×二になっていることをあわせて考慮すると、この伽藍の中心部は南北五〇〇尺、東西四〇〇尺の矩形を基本にして設計が行われたものと考えられよう。

東・西回廊の中軸間距離がちょうど四〇〇尺ではなく、一九八尺×二になっているのは、初めの節で述べたように、中門・講堂・回廊が、あたかも一個の建物のように計画されたところからきている。

（講堂桁行寸法）−（中門桁行寸法）＝（回廊柱間寸法の偶数倍）

という寸法計画が行われて、中門ならびに講堂の両脇の回廊柱間だけが寸づまりになるということがないように設計されたのである。また中門桁行の柱間一七尺、回廊の柱間一五尺、講堂殿身の柱間一四尺という数値にも、それぞれがばらばらに決定されたものではないことを示すバランスが見出される。回廊内にある金堂の位置は前述したように伽藍の中軸線に沿った寸法関係の中で決定されたために、金堂の東西方向の中軸線は、東・西回廊の柱間中心を通らない。

この金堂の規模も、独立的に決められたものではない。金堂の南に位置する中門と北に位置する講堂の正面（金堂からみて）の東西端を平面図上で結ぶと、その斜めの線は金堂の南正面の東西端に接するのである（図56のX）。これは、回廊内に立つ金堂も、中門・講堂と一緒に計画され、その規模は中門・講堂の規模と、それからの距離との相関によって決定されたことを物語っている。このことはもっと注目されるべきであろう。

同じく回廊内に建つ東塔・西塔の場合は、その中心を結ぶ線が、東・西回廊の柱間中央を通る。そして両塔の南北方向の中軸線は南面回廊の柱間の三等分点を通る。金堂とちがって回廊柱間との関係が密なのは、塔が回廊の近くに置かれたためであろう。また南北方向の中軸線が南回廊柱間の中央を通らないのは、両塔の正面がそれぞれ東・西であったことによるものであろう。それに、東・西両塔間の距離が別の要素を考慮して決められたためでもある。すなわち、すでに指摘されるように、両塔の高さ（一一五尺、基壇を含めると一二〇尺）の二倍が両塔の中心間距離二四一尺に相当するのである。[43]それは意識的に行われたとみるべきであろう。二四一尺となったのは、塔の南北軸が回廊柱間の三等分点を通るように微調整した結果であろう。

食堂の位置は、この伽藍中心部が、南北五〇〇尺、東西四〇〇尺の矩形を設定したときから決まっていたであろう。食堂の桁行全長が、南の講堂、北の十字廊のそれと一致しているのも、それらが同時に設計されたことを示している。十字廊の中心も食堂の中心からちょうど八〇尺である。

大房は食堂と棟通りが一致し、小子房はその北側柱列が十字廊の南側柱列と一致するように位置が決められた。大房と小子房の中心間距離が六四・五尺という半端な値になっているのはそのためで、食堂梁間に一五・五尺のあることが影響している。このことは建物そのものと建物の配置が同時に設計されたことをよく物語っている。しかも五寸という小さい寸法を問題にしているところに設計の精度をみるべきであろう。僧房の東西方向の位置は、発掘報告の数値から勘案すると、僧房の妻側柱列の延長線が、北面回廊の柱間を二等分するように微調整の上で決定されたとみられる。[44]

経楼・鐘楼の中心位置は、僧房を基準にして決められたのではないかと思われる。『薬師寺伽藍第五次発掘調査概要』の数値によると、その南北中軸線は東・西僧房の房の境と一致するとみられる。[45] その場合、東（西）の楼の東（西）側柱列の延長が、一次計画の単廊の東（西）回廊の外側柱列とちょうど一致するが、それは楼の梁間が二五尺だからこそなることである。つまり楼の位置と規模も、おのおの別々に求められたのではなく、同時に決められたものと考えられる。

以上を要約すると、伽藍の主要建物の全体規模・柱間寸法、そして位置は、ばらばらに計画されたものではなく、全体があたかも一個の建物のごとく、密接な関係のもとに同時に設計されたということがみてとれる。発掘調査で実態の明らかになってきた平城薬師寺伽藍の形態が、どこまで本薬師寺のそれを模したものであったかという点に関して、従来から疑問があったが、本章で復原した一次計画の、以上に明らかにしたような整合性、一体性からみて、本薬師寺の創建にあたってその計画が使われたことはまず確かであろう。平城薬師寺では一次計画の部分的手直しが行われただけである。そのため、平城薬師寺伽藍が完成したときの状態を示す二次計画の図（図62）では、当初の調和を失っている。たとえば複廊の場合、複雑な柱間寸法で、それ自体建築として不調和なものであるが、中門や講堂との取付き部では半端な柱間を生じ、また塔や鐘楼の中軸線と無関係になってしまっている。梁行に比して桁行の長すぎる中門も格好のよいものではない。また南大門の屋根が金堂のそれより大きいというのも伽藍の構成上好ましいものではないだろう。

オリジナルな計画がありながら、現実に建物を建てる段になって計画変更をしたのは、なにも平城薬師寺に限らない。したがって、他の奈良朝寺院についてもその点を考慮する必要があろう。そうすることによって各寺院の地位や盛衰を知り、伽藍の変化の方向を従来より具体的にあとづけることができる。また平城薬師寺の一次計画からその設計方法を推定したが、いろいろな寺の場合について、こうした検討をすることによって、奈良朝伽藍の一般的な設計方法を導きだすことも可能となろう。

〔伽藍の造営〕平城薬師寺の各堂塔の造営にあたって、本薬師寺から移建が行われたか否か、またその造営時期はいつごろであったか、新たな変更箇所はどこであったか、などの造営事情についての今までの結論をまとめると表6になる。

『薬師寺縁起』に「太上天皇（元明）養老二年戊午移伽藍於平城京」とあるので、藤原京の本薬師寺の建築と仏像のすべてが平城に移転されたとみる説や、逆に建物と仏像の移転はなく、由緒だけが平城薬師寺に移されたとする説があったが、実際はそのいずれでもなく、伽藍の中心建物（おそらく仏像なども）の半分ぐらいが移され、両方の寺で半数を新造した（遷都後の本薬師寺については第七章参照）と考えられるにいたった。平城遷都の際、新都に移された寺は薬師寺のほか大官大寺（大安寺）や元興寺、山階寺《やましなでら》（興福寺）などがあるが、それらの場合についても、移建が行われた可能性があり、今後の議論はそれを考慮に入れたものでなければならないと思う。

表6　平城薬師寺伽藍の堂塔の造営過程

堂塔	造営年代	移築か新造か	増築・改築について	安置仏像
金堂	天平十九年以前（養老神亀頃か）	新造（初重裳層吹放ち）	（本薬師寺金堂は初重裳層まわりを閉鎖）	本尊薬師三尊像新鋳
西塔	天平二年より前	塔身移築・裳層新造	初重塔身側まわりを開放に改め、仏壇を撤去（本薬師寺では塔身側まわりを閉鎖）	釈迦八相成道の塑像群像を新造
東塔	天平二年	塔身新造・裳層移築	初重裳層まわりを閉鎖に改める（本薬師寺では裳層まわりは開放）	釈迦八相成道の塑像群像を新造（本薬師寺では当初、仏壇に仏像）
南大門	天平十九年以後	新造（正面五間）	（本薬師寺では正面三間）	金剛力士像を新造（本薬師寺では獅子形のみ）
中門	天平十九年以前	移築（正面三間）	天平十九年以後に五間に増築	増築の際に二王像を新造（当初、夜叉形など十六躰のみ）
回廊	天平十九年以後	新造（複廊）	（本薬師寺および平城薬師寺ともに当初の計画では単廊）	
講堂	天平十九年以前	移築であろう		阿弥陀の繍仏を移座
食堂		新造か		
僧房		二宇移築、二宇新造か		
十字廊				
経楼	}	いずれか一方は移築、他方は新造であろう		
鐘楼	}			

では薬師寺の場合のような移建はなぜ行われたのであろう。さしあたって考えられる理由は二つある。一つは、新造の場合よりずっと早く堂宇を新しい寺に出現させることができるという点にあったと思わ

れる。ただ、それだけなら本薬師寺東塔の解体した部材をすべて平城薬師寺の西塔造営に使ったはずである。そうせずに、塔身材を西塔に、裳層材を東塔に振り分けて使ったのは、旧寺の部材が有する由緒を重んじた結果ではないかと考える。すなわち旧寺の建築部材を新寺に移すことは、旧寺の由緒を新寺に写し、両寺を由緒のうえで連続したものにするために必要だったのではないか。本薬師寺の塔の部材を平城薬師寺の東塔と西塔に使うことによって両塔を、有する意義のうえでも対等のものにすることができる。また第四章で述べたように、本薬師寺の塔の再建が終ったとき、両寺の塔は、新材旧材の構成の点でも一致した可能性が強いが、そうすることによって、両寺を対等のものにしようと考えたのであろう。さらに半数の堂塔が移建されたことによって両寺は、半数旧材、半数新材という堂塔の構成上でも一致したのであるが、そうした関係をつくりだすことによって旧寺の由緒が新寺へ完全に継承される、と当時の人々は考えたのではなかったかと推察される。薬師寺以外の寺での移建の実態が今後明らかになれば、移建の意義についてより深い考察が可能となろう。

本章では平安時代半ばにおける平城薬師寺伽藍の火災とその後の造営についても触れた。このときの再建にあたって本薬師寺の堂宇が移建されなかったのは注目される。また薬師寺の檀越《だんおつ》にあたる皇族・源氏が再建に実質的な援助を与えられなかったというのも注意しておいてよい。やがて薬師寺は、藤原氏の政治権力を背景とする興福寺の支配下に入るが、その結果は、平城薬師寺再建の際にも解体されなかった本薬師寺の堂塔が解体されるという事態に至るのである。

第六章注

（1）昭和四十八年から発掘調査が行われた大官大寺では、回廊は桁行柱間一三尺、梁行柱間一四尺の単廊であったことが明らかになっているが、中門との取付き部の柱間だけは一七尺であるというし、金堂との取付きの柱間も一三尺にはならない（工藤圭章「史跡大官大寺の発掘調査」『月刊文化財』一五九、第一法規、昭和五十一年）。飛鳥寺や四天王寺でも中門との取付きの柱間が、回廊のほかの柱間と異なっている。

（2）私は以前『平安遺文』（東京堂、昭和二十四～四十二年）三二〇号所収の太政官符にもとづいて、奈良時代に藤原武智麻呂の創建した、敦賀の気比太神宮寺の伽藍の復原を行った（宮上茂隆「越前気比太神宮寺伽藍について」『日本建築学会関東支部研究報告集』昭和五十年度）。その結果は図63に示したとおりで、二塔二金堂三中門、南北中軸線のない複雑な伽藍であったことがわかったのだが、それにもかかわらず回廊柱間は、講堂および各中門脇でも半端な寸法にならず、すべて等間であったとみられる。伽藍造営の当初の設計計画では、そのようになっているのが当たり前だと思う。このことは自らを設計者の立場において考えれば了解されよう。

（3）『大安寺伽藍縁起幷流記資財帳』（『訂正版群書類従』第二四輯、続群書類従完成会、昭和三十五年）はそう記す。したがって天武・持統朝にできていた中心建物は講堂ぐらいであったことが考えられる。

（4）薬師寺伽藍発掘調査団『昭和四十四年度　薬師寺伽藍発掘調査概要』。

（5）現在伝わる三種の写本の丈尺の記載はいずれも一致しているから、書き誤りは、原『薬師寺縁起』の文を一部削って現『薬師寺縁起』に書き直した際に生じたものと考えられる。

（6）『薬師寺縁起』に記す各建物の規模を示す丈尺は天平十九年の『流記資財帳』からの引用であることはすでに第二章で述べたが、塔の項に記される「縦広三丈五尺」は『薬師寺縁起』撰録時に付け加えたものと考えられる。それは数値からみて塔の初重裳層の桁行の長さを示しているものとみられるが、『流記資財帳』では塔の

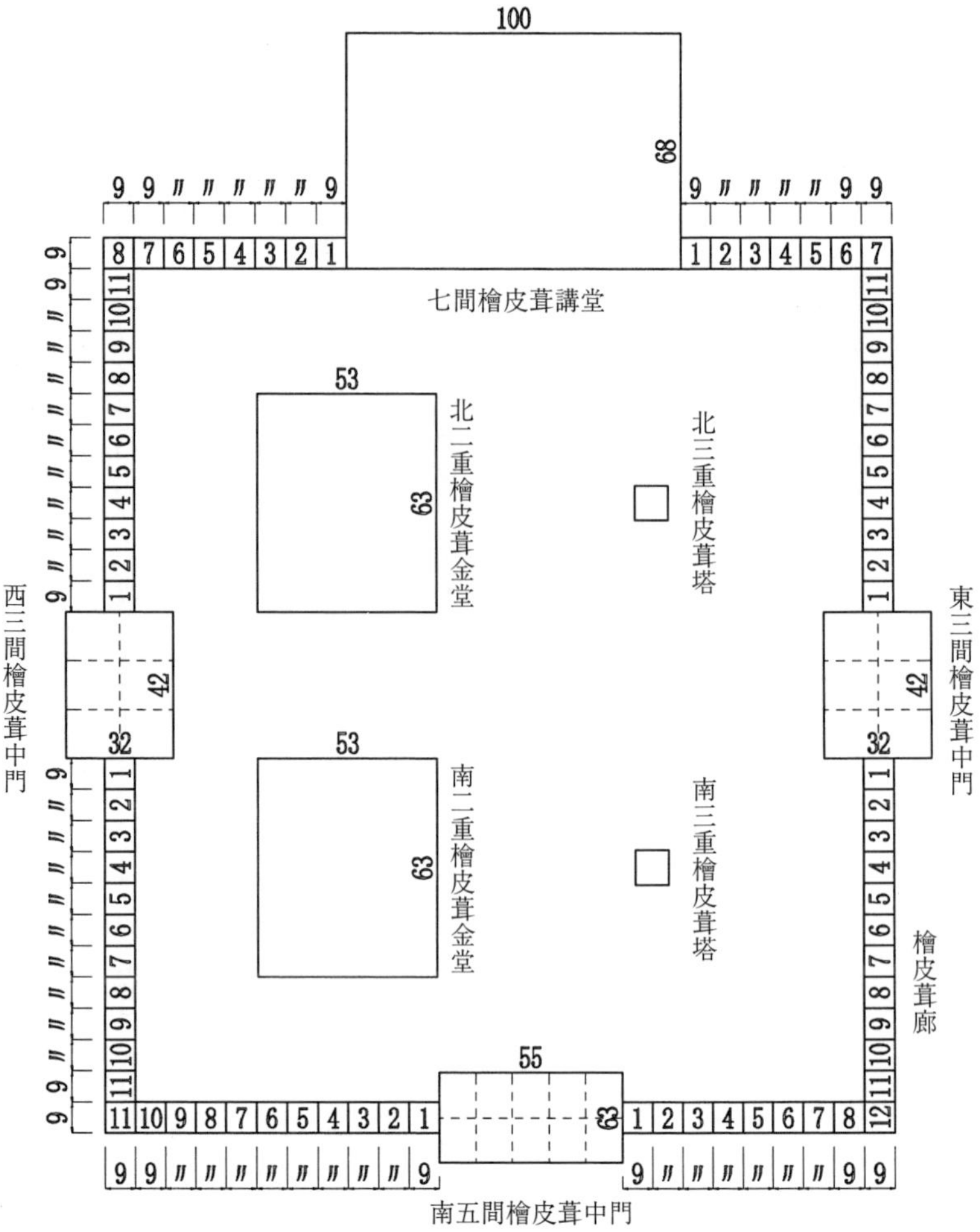

図 63　越前気比《けひ》太神宮寺の伽藍復原図

高さだけを記すのが通例であるし、正しい値三丈五尺六寸と比べ、実測値としては誤差が大きすぎるからである。塔の論文で触れなかったので、ここで付け加えておきたい。

（7）平安時代における講堂の本尊は、高三尺の釈迦像のほうであったとする見解もあるが（太田博太郎「伽藍」、「奈良六大寺大観」第六巻『薬師寺全』解説、岩波書店、昭和四十五年）、以下の本文で触れるように繡仏が本尊であったと思われる。
『続日本紀』養老六年十二月十三日条に、元正天皇が勅して、天武天皇のために弥勒像を造り、持統天皇のために釈迦像を造り、その本願の縁起は金泥で書いて仏殿に安置するように命ぜられたとあるが、第七章の第五節で東院・西院の創建について述べるとき触れるように、そのうち天武天皇のための弥勒像は平城薬師寺西院に安置されたとみられるので、持統天皇のための釈迦像というのが講堂の高三尺の釈迦像である可能性がある。

ただ、以上の本文中に書いたように、『七大寺巡礼私記』は繡仏とともにある釈迦像を別当の私の建立と記しているから、元正天皇御願の釈迦像は、本薬師寺講堂に安置され、平城薬師寺講堂のものは、本薬師寺のものに倣っておかれたということが考えられよう。

なお護国寺本にだけある割注「或本云、有金銅弥陀立像、高三四丈、古人云、行基井所造也」は、もともと『薬師寺縁起』にあったものでなく、後人が書き加えたものであろう。阿弥陀の繡仏と食堂の金銅半丈六阿弥陀仏像とを混同したような伝承である。

（8）鈴木亘「薬師寺講堂に関する一考察」『日本建築学会大会学術講演梗概集』日本建築学会、昭和四十六年。

（9）『奈良国立文化財研究所学報　第九冊　川原寺発掘調査報告』奈良国立文化財研究所、昭和四十五年。

（10）注（1）参照。

（11）大岡実・村田治郎・福山敏男・浅野清・杉山信三・鈴木嘉吉「大安寺南大門・中門及び廻廊の発掘」（『日本建

築学会論文集』五〇、昭和三十年）によると、南回廊の桁行柱間は一四・八尺であったが、それは中門を三間から五間に増築した際の改造の結果で、当初は梁間と同じ一三尺が桁行柱間であったと考えられる。

(12) 『重要文化財東大寺中門廻廊修理工事報告書』奈良県教育委員会事務局文化財保存課、昭和三十六年。

(13) 注（4）に同じ。

(14) 三間中門の桁行の長さは五一尺だから、その東に一五尺の柱間を一二間を並べた単廊を想定すると、東回廊の中軸は伽藍中軸から一九八尺（198＝51÷2＋15×11.5）の距離になる。回廊中軸の設定にあたって現尺にして〇・九七五尺に相当する天平尺（東塔裳層の造営尺がそのくらいであることは第四章の第三節で触れた）が使われたとすると、一九八尺は五八・五メートルとなる（58.5＝198×0.303×0.975）。つまりその単廊の中軸と、発掘でわかった複廊の中軸は一致する。

(15) 大岡実・村田治郎・福山敏男・浅野清「薬師寺南大門及び中門の発掘」（『日本建築学会論文集』四九、昭和三十年）によると、南大門と中門の中心間距離は現尺にして八七・三八尺である。したがって天平尺に換算しようとすると、次の式のようになるから、計画としては天平尺の九〇尺だったであろう。

87.38＝90×0.971

(16) 大岡実「南都七大寺建築論　二　薬師寺」（『建築雑誌』五一九、昭和四年）には、平城薬師寺、本薬師寺跡の実測図が掲げられている。それによると南大門の位置に建っている現南門の中心から、東塔心礎と西塔心礎を結ぶ線までの距離は一六〇・四五尺となっている。天平における計画では、次のような関係からみて、一六五尺であったとみられる。

160.45＝165×0.972

したがって中門からは七五尺ということになる。

（17）注（16）の大岡氏の実測図では九六・三尺となっていて、天平尺の一〇〇尺に相当するとみられる。

96.3＝100×0.963

（18）平成になって再建される前の講堂は創建当初の位置に建っていた。その中心と金堂中心との距離は大岡氏の実測では一八八・三尺である。天平尺に置き換えると、次の式から一九三尺になる。

188.3＝193×0.976

前注の、東塔・西塔の中心を結ぶ線から金堂の中心までの実測値が天平尺の一〇〇尺にしては少し短目で、金堂の中心から講堂の中心までの実測値は一九三尺にしてはわずか長目であるが、東塔・西塔の中心を結ぶ線から講堂の中心までをとれば、妥当な値である。

96.3＋188.3＝（100＋193）×0.971

（19）薬師寺伽藍発掘調査団『薬師寺伽藍第四次発掘調査概要』（昭和四十五年）によると、食堂基壇の南北幅は二一・七メートル、基壇南の地覆石から講堂基壇までは一六・八メートルであるという。食堂の中心から講堂基壇の北端までは二七・六五メートル、天平尺に換算して九三・六尺ほどになる。講堂基壇端から講堂の北第二間中心までは三一尺（＝2.5＋7.5＋14＋7）だから、食堂の中心から講堂の北第二間の中心までは一二四・六尺。誤差を考慮すれば一二五尺が計画値であったとみられる。

（20）東西両塔間の距離の実測値は大岡氏の前掲論文による。

236.2＝241×0.980（本薬師寺）

234.3＝241×0.972（平城薬師寺）

注（15）以降の注において、平城薬師寺の堂塔間の距離の実測値から〇・九七二尺ぐらいに相当する天平尺が、堂塔位置の設定に用いられたことが推察され、その設定の正確であったことがうかがわれる。

(21)「東屋」という記載は『薬師寺縁起』において食堂の項にしかない。

(22) 食堂跡の発掘結果は、薬師寺伽藍発掘調査団『薬師寺伽藍第四次発掘調査概要』に報告されている。基壇の規模を天平尺（現尺の〇・九七五尺として）に換算すると、東西幅約一五八・四尺、南北幅七三・四尺になる。これらの数値から、側柱心から基壇端までの寸法を求めると、前者からは、八・七尺{8.7＝(158.4－141)÷2}が、後者からは、九・二尺{9.2＝(73.4－55)÷2}が得られるが、食堂は寄棟であったから実際の値は両者一致していたはずである。

(23) 大橋氏のご教示による。

(24)『扶桑略記』の天禄四年癸酉二月二十七日条にも、「夜。薬師寺焼亡。従食堂童宿所慮外失火」と記す。

(25) 薬師寺伽藍発掘調査団『薬師寺伽藍第四次発掘調査概要』。十字廊に関しては、『昭和五二年度　平城宮跡発掘調査部　発掘調査概報』「V寺院の調査　①薬師寺の調査」による。

(26) 宮本長二郎氏のご教示による。

(27) 岡田英男「薬師寺西僧房について」『日本建築学会大会学術講演梗概集』昭和五十年。

(28) 注（27）に同じ。ただし東僧房の発掘は、昭和四十五年に近畿大学を主力とする発掘調査団によって行われた。

(29)『僧綱補任抄出』（『訂正版群書類従』第四輯、続群書類従完成会、昭和三十五年）にも、「天延元年癸酉二月廿七日夜薬師寺火災。講堂。食堂。大門。中門。鐘楼。経蔵。四面廻廊。三面僧房皆焼亡。但金堂不レ焼」とある。

(30) 本薬師寺から移建した三間中門の基壇は切石の葛石とそれを支える側石からなり、それと同時に造られたであろう単廊基壇は切石の葛石だけで、雨落ち溝は素掘りで外側は玉石を並べただけであった（第二章参照）。

(31) 興福寺の経楼・鐘楼は、長さ三丈四尺、広さ二丈二尺（『興福寺流記』、『大日本仏教全書』第八四巻所収、鈴木学術財団、昭和四十七年）であったから、法隆寺より大きく、薬師寺より小さい。

(32) 従来、経楼に比定されている東方の楼跡の発掘結果は、薬師寺伽藍発掘調査団『薬師寺伽藍第五次発掘調査概要』（昭和四十六年）に記されている。基壇規模を天平尺（現尺の〇・九七五尺とする）に換算すると、東西五三・四八尺、南北六六・〇〇尺となるから、側柱心から基壇端までは、前者の数値からは、一四・二四尺、後者からは一四・五〇尺となる。平城薬師寺の他の主要建物においてこの値は次のようになっている。

南大門　一四尺
金堂　一〇・五尺（裳層柱から五尺）
講堂　一〇尺（裳層柱から二・五尺）
塔　九・八尺（裳層柱から四尺）
中門　九・五尺（妻側柱から六尺）
食堂　九尺
僧房（大房）　七尺

経楼の値は、二重の南大門を超える最大値である。法隆寺の経楼は七尺ぐらいしかないし、柱は二重目まで通っていない。薬師寺の経楼・鐘楼は三丈という柱高であったと記されるから、高い殿身の下方に裳層が付き、その屋根が、殿身の大屋根より外側に出ていたという可能性があろう。

経楼基壇の位置は、その中心が伽藍の中軸から五七メートルにあたるということであるが、それは、東僧房の五番目と六番目の房の境あたりに相当するから、当初そのように位置が計画されたものと考えられる（五七メートルは現尺の〇・九七五尺を天平尺として換算すると一九三尺になるが、それは伽藍中軸から以上の房境までの距離に相当する)。

南北方向に関して報告書は、北回廊から約四メートル離れ、僧房との間に五メートルの余地をもつとしか記さないが、東南僧房の南から三番目と四番目の房境をもって経楼の中心位置とすると、ほぼその条件を満足するから、当初の位置の設定も、そのようにして行われたことが考えられる。

(33) 福山敏男・久野健『薬師寺』一二一頁、東京大学出版会、昭和三十三年。

(34) 大岡実「興福寺」『南都七大寺の研究』所収。

(35) 鈴木嘉吉「鐘楼」、「奈良六大寺大観」第九巻『東大寺一』解説、岩波書店、昭和四十五年。

(36) 天禄火災後の造国に関する宣旨において、鐘楼と一緒に東院房が美濃国の分担とされているのは、鐘楼が東であったことを暗示しているようである。

なお現在、鐘楼は金堂の東方にあるが、「延宝二年(一六七四)甲寅春正月、移営於大鐘楼于金堂東矣」(『薬師寺縁起国史』)とあるから、以前は伽藍古図にあるように西方にあったのであろう。しかし、当初からそうだったのかどうかはわからない。

(37) 岡田、前掲論文、注(27)。

(38) 平城薬師寺に僧房が建ち、そこに僧が住み始めた時期は明らかでない。寺を移して間もない養老六年(七二二)七月に僧綱を薬師寺に常住せしめることにしたと『続日本紀』にあるが、その場所は寺僧の僧房ではなく、東院に隣接する敷地に別に設けられたと考えられる(第七章参照)。天平十七年に四大寺の衆僧を「平城薬師寺」に集めてどこを京とすべきかを決めたときにも、やはり僧綱所のほうが使われたのではないかと思われる。

(39) ただし『薬師寺縁起』講堂条によると、講堂前にあったとみられる金銅燈爐一基は、元慶五年(八八一)九月九日に大衆知識が唱えて鋳造したものであった。九月九日は天武天皇の忌日にあたる。伽藍の造営というものは、長い期間にわたって断続的に行われているので、ある時点をとって簡単に完成と決めてしまうのは適当ではないようである。

(40) 竹内理三『寺領荘園の研究』一五頁、畝傍書房、昭和十七年。一宇を数ヵ国に課す、いわゆる所課国の早い例としては、『本朝世紀』天慶元年（九三八）十月十七日条に、地震による宮城城墻《じょうしょう》の頽落修理を九ヵ国の国守に課した例があるという。

(41) 『薬師寺縁起』はそれに続けて、この年は御忌方にあたるから、この造作が中止されたこと、それは藤原文範の奏言によるものであると記す。

(42) 造国の宣旨で講堂再建の責任者として薬師寺別当赴禅が任じられて、続く宣旨で造講堂長官として高階威忠が任じられているのであるが、仕事の違いがどこにあったのかは不明である。

(43) この点に最初に注目したのは、滝沢真弓「薬師寺東塔―白鳳芸術の構成的性格―」（『新建築』三一―一二、新建築社、昭和三十一年）ではないかと思う。

(44) 前掲の岡田氏の論文（注27）では食堂と僧房の間隔を二三尺とする。だが、それは食堂桁行の長さを『薬師寺縁起』がいう一四丈としたときのことである。実際の食堂は本文中で述べたように一四丈一尺であったから、この点を考慮すると僧房の妻側柱列は食堂から二二・五尺離れていたことになる。この妻側柱列の南への延長線は、北回廊の柱間をちょうど二分する（図56参照）。

(45) 注（32）参照。

第七章　平城遷都後の本薬師寺伽藍とその解体

一、緒　言

本薬師寺と平城薬師寺の伽藍の復原と、平城薬師寺創建にともなう本薬師寺の建物の移建、仏像の移座に関する考察を前章までで一応終えたので、本章では、平城薬師寺創建以後の本薬師寺の伽藍の状態と、廃寺と化した事情について考察したい（図64、図65）。

この方面に関して既存の研究成果は実に乏しい。『薬師寺縁起』所収の『流記資財帳』によって、旧都に寺地が存続し、そこに二基の塔があったことがわかり、また『左経記《さけいき》』（平安中期の公卿源経頼の日記）万寿二年（一〇二五）十一月九日条に筆者の源経頼が「本薬師寺」に宿したと記されていることによって、その時点まで本薬師寺は何らかの形で存在したことが知られている程度である。

足立康氏は、本薬師寺の二基の塔は、藤原道長が創建した法成寺《ほうじょうじ》の塔が焼けた後、同寺に移建された（再建塔の落慶供養は承暦三年＝一〇七九年）という注目すべき新説を発表されたが、まもなく家永三郎氏らによって否定されている。そしてその後は、薬師寺関係の史料を解釈するにあたって、本薬師寺を考慮に入れることもほとんどなくなってきているようにみえる。だが、すでに明らかにしたように、平城薬師寺へ主要堂塔の半ばを移建したとはいえ、本薬師寺伽藍は平安時代の後期まで立派に存在し続けていたのである。また足立説は正しく、それに対する批判のほうに問題がある、と私は考えている。

そこで本章では、各時期における、それぞれの問題点の検討を通して、本薬師寺伽藍の実状を明らか

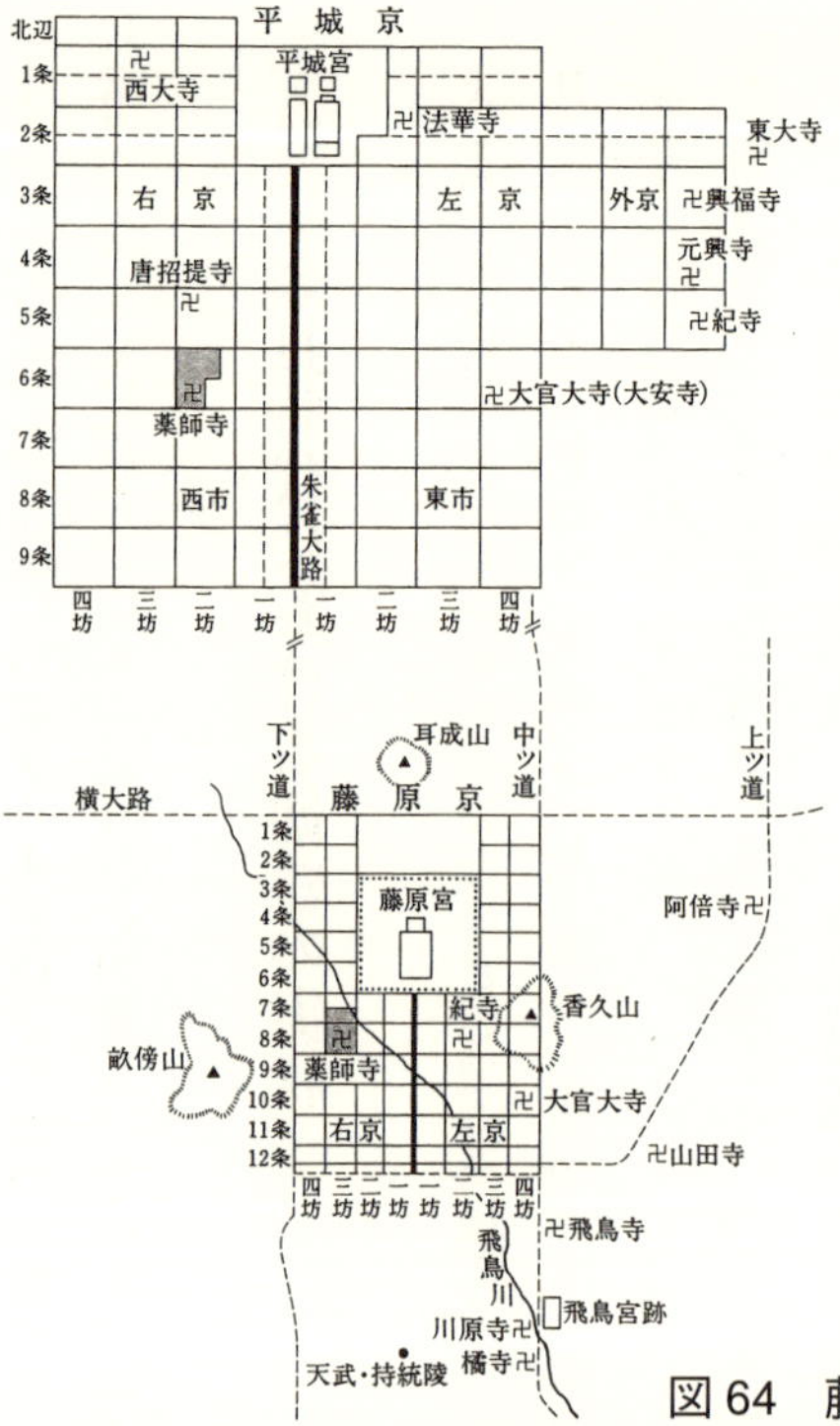

図 64　藤原京・平城京関係図（復原・岸俊男）

図 65　本薬師寺跡

にするとともに、足立説の示唆する本薬師寺伽藍の最後について詳細な考察を行いたい。平城薬師寺の現講堂と東院堂安置の金銅仏の原所在の問題も、その中で検討される。

二、奈良時代における伽藍の実状

まず奈良時代における本薬師寺の寺地と寺域内の構成を、平城薬師寺のそれとともに明らかにしよう。[1]それについての記載は、『薬師寺縁起』各本と薬師寺本『薬師寺縁起』所収の永保二年（一〇八二）の僉議状《せんぎじょう》の中に見出される（表7を参照）。

『薬師寺縁起』（薬師寺本、護国寺本、醍醐寺本）の先頭部の文中に、まず②－1の記載がある。その後、伽藍主要部の堂塔の項があって、薬師寺本では次の東院の項の前に①が、続いて②－2が記される（醍醐寺本は講堂条までしかない。護国寺本は子院の記載まであるが、なぜか①、②－2の文を欠いている）。さらに東院・西院・僧坊の次に③の記載がある（薬師寺本、護国寺本）。

一方、永保の僉議状の記載は①′と②′であるが、①′は『薬師寺縁起』の①と、②′は『薬師寺縁起』の②－1と②－2に対応することがわかる。

そのうち①と①′によって『流記資財帳』が撰録された奈良時代における寺地の様子が知られる。もっとも、両者を対比すると、いずれも『流記資財帳』の文そのままではなく一部削除されていることがわかる。[2]『流記資財帳』の文を復原すれば次のようになろう。

表7 『薬師寺縁起』と永保二年の僉議状による寺地の比較

『薬師寺縁起』各本	薬師寺本『薬師寺縁起』所収僉議状
① 一、寺内流記帳云、 ＊薬師寺本 寺院地拾陸坊、肆分之、 四坊堂塔并僧坊院、 二坊大衆院、 五坊塔金堂并僧坊等院、 一坊大衆院、 一坊菀院、 一坊温室并倉垣院、 二坊残〔賤カ〕院、 （この後、②—2に続く）	①′去天平乃宝亀年中注録寺家流記云、 寺院地十六坊四分之一、 四坊塔金堂并僧坊等院、 二坊大衆院 以上本寺、 四分之一花菀院、 一坊温室并倉垣院、 一坊菀院、 二坊賤院、 件所注録見、本寺并今寺謂十六坊四分之一、是如何乎、但今寺為十六坊四分之一者、尤顕然也、
②—1 在大和国添下郡右京六条二坊十二坪（町）、東西三町、南北四町、四至 東限堀川、西限三方〔坊カ〕大路、南限六条大路、北限五条大路、 ＊薬師寺本 醍醐寺本 護国寺本	②′抑新録云、 寺内十二町東西三町、南北四町、 在平城右京六条二坊五六七八等坪、至于十六坪、
②—2 今案 垣内十二町為四曲、 ＊薬師寺本 未申四丁堂院、 辰巳二丁別院、 戌亥四丁政所町、今二丁職掌町云ヽ、 五丁東㊂町宿院地、南二丁花菀并八幡宮、	件十二町以為四曲、 坤四町為堂塔并僧坊院、 巽二町為別院、 乾四町為政所并菀院、 艮二町為職掌町者、
③ 一、政所町、合四町分為四坊、 坤一丁政所大炊院、 北一丁修理温室院、 艮一丁菀院、 巽一丁西茔〔ママ、壺カ〕坂院、 東薗院、 一、別院二局〔房カ〕、 一口伝教院、 一口大唐院草創由別帋抄、 ＊薬師寺本 護国寺本	

寺院地拾陸《ろく》坊肆《し》分之一
四坊堂塔幷僧坊院
二坊大衆院《だいしゆいん》
以上本寺
五坊塔金堂幷僧坊等院
一坊大衆院
一坊苑院《えんいん》
一坊温室幷倉垣院《そうえんいん》
二坊賤院
四分之一花苑院

これによって当時本薬師寺に四坊の堂塔幷僧坊院と二坊の大衆院が存在したことがわかる（図66ａ）。それ以外の十坊四分の一が平城薬師寺分に相当する。平城では五坊が塔金堂幷僧坊等院にあてられ、大衆院が一坊となっているから、本薬師寺とは敷地の割付けが少し異なっていたことになる（図66ｂ）。残る一坊の苑院と一坊の温室幷倉垣院、そして二坊の賤院の位置は、次に述べる平安時代の状態より推して、図のようになっていたと思われる。四分の一坊の花苑院の位置には問題があるが、六条大路を挟んで南大門の向かい側にあり、後に花苑幷八幡宮の敷地に発展したという解釈[4]が穏当であろう。
②②′③の記載からは、平安時代の平城薬師寺の状態が知られる（図66ｃ）。[3]

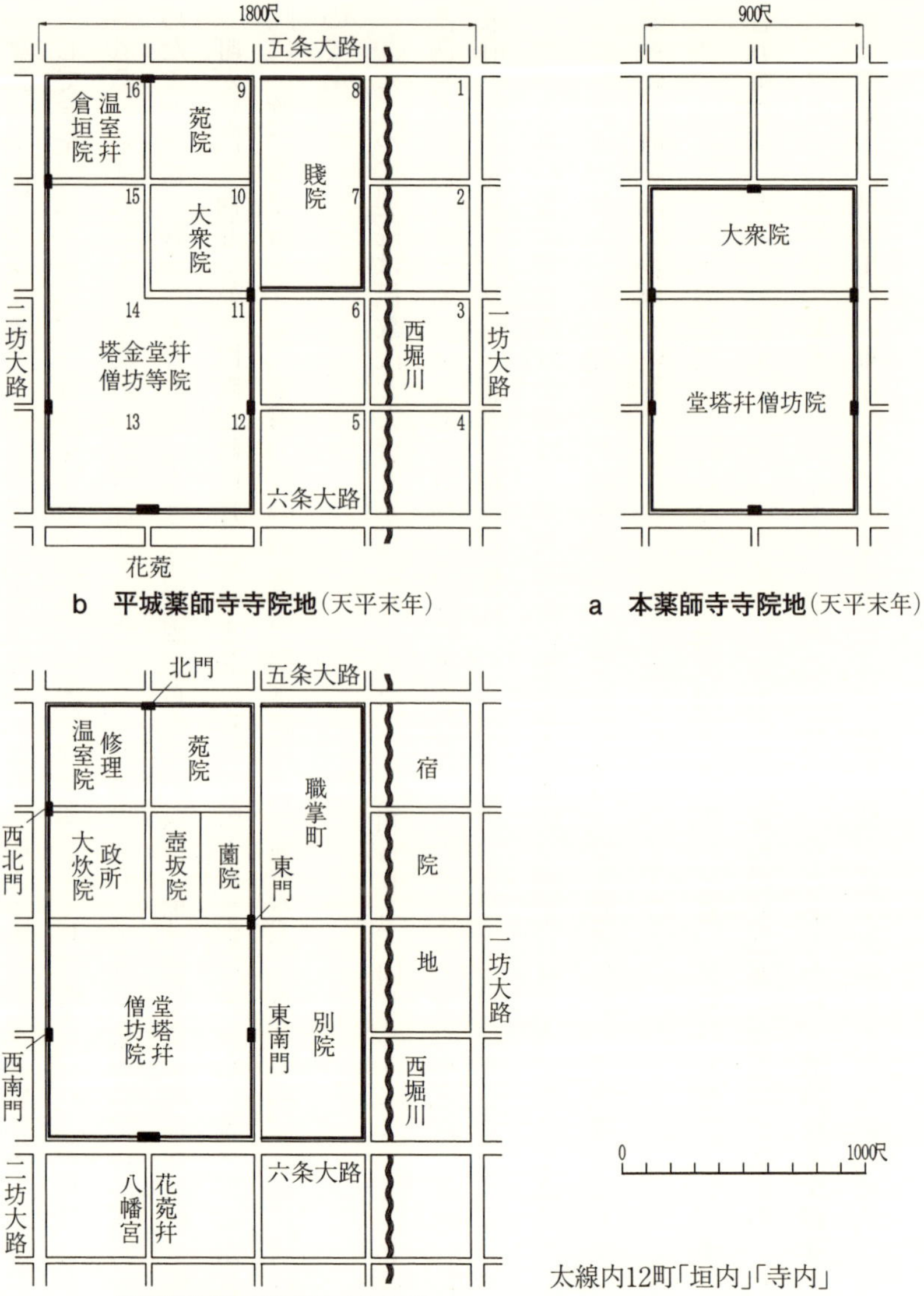

a　**本薬師寺寺院地**（天平末年）

b　**平城薬師寺寺院地**（天平末年）

c　**平城薬師寺寺院地**（平安中期）

図66　本薬師寺と平城薬師寺の寺院地

『薬師寺縁起』の文である②と永保二年の僉議状の「新録」の文である②′を比較すると、②′のほうが文として完全であるから、それがオリジナルで、『薬師寺縁起』はそれにもとづいて書かれたものと推察される。いずれにしても両者の内容はよく対応し、当時の寺地が、平城右京六条二坊の西側十二町を占めたことが知られる。その内部は大きく四区画からなり、西南（坤《ひつじさる》）四町が堂塔幷僧坊院、東南（巽《たつみ》）二町が別院、西北（乾《いぬい》）四町が政所幷苑院で東北（艮《うしとら》）二町が職掌町《しょくしょうまち》であった。職掌町は奈良時代の賤院に一致するであろうし、東南二町の別院は、奈良時代に寺地でなかったところに新たに設けられたものであった。

③によって別院は伝教院と大唐院からなっていたことが知られる。[5] 同じく③によって西北の政所幷苑院四町の内訳もわかる。すなわち西南一町が政所大炊院《まんどころおおいいん》、その北一町が修理温室院、東北一町は苑院、東南一町は西側が壺坂院、東側が薗院《えんいん》である。

②′の堂塔幷僧坊院が四町なのは、奈良時代に塔金堂幷僧坊等院が五町であったのと違っているが、後者から政所大炊院一町が独立した結果であったことになる。奈良時代において大衆院であったところは壺坂院と薗院に変わっている。[6]

②―2には、以上の垣内《えんない》十二町のほかに、宿院地として東に三町、花苑幷八幡宮として南に二町の都合五町があったことを記す。永保二年の僉議状はその宿院地の問題に関するものであるが、それによると、そこには最勝会の勅使の宿房があり、渡河して寺に入ったとあるから、福山敏男氏が推定するように、西堀川（秋篠川）の東岸にあったとみられる。[7] 八幡宮は、寛平年中（八八九〜八九八）に、別当栄

紹が勧請してこの寺の鎮守としたもので、『石清水八幡宮記録』三「縁事抄諸縁起末」に薬師寺の南の園に勧請したとあり、『今昔物語集』に南大門の前に八幡宮があったとするところから、奈良時代に南大門の外にあった花苑が拡張されて鎮守八幡宮が造られたと推定されている（図66C）。そして以上の五町は垣外の寺地と推定されているが、[8] 妥当であろう。そうなると平安時代における平城薬師寺の寺地は十七町にもなる。①の終りに「流記では本寺と今寺を合わせて十六坊四分の一と記すが、今寺だけで十六坊四分の一ある」といった疑問が表明されているのは、寺地が拡張された事実を知らなかったためであろう。

寺地の構成が明らかになったので、次に築地・門に触れておこう。それらについて『薬師寺縁起』は次のように記す。

一、寺家、

築垣四面、高一丈一尺、基広八尺、益（蓋）一丈三尺、

①門七口、仏門二口、大門、中門、人門五口之中、東南門、西北門僧、西南門僧、東門奴婢門、北門道俗門、

②流記帳云、門七口、仏門二口、僧門五口云、、

今止一仏門加二脇門、故八口也云、、

築地（築垣）に関して丈尺が記されているのは、前にも触れたように、『流記資財帳』からの引用であることを示している。すなわち奈良時代には、寺地をめぐる築地は、基の広さ八尺、高さ一丈一尺、

屋根の幅一丈三尺という壮大なものであった。

門に関する『流記資財帳』の文②が本薬師寺に関するものであることは第二章で明らかにしたところである。仏門二口、僧門五口という門の位置は、図66ａ（図中では仏門二口のうち中門を省略）のように考えて、まず間違いないだろう。門の数と敷地とが整合している。平城薬師寺の創建にあたって一仏門、すなわち中門が平城に移建され、他はとどめられ、二つの脇門が（平城のそれからみて南大門脇の築地に）設けられたことを②は語っている。

①では僧門三口で、奴婢門一口、道俗門一口となっているから、この記載は平城薬師寺に関するものである。西南門と西北門に対して東南門と東門であるのは、図示（図66ｂ）したように、西側の築地の門と東側の築地の門の位置が異なっていたことを示唆している。そうした非対称の門の配置は、塔金堂幷僧坊等院が五坊の広さで、その北側の境が一直線でなかったところに原因があろう。江戸時代の「薬師寺絵図」（図67）では、東門と北門の位置が変わっていないが、西南門が西門と記され、東南と西北の門はみえない。そして政所町の北門と対称の位置に南門というのがある。脇門は南大門西方の築地にあったことが発掘で確かめられているが、江戸時代の図でもそれだけで、東方には描かれていない。

以上で、平城薬師寺の寺地とともに、本薬師寺の寺地と門の配置が明らかになった。

平城薬師寺の創建にあたって本薬師寺の堂塔の半数ぐらいが解体され、平城に運ばれて組み立て直されたことは、すでに今までの各章で考察したところである。その後、本薬師寺では失われた堂塔の復興が行われたものとみられる。天平十九年に『流記資財帳』が撰録された時点で東塔の再建はすでに終っ

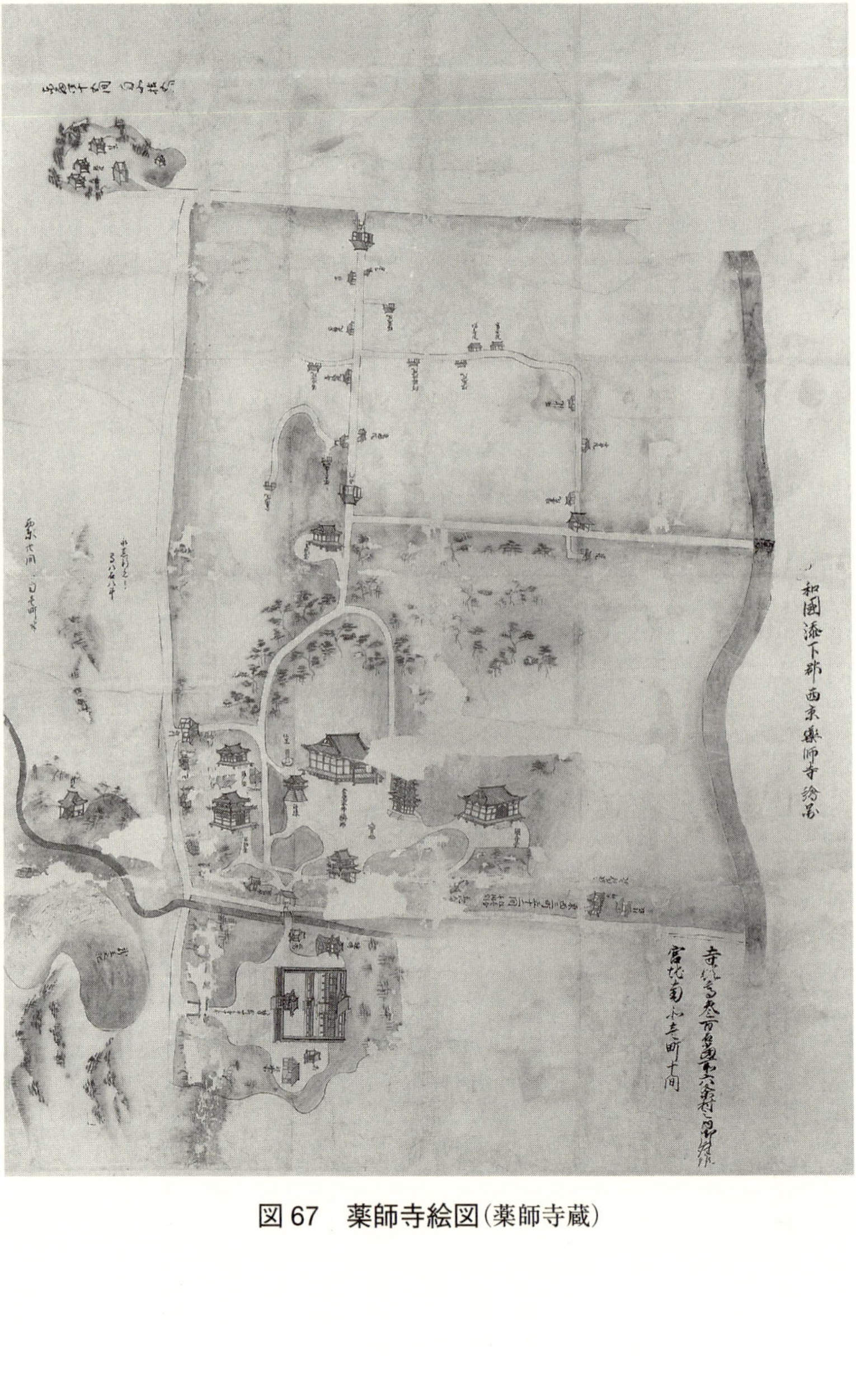

図 67　薬師寺絵図（薬師寺蔵）

ており、両塔内には平城薬師寺と同じように釈迦八相成道の塑像群像が安置されていた。当然、初重は改造され、壁の位置は、もとの塔身側まわりから裳層まわりに移されていたはずである。

平城薬師寺に移建された中門の再建はその時点で終っていなかったが、南面築垣には南大門の東西に脇門が新たにつくられていた。中門や、平城薬師寺に移建された可能性の強い講堂や楼（経楼・鐘楼のうちの一）、そして僧房の一部などの建物の再建事情は明らかでないが、後述するように本薬師寺が平安後期まで存続し、そこで重要法会が営まれていた以上、再建工事は順次進められていたとみてよい。

奈良時代の末、宝亀年間（七七〇〜七八〇）に『流記資財帳』が撰録されたとすれば、それら建物のことは、平城薬師寺で天平十九年以降に新造された五間の南大門のことなどとともに、その資財帳に記されていたにちがいない。だがその『流記資財帳』は伝わっていない。『薬師寺縁起』に引用されているのは天平の『流記資財帳』だけである。そうなったことについては、天禄の火災で宝亀の『流記資財帳』が焼失したという事情を想定することもできよう。(9) そうなると天平の『流記資財帳』のほうは本薬師寺に置かれていて助かった可能性があろう。

本薬師寺は経済的基盤の点でも平城薬師寺と対等であった可能性があることを付け加えておこう。薬師寺本『薬師寺縁起』の後半に収められている「摩尼坊五師澄禅日記」の文の終りに、

本願天皇初施入庄六十六ケ所、封戸利稲有其数、委如縁起流記帳云、、

とある。一方、醍醐寺本『諸寺縁起集』の『西大寺縁起』のところに、「薬師寺旧流記資財帳云」として、薬師寺の荘（庄）園・封戸《ふこ》・利稲《りとう》に関する詳しい数字が記されているが、そこでは、

一、処ゝ庄三十三所、庄ゝ倉合一百三十口、屋六十三口、

と、前者にくらべて荘園の数がちょうど半分になっているのは偶然ではありえない。

これらの史料から考えられることは、本願天皇施入の庄（荘）六十六ヵ所が、後に二つの薬師寺に半分ずつ分けられ、後者の史料はそのいずれか一寺の所有分を示しているのではないかということである[10]。あるいは次のようにも考えられるかもしれない。薬師寺のもともとの荘園は三十三ヵ所であったが、薬師寺が二つになってから各荘の所有権を折半したので六十六ヵ所という数え方になった。いずれの解釈が妥当か結論できない（たぶん前者が当たっていると思う）が、六十六と三十三という数字は、対等な二つの薬師寺を想定せずには理解しがたいものであろう。

三、平安時代における伽藍の実状

天武天皇が発願し、持統・文武・元明・元正の各天皇が造営に努力した薬師寺は、天武系皇族の私寺的性格を有したことは第五章の第五節ですでに触れたところである。だが、みずからの子孫に皇位が継承されることを強く期待した持統天皇の願いも空しく、早くも聖武天皇の子、称徳（孝謙）女帝を最後に天武系天皇は断絶する。かわって天智天皇の皇孫白壁王が擁立されて光仁天皇となり、その皇子桓武天皇によって平安遷都が行われた。遷都に当たっては南都寺院との絶縁が意図されていたから、それ自体、南都の寺院にとっては打撃だったであろうが、薬師寺の場合は、二重の影響を被ったことになる。

そのような時代における薬師寺、とくに本薬師寺伽藍の状態を、たまたま史料に恵まれた三つの時期の問題にスポットをあてて探っていきたい（薬師寺関連略年表は本章の終りに付す）。

㈠最勝会と万燈会

『大日本史料』一の五所載の「青蓮院文書」に「栄穏申状延長二年」（外題）というのがあることは知られている。次に全文を掲げよう。

伝燈大法師栄穏謹言、
占取薬師寺本房、将為最勝会講師房愁之状、
右最勝会、是去天長六年所被初修、従彼六年己酉歳、至于延長二年、九十六箇年矣、会初之時、本定講房、経代々更无改移、而今号講房狭隘、取栄穏本房、将為講師房、爰（栄穏）雖愁送不穏之日、而称所司五師等、以本講房可相換之状、議定既成、将猶取栄穏房、為会講師房、是於栄穏為愁尤切、（栄穏）雖常住、□〔離カ〕御寺希下向本寺、而十余人弟子等、更无他房、唯集住件房、各勤行万燈会事等、於是僧等数多、住房猶迮、何況以无小子房、講房相換、大小倶具大房者、非只違本定之古迹、亦令弟子僧等、致跉跰之歎、望請院裁、如旧領掌本房、将令弟子等常住、随分修学、今不任至愁、謹請院裁、（栄穏）誠惶謹言、
延長二年正月廿日　大法師栄穏

福山氏はこれについて著書『薬師寺』のなかで次のように記しておられる。(11)

最勝会の講師らが宿泊するために講師房があったが、狭隘を感ずるようになったので、寺の三綱や五師らが協議して寺僧栄穏の房と取りかえようとした。これに対して、延長二年（九二四）正月、栄穏は十余人の弟子をかかえて、大小両房をそなえた今の房と、小子房を付属しない講師房と交換することの不当を院（宇多法皇か）に訴えた。当時の僧房の一斑が知られる。

しかし、この史料から知られることは、これにとどまらない。まず、栄穏が、御寺（平城薬師寺）に常住すといえども、まれに本寺（本薬師寺）に下向することを、自房を護る理由としていることからみて、問題の栄穏の房とは、本薬師寺にあり、下向の際の宿所に使っていたと考えられる。またそこには、栄穏の弟子十余人が常住しており、彼らは平城薬師寺に住むところを持っていなかった。その彼らが万燈会のことなどを勤めていたというのであるから、万燈会は本薬師寺の行事であったことになる。

本薬師寺の僧房が平城薬師寺と同じく大房と小子房からなっていたことは充分想像のできることであるが、これによってそれが確かめられる。また平城薬師寺と本薬師寺の関係がわかるのも興味深い。栄穏が本薬師寺においてどのような地位にあったかわからないが、伝燈大法師という位からみて、管理者的立場にあったものと推察される。その彼が平城薬師寺に常住していること、そして本薬師寺の僧房と平城薬師寺講師房との交換が薬師寺の三綱《さんごう》や五師《ごし》によって決定されているというのは、すでに本薬師寺が平城薬師寺に従属する状態にあったことを暗示している。

本薬師寺の万燈会は、平城薬師寺の最勝会と一対になる行事であったと思われる。

最勝会は、寺僧仲継律師が、中納言直世王《なおよおう》と議して、天長七年（八三〇）九月十四日に、播磨国賀茂郡の水田七十余町を供料として毎年平城薬師寺で金光明最勝王経講会を修することを奏請して許され、三月二十一日から二十七日までを期日として始まった薬師寺第一の法会である。その儀式は興福寺の維摩会の作法を模したもので、七日間、講師・読師・聴衆が集まって薬師寺の講堂で講経・論議を行い、天皇の子孫（王氏・源氏）が勅使・檀越・堂童子としてこの会に臨んだ。十月の維摩会、正月に平安宮大極殿で行われる御斎会とあわせて三会と称し、この順で三会の講師を勤めれば已講《いこう》とよばれ、僧綱《そうごう》に昇進する資格を得る。(12)

別当常金（詮）のときというから、始まってまもなく、紀伊国日高荘を供料にあてて聴衆等の員数を増し、承和十一年（八四四）からは三月七日からに改め、貞観年中（八五九〜八七七）には、薬師寺出身の大僧都恵達が宝幢《ほうとう》四基と講堂の南面の幡を造り、また大衆が協力して蓮花形石壇と三面旗を造って最勝会の荘厳を増した。(13)仁和元年（八八五）には竪義《りゅうぎ》一人の増員が許され、寛平九年（八九七）には俗別当右大臣源光らが奏聞して大和・近江両国の米六十石を会の供料とすることが許され、昌泰三年（九〇〇）に、別当由性は宇多法皇に請うて聴衆をさらに十人増員した(14)

延長二年（九二四）に最勝会講師房の狭小を理由に、栄穏の本薬師寺の房を移建しようと企てたのも、最勝会の充実をめざす措置の一環であったとみられる。そうまでして最勝会が重要視されたのは、奈良朝において薬師寺が有した国家枢要の機関としての地位を、天智系天皇治政下においても維持し続けるために、それが大きな役割を果たしていたからであると思われる。直世王が最勝会を始めた動機もまさにそこにあったにちがいない。直世王は天武天皇の皇子長親王から四代目にあたる。また新訳の『金光明最勝王経』が招来する以前の旧訳『金光明経』の初見は天武紀であり[15]、天武・持統朝において、すでにそれは護国の経典としてもっとも重視されるものになっていたのである。

万燈会のほうは史料が乏しい。もっとも多くを語っているのは『今昔物語集』巻十二、「於薬師寺《ヤクシジニシテ》行万燈会語《マンドウエヲオコナヘルコト》第八」である（『諸寺建立次第』『三宝絵詞』に記載されている文は、その一部に相当する）。

今昔《ハ》、薬師寺ノ万燈会《マンドウエ》ハ、其ノ寺ノ僧恵達《ヱダツ》ガ始メ行《オコナヒ》タル也。昼ハ本願薬師経《ホングワンヤクシキヤウ》ヲ講ジテ一日ノ法会《ホフヱ》ヲ行フ、寺ノ僧、法服《ホフブク》ヲ調ヘテ皆色衆《シキシユ》タリ、音楽ヲ宗《ムネ》トシテ歌舞无隟《ヒマナ》シ。夜ハ万燈ヲ挑《カカゲ》テ様々ニ餝《カザ》レリ。此レ、皆、寺ノ僧ノ営《イトナ》ミ、檀越《ダンヲツ》ノ奉加《ホウガ》也。三月ノ廿三日ヲ定《サダメ》テ、其ノ会《ヱ》于今《イマニ》不《タ》絶《エ》ズ。此ノ朝《テウ》ノ万燈会、此レニ始レリ。彼《カ》ノ恵達、後《ノチ》ニハ僧都《ソウヅ》ニ成レリ。生《イキ》タル時ニハ此ノ会《ヱ》ヲ自ラ行フ、死ヌル時ニ臨《ノゾミ》テ寺ノ衆《シユ》ニ付《ツケ》タリ。彼《カ》ノ恵達僧都ヲバ寺ノ西ノ山ニ葬《サウ》セリ。此ノ万燈会ヲ行フ夜ハ其ノ墓ニ必ズ光リ有リ。

此レヲ思フニ、極《キハメ》テ哀レニ貴キ事ニテナム有ル。心有ラム人ハ必ズ可結縁《ケチエンスベ》キ会《ヱ》也トナム語リ伝ヘタルトヤ。

万燈会の始まったのを『薬師寺縁起絵巻』[16]は天長十年（八三三）と記す。最勝会に遅れること三年ということになる[17]。ここで万燈会の薬師寺における創始者となっている恵達は、三十年ほど後の貞観年中に、大僧都として最勝会のために宝幢などを施入していることは前述した[18]。本元興寺（飛鳥寺）で毎年十月十五日に万燈会が行われるように定められたのは承和十年（八四三）というから[19]、本薬師寺より十年も遅れている。東大寺では平安時代に、大仏殿で十二月に万燈会が行われ、羂索堂では良弁僧正追善の華厳講の前二日である十一月十四日に千燈会が行われていたが、起源は明らかではない。天平十六年（七四四）十二月八日夜、東大寺の前身金鐘寺《こんしゆじ》と朱雀大路にて一万坏の燈を燃やし、天平十八年十月十六日、聖武天皇金鐘寺行幸の際、大仏前に燈一万五千七百余坏を燃やして供養したというのを、万燈会の起源とする意見もあるが、[20] 私は採らない。本薬師寺における万燈会の創始の前年、天長九年（八三二）八月に高野山で万燈会が営まれているので、[21] 直接的にはその影響としてとらえるべきであろう。本薬師寺と高野山の真言密教との関係は、『薬師寺縁起国史』の次の記事にもあらわれている。

　流紀云、弘仁〈八一八〉九年戊戌建不動堂、十一月依勅新羅僧恵運隆雲二人住吾寺焉、

『絵入薬師寺縁起』も不動堂が弘仁九年（八一八）に建立されたと記すが、その根拠は疑わしいとして、これらは従来ほとんど無視されてきた。しかし弘仁九年ごろに新羅人の来朝帰化するものが多かったのは事実であるから、以上の文の後半にある新羅僧二人の入寺もおそらく事実であろう。さらに重要なことには、空海が弘仁元年（八一〇）に東大寺別当に補任されたとする史料のあることである。[22] それが事実か否かに関しては異論のあるところだが、弘仁七年六月に空海は上表して、高野山に入定の地を請い、その地を賜って弘仁九年十一月ごろから、十年三月ごろまでは高野山に住していたのである。[23] 奈良時代からすでに密教的な加持祈禱・呪誦に傾斜していた南都寺院は、空海によって急速に真言密教化の道をたどったのであるから、空海が高野山に住したのを機に、本薬師寺に不動堂が建てられたということは充分ありうることであろう。[24] したがって、先の史料を抹殺する必然性はないと思う。一緒に記されてい

る新羅僧の入寺も密教化に影響を及ぼした可能性があろう[25]。

不動堂の建立から十五年後に万燈会を始めた恵達の名が、以上の新羅僧の一人恵運や、空海が灌頂《かんじょう》を受けた師、青龍寺の恵果《けいか》と「恵」の一字を共有しているのも偶然ではないように思われる[26]。彼が大僧都にまでなれたのも当時主流の真言密教の僧だったからであろう。

万燈会に関する次の『扶桑略記』の記事も従来のように無視してはならないであろう。

延喜五年〔九〇五〕三月廿一日。法皇御薬師寺。因使元方奉問途中消息。令仲平朝臣奉掛衣百条。薬師寺万燈会料也。先日。菅根朝臣伝御気色。所令奉仕。今法皇御彼寺。令行会事。仍令運奉彼寺。已上

三月二十三日の万燈会を前に宇多法皇が行幸したのは本薬師寺のほうであったはずである。宇多上皇は昌泰二年（八九九）に仁和寺で出家、同三年には金峯山に行幸し、同十月に高野山に参詣されたのは、高野御参詣の権輿《けんよ》とされる。そして延喜元年には東寺灌頂院《かんじょういん》において伝法灌頂を受け、空海以来の法流を伝えた。また延喜十八年（九一八）に宇多法皇が上表して、空海に大師号を贈らんことを請わせられたのによって、同二十一年に弘法大師の諡号《しごう》の勅書が降りたのであった。宇多法皇が最勝会に援助を与えただけでなく本薬師寺の万燈会に赴いているのも、以上の脈絡の中に位置づけられる。『薬師寺縁起国史』所収の大永四年（一五二四）の金堂再建の勧進状には、法皇が天皇だったときに登用した菅原道真が、毎月朔日に当寺に参詣したことが記されている。本薬師寺の僧房を最勝会講師房として取り上げられる段になって、そこに万燈会を勤める弟子が住んでいることを理由に挙げて、栄穏が宇多法皇の裁量を請うたのも、法皇と本薬師寺の万燈会とのそれまでの関係に期待したからであろう。

『日本紀略』の次の記事も、前述の不動堂の記事とともに、平城薬師寺に関するものとして不審とされている。

貞元二年〔九七七〕二月八日夜。薬師寺宝蔵有火。

天禄四年（九七三）の罹災後に、このような事件があったなら、この時期のことを詳しく記す『薬師寺縁起』に記されていなければならないからである。これも本薬師寺でのことを伝えている可能性が大きいだろう。

薬師寺の数ある法会の中には、万燈会のほかにも本薬師寺に起源をもつものがあるかもしれないが、それを明らかにするのは難しい。ともあれ『薬師経』を講ずる万燈会は、本薬師寺にもっともふさわしいから、最重要の法会であったとみてよかろう。

㈡本薬師寺の東西塔の法成寺移建

藤原道長は、寛仁三年（一〇一九）三月に病気を機に太政大臣を辞して出家し、東大寺・延暦寺で受戒する一方、寺の造営に着手した。現在の京都市上京区、京都御苑の東に九躰の丈六阿弥陀像等を安置する無量寿院（阿弥陀堂）や西北院を造立、治安二年（一〇二二）七月には三丈二尺の大日如来像を本尊とする金堂、二丈の不動尊像等を安置する五大堂の落慶供養を、後一条天皇の行幸を仰いで執り行って寺を法成寺《ほうじょうじ》と号した。(27) それは、藤原摂関家の寺であり、その栄華の象徴であった。

翌治安三年十月に、道長は多くの従者とともに高野山の弘法大師の廟堂に詣で、行き帰りに南都七大

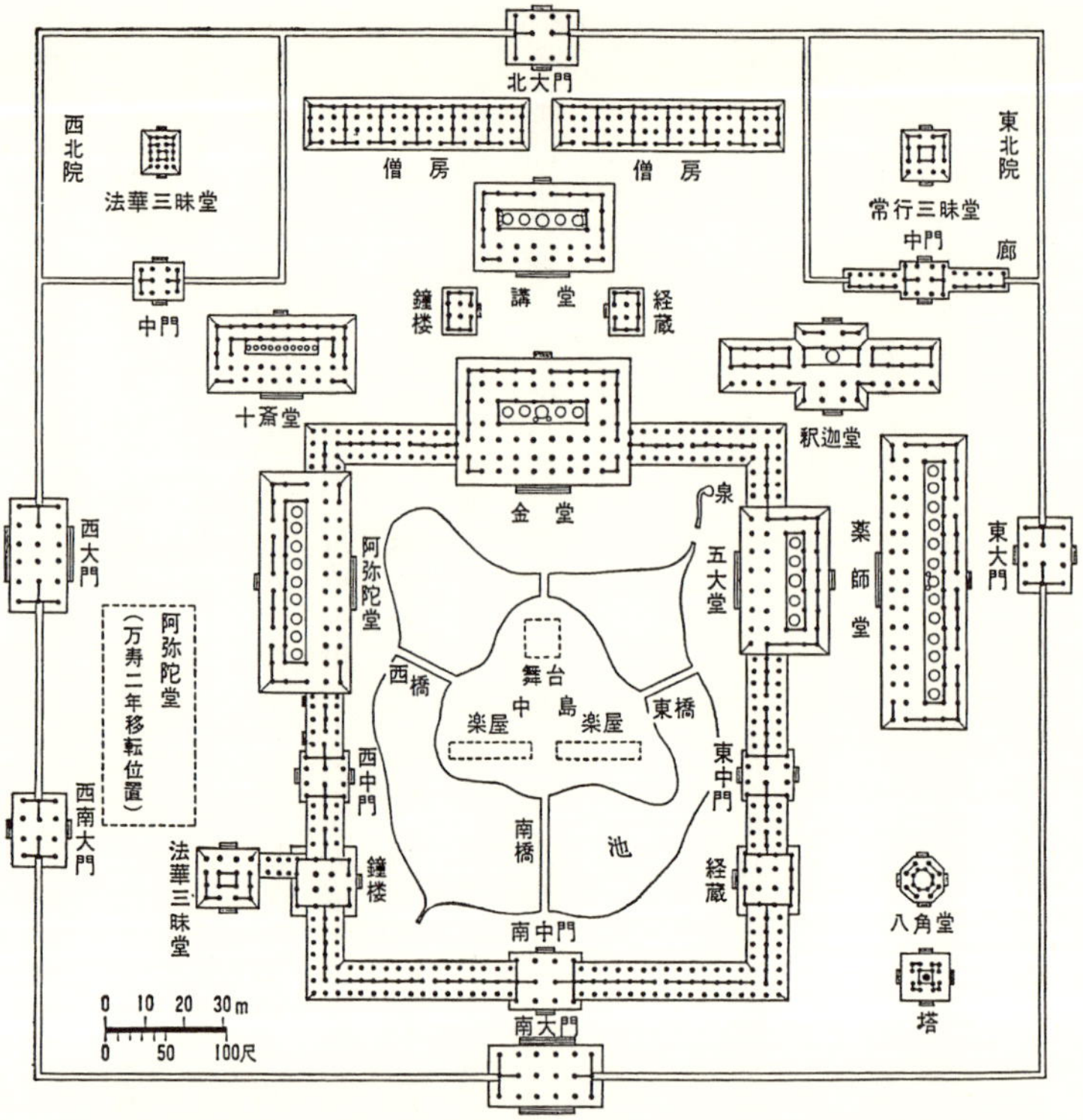

図68　天喜六年焼失前の法成寺伽藍復原図（福山敏男『平等院と中尊寺』より）

寺ならびに所々の名刹を巡拝した。その際、本薬師寺に宿し、入堂を禁じられた金堂に入ったことなどは、すでに第五章の第三節で明らかにしたところである。帰京して道長は法成寺に入った。そして万寿四年（一〇二七）に、道長は法成寺の阿弥陀堂で薨じている（図68）。

道長が亡くなった三年後の長元三年（一〇三〇）に、五重塔一基の造営が成って落慶供養が行われた。だが、この塔は天喜六年（一〇五八）二月の大火災の際に、他の多くの堂宇とともに焼失してしまった。その後、堂宇は前規のごとくに再建されたのであるが、塔の場合は、承暦三年（一〇七九）十月に二基の三重塔の落慶供養が行われた。次に掲げるその際の供養願文[28]によると、道長の嫡男頼通の意志によって塔は新たに二基にされたという。この二基の塔は頼通の後、関白を継いだ頼通の弟の教通が頼通の遺訓にしたがって造営し、教通の後、頼通の息男で関白を継いだ師実の代に至って供養を迎えた。

弟子南瞻部州大日本国関白左大臣従一位藤原朝臣某〔師実〕稽首和南、……夫法成寺者、祖父入道太相国〔道長〕、為志求仏道、鎮護国家、所草創也、……而去康平年中、忽有火孽、悉為煨燼、是以先公太相国〔頼通〕、殊守前規、如旧造立、……尒時先公相議曰、至于塔婆者、新加一基、宜立両所、旨意所企、誠有以矣、伯父前太相国〔教通〕、任彼遺訓、営造瓦葺三層宝塔二基、平日之勤未終、……倩見半天高妙之勢、不異従地涌出之形、乃以八相之旧造、各安両塔之新壇、……

承暦三年〔一〇七九〕十〔衍カ〕一月五日

弟子関白左大臣従一位藤原朝臣〔師実〕

ところがこの二塔も永久五年（一一一七）正月に南大門とともに焼亡してしまった。そこでまた再建したが、今度は五重塔二基とされ、天承二年（一一三二）二月二十八日に落慶供養が行われたのである。この再建までに十五年かかっている[29]。

天承二年の落慶供養が行われた日、右大臣藤原宗忠は日記『中右記《ちゅうゆうき》』に法成寺の塔の沿革等を次のように記している。

庚寅、諱忌、天晴、法成寺両塔供養也、……故御堂〔道意〕御時此塔被立一基、其後天喜六年〔一〇五八〕二月二十三日夜、本寺焼亡時為猥(摂)燼、其後有議、移薬師寺塔成二基、三重、毎重有母層、作八相成道、承暦三年〔一〇七九〕十月五日供養了、永久五年〔一一一七〕正月八日両塔南大門焼亡、元永元年〔一一一八〕十月二日初御塔作事、立心柱、……今日供養、立心柱経十五年供養、今度作直五重、安置両界大日各四体、……

この記事を見出された足立氏は、二次の三重塔二基は本薬師寺の塔を移建したものであると主張された。[30] 三重塔二基という点ばかりでなく、毎重に裳層があること、八相成道を安置する点まで薬師寺の塔と一致し、しかも「移薬師寺塔」と記されているのである。薬師寺の塔の移建を考えるのは当然である。平城の塔は、現に奈良時代の東塔が残っているので移建されなかったことになるから、移建されたのは本薬師寺の塔であったにちがいない。

このように足立説は納得のいくものであったが、これに対してただちに反対の意見が出された。すなわち、この場合の「移」(うつす)は、「写」とか「摸」の意味に解すべきであり、以上の文は、法成寺の塔が薬師寺の塔を模倣した形式で造られたことを示しているというのである。[31] そこで足立氏は再度自説を補強する論文を書いておられる。[32] だが、その後、家永三郎氏によって、同じ法成寺の塔に関して「摸」の字を使っている平知信の日記『平知信記』の記事が提出されたのである。[33]『中右記』と同じく、三次の塔の落慶供養の日の条に、次のように記されている。

天承二年〔一一三二〕二月廿八日庚寅、天顔快晴、今日法成寺御塔供養也、件御塔元者各三重、東西両塔、摸薬師寺塔八相成道也、先年火事之後、故左大弁為隆左中弁之時、依任中巡兼任遠江守、可造進此御塔由申請之日、依請被兼任了、随則在任八年之間、件両塔不終功、昇参議之後、雖被加催不致沙汰、結構被侵風雨、已及朽損、今被仰本寺犾（執）行上座信慶、去年夏以後以封戸庄薗之□如新造、終土木之功、絶画図之妙也、……

かねて模建を主張しておられた板橋倫行氏は、これこそ「地下の（足立）博士も苦笑をもって迎へる外はない文献」（足立氏は家永氏の新史料提出の翌年に故人となられた）、すなわち、模建を決定づける史料として一般に紹介された。(34) その結果、今日では周知のように模建説が学界の定説となっている。しかし、私は足立説のほうが正しいと考える。そこで、以下においては、足立説の内容をもう少し紹介するとともに、それを補強し、模建設の成り立ちがたい点を指摘したい。

足立氏は、「摸」の意味で「移」の字が使われたのだという批判に対しては、『中右記』およびその他の文献における用例を拾って建築形式の模倣の場合は「写」と「摸」が多く使われ、同じ意味で「移」を用いるときには「……様」を「移」すのように、別の語を補っている場合が多いと反論しておられる。

また天喜六年（一〇五八）の火災後における法成寺諸堂宇の再建事情からも模建は考えられないとする。阿弥陀堂・五大堂・東北院・金堂・薬師堂・観音堂・西北院は、被災から十四年後の延久四年（一〇七二）までに次々に再興されたのに対して、塔・十斎堂・釈迦堂（講堂）・法華堂はおくれて承暦三年（一〇七九）に落慶供養されたのであるが、『扶桑略記』康平二年（一〇五九）十月十二日条に「法成寺阿弥陀堂五大堂。幷真言供養。先如㆑旧建㆓立无量寿院㆒。」とあり、また承暦三年の供養願文にも「殊守前規、如旧造立」とあって、再建は旧規に則って行われたのであるから、塔婆だけ薬師寺塔を模すなどとは考えられない。それは、これら塔の焼失後、再度復興されたとき五重塔に復帰し、大日如来像が安置されている事実（それは当初の塔に釈迦八相成道の塑像群像が安置されていなかったことを物語る）を思い合わせると、一層その感が深い。新築ならば必ずや当初のごとく五重塔一基とならねばならぬ、と足立氏はいわれる。

移建を裏づけるものとして足立氏は承暦三年の供養願文にある「以八相之旧造、各安両塔之新壇」に注目する。塔内に釈迦八相を奉安する例は薬師寺の両塔以外になく、一基であった創建時の法成寺の塔にそれがあった可能性はない。したがって「旧造」の八相塑像は本薬師寺から移されたものと考えねばならず、その性質上、塔の移建にともなって移されたものであろう、というのである。

本薬師寺の塔を移建した理由としては、造立の困難さを挙げておられる。本寺全焼のあとをうけて諸堂の再建に急であったおりに、一基の塔の造立さえ難しいのに二基とすることになっていたので、その困難さのために遅延し、焼失後二十年にならんとしていた。ちょうどそのころ薬師寺に四基の塔があり、しかも当時の薬師寺は衰微しつつあって、場合によっては二基は譲渡をなしうる状態にあったので、当事者が協議して、ついに移建するに至ったのであろう。『中右記』がとくに「其後有議、移薬師寺塔成二基」といっているのは、おそらくこの間の消息を伝えたものであろうと思う、と足立氏はいう。

後述するように多少改めたいところがあるが、大体において足立氏のいわれることは妥当と認められる。これに対して模建説には有力な根拠といえるものが一つもない。

『中右記』の記事を移建と解することの裏づけとして足立氏は、供養願文中の「旧造」に注目されたが、模建説の喜田貞吉氏は「新壇」を重視され、この語からはむしろ塔の新建を思わせる、といわれた。しかし、薬師寺塔の釈迦八相成道の塑像群像の壇は、普通の四天柱内の木製仏壇と違って、日干煉瓦のようなものと粘土で造られていたのである。移建の場合には、改めて造り直さなければならない種類のものである。したがって、八相の壇が新壇だから建築も新造だったはずであるという議論は成り立たない。

嘉保二年（一〇九五）十一月に、本薬師寺の塔跡の心礎から舎利が発見された。この件については改めて㈢項で触れるが、喜田氏はこれに関して、法成寺へ塔が移建されたのなら、舎利を心礎中に放置するはずはない、塔は自然の立ち廃れに任して舎利は礎石中に納まったまま忘れられていたと解するのを至当とする、と述べられた。また本薬師寺の東塔跡に礎石がよく残っているのに、西塔跡に心礎しか残っていない現状からして、西塔は、立ち廃れ、取り毀ちとしても、東塔とは時と事情を異にするのではないか、と考えられた。だが、舎利発見より七十二年前に道長が参詣したときの様子からして、立ち廃れで堂塔が失われたのでないことは確かである。舎利発見のいきさつからみて、当時すでに本薬師寺の堂塔はすべてなくなっていたと考えられるので、七十二年の間に人為的に解体されたにちがいないのである。法成寺で二基の三重塔の落慶供養が行われたのは、まさにこの間にあたり、道長の参詣から五十六年後、舎利発見より十六年前のことであった。

それに塔跡の礎石の現状も、法成寺に移建されたと考えることによって合理的な説明がつく。すなわち、法成寺では一基分の礎石があったから、本薬師寺から運んだ二基の塔を建てるには、一基分については裳層の礎石だけがあればよく、他の一基の分についてはすべての礎石が新たに必要であった。そこで本薬師寺から、その必要な分の礎石を持ち去ったのである。ただ西塔の心礎だけは巨大で運搬が困難なので残された。移建なら舎利を心礎中に放置したはずがないという批判に対して、足立氏は、このころになると塔の心礎に舎利を納める習慣がなくなっているので、移建の際に気づかれなかったのであろうといわれた。しかし、東塔の心礎は西塔の心礎と形式がまったく異なるから舎利の存在はすぐに気づくはずである。それだからこそ、西塔は心礎を除いたすべての礎石を運び、東塔は裳層の礎石だけを運んで、あとは残したのであろう。舎利はしたがって意識的に本薬師寺にとどめられたことになる。これについては後でまた触れることにしたい。

薬師寺の塔を模して三重塔二基を新造したなどということは、法成寺再建当時の藤原摂関家をとりまく情勢を想い起こしても、ありうることではないと思われる。法成寺が焼けたのは道長没後三十一年目の天喜六年である。同じ年には再建したばかりの内裏が焼亡、翌年には放火が頻発したので諸門を警固したが、次の年には興福寺中金堂院が全焼するなど主要な建物の焼失があいついだ。この前後、関白を継いだ頼通、弟教通は道長のように天皇の外戚となるよう努力したが、ついに彼らの女《むすめ》に皇子が生まれず、内親王を母とする後三条天皇の親政が開始された。その短い治世でもっとも重要なものは荘園の整理で、それまでと違い、摂関家も対象から免れることができなかった。後三条天皇を継いだ白河天皇は、先帝によって復活した天皇の権威を具現化するかのように承保二年（一〇七五）、法勝寺《ほつしようじ》の造営を始め、承暦元年（一〇七七）に金堂等の落慶供養を行っている。法成寺の再建はこうしたなかで続けられ、法勝寺金堂の落慶供養の二年後に両塔の落慶供養が行われたのである。すでに道長の栄華から遠く、摂関家の衰運が見え始めていた時期である。

だいたい道長が法成寺を創建したときでさえ、礎石を宮中諸司等から取ってきているのである。小野宮右大臣藤原実資《ふじわらのさねすけ》の日記『小右記《しょうゆうき》』の治安三年（一〇二三）六月十一日の条では次のように記されている。

上達部及諸大夫令曳法成寺堂礎、或取宮中諸司石・神泉苑門幷乾臨閣石、或取坊門・羅城門・左右京職・寺ゞ石云ゞ、可嘆可悲、不足言、

ここで実資は嘆いているが、これが末法の世の造寺の実態であった。ここに名前の挙がっている建物の礎石はみな巨大であったはずで、そういうものを運んでいるのである。もっと簡単な建物の解体移建などは当然行ったにちがいない[35]。被災から一年八ヵ月も経たないうちに落慶供養の終った阿弥陀堂・五大堂・真言堂の中にもよそから移建されたものがあったのではなかったかと疑われる。

実資を嘆かせたのは、道長の私の寺の造営に、公卿たちまでも関与している点にあったようだ。追従や成功《じょうごう》・栄爵による造営は当時一般的であった。しかしそれが可能なのも、摂関家に絶大な権力がある間のことである。法成寺の創建塔は道長の死後に完成したものであるから、再建が後まわしにされるのもわかるが、火災後二十一年にして完成したというのは、火災後すぐに阿弥陀堂を造営させたりした当時からみて、摂関家の権力がはるかに衰えたことの反映であろう。それにもかかわらず完成した塔が二基であったのは、移建の対象となった本薬師寺の塔がたまたま二基あったからにすぎないであろう。足立氏は、再興にあたって二基にすることにしたと推定されたが、そうした客観情勢にはなかったし、二基にしたので造営が困難になったというのでは、内容に矛盾があるといわねばならない。

二基の塔が焼亡した後の、三次の塔の造営事情については、前に引いた『平知信記』および『中右記』からわかる。それらによると、左中弁藤原為隆が、法成寺の塔造進の功として遠江守兼任を申請し、焼亡の翌年に柱立をし、彼は遠江守になった（『公卿補任《くぎょうぶにん》』によると、同時に造東大寺長官に任じられている）。しかるに在任八年（『平知信記』ではそう記すが『公卿補任』では足かけ三年で遠江守を辞している）の間に両塔は完成せず、参議に昇任したとき（『公卿補任』によると柱立から足かけ四年後）催促されたのに沙汰せず、未完の塔は風雨に晒されて、朽損に及んだ。そこで法成寺執行《しゅぎょう》上座信慶が、前年夏から、封戸荘園の供料をもって新造のごとくに造り、柱立から足かけ十五年目にして落慶供養に至った。『公卿補任』によると、為隆は遠江守を辞した後も、蔵人頭《くろうどのとう》、修理左坊城使、参議、左大弁、勘解由使《かげゆし》長官、讃岐権守、周防権守に昇任歴任して、信慶によって塔の工事が再開される前年の九月に薨じている。

藤原為隆といえば中・下級貴族出身者で白河院の近臣と称せられた人たちの中の代表的な人物の一人に数えられている。彼は日記『永昌記』の中で、法成寺の塔造進申請の数年前に、白河院の専行を非難する言辞がみえるから[36]、法成寺の塔造進申請当時は摂関家に追従していたにちがいないが、まもなく院の側についたために、塔の造営を放ったらかしにしたものとみられる。摂関家から院へ権力が移行した様子が、この法成寺の塔の造営経過からよくうかがうことができる。二次の塔の造営が日程にのぼっていたのは、三次の塔の柱立より四十余年も前のことであるが、後三条天皇の親政が開始されたころであり、三次の塔の造営当時と事情はかなり違うといっても、焼けた塔が一基だったのに、新たに二基を薬師寺の塔にまねて造るだけの客観情勢になかったことだけは確かであろう。

『平知信記』の記事も模建を決定できるだけの史料的価値がない、と私は思う。『中右記』の「移薬師寺塔成二基」が問題になっていたときに、たまたま「摸薬師寺塔八相成道也」が見つかったために、前者の「移」を後者の「摸」の意味、またはその誤字とみられたのであろうが、二つの文は別人の書いたものであるから、そういう単純な比較は適当ではない。おのおのは別々に解釈しなければならない。『中右記』の文を、素直に解釈すれば移建説になる。また仮に「移」のところに「摸」の字が記されていたとしても、「三重」「毎重有母層」「作八相成道」という三点において薬師寺の塔と一致している以上、移建の疑いは残る。そこへきて、造営当時の情勢は、前述したように模建ではなく移建説に有利とあれば、『中右記』を疑う必要はまったくなかろう。

『中右記』の筆者藤原宗忠の曾祖父は道長の二男で右大臣頼宗、祖父は右大臣俊家、父は権大納言宗俊であり、彼自身も右大臣になっている。『中右記』は宗忠が二十六歳のときから書き始めた日記で、法成寺の塔に関する先の文を書いた天承二年には七十一歳であった。筆まめな彼は、当日の落慶供養だけではなく、そこに至るまでの法成寺の塔の主だった沿革を月日にして記しているのである。したがって、これは彼の記憶によるものではなく、信頼できる記録から引用したものであることは明らかである。そして彼はそれが可能な環境にいた。二次の塔の供養があった承暦三年に彼は十七歳だったのであるから、その塔の造営事情まで知っていた可能性がある。足立氏も注目された「其後有議」なども、その辺のニュアンスを含んでいるものと思われる。

一方の『平知信記』の記事を素直に解せば、薬師寺の塔を模して法成寺の塔が再建されたととれることもたしかである。[37] しかしこの記事を除くと移建説のほうが有利となると、この記事の「摸」こそ「移」の間違いではないかと疑われる。

平氏は白河上皇の院政が始まったころから京都に出て検非違使《けびいし》となり、上皇の御幸や宮中の警衛にあたった。後に平氏政権を成立させた高望王《たかもちおう》系の首領正盛の中央政界進出は十二世紀初めであり、『平知信記』の記事の翌月には、その子忠盛が、鳥羽上皇御願の白河千躰観音堂の造営賞として待望の内裏昇殿を許されている。平知信は高棟王《たかむねおう》系で、平氏政権で大納言になった時忠や清盛の妻になった女の祖父にあたる。『尊卑分脈』には、中宮大進出羽守、兵丁大甫、従四位上とある。[38] このような立場、環境を考慮すれば、彼の記事の信憑性は、宗忠の記事よりはるかに劣るといえる。

実際、そこにおいて中心になっているのは、その日落慶供養された三次の塔のことである。宗忠が、立柱から供養までに十五年かかったと記しただけなのに、知信のほうがより一層詳しく記しているのは、為隆の成功のやり口をいまいましく思ったからで、彼の関心がその辺にあったことを示している。それ以前の塔のことについては、『中右記』と違って、わずかに「件御塔元者各三重、東西両塔、摸薬師寺塔八相成道也」としか記していないのは、彼の知識の限界を暗示していよう。三次の塔の供養より五十年も前になる。それら二塔の造営が、薬師寺の塔を移建したものであったか、模造したものであったか、もとより彼の知るよしもなかったことであろう。したがって、人から「うつした」と聞いたのを「摸」したと記した可能性が大きい。少なくともこの文だけで模建説が成り立ちえないことは明らかであろう。

模建説の唯一の根拠である『平知信記』の信憑性に問題があり、移建説を裏づける事実がある以上、結論は明らかであろう。ただ足立説を多少修正したので、改めて結論を述べておこう。すなわち、法成寺の創建塔は天喜六年（一〇五八）二月二十三日の大火の際に焼亡。七年後には金堂が完成しているので、塔の再建も当時予定されていたにちがいないが、諸般の情勢で実現しなかった。ところが頼通が亡くなる（延久六年＝一〇七四年）ころになって、本薬師寺の二塔を移建することに決まり、次の教通が頼通の遺訓にしたがって移建を実施したが、承保二年（一〇七五）九月に教通も没し、その後、次の師実になって完成、承暦三年（一〇七九）十月五日に落慶供養が行われた。

㈢本薬師寺塔跡における舎利の発見

『中右記』嘉保三年（一〇九六）五月二十一日条に、この日、前関白師実が、公卿諸大夫および子息の天台座主行玄を伴って、仏舎利を見に南都へ下向する目的で宇治へ行ったことを記し、同五月二十三日条には、二十二日早朝に師実らが薬師寺に詣で、仏舎利を拝見して御経の供養をし、この日宇治から帰ったと記す。その二十三日条の中に、くだんの舎利は本薬師寺の塔跡から掘り出されたものであると、次のように詳細を記す。

①件仏舎利者、本是従本薬師寺之地、去年依有夢想告所奉掘出也、仍為結縁天下人々多参入、納石辛櫃金銅筥、昔人埋彼地、今奉掘出誠雖末代不可思議也、三粒云々、

筆者である宗忠自身は二年後の承徳二年（一〇九八）十月十二日に薬師寺に参って舎利を拝し、その

日の条に次のように記している。

②早旦参詣薬師寺、奉見仏舎利、供燈明、寺僧申上給布施、絹十疋、件舎利、去嘉保二年〔一〇九五〕寺僧依夢告、従本薬師寺塔跡奉掘出也、乍入銅壺掘出也、三粒、其後京都人々多以結縁、今日初奉見、随喜之思不可云尽歟、心中生々世々欲値遇法華経之願立申、殊以祈念、権中将顕実、四位少将顕雅、新少将家定、同来会、奉見仏舎利、件人々去夜被参東大寺云々、彼寺僧今夕竪者、故右大臣息也、為訪彼竪義被下向也、与人々相共又奉見大安寺釈迦仏、此寺講堂已新造也、隆禅大僧都補寺別当建立云々件堂者顚倒了、近日建之者、……

これによって舎利の発見されたのは師実らが薬師寺に参った前年の嘉保二年（一〇九五）であったことがわかる。またその舎利が薬師寺に多くの参詣者を集めたことも知られる。このときの宗忠は興福寺維摩会の勅使として南都に来ていたのであるが、八年後の嘉承元年（一一〇六）には女房を伴って薬師寺に下向し、舎利を拝した。その日、八月二十一日、薬師寺では別当隆信法橋が舎利を取り出し、中門においてそれを小塔婆に納めて供養が行われた。同日の条には、そのことおよび舎利発見のいきさつが次のように記される。

③未剋許参詣薬師寺、別当隆信法橋聊有御儲、舎利奉取出、於中門奉納小塔婆仏供御明等聊相調、有経供養、題名僧十口、講師教暹啓白、小捧物袈裟相具、先説法□前取出舎利奉見之、自然落涙、神心如春、説法了後、給諸僧於被物布施等、秉燭還本隆透〔秀カ〕房、件舎利元是在本薬師寺塔下地底、数百年間人全不知、已経年月後、先年依有夢吉〔告カ〕、薬師寺別当隆信試掘塔底地深数見〔尺カ〕、已得金壺、驚開之、尋求得舎利三粒、奉納新薬師寺金堂、従□以来十余年、天

下男女随喜、縁因之今日相具人々所参詣也、誠雖末代、仏法霊験不可思議也、……

大江親通も保延六年（一一四〇）に南都を巡礼した際、薬師寺金堂内にある、くだんの舎利を納めた小塔を拝見して、『七大寺巡礼私記』に次のように記している。

④金銅五重塔一基高三尺許、在金堂内坤角、斯塔内有金銅六角台高二寸、肱（弘）七寸、其上置金銅壺高三寸、周一尺五寸、彼壺中有白瑠璃壺、納仏舎利三粒、大如小角豆、皆白色也、保延六年三月十五日始以拝見、抑去嘉承年中巡礼之日、不拝舎利、無此塔、仍尋子細之処、堂童子語云、嘉保二年十月之比、当寺専当長徳、為徴地利、罷下本薬師寺、宿小屋、其夜夢見子細在別記、夢覚以具状令申別当之処、同十一月三日遣薬師寺十僧忠能尋古塔之跡、自心柱礎中所奉堀出也、其後別当法眼為安斯舎利、触般若寺別当、迎彼寺之塔所被安置也、件般若寺亦号片岡寺云、、

ここで「嘉承年中巡礼之日」とあるのは、まえがきによると嘉承元年秋であったことがわかる。この三十四年前の薬師寺参詣の際には舎利を拝見してもいないし、五重小塔も置いてなかったというのである。しかるに、通説では、親通の手記とみられている『七大寺日記』にこの嘉承巡礼の際の舎利のことが次のように記されて拝見したことになっている。

⑤金堂之内、被安置舎利三粒給、是薬師寺専道（当カ）法師長徳、依度ゝ夢告、古京本薬師寺之塔心柱礎下ヨリ堀出テ、所奉渡之舎利也、尤可拝見、

この矛盾は『七大寺日記』の史料価値を決定する上で重要な点であると思う。これについて従来は、親通が老年になっての記憶違いであろうか、といった解釈がなされたりしているが、親通が仏教信仰に

篤く、とくに仏舎利を欣求《ごんぐ》して、天竺・震旦《しんたん》・日域《にちいき》の文献を実見したものの記事を集めて『駄都抄《だとしょう》』三十巻を作ったと伝えられる以上、妥当なものとは思えない。足立氏は、『七大寺日記』の記事⑤が、『七大寺巡礼私記』の記事④の要約とみられるから『七大寺日記』の記事は後人が書き加えたものであろう、という解釈をされた。[39] しかし『七大寺日記』が『七大寺巡礼私記』の要約とみられるのは、何もこの部分だけに限ったことではなく、全体がそうなのである。したがって『七大寺日記』は『七大寺巡礼私記』に遡る親通の手記などではなく、『七大寺巡礼私記』を後世の誰かが要約したものにすぎない、と私は考える。[40] それゆえ⑤はほとんど価値のない記事といえる。

以上に史料を掲げた本薬師寺における舎利発見の件は、いわゆる薬師寺論争の中で、いろいろな観点から重視されてきた。

田中重久氏は『中右記』の記事から、舎利の発見された「本薬師寺」の塔の心礎の形式を次のように推定し、従来、本薬師寺跡とされる木殿の薬師寺東塔の心礎形式と異なることを指摘された。[41]

1「塔ノ底ノ地」の下「深サ数尺」のところに舎利容器を奉安した、掘立式の心柱を有した塔であつたこと。

2金壺の舎利容器の外に、石製の唐櫃の形をした舎利容器があり、「石辛櫃」といふ以上、夫れは長方形の容器であるから、従つて心礎の舎利孔も夫れを容れるべく長方形であつた筈であること。之は大阪府三島郡三島村大字太田字上野小字北屋式に遺蹟をとゞめる寺阯（太田廃寺）に其の例があり、心礎は長方形の舎利孔を有し銅鋺の舎利容器は長方形の唐櫃形の容器によつて守られてゐる。

3心柱が掘立式である以上、木殿薬師寺の東塔心礎の如き凹柱座は必要がないから、勿論存してゐた筈はなく、夫れは法隆寺再建塔の心礎の如く、舎利孔だけで柱座の無かつた心礎と考へられること。

4既に金壺が石製容器中にある以上石の蓋をする必要はないから、木殿薬師寺東塔心礎の如き石蓋孔の必要はなく、勿論太田廃寺心礎の如く、舎利孔だけで石蓋孔は無かつたと考へられること。

以上にもとづいて田中氏は、重大な結論に達している。すなわち、

今是等の事状は、曾て足立氏も屢強調されたやうに、疑ひ難い日記から考定したものであるから、之によつて円筒形の舎利孔を有ち、石蓋孔を有し、凹柱座を有する木殿薬師寺東塔の地上心礎や、凸式の西塔地上心礎が何れも本薬師寺の地下心礎と合致せず、木殿薬師寺が本薬師寺に非ざることが明らかになつたと信じる。

と述べて、田中氏は改めて本薬師寺の寺跡を江戸時代の『和州旧跡幽考』などのいう高市郡岡本の地に比定されたのである。[42]

しかし、この田中説は妥当とは認められない。『中右記』そのものは確かに疑いがたい日記であるが、舎利の発見に関しては、いずれも宗忠が伝聞を記したものにすぎないから、田中氏のような字義どおりの解釈が正確とは限らない。

ことに「石辛櫃《いしからびつ》」と記す嘉保三年五月二十三日条の記事①の場合など、薬師寺側の説明を聞いた師実

一行の一人から、宗忠が聞いた話を記したものにすぎないから、細かい点はあてにならない。石辛櫃のことが他の記事に出てこないこと、逆にこの記事に心礎のことが出てこないことからすれば、心礎の舎利孔から発見されたという話が、石辛櫃からと誤って伝えられて記された可能性があろう。「塔下地底」「塔底地深数見（尺か、あるいは間《ケン》か）」と記す嘉承元年の記事③の場合は、宗忠が薬師寺へ行って聞いたことであろうが、寺側の誇大な説明という可能性もあろう。

『七大寺巡礼私記』の記事④も、親通が聞いたことを記したにすぎないが、金堂の堂童子の説明だけに誇張の入っている可能性は少ないし、親通の舎利に対する関心からして、聞いたことを正確に書きとめている可能性が強い。実際、それは舎利発見の経緯をもっとも詳しく記しているし、『中右記』③が別当隆信の試掘を記すのと対照的に、下級僧である専当長徳なる者が夢に見たのが発見のきっかけになったとしている。前関白参詣の際や舎利を小塔婆に納める儀式の際に寺側が公卿に公にした話より、親通個人に堂童子が語った話のほうを信ずべきであろう。記事④においては「古塔」の「心柱礎中」より掘り出したとあり、木殿の薬師寺の東塔跡のこととしてまったく矛盾はない。

足立氏は、舎利の件を、平城薬師寺へ塔の移建がなかった有力な証拠の一つとされた。本薬師寺から移建が行われたとすれば、その移建の理由は、一つには本薬師寺の由緒を重んじたからであり、また一つには平城薬師寺において新築する煩労を省くためであったに相違ないが、それならもっとも重要な舎利を残していくはずはない、といわれるのである。しかし、第三章ですでに述べたように、移建の際に分舎利が行われたとすれば、平安時代に本薬師寺の塔跡から舎利が発見されても不思議ではない。

足立氏はまた、本薬師寺の塔跡での舎利発見の事実を、本薬師寺両塔の法成寺移建を裏づけるものとして重視された。それについてもすでに述べたとおりで、法成寺三重塔二基の落慶供養から十六年後における本薬師寺の塔跡での舎利の発見は、時間的にも移建説を成り立たせる。ただ前にも触れたように、舎利が建物とともに移されなかったのは、その存在に気づかなかったのではなく、寺側で意識的にとどめた結果であろう。舎利発見に関する記事がみな「掘り出した」と記しているから、舎利を納めたまま東塔心礎は埋められていたのであろう。そういう舎利の保存のしかたがあったことは、先年の発掘調査で飛鳥寺の心礎から舎利が発見されている例からも明らかであろう。したがって舎利のことは薬師寺僧の中で知っていた人がいたはずで、夢にもとづく発見というのも、素直にしたがえないところがある。次節で触れる別当隆信という人物と環境を考えれば、舎利発見も単なる偶然の事件ではなかったと思われるのである。

舎利発見について堂童子が語った話から、当時の本薬師寺の状態が知られることも付け加えておかなければならない。専当長徳が本薬師寺へ赴いたのは地利《ちり》を徴するためであったというが、専当が別当の下で寺の荘園管理、雑務をする下級の僧侶であったことを考えると、彼が地子《じし》の徴収に行ったものであることは明らかであろう。[43] その彼が本薬師寺で宿したのは「小屋」であった。その夜、彼は不思議な夢を見て、帰って別当隆信にその内容を上申したところから、十僧忠能が派遣されて塔跡から舎利が掘り出されるに至ったのである。

この経過からみると、当時、本薬師寺には塔がなくなっていただけではなく、そのほかの建物も僧もなく、寺地は田畑と化していて、そこは平城薬師寺の管理下にあって、荘務を司る僧が地子を取り立てに出向いても小屋に宿さねばならない状態であったことがわかる。これより七十二年前に道長が参詣した当時とは様変わりして、すでに廃寺となっていたのである。道長の参詣より百年ほど前、栄穏が上皇に訴えたころから本薬師寺は平城薬師寺に従属的であったが、その最終的な結果が以上のような状態ということになろう。その過程で両塔は法成寺へ移建されたのである。他の堂宇も同様の運命をたどった公算があろう。

四、本薬師寺の解体

法成寺へ東西両塔が移建された段階で、すでに本薬師寺の解体は決定していたものと思われる。勅願の官寺として創建され、平安時代になっても皇族・源氏の氏寺としての地位を維持した薬師寺から、藤原氏が勝手に塔を持ち去るということは考えられない。道長の最盛期を過ぎた藤原氏にとって、薬師寺の檀越《だんおつ》である天皇・源氏と協調関係を保つことが求められていたからである。法成寺への移建は話合いで決められたにちがいない。そして檀越側がそれを承認したのは、彼ら自身がすでに本薬師寺の解体を決定し、他の諸堂宇の移建を計画していたからではないかと思われる。そして実際、本薬師寺の堂宇を解体して移築した可能性のある寺として、円宗寺《えんしゅうじ》、法勝寺《ほっしょうじ》、そして讃岐の善通寺《ぜんつうじ》を挙げることができる。

㈠円宗寺・法勝寺への移建

宇多天皇御願の仁和寺周辺、洛西花園の地に、円融・一条・後朱雀・後三条の各天皇の勅願寺として円融寺《えんゆうじ》・円教寺《えんきょうじ》・円乗寺《えんじょうじ》・円宗寺《えんしゅうじ》（円明寺）のいわゆる四円寺が営まれたことは周知のところである。このうちの円宗寺を創建した後三条天皇は、藤原氏と姻戚関係がないところから親政を行って、政治の実権を摂関家から天皇家に取り戻した天皇として知られる。円宗寺（当初、円明寺、延久三年に改名）の落慶供養は、天皇即位から二年八ヵ月後の延久二年（一〇七〇）十二月二十六日に行われ、後三条天皇の行幸、皇太子（白河天皇）の行啓があった。同年に作られた鐘銘によると寺地は「古先帝山陵之前」にあり、『扶桑略記』は「仁和寺南傍」と記す。

『扶桑略記』によると、その日供養されたのは金堂・講堂・法華堂であったらしい。金堂には二丈金色摩訶毘盧遮那如来像一躰、丈六金色薬師如来像一躰、丈六金色一字金輪像一躰、丈六彩色六天像各一躰が安置され、講堂には一丈八尺の金色釈迦如来像一躰と丈六金色普賢・文殊・観音・弥勒菩薩像各一躰が安置された。また法華堂には三尺の金銅塔一基が置かれ、その中に『金字妙法蓮華経』一部八巻が奉安された。金堂の本尊が毘盧遮那如来像というのは、東大寺の場合と一致する。次の法勝寺金堂の本尊が毘盧遮那仏であることは、同寺の復古的性格を示すものとしてすでに重視されているが[44]、それが円宗寺に始まることは、後三条天皇の親政開始と造営開始が時期を同じくするだけに、一層注目されてよかろう。円宗寺が鎮護国家を目的としたものであることは、以上の二史料にも記されている。

後三条天皇は円宗寺に法華、最勝の二会を設けるつもりだったようであるが、法華会だけを始めて崩御された。そして次の白河天皇が法勝寺に大乗会を設けたのに次いで、円宗寺に最勝会を始めている。法華会といえば東大寺法華堂で天平から行われているものが想い起こされ、最勝会は薬師寺講堂で行われていた法会である。それらを新たに円宗寺に設けたのは、当時、東大寺が興福寺に圧倒され、また薬師寺はすでに興福寺の支配下にあったことと関係があろう。すなわち後三条天皇は円宗寺に、南都の大寺に代わる機能を期待されたのである。円宗寺の鐘銘を所載する『本朝続文粋《ほんちょうしょくもんずい》』の注によると、同銘文は、まだ序の部分ができないうちに、東大寺の鐘に銘がないことが実検され、それにしたがって実際には使われなかったとのことである。これをみても南都の大寺を強く意識していたことがうかがわれる。

その銘文中とくに気になるのは次の部分である。

（前略）金堂宝塔。似二従レ地涌出一。不レ日而止。紺頂烏瑟。如二自レ天来降一。（後略）

金堂と宝塔が、天より降ったか地から涌いたように日ならずして姿をあらわしたというのは、それらが古い建物の移築であったことを暗示するかのようである。ただここに宝塔が出てくるのは問題で、延久三年（一〇七一）六月二十九日の再度の供養の記録には常行堂と灌頂堂の名しかみえない(45)。それにしても、本薬師寺の塔の法成寺移建が決定したのは、前述したように後三条上皇の崩御直後の延久五年とみられるから、それ以前に、本薬師寺の堂宇が円宗寺の金堂として移建されていた可能性は充分あろう。

円宗寺で法華会を行って間もない延久四年十二月、後三条天皇は譲位して（翌年五月、崩御）、白河天皇が即位した。後三条天皇の譲位が上皇として院政を開始する準備だったかどうかをめぐって議論があることは周知に属するが、ともかくも白河天皇によって院政が本格的に開始された。法勝寺《ほっしょうじ》は、白河天皇の即位二年半後に、洛東白河に営んだ寺で、続いて造られる六勝寺《りくしょうじ》の権輿《けんよ》となった。その寺地と伽藍配置は福山氏によって復原されている[46]（図69）。その伽藍の壮大さは、半世紀前の藤原道長によって創建された法成寺に匹敵する。寺号からみても法勝寺は法成寺を意識して造られたことが明らかである。藤原氏の新しい氏寺が法成寺なら、新たな「国王の氏寺」（『愚管抄』）が法勝寺であった。金堂の本尊が東大寺と同じ毘盧遮那如来像であることも注目される。円宗寺を創り出したと同じ意志がその背景に認められよう。

法勝寺の造営過程は次のようであった[47]。承保二年（一〇七五）六月十三日、造営事始、七月十一日、木作始《こづくりはじめ》、七月十九日、築壇、八月十三日、金堂・講堂等の上棟。翌承保三年六月十三日には阿弥陀堂の木作始。その翌年の承保四年八月二十七日には新造の仏像を金堂・講堂に入れ、その後、御願寺供養を御斎会に準ずべき旨が定められたりして、同年（承暦に改元）十二月十八日に落慶供養が挙行されたのである。供養には天皇の行幸、寺封一千五百戸の施入があり、造営に功のあった人々の勧賞が行われた。寺の創建にあたって封戸を施入することは奈良時代に行われたやり方で、平安初期以来絶えて行われなかったのがここで復活されたもので、法勝寺の復古的傾向を示すものとして注目されている[48]。

この造営において高階為家は金堂・講堂・回廊・経蔵・鐘楼・南大門を造立した功によって播磨守重任の宣旨を蒙り、藤原顕綱は阿弥陀堂造立をもって丹波守重任、同良綱は五大堂造立によって阿波守に、そして侍従仲実は法華堂造営によって同じく一国の受領《ずりょう》に任じられた。また基清・顕仲は僧房を、忠俊・師光・重宗らは築垣を建て、仲季は四足門《よつあしもん》・脇門等の造営成功《ぞうえいじょうごう》によって諸司助に拝任せらるとの募

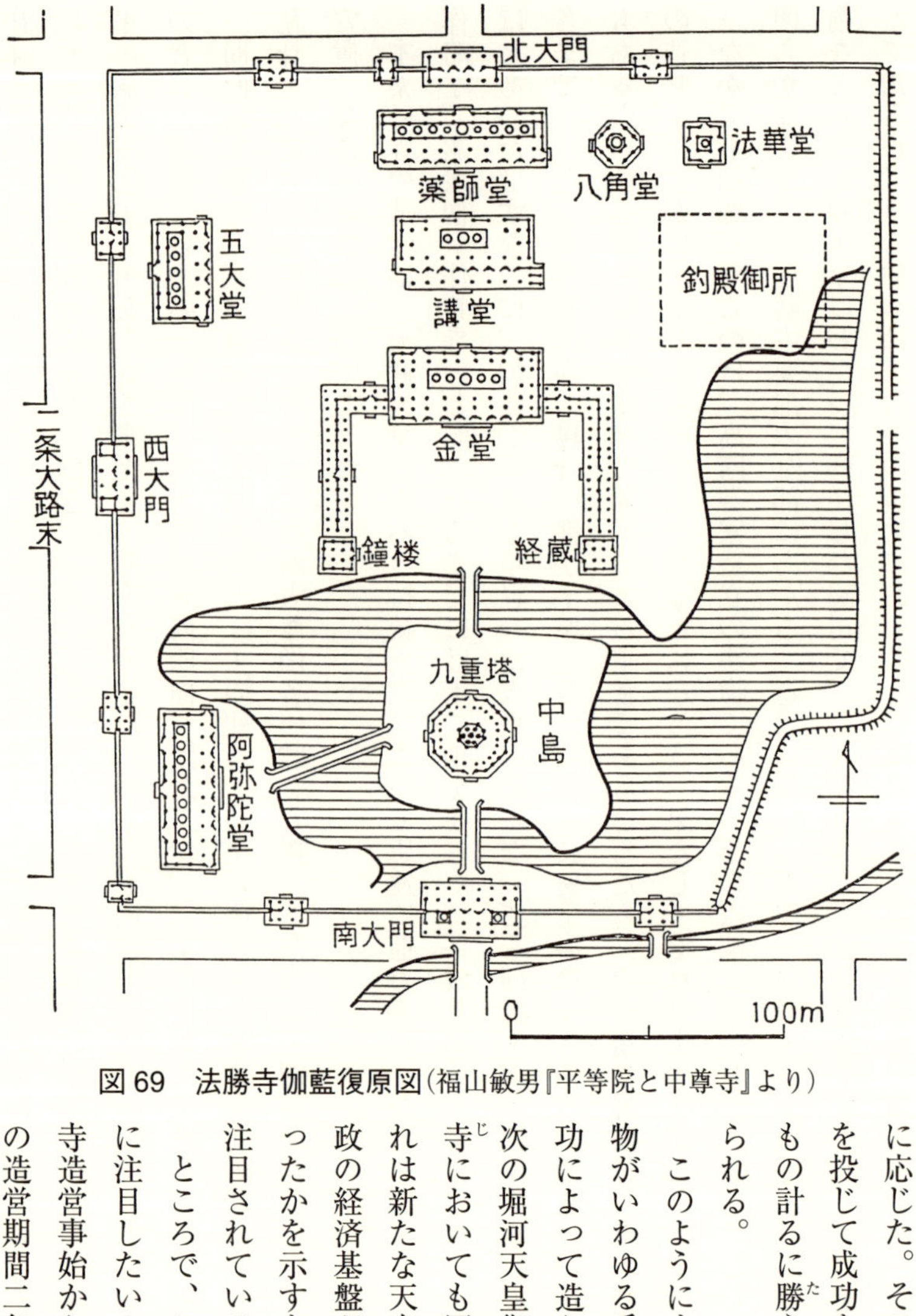

図 69　法勝寺伽藍復原図（福山敏男『平等院と中尊寺』より）

に応じた。そのほか私財を投じて成功をなしたるもの計るに勝《た》えずと伝えられる。

このようにすべての建物がいわゆる受領層の成功によって造られるのは、次の堀河天皇御願の尊勝《そんしょう》寺《じ》においても同様で、それは新たな天皇政治、院政の経済基盤が奈辺《なへん》にあったかを示すものとして注目されている。

ところで、ここで新たに注目したいのは、法勝寺造営事始から供養までの造営期間二年半に対し、出来上がった堂宇の数の多いことである。しかも各堂宇は、それぞれかなり巨大なものであった。金堂は七間四面瓦葺の殿身に裳層が付き、三丈二尺の毘盧遮那如来像を本尊に、二丈の宝幢如来《ほうどうにょらい》・開敷花如《かいふけにょ》来《らい》・無量寿如来《むりょうじゅにょらい》・天鼓雷音如来《てんくらいおんにょらい》像各一躰を安置した。講堂は七間四面瓦葺で、二丈の釈迦如来像と丈六の普賢・文殊像各一躰を安置。南大門は五間四面二階瓦葺で、二丈の金剛力士像を安置。阿弥陀堂は十一間四面瓦葺で、丈六阿弥陀如来像九躰と一丈の観音・勢至菩薩像各一躰等を安置。五大堂は五間四面瓦葺、二丈六尺の不動像一躰と丈六の四大尊像各一躰を安置。法華堂は一間四面瓦葺で、多宝塔一基を安置。鐘楼・経蔵は二層であった。

本薬師寺の造営は、天武天皇亡きあと持統天皇によって急速に進められたが、それでも「以薬師寺構作略了。詔衆僧令住其寺」と記されるまでには十二年を要した。平城薬師寺の場合、移建の堂塔が半数ほどあったはずなのに、創建から三十年経った天平末年になっても回廊や南大門が完成していないありさまであった。平城薬師寺の場合、都が平城を離れたり、長屋王事件などの政治的要因が重なったこともあるが、法勝寺の堂宇がすべて新材による造営であるとしたら、その造営規模は、天平における大寺の造営をはるかに上まわるものであったことになろう。果たしてそれは実現可能なことであろうか。

なかでも問題になるのは、高階為家造立の建物である。その六棟は、復原図（図69）と対照されると明らかなように、伽藍主要部の全部にあたる。為家は周防・美作・播磨・伊予・近江・丹後・備中・越前などの守を四十年にわたって歴任した院司で、その子為章も大国の受領を歴任して私財を蓄積したことで知られ、孫の仲章は尊勝寺の造営においてもやはり金堂・講堂・経蔵・鐘楼・中門・回廊を造進して、康和四年（一一〇二）の落慶供養の際、第一に勧賞にあずかっている。[49] いわゆる院の近臣を代表する一家であるが、白河天皇即位まもない時点で、二年半のうちに巨大な建築六宇をすべて新造できるだけの経済力を有したか、疑問であろう。

法勝寺造営より半世紀あまり後、鳥羽上皇御願の白河千躰観音堂（得長寿院）を造営した伊勢平氏忠盛が、待望の内裏昇殿を許され、また、一世紀近く後に平清盛が後白河上皇のために、前者の規模を踏襲したとみられる蓮華王院（現在の三十三間堂はその再建）を造立したことはよく知られるところである。だが為家が法勝寺に造った建物がすべて新造だったとしたら、それらをしのぐ大規模な造営だったことになるのである。それらのことを勘案すると、少なくともいくつかの建物は新造でなく、古い建物の移築が行われた可能性が強いと考えざるをえない。

法勝寺の落慶供養は、本薬師寺の東西塔を移築した法成寺の塔の落慶供養に先立つ二年前に行われているのである。この時間的な符合、そして法勝寺の建物の規模を考えれば、本薬師寺の建物が法勝寺へ移建された可能性は充分ありうることであろう。いや、薬師寺と円宗寺・法勝寺の性格の類似を考慮すれば、円宗寺があるのに、それをはるかに上回る規模で法勝寺を造ろうとしたときには、すでに本薬師寺の建物の移築を予定していたのではなかったか、とさえ思われる。高階氏が天武天皇→高市皇子→長屋王の後裔であり、したがって薬師寺との縁浅からず、天禄四年に平城薬師寺が被災した後の再興の際にも威忠《なりただ》が造講堂長官に任じられたことは第六章で触れたが、ここで改めて想起する必要があろう。

法勝寺の金堂が薬師寺の講堂と同じ七間四面裳層付、瓦葺であったという点も気になるところである。

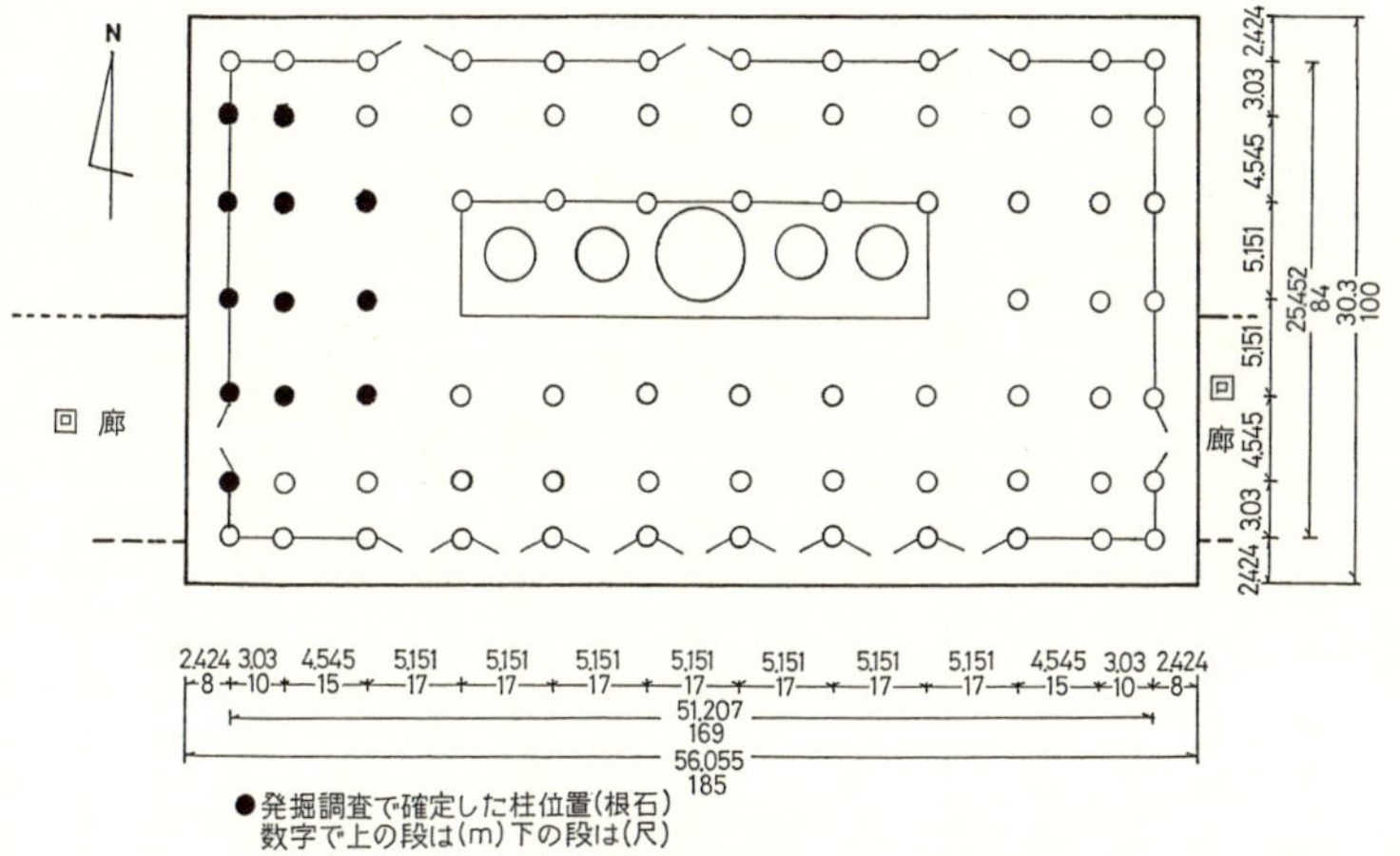

図70　法勝寺の金堂復原図(復原・梶川敏夫)

しかし、法勝寺金堂跡の一部の発掘調査にもとづいて梶川敏夫氏が推定している同金堂の各柱間寸法は薬師寺の講堂のそれと異なり、全体規模も薬師寺講堂より一まわり大きい[50](図70)。

福山氏の論文「年中行事絵巻の法会の一場面——薬師寺講堂か法勝寺金堂か[51]——」では、法勝寺金堂と薬師寺講堂の相似が問題になっている。鷹司家本『年中行事絵巻』(図71)には、壇正積《だんじょうづみ》の基壇に立つ七間四面裳層付の堂で法会が催されている場面が描かれている。福山氏はそれをまず薬師寺講堂とそこでの最勝会のありさまかと疑う。堂の規模、そして堂の前面を吹放ちにしている点で一致すること、また三会《さんえ》の一たる大極殿の御斎会《ごさいえ》が『年中行事絵巻』に描かれている以上、同じ三会の一である最勝会も描かれて当然の画題であることなどがその理由である。しかし福山氏は薬師寺以外の寺である可能性を慎重に検討して、法勝寺金堂での大乗会の模様を描いたものとする結論に至っている。その理由としては次のような点を挙げておられる。

まず法勝寺金堂も七間四面に裳層付で瓦葺であったこと。堂に取り付く東または西の軒廊《こんろう》が薬師寺では北面で数えて九間、南面で七間と推定される（その後の発掘調査で、それぞれ十一間、九間であったことが明らかになった）のに対し、絵巻中のそれは南面四間、北面六間とみられること。絵巻中において、堂の南裳層の東四間の部分に御簾《みす》をかけて高貴の聴聞所としていることは、『法勝寺供養記』の記す行幸のときの御所の鋪設《しつらい》とも合い、また『尊勝寺供養記』に記す同寺金堂の鋪設とも合致し、いかにも藤原時代風の方式で、古風な薬師寺最勝会でこのような鋪設が行われたとは考えにくいこと。薬師寺では奈良時代以来、東の大門が出入によく使用された門であったのに対し、問題の絵巻の場面では、西の門が描かれ、勅使らしい人物も西から儀式の場に向かって歩いており、法勝寺の儀式的な出入の門が西大門であったことと一致すること。

以上の点から福山氏は薬師寺講堂の可能性を否定されているが、さらに次の事項も理由として挙げられよう。絵巻中の回廊基壇が自然石積であるのに対して薬師寺の回廊基壇は凝灰岩の切石積である。また堂の前庭左右に樹木が描かれているが、薬師寺回廊内においては、そのような状態を想定することはできない。したがって絵巻の場面が薬師寺を描いたものでないことは確実といってよいだろう。[52] それは平安時代創建の寺院であるにちがいない。

法勝寺では金堂の前に池庭があったから、絵巻中の堂前回廊内の樹木と矛盾しない。しかし、『承暦元年法勝寺供養記』には十五人が「二階廊」に昇って散華《さんげ》したと記すから、法勝寺金堂の東西の回廊は絵巻中に描かれたような普通の複廊ではなく、平等院鳳凰堂（法勝寺供養より二十四年前に完成）の翼廊《よくろう》に似た形式だった可能性がある。また普通の複廊だったとしても、金堂に取り付く軒廊は絵巻中にみられるような四間ばかりでなく、壮大な金堂にふさわしく、もっと長かったであろう。(53) また絵巻中の金堂の裳層柱（下方は省略して描いていない）は回廊の柱より細く描かれているから、薬師寺堂塔の裳層柱と同じ細い角柱を示すと思われるが、法勝寺金堂の裳層柱は、礎石跡からみて殿身部と同じ太い円柱であったと考えられる。したがって絵巻に描かれているのは法勝寺金堂ではないであろう。

ではほかにこの絵にふさわしい寺はあるか。福山氏が考慮に入れられた尊勝寺の可能性はいろいろな点からみてありえないから、(54) 残るのは円宗寺である。

円宗寺については前述したとおりで、その金堂では毎年法華会が修され、また最勝会も催された。興福寺

維摩会・薬師寺最勝会・宮中御斎会の南京三会に対し、円宗寺の法華会・最勝会と法勝寺大乗会は合わせて北京（天台）三会と称されたのである。㊺『年中行事絵巻』に描かれたのが法勝寺大乗会の場面でないなら、円宗寺金堂における法会である可能性がもっとも大であろう。

円宗寺金堂は、法勝寺金堂などと同じく裳層付であった。また安置した仏像からみて、法勝寺金堂よりやや小規模であったが、同じ七間四面であったと考えられるから、絵巻中のそれを円宗寺金堂にあてるのに問題はない。㊻

円宗寺の常行堂・灌頂堂の落慶供養の際、「池」に龍頭鷁首《りゆうとうげきしゆ》を浮かべたことがみえ、㊼『円宗寺最勝法華会表白』㊽にも「前池」がみえるから、金堂の前方には法勝寺のように池庭があった模様である。しかし、『円明寺供養式後改二円宗寺一』には、「僧侶着二南門外幄一」、「誦経僧等入レ自二中門一。敷二草座於東西廊一」とあるか

図 71　『年中行事絵巻』(鷹司家本)法会の一場面(宮内庁蔵)

ら、円宗寺は法勝寺とは違い、中門があって金堂前庭が回廊で囲われていたと推定されている尊勝寺に似た構成であった可能性もあるのである。絵巻では東西回廊の南部が省略されているが、東回廊の南においで人物像が回廊の外から内へと連続的に描かれているから、回廊は閉じないで、南で開いていたようでもある。しかし、軒廊が短いので金堂前庭の東西幅は広くない。このような状態は、法勝寺、尊勝寺より円宗寺においてありえたであろう。絵の中の回廊基壇が自然石の玉石積の素朴なものであるのも、法勝寺などより円宗寺にふさわしいものといえよう。

したがって、『年中行事絵巻』の場面は、円宗寺金堂での法会（法華会か）と考えるのがもっとも妥当であろう。

円宗寺の金堂と薬師寺の講堂とは、七間四面・裳層付という点で一致するが、絵巻中のものが円宗寺金堂であるとなると、さらに裳層角柱・屋根瓦葺という点でも一致していたことになる[59]。そのうえに、円宗寺の金堂と薬師寺の講堂とは、前面の開放性という点でも一致していたとみられるのである。絵巻中の金堂は、複廊との関係、および前面吹放ち部分の広さからみて、前面扉列は殿身の入側柱（内陣柱）列にあって[60]、殿身南庇と南裳層とを吹放ちにしていたと考えられるが、薬師寺の講堂の場合も、南面の内外の境（といっても、そこに扉はなかったが）は、同じく殿身の入側柱列であった可能性が強いのである。薬師寺伽藍の当初計画において、単廊は講堂側面の南側の柱間に接続する（それが普通）のではなく、北側第二間に取り付くことになっており、講堂の配置計画上の中心もその北側第二間の中心にあったが[61]、それは講堂前面の裳層と殿身の庇が吹放ちで内部空間が北に偏っていたためと解されるからである。

絵巻中の堂宇が円宗寺の金堂とすると、それは薬師寺の講堂と、このように多くの類似点をもつのである。平城薬師寺の講堂で行われたと同じ最勝会が円宗寺の金堂でも開始されていることや、薬師寺と円宗寺の性格上の相似等々を考慮すれば、それは単なる偶然とは思えず、本薬師寺の講堂が円宗寺の金堂として移建された可能性が強いであろう。発掘にもとづいて復原された法勝寺金堂の規模（桁行一六九尺、梁行八四尺。基壇一八五尺×一〇〇尺）と比べても、薬師寺講堂の規模（桁行一四一尺、梁行七一尺。基壇一四六尺×七六尺）は円宗寺金堂にふさわしい。それは安置された仏像のほうからもいえる。(63)

法勝寺の金堂が本薬師寺の講堂を解体移築したものでないことは、前者の遺跡の発掘結果と『年中行事絵巻』の一場面の検討から明らかになったが、同時に本薬師寺の講堂が円宗寺に移建された可能性が強いことがわかったから、ほかの本薬師寺の堂宇の法勝寺への移建の可能性は、ますます強くなったといえよう。高階為家の請負った南大門や経蔵・鐘楼が気になるところである。

その法勝寺の南大門は、正面五間・二重・瓦葺・金剛力士像が安置されたという点で平城薬師寺の南大門と一致する。法勝寺の南大門の金剛力士像の高さ二丈（六メートル）と東大寺南大門（桁行九五尺、梁行三五尺）の金剛力士像の大きさ（八・五メートル）とを比べれば、法勝寺の南大門の規模は平城薬師寺南大門（桁行八六尺、梁行三二尺）と同じくらいであったことが推定される。本薬師寺の南大門は二重であったが、当初は正面三間で金剛力士像も安置していなかった。しかし、平安時代の初めまで本薬師寺は平城薬師寺とは対等であったとみられ、現に本薬師寺の塔は平城薬師寺の塔と同じく釈迦八相成道の塑像群像を安置するために改造したはずであるから、南大門も平城と同じ規模に増築していた可能性があろう。したがって、それが法勝寺へ移建されたということが考えられる。

法勝寺の鐘は、供養の前の晩、元興寺より曳いて当日懸けたものであったという点は注目しなければならない。[64] したがって、鐘楼のほうも元興寺から移築した疑いがあるが、本薬師寺のものを移築した可能性もあろう。経蔵についても同様である。

本薬師寺の南大門や経蔵・鐘楼は、講堂と一緒に円宗寺へ移築されたということもありえないことではないが、その規模からみれば、法勝寺のほうが、よりふさわしい移建先であったと思われる。

法勝寺の第二期の造営では、薬師寺の関与がはっきり認められる。

法勝寺金堂等の落慶供養から四年、法成寺再建塔の落慶供養から二年後の永保元年（一〇八一）八月、法勝寺では塔を建立するの議が起こり、九月二十七日に塔の礎石を据え、十月二十七日に心柱を立て、爾後二年を要して、永保三年十月一日に落慶供養が行われた。[65] その位置は金堂の南の瑤池《ようち》の中島で、塔は八角九重という、前例のない奇抜なものであった。当時はすでに遣唐使が途絶えて久しかったが、中国との貿易は行われていたから、宋の新様式を取り入れたものであった可能性もありうると思う。[66] だがそれは新造であることが明らかだから、ここでは問題にしない。注目したいのはこのとき同時に落慶供養された薬師堂のほうである。その位置は講堂の北に比定されている。この薬師堂について左大臣源俊房の日記である『水左記《すいさき》』の永保元年十一月二十四日条に次の記載がある。

此日薬師寺解状一通播磨（国）餝磨庄訴申法勝寺薬師堂材木曳夫事、　付蔵人弁基綱令奏、

ここに出てくる播磨国鵤磨荘《しかましょう》（庄）が薬師寺の荘園の一つであったことは、『薬師寺縁起国史』所引の、正慶二年（一三三三）から延文元年（一三五六）までの二十四年間の記録なるものによって知られる。また、以上の時期は法勝寺の塔の造営が始まったばかりのころにあたる。したがって薬師寺の解状《げじょう》は、同寺領である播磨国鵤磨荘の荘民が法勝寺薬師堂の造営に材木の曳夫として徴発されることに対して不満を訴えている、という内容のものであったと考えられる。筆者の大納言源俊房（当時。後、左大臣）は、それを蔵人弁を通じて白河天皇に奏上した、というのが記録の内容であろう。結果がどうなったかはわからないが、解状からみるかぎりでは、法勝寺薬師堂の造営に薬師寺が関与したことになる。本薬師寺の堂宇を解体した材を曳かせようとしたのであろう。法勝寺の薬師堂は、金色丈六薬師如来像七躰と日光・月光菩薩二躰を安置したから、(67)九間四面の規模を有したと思われ、薬師寺では食堂がその規模に相当する。

以上で、本薬師寺から法勝寺へ移建された建物の詮索を終るが、従来の法勝寺に対する高い評価からして、そこに奈良時代の建物が運ばれたという推定に納得のいかないむきもあろうかと思う。(68)そうであるならば次の点を想起すべきであろう。

鎌倉時代中期に成立した編年史の『百練抄』に法勝寺を創建した地が、故関白太政大臣藤原頼通累代の別業で、伝領した左大臣師実が朝廷に献じたものであったとある。しかも承暦元年（一〇七七）の落慶供養の当日、主上の御座所となったのは、講堂東側にある別業時代からの建物であった。「御所者本是左相府累葉之釣台也、不改旧粃《〔粧カ〕》只添新鵤」（『承暦元年法勝寺供養記』）とある後半の文が法勝寺創建の基本的方針を物語っているといえよう。法勝寺は古いものに新しいものを添えて出来上がったのである。後三条天皇・白河天皇が政治的課題としたのが天皇政治の復活であり、円宗寺・法勝寺に意図したのが「天皇の氏寺」であった以上、天武・持統朝の大寺である本薬師寺の堂宇を移建して伽藍を構築することに、むしろ積極的な意義を感じていたのではないかと推察される。

藤原氏摂関家の寺、法成寺へ本薬師寺の東西の塔が移建されたことと、藤原氏累代の別業が法勝寺の敷地として朝廷に献上されたこととは密接な関係があるとみられる。本薬師寺の両塔の法成寺移建は、頼通の生前にすでに決定していたと考えられるが、後三条天皇の生前に、その話合いが行われた可能性はない。頼通は天皇の即位に反対し、即位後は関白を弟教通に譲っている。一方、天皇も村上源氏源師房を右大臣に据えて、源氏と藤原氏の均衡をはかり、藤原氏の廟堂独占を打破して、親政の実を上げようとしたのである。したがって移建の件に関する話合いは、後三条上皇が崩御した延久五年（一〇七三）五月より以降、頼通が亡くなる延久六年二月以前に、白河天皇と源氏の薬師寺側と頼通との間で行われたものと思われる。

藤原氏と姻戚関係にある白河天皇の即位によって、後三条天皇時代に生じた天皇と摂関家との軋轢《あつれき》も解消に向かったことであろう。かつて藤原氏が大半を占めた公卿の席の三分の一ほどを、王族である源氏が占めるまでになっていたが、村上源氏と摂関家とはもともと深い関係にあったから、それは藤原氏の発言力を弱めたとしても、問題を生じさせることにはならなかったと思われる。もっとも、後になると源氏の進出が顕著になり、白河上皇の専制的な面があらわになってくるが、まだこの時期には、天皇・源氏・藤原氏の力関係はバランスがとれていて、協調的雰囲気が政界を支配していたとみられるのである。

本薬師寺の東西両塔の法成寺への移建はその中で協議され、承認されたのである。天武・持統天皇創建の由緒ある、かつての官大寺の塔を解体して、摂関家の寺の再建に利用することが許されたのである。当時、本薬師寺伽藍が完備したものであったら、はたして許可されたであろうか。そう考えたとき、法成寺より前に円宗寺へ、後三条天皇が本薬師寺の中心堂宇を移建していたことを事実として想定せざるをえないのである。

法勝寺の創建された摂関家累代の別業の地をいつ師実が頼通から伝領され、いつ朝廷に献じたかは明らかでないが、頼通の亡くなった翌年には寺の造営が開始されているのであるから、朝廷への献上は、以上の話合いの中で移建の条件とされた可能性があろう。

頼通の亡くなった翌年に薨じた関白教通が法成寺の塔の造営に関わったというのであるから、移建決定後すぐ工事に着手したらしい。したがって法成寺の塔と法勝寺の造営は平行して進められたが、落慶供養は法勝寺のほうが法成寺より二年早かった。法勝寺の落慶供養の際に、頼通の息男で法成寺座主《ざす》・天台座主を歴任した覚円大僧正が法勝寺の別当に補せられているのも見逃せないところである(69)。同じとき、法勝寺の権別当には、藤原道隆系で、覚円の後に天台座主となり、法勝寺の落慶供養の導師を勤めた覚尋権僧正が任じられている。一方、法成寺の塔の落慶供養の日、故権大納言源隆国の息男で、覚円の弟子覚猷《かくゆう》が賞として法橋に叙せられているが、「頼尋僧都譲。依為修理別当」(『僧綱補任』)とあるから、塔移建の責任者であったとみることができよう。このときの覚猷は二十七歳ぐらいであり、その後の彼は、四天王寺別当、鳥羽金剛院別当、梵釈寺別当を経て大僧正となり、法成寺座主、平等院検校、天台座主を歴任して亡くなっている。『鳥獣戯画』の作者に擬せられる鳥羽僧正覚猷といったほうがわかりが早いかもしれない[70]。

源隆国の息男が法成寺の塔の造営に関与しているというのは興味深い。なぜなら、本薬師寺の堂塔の法勝寺および法成寺への移建が話し合われたであろう時期に、隆国は権大納言（延久六年正月二十七日辞す）で、源氏の中では右大臣源師房に次ぐ地位にあり、七十歳の彼は醍醐源氏の長老、六十六歳の師房は村上源氏の長老的存在であった[71]。彼らは、源氏の氏寺と称された薬師寺の檀越であり、俗別当という制度がこの時期にあったとすれば、そのいずれかがなっていたはずで、本薬師寺の解体も彼らの同意なしには不可能だったにちがいない。その隆国の息男の覚猷が本薬師寺の塔の法成寺移建に関係して、その後、法成寺座主などに出世し、覚猷の師で頼通の息男の覚円が法勝寺の別当になっているのである。隆国を中心とするこうした人脈が本薬師寺の解体を許し、その堂塔の法成寺、法勝寺への移建を推進していたと考えられるであろう。

この時期の薬師寺別当は隆経[72]で、彼は宇多源氏で興福寺の出身であり、父は越後守、阿波守を勤めたいわゆる受領であった[73]。法成寺の塔の落慶供養のあった承暦三年に薬師寺別当になった行尊は、摂関藤原道隆の孫であった。二年後の永保元年（一〇八一）七月に行尊は入滅[74]。後任に選ばれたのは権別当隆信である。彼は興福寺出身で源隆国の息男、覚猷の弟である[75]。この直後、法勝寺では塔と薬師堂の造営が始まる。その薬師堂の材木曳夫として薬師寺の荘園である播磨国餝磨荘の民が動員されるのに対し、不満を訴えた薬師寺解状が永保元年十一月二十四日に奏上されたことは前述した。隆信が法勝寺の造営に協力し、本薬師寺の堂を薬師寺の負担で移建しようとして、荘民の反対にあったのではないかと推測される。彼が別当になるについては、次に述べるように問題があったから、造進の功を約して別当就任の申請をしたか、あるいは造進の功を補任奏下の礼にするつもりがあった可能性があろう。

当時、大納言であった源俊房が『水左記《すいさき》』に記すところによると、行尊入滅後、薬師寺の別当には隆信らの候補があるが、隆信は権別当で上達部《かんだちめ》の子、ただ修行を成就していないと寺中の者がいうのでどうしたらよいか、と俊房が権大納言源顕房に問わしめたところ、隆信とするのが妥当なので、修行を成就していないという点については前例を調べてはどうか、という返事だった。そこで隆信を薬師寺別当に補す旨を奏上して、そのとおりに決まった[76]。同記の永保元年十月七日条には「已時許薬師寺別当隆信来、有喜悦之気色、頃之退出了」と決定時の隆信について述べている。俊房は四十七歳、顕房は四十五歳であったが、隆国も師房も亡くなっていたので、俊房が源氏の長者として薬師寺のことなども差配していたらしく、同記のその他の記載からもそのあたりの様子がうかがわれる[77]。

ところで隆信であるが、当時まだ二十四歳である。亡くなった行尊が五十六歳であったことと比べても別当としては若すぎる。そのうえ同記の一年前のところには、明年の維摩会竪義《りゅうぎ》になることを隆信が望んでいるが、まだその訴えは切実でないこと、結局、関白師実の意向で維摩会竪義は新中納言藤原伊《これ》房《ふさ》の子忠尊・慶信の二人に決まったことが記されている[78]。選ばれたほうもおのおの三十四歳、三十二歳と若いが、隆信のほうはまだ二十三歳だったのである。それにもかかわらず俊房らが彼の望みを一応考慮しているところに隆国の存在の大きさが感じとれる。隆信が望みを達したのは、三十歳の寛治元年（一〇八七）のことであった。そして天仁元年（一一〇八）に維摩会講師に選ばれている。(79) その間の嘉保二年（一〇九五）に本薬師寺の塔跡で舎利が発見され、嘉承元年（一一〇六）に別当隆信法橋が、中門で般若寺から迎えた小塔婆にそれを納めるデモンストレーションをしたことは前節の㈢項で触れた。この舎利の発見によって薬師寺が貴賤の参詣で賑わった二年後に彼は維摩会講師に選ばれているのである。舎利発見もまったくの偶然ではなかった可能性があろう。

維摩会講師に薬師寺の僧がなるのは、平安時代初期には二、三年おきであったが、その後は少なくなり、興福寺の僧と東大寺の僧に占められてしまう。隆信は、『薬師寺縁起』撰録後の万寿四年（一〇二七）に講師になった別当輔静、天喜四年（一〇五六）に講師になった道静以来、薬師寺としては実に五十二年ぶりの講師であり、以後薬師寺からは一人の講師も出していない。隆信は別当として五十一年も在任し、七十六歳の天承二年（一一三二）に権少僧都で亡くなっている（それより三ヵ月ほど前に法成寺では、本薬師寺の塔の焼失後に再建した五重塔の落慶供養が行われたところであった）。このようにみてくると、隆信は平安後期の薬師寺において特別の存在であったといえよう。

覚猷・隆信の兄に醍醐寺の僧定賢がいる。彼は承保三年（一〇七六）十二月に、上﨟《じょうろう》を越えて醍醐寺座主に補され、以後二十四年間在任した。定賢が醍醐寺座主になる前年から法勝寺の造営が開始されているだけに、やはりこのことは注目される。彼はその後、永保三年（一〇八三）には権少僧都で東寺長者を兼ね、康和二年（一一〇〇）に亡くなるまでに法務・権大僧都になっていた[80]。

定賢・覚猷・隆信より年上の兄弟については次のような話がある。源隆国は、東宮時代の後三条天皇に対して万事けしからぬ行いが多かったので、天皇もこれを根にもたれ、即位ののちに機会をねらって、その子息たちに罪科をあてようと考えておられた。だが、隆国の子隆俊・隆綱・俊明の態度、行いに感じ入って、三人とも並びなき近臣として召し使われた、というのである[81]。白河天皇即位の時点で隆俊は権中納言、隆綱は参議であったが、すぐ後の承保元年に隆綱は三十二歳の若さで薨じ、翌年には隆俊も三十五歳で亡くなっている[82]。代わって参議に補せられた俊明は、白河院の近臣として意のままに振舞ったという[83]。この過程からみて、隆国と、その公卿の子息たちにとっては後三条天皇の末年から白河天皇即位のころが絶頂期であったといえよう。隆国はそこで引退している。俊明と、僧侶になった年下の兄弟たちは、このころに飛躍的な出世をしている。これも偶然ではなかろう。すなわち、隆国が代表する源氏と、藤原氏、天皇の三者の政界における協調関係の中で、隆国が、本薬師寺の解体、円宗寺・法勝寺の創建、法成寺の再建に協力したことが、若い子息たちを出世に導いたのではなかったかと思われるのである。

㈡讃岐善通寺への移建

本薬師寺の堂塔を移建した寺として、法成寺・円宗寺・法勝寺を挙げたが、ここでもう一つの善通寺《ぜんつうじ》について述べたい。それは弘法大師空海の故郷讃岐《さぬき》にある。

周知のごとく空海は、讃岐西部を支配した豪族佐伯氏の第三子として誕生した。寺地は、その佐伯氏の邸宅があったところと伝える。現在は、南門を入った正面に金堂が、門内東側に五重塔一基がある（図72、図73）。この伽藍中心部の西方に誕生院の一部があり、御影堂には童形大師像と両親の像が安置されている。ただ、いずれも近世以降のものである。

注目されるのは、鎌倉時代の中期、この寺に薬師寺金堂と同じような規模をもつ、同じように特異な形態をした金堂があり、丈六の薬師如来像を本尊として安置していたことである。それを示すのは道範《どうはん》阿闍梨《あじゃり》の『南海流浪記』である。(84) 道範は高野山の学僧で山内の正智院の院主であったが、仁治三年（一二四二）七月、金剛峯寺衆徒が末院大伝法院を焼打ち灰塵となした罪に、宿老の一人として連座し、寛元元年（一二四三）春、讃岐に配流された。同記はその一件に筆を起こし、建長元年（一二四九）に赦されて帰山するまでの主な出来事を日記体で記したもので大師の寺・善通寺に多くの字数を費やしている。

（寛元元年）三月廿一日、善通寺ニ詣《テ》、大師《ノ》聖跡ヲ巡礼《ス》。金堂《ハ》二階七間也。青龍寺ノ金堂ヲ被レ摸《タル》トテ、二階ニ各今少引キ入リテモゴ《層》シアルガ故、打見《レバ》四階大伽藍（ナリ）。是ハ大師御建立、于レ今現在せり。御作《ノ》丈六《ノ》薬師。三馬《尊》四天王像イマス。皆埋仏《ナリ》。後壁《ノ》ニ又薬師三馬《尊》半出ニ埋作ラレタリ。七間《ノ》講堂《ハ》、破壊《シテ》後今新《タニ》造営。五間常堂（御作釈迦イマス）同新造立《ス》。大師御建立二重宝塔現存《ス》。本五間、令二修理《セ》一之間《ルノ》。加二前《ノ》広廂一間一《ヲ》云々。於二此内一奉レ安二置御筆御影一《ヲ》。此御影《ハ》。大師御入唐之時。自図《シ》レ之奉《ラ》レ預二御母儀一《ニ》「云々」。同等身像《ナリト》云々。大方様《ハ》如二普通御影一《ノ》。但於二左之松山ノ上一《テ》《ニ》釈迦

図 72　讃岐善通寺の金堂(薬師堂)

図 73　讃岐善通寺の五重塔

如来影現形像《ノ》有レ之云々。凡此ノ善通寺ノ本《ハ》、四面各ゝ二町。其内《ニ》種々《ノ》堂舎宝塔。灌頂院。護摩堂。厳重《ニ》羅列《セリ》。今皆《ハ》破壊《シテ》。纔《わづかニ》礎石許《リ》在レ之。御筆之額二枚有レ之。皆善通之寺《ト》アソバサレタリ。其外大宝楼閣ダラニ（ト）アソバシタル額二枚有レ之。皆破損云々。抑善通之寺《ハ》、大師御先祖《ノ》俗名《ヲ》、即《チ》為二寺号《ト》一云々。破壊之間。大師修造建立之時。不レ被《ル》レ改《メ》二本号《ヲ》一歟。金堂之西《ニ》有二一直路《ノ》一。一町七反（丈）許者（也）。則自二寺中一参二御誕生所《ニ》一之路也。則参詣（シテ）拝《スレバ》レ之《ヲ》。正御誕生所《ニハ》石高《ク》広《ク》畳《メリ》。今《ハ》如法経奉レ納之。七重石塔《ノ》有レ之。大樹少々有レ之。拝見之間。恋慕恭敬。催レ涙《ヲ》折レ胆《ヲ》。（後略）

ここに記される金堂は、二重で各重裳層付、一見四階のごとく見えるという点、薬師寺金堂の形態に一致する。また「七間」というのも薬師寺金堂の殿身初重の正面七間と一致する。

以上の史料をもとに、薬師寺金堂に類似する形態をもった建物の実例として善通寺金堂を紹介したのは若井富蔵氏で、板橋氏も後に、これについて触れておられる。(85) だがそれ以上深く追求しておられない。しかし私は、この時期の善通寺に薬師寺金堂と同規模同形態の金堂が存在したというのは疑問だと思う。以上の史料において道範は、その金堂は青龍寺を模して弘法大師が建立したものであると記すが、彼がそう聞いたというだけで史実とは認めがたい。大師信仰のもとに、金堂の特異な形態と、空海が真言密教を長安の青龍寺の恵果から伝受されたという事実が結びつけられたにすぎない。大師の建立が否定されれば、青龍寺を模したというほうも、おのずと否定されるであろう。

善通寺の創建は奈良前期であったと考えられ（もっとも、当初の寺名は善通寺でなかった可能性もある）、寺から出土する瓦がそれを物語っている。その中には本薬師寺跡から出土した軒丸瓦の複弁蓮華文を多少簡略化した文様のものもみられる。[86] また善通寺宝物館に現在展示されている薬師仏と伝える塑造の仏頭は、火災に罹ったためか、かなり傷んでいるが、面相の堂々たる表現からみて奈良時代を下らないものと考えられる。面長が五〇センチメートルぐらいあるから丈六仏の仏頭であるにちがいない。となると、それが奈良時代の善通寺の金堂本尊であった可能性があろう。

善通寺伽藍の復原についての論文を発表された藤井直正氏は、大意、

(1)以上の仏頭は奈良時代前期（白鳳様式）であり、扁平につくられているから、それは、道範が見た金堂の「丈六薬師三尊」ではなく、「後《ノ》壁《へ》ニ又薬師三尊半出ニ埋《(埋)》作ラレタリ」とある半肉彫仏像の一部と考えられる。

(2)道範が見た重層各層裳層付の金堂は、善通寺が創建された奈良時代前期の建築がそのまま伝存していたもので、その建築様式は、同時代の本薬師寺金堂をモデルとしたと考えられる。

(3)本来の善通寺は、奈良時代前期に創建された古代寺院で、南大門・中門・塔（一基か二基かは不明）・金堂・講堂を備えた（四天王寺式か薬師寺式の）伽藍であったが、延久年間（一〇六九～一〇七四）の前後から常行堂以下さまざまの堂宇が建てられ、善通寺は古代寺院から真言宗の寺院へと変貌した。

という見解を明らかにしておられる。[87]

以上の三点のうち、(1)についてはしばらく措くとして、[88] (2)、(3)に対してはここで異論をとなえたい。まず、善通寺創建の奈良前期に藤原京の本薬師寺金堂を模して金堂を造営したという点、ありえない

ことであろうと思う。舒明天皇の百済大寺（舒明十一年＝六三九年創建、同年、九重塔を建つ）を、天武天皇は飛鳥に移して高市大寺《たけちだいじ》（後に大官大寺と改名）とし、文武天皇はそこに九重塔を造営したが、塔跡からみて、その塔の形態は、百済の故地に現存する弥勒寺多層石塔や、統一新羅の善徳女王十二年（六四三）に起工された皇龍寺九重塔のように、各層の階高《かいだか》が低く、上層にゆくにしたがって平面が大きく逓減するタイプのものであったと考えられる。この形の塔は奈良時代に、他の寺で造られた形跡はない。将来においてもその遺跡が発見されるということはないだろう。それは、普通の五重塔と違うその形態が天皇家の寺の象徴とされて規制の対象になったか、あるいは自己規制が行われた結果であると考えられる。そのような階層差にもとづく建築規制は、すでに古墳時代に始まっており、それは江戸時代まで続いたのである[89]。

薬師寺金堂のような二重二閣、同塔のような三重三閣の建築が、善通寺を除いて、ほかにあった形跡がないのも、大官大寺の塔の場合と同じ事情が想定されるべきであろう。佐伯氏が讃岐西部を支配する有力な豪族であっても、その氏寺に、天皇家の私寺の建築と同規模同形式のものを建てることはありえないであろう。同様に、藤井氏のいわれる(3)、すなわち善通寺が薬師寺か四天王寺式の伽藍配置であったという点も信じがたい[90]。そこで次に、平安時代半ばの史料と『南海流浪記』によって、伽藍の推移を改めて考えてみたい。その中で藤井氏の推論の首肯しがたい点が明らかになるとともに、私が考える本薬師寺の金堂が善通寺へ移建された可能性について証明されよう。

善通寺は、東寺の末寺なので東寺長者によって任命される別当があり、その下に三綱があった。『東寺百合文書』には善通寺三綱らが、寺の政治経済に関する問題を本寺に訴えた解状の内容を示す文書が含まれている。その中から、寺の実状、伽藍の状態が知られる二つをここで取り上げたい。

一つはもっとも古く、寛仁二年（一〇一八年、藤原道長が出家して法成寺の建立を始めた前年にあたる）に善通寺司が提出したもので、そこでは本寺に対して四ヵ条の申請をしている。[91]

一、寺家領田が多度《たと》・那珂《なか》の両郡に分散し、そこを預り作る作人らは、所当の地子《じし》を弁済する気がない。そのために寺家の修理ができないので、領田を一処とするよう朝廷にとりなしてほしい。

二、かつては国内二十八ヵ寺の一として国の公役を勤めてきたが、その後、本寺の威によって公役を免除せられた。ところが去年、国庁は、諸寺に准じて使を差遣して、寺家の雑事を検知せしめた。国庁に申して国免《こくめん》をさらに得たい。

三、本寺の別院となって以後年がたつが、寺司《じし》は一ヵ所の修理もしていない。望むらくは、御告書を下し給わって、破壊修理を勤仕せしめ、また年々の地子物を弁ぜしめたい。ただし、去年の寺家免《めん》田《でん》は四町余で、所当地子米は二十余石であったが、そのうちから寺家の例用十余石が差し引かれるので、破壊修理料としては大いに不足である。とりわけ僧令命が、一町を作りながらその地子を弁じないので、いよいよもって不足するので、これらの地子を弁済せしめたい。

四、当寺は国内で一、二を争う寺で、建立の堂塔房舎は他寺に勝っているけれども、田園の地子は少なく、雑役《ぞうやく》の下人《げにん》は一人もいない。ゆえに寺家修理雑役の浪人二十人を宛てられるよう、国衙《こくが》に申してほしい。

以上の文書は、末寺の本寺に対する依存関係を窺い得る史料としてよく知られているが[92]、ここでは次の点に注目しなければならない。

まず第一は、当寺は讃岐国で一、二の寺で、「建立堂塔房舎勝他」と記すからには、この時点でなお、かなりの堂宇と塔とを備えた伽藍を維持していたと考えられることである。

第二には、それにもかかわらず、経済的理由で、東寺の末寺となってからも堂塔の修理は一ヵ所も行われず、それをする雑役の下人を一人も置いていなかった。東寺の末寺になったのは、檀越である佐伯氏が没落したためにちがいないから、堂塔の修理はそうとう長期にわたって行われていなかったと考えられよう。そのような状態が続けばどうなるか、結果は容易に想像できる。

『東寺百合文書』中の善通寺関係文書は、右の文書から半世紀後の延久四年（一〇七二）の分だけで五通あるが、そのうちの一通[93]をここで取り上げたい。それは、当時における伽藍の実状を教えてくれる。

讃岐国善通寺所司等解　申請　仁和寺僧正御室政所恩裁事

請被特蒙　鴻恩、任道理裁許、僧延誉任別当職之後、寺中所用燈油仏聖幷修理料等田畠地子物徴取、敢不充寺用、尤不安愁状、

右、所司等、謹撿案内、件寺者弘法大師御先祖建立道場、大師聖霊誕生之砌也、而年序推遷、堂舎悉以破壊顚倒、就中去ヽ年大風、五重塔一基・三間一面常行堂一宇已以顚倒也、於塔者構造無力、常行堂者以古材木、近来擬改建立之処、件延誉非道為宗、全不留置燈油仏聖幷修理料等、因茲寺中方ヽ仏事修理堂舎等殆可闕怠、其中大師御闋日料尚以押止、况余仏事乎、次者目代法師得勢之不善

甚難堪、寺中住僧等既忘久住之思者、言上如件、望請　蒙恩裁、停止件延誉不善者、如旧勤仕仏事、将仰正理貴、仍注事状、以解、

延久四年正月廿六日

都維那慶真
寺　主快暹
上　座真能
住　僧（草名）

「判
如中文者、別当延与（ママ）所為不当也、先仏聖燈油修理等可為宗、但件事依程遠、暗難知子細、国守令触申者、自然被裁定歟者之、
法務僧正「長信」」

この前半は、本寺より新たに補任された別当の延誉（与）が田畠の地子物を徴収して私用し、寺内の仏事・堂の修理にあてず、また日代《もくだい》法師も別当の威を借りて不善をなすので、寺中住僧らは寺内に居住するに堪えない状態であると、善通寺の三綱が東寺長者である仁和寺の僧正に訴えたものである。後半は、それに対する長者の答えで、申文のごとくならば別当の所為は不当であるが、道遠くて子細を知りえないから、国守に触れたならば、しかるべき裁定があろう、と述べている。

この問題はその後どうなったかというと、善通寺三綱らは直ちに国衙に訴え、[94] かつ新別当の寺院会計の詳細を勘進した。[95] また十月末には再度東寺長者に訴えている。[96] その内容は、別当自身は京都にいて、寺には目代法師を遣わして今年の地子物をすべて徴収し、半分は京に運上させ、半分は年末の鎮西下向

の料として割り置くべしと申し下してきた由、驚き入った次第なので言上する、もっと正しい人を別当に定めてほしいという内容のものである。

その結末は明らかでないが、これより十二年後の応徳元年（一〇八四）に、善通寺所司《しょし》に対して、本のごとく別当の「所勘《しょかん》」にしたがって雑事を勤仕すべしとの庁宣と、庁宣に上り本別当をもって寺家雑事を執行せしむべしとの留守所下文が発せられているので、[97]東寺が希望したごとく、在地国司の手でこの問題が解決され、かつ、末寺の敗北に帰したと解せられている。[98]ここにも東寺と善通寺の関係の実状を窺い知ることができる。

以上に挙げた善通寺所司解において同寺が弘法大師御先祖建立の道場と、繰り返し述べられているのも重視すべきであろう。[99]

さらに、右に掲げた延久四年の解状からは当寺の伽藍の実態を知ることができる。それによると延久二年（一〇七〇年、後三条天皇創建の円宗寺の落慶供養の年）の大風で五重塔一基と三間一面の常行堂一宇が顛倒した後は、「堂舎悉以破壊顛倒」という状態で、塔の再建は無理なので、常行堂だけは古材を使って再建したという。この記し方からして、薬師寺金堂のような建物が存在しなかったことは明らかであろう。奈良時代に丈六薬師像を安置した金堂は、それ以前に亡んでいたと考えられる。[100]

善通寺の西にある曼荼羅寺《まんだらじ》も東寺の末寺であったので『東寺百合文書』には同寺の解状も含まれている。[101]それらによると、この寺のほうは、弘法大師が唐から帰国後みずから建立したものであったらしい。[102]そしてそこには元来、五間四面瓦葺講堂（本堂）一宇、多宝塔一基、五間別堂一宇があったが、[103]大師入滅後二百年あまりを経て破壊顚倒、荒廃の状態にあった。そこへたまたま鎮西諸国を修行していた僧善芳が参詣し、荒れはてた堂の中で風雨によって朽損する数躰の仏像や、風霜によって破れる経典を見て、大師創建の寺の復旧を企てた。そして康平五年（一〇六二）、本寺たる東寺に対し、相応の奉加を賜わって修理を行いたい旨を請い、これに東寺長者（権僧正覚源）が、速かに修造すべしとの判を与えたので、善芳は同年に安芸国から材木を買い求めて修造にかかった。[104]ただ、このときは破損していた多宝塔の復興はあきらめたらしく、半損の講堂と五間別堂、それに大師御行道所の施《せ》坂《さかじ》寺の三間茅葺の御堂の三宇を元のごとくに修造した。[105]その一方で善芳は、本寺および国衙に訴えて、寺領の回復と拡張、それに地子の徴収に勤め、修理料の確保をはかっている。『東寺百合文書』もみなそれに関するものである。[106]

善通寺三綱が新任別当の延誉（与）を訴えた延久四年には、曼荼羅寺の善範（延久四年以前に名を善芳から善範に改める）も同じく本寺・国庁留守所に訴えた。その中で善通寺は代々、曼荼羅寺所領の畠地子物を徴用しなかったのに、新任別当が地子を徴するので、材木はあるけれど施坂寺の御堂と曼荼羅寺の僧房一宇の修造ができないと述べているから、これよりかなり以前から、曼荼羅寺は善通寺所司によって統制されていたとみられる。[107]

善通寺の別院である曼荼羅寺の再興が終りに近づきつつあるのに、善通寺のほうが古材で建てた常行堂だけしかない（延久四年の解文に、[108]「僧房堀（ママ）塗食料」「僧房鋪設直」の他に、「講堂敷板直下」がみえるから、壊れかかった僧房や講堂があったのかもしれないが）のは、住僧にとって堪えられない気持ちであったにちがいない。

そこで、曼荼羅寺に続いて善通寺伽藍の復興が企てられたと思うのである。善通寺の金堂は、そのとき本薬師寺金堂を解体して移築したものであろう。それから百七十年ほど後の寛元元年（一二四三）に、『南海流浪記』に記された金堂を見た僧道範が、大師の建立であると聞いて納得したのは、すでに金堂が古びていたことと、建築が古風にみえたからであろう。

本薬師寺と善通寺、従来はその間に何の関係も認められていなかった。だが実は、空海が高野山に住した当時からすでに本薬師寺は高野山の影響下にあり、真言の僧が住していたのである。一方の善通寺は、空海誕生の地であり、高野山と並ぶ真言宗の有力寺院である東寺の末寺である。本薬師寺の解体にあたって、その中心堂宇が善通寺へ移送されたとしても不思議ではなかろう。大和から讃岐まで部材を運送する困難を気にするむきがあるかもしれないが、大部分の行程は水上であるから、その距離は問題になるまい。醍醐寺本『諸寺縁起集』の西大寺の条に入り込んでいる「薬師寺流記資財帳残簡」に記載される薬師寺の封戸の内訳は次のようになっている。

信乃（信濃）国五十戸、常陸国百戸、武蔵百戸、
讃岐国三百戸、伊与国五十戸、

一般的にいって奈良時代の封戸は、このころには寺領荘園と化していたから、薬師寺と讃岐は経済的にも深い結びつきがあったことになる。法勝寺の薬師堂造営の場合のように、材木運送に荘民を徴発することもできたはずである。

本薬師寺解体に重要な役割を果したとみられる源隆国の息男の僧定賢が、承保三年（一〇七六）十

二月に、上﨟を越えて醍醐寺座主に補せられ、永保三年（一〇八三）に権少僧都で東寺長者を兼ねたことは前述したが、本薬師寺金堂の善通寺への移建に関与していたことも充分考えられるであろう。

善通寺に二重宝塔が建てられたのも、金堂移建と同じころだったのではないかと思われる。

大師御建立ノ二重宝塔現存ス。本五間、令ルノ二修理セ一之間。加二前ノ広廂一間ヲ一云々。於二此内ノ一奉レ安二置御筆ノ御影ヲ一。

『南海流浪記』は以上のように弘法大師の建立と記すが、金堂の場合と同様、そのまま信ずる必要はなかろう。

曼荼羅寺には当初多宝塔があり、康平五年（一〇六二）には、破損していたとはいえ、いまだ存在したのに、そこで修造されず、善通寺のほうで多宝塔が造られているのは、前者を移築修造したという可能性があり、そうなるとこの塔は大師建立と関係がなかったとはいいきれないであろう。「五間」は一辺の長さであろうから、この多宝塔は、高野山金剛峯寺の根本大塔や現存する根来寺《ねごろじ》のそれのような、いわゆる大塔《だいとう》のタイプであった可能性があり注目される。

『南海流浪記』にみえる南大門も、金堂・宝塔と同じ時期に建立されたものであろう。

道範が善通寺へ赴いた鎌倉中期も、造営が行われた時期であった。道範は、古い講堂が破壊した後、いま新たに七間講堂が造営されたと記している。五間「常堂」が同じく新たに造立されたとも記すが、これは、延久二年（一〇七〇）の大風の後、古材で造った常行堂を、新規に造り直したことを示すものであろう。また同記中の「一誕生院縁起之事」に記されるところによると、道範が善通寺に滞留中の寛元三年（一二四五）に、行蓮上人によって大師の木像がつくられたのを機会に、寺僧と評議して、この木像を安置する一堂を誕生所に設けることとし、道範みずから勧進となって建長元年（一二四九）に建立したということである。これより先、道範が初めて善通寺を参詣したとき、金堂の西に延びた直路の先にある誕生所には、石が高く広く畳まれ、七重の石塔があり、大樹が少々あるだけだった。[109]

十一世紀末の造営、十三世紀の造営、いずれも相当の規模のものである。延久四年（一〇七二）までの善通寺の経済力では、とても不可能であった。それが可能となったのは、東寺や高野山の積極的な援助があったからにちがいないが、それには次のような情勢が関係していたであろう。

高野山は、空海示寂後、宇多・醍醐両帝の協力もあって、九世紀末には伽藍も整い隆盛に向かったが、東寺との争いに端を発して一山は急激に荒廃し、十世紀末の大火で伽藍は全焼した。だが、弘法大師号勅許（延喜二十一年＝九二一年）のころから空海は高野山に入滅したのではなく入定留身しているという入定信仰が起こり、それから発展した高野山浄土の思想に刺激されて藤原道長が治安三年（一〇二三）に高野山に参詣したことは、高野山の歴史上、画期的な出来事で、以後、頼通・師実をはじめとして貴賤の高野山参詣が急速に流行した。白河上皇の寛治二年（一〇八八）の行幸以降、上皇の登山あいつぎ、院政権力と高野山は密接に結ばれていく。それらによって寺領荘園の寄進が増大し、おびただしい堂塔が建立されて、高野山は隆盛に赴くのである。弘法大師入定の地である高野山がこのように発展すれば、弘法大師誕生の地である善通寺が改めて顧みられるのも自然の成行きであろう。高野山や東寺が善通寺の造営を援助し、本薬師寺解体に際して、その中心堂宇を善通寺へ運んだ背景は、そのあたりにあろう。[110]

五、本薬師寺の仏像の流転

本薬師寺の堂宇が解体されたとき、そこに安置されていた仏像はどうなったのであろうか。堂宇が他の寺に移建されれば、仏像も同じように移されたにちがいない。

現在、西ノ京の薬師寺講堂に安置される金銅薬師三尊像と東院堂に安置される金銅聖観音像はもともと本薬師寺の像で、同寺解体の際、他の寺に移され、その後、平城薬師寺に返されたものであると私は考える。以下、それについて述べよう。

㈠現講堂薬師三尊像（図74）

平安時代半ばに再建された平城薬師寺の講堂には、天禄四年（九七三）の火災の際に類焼を免れた持統天皇造立の阿弥陀の大繡仏《だいしゅうぶつ》と三尺の釈迦像が安置されていたが、享禄元年（一五二八）の兵火で仏像は講堂と運命をともにした。

その後、焼失した伽藍の復興が企てられ、安永九年（一七八〇）ごろには現講堂安置の薬師三尊像が西院弥勒堂（西院堂）から講堂跡に移されて修復が行われ、講堂は弘化五年（一八四八）から嘉永五年（一八五二）にかけて再建されて、安政三年（一八五六）に光背の完成をまって、薬師三尊像の講堂入

図 74　平城薬師寺講堂の薬師三尊像

仏供養が行われた[11]。

講堂の薬師三尊像が西院堂から移されたものであることは、種々の史料から明らかであるが[12]、そのような丈六の薬師三尊像が当初から西院堂にあったはずはない。そこで西院堂に移入されるまでの来歴が問題で、従来多くの議論がある。

それに関連して早くから注目されているのは、『薬師寺古記録抜萃』所収の次の史料である。

元禄十二年（一六九九）己卯二月伽藍再興願を幕府に差出せし節。取調の伽藍旧記書抜の中

（中略）

西院之寺中は。元来龍王谷に在り。金剛院等多在レ之。雖レ然兵乱多盗賊在レ之。故随レ力。永禄年中以降。段段今地引移。西院堂地震破壊其上兵乱焼失故。本尊皆焼失畢。依レ之以二旧材木一如レ形建立[113]。以二八条村薬師三尊一為二本尊一。此三尊者。天武天皇。

於二高市郡岡本一所レ鋳也。元明天皇。以二仏足跡一為二模範一。而勅二于行基一所レ鋳像。今金堂納。故以二昔本尊一於二八条村一。一宇建立為二本尊一也。今九条村元是今城造立付。八条地引移也。本名呼故名九条村。八条名十町許東在二八条之号一残。則今九条町南城外堀通筋西方。堀南松林之内在之。今西院堂本尊是也。本尊雖二薬師仏一。西院堂元来弥勒為二本尊一故。号二弥勒堂一也。今唯五軒残矣。（後略）

これによると、講堂の薬師三尊像が薬師寺西院堂のものとなるまでの経過は次のようになる。

(1)この薬師三尊像は、天武天皇が高市郡岡本において鋳造したものである。

(2)この薬師三尊像は、八条の地に移転した九条村の一宇の堂の本尊にされた。

(3)地震兵火に荒廃した薬師寺西院堂が旧材によって再建されたとき、以上の薬師三尊像が移入されて本尊とされ、元来西院堂は弥勒像が本尊だったので、それに倣って弥勒堂と称した。

江戸時代の人が、天武天皇が高市郡岡本で鋳造したと話せば、それは本薬師寺金堂の本尊のことをいっているとみてよい。元明天皇が行基に命じて、仏足石を模範として造らせたのが今の金堂の本尊であると述べていることからも、その点は明らかである。したがって従来、この史料をもって講堂の薬師三尊像がもと本薬師寺金堂の薬師三尊像であったことを物語るものと解してきたのは妥当である。

こうした史料があるので、寺伝では、講堂の薬師三尊像はもと本薬師寺金堂の本尊であったということになっていた。薬師寺の仏像に早くから関心をもった岡倉天心やフェノロサもそれを唱え、また関野貞氏は、様式的にもその時代のものとして適当であるとされた[114]。またこの講堂の薬師三尊像には、ほかにも本薬師寺の旧仏説を唱える者もあった[115]。足立氏も本薬師寺金堂の本尊説を支持したが、その後は野間清六氏を除いて、それに賛成する人はほとんどいないようである。

代わって問題にされているのは、植槻寺《うえつきでら》本尊説である。それは昭和になって橋本凝胤・田村吉永・板橋倫行の諸氏によって唱えられたもので、[116] その中心的拠り所となる史料は、京都報恩寺の證誉湛澄によって記された『植槻道場縁起』（宝永二年＝一七〇五年の奥書）である。これは岸熊吉氏によって発見され、現在、植槻八幡神社に保管されている。その植槻八幡神社は、大和郡山城址の東北にあり、東側に近鉄橿原線が走っている。城の北側の堀に沿う道路は、かつての平城京の南の京極、九条大路にあたり、植槻八幡神社の一町東にある道路が、二坊大路にあたるから、現在の植槻八幡神社の位置は、平城京右京九条三坊の東南隅に相当することになる（図75）。この植槻八幡神社が植槻寺の跡であると江戸時代の史料は述べており、『植槻道場縁起』のはじめのところにある同寺の創建についての文にも、次のように記される（句読点は引用者）。

（前略）爰《ここ》に大和国植槻道場は大宝年中房前大臣の建立にして藤氏尊崇の霊場なり。昔は結界八町四方にして金堂講堂いらかをならへ、東堂西堂光をつらねて一方の大伽藍なりしか、時うつり事変して今は境内も狭く諸堂も絶て、僅に金堂の本尊観音の木像のみ堂の内におはします。又鎮守の八幡の御社、昔の名残りとて今にあり。いつれも霊験すみやかにして貴賤の参詣たえすなむ侍る。

この『植槻道場縁起』でとくに注目されているのは、次の部分である。

此道場草創の昔は諸堂にをのをの霊仏を安置せらる。金堂には右の観音、講堂には丈六金銅の薬師、東堂にも薬師の像、西堂の本尊は不動明王の像なりけり。されとも今は其堂も破れ、其像も隠れて

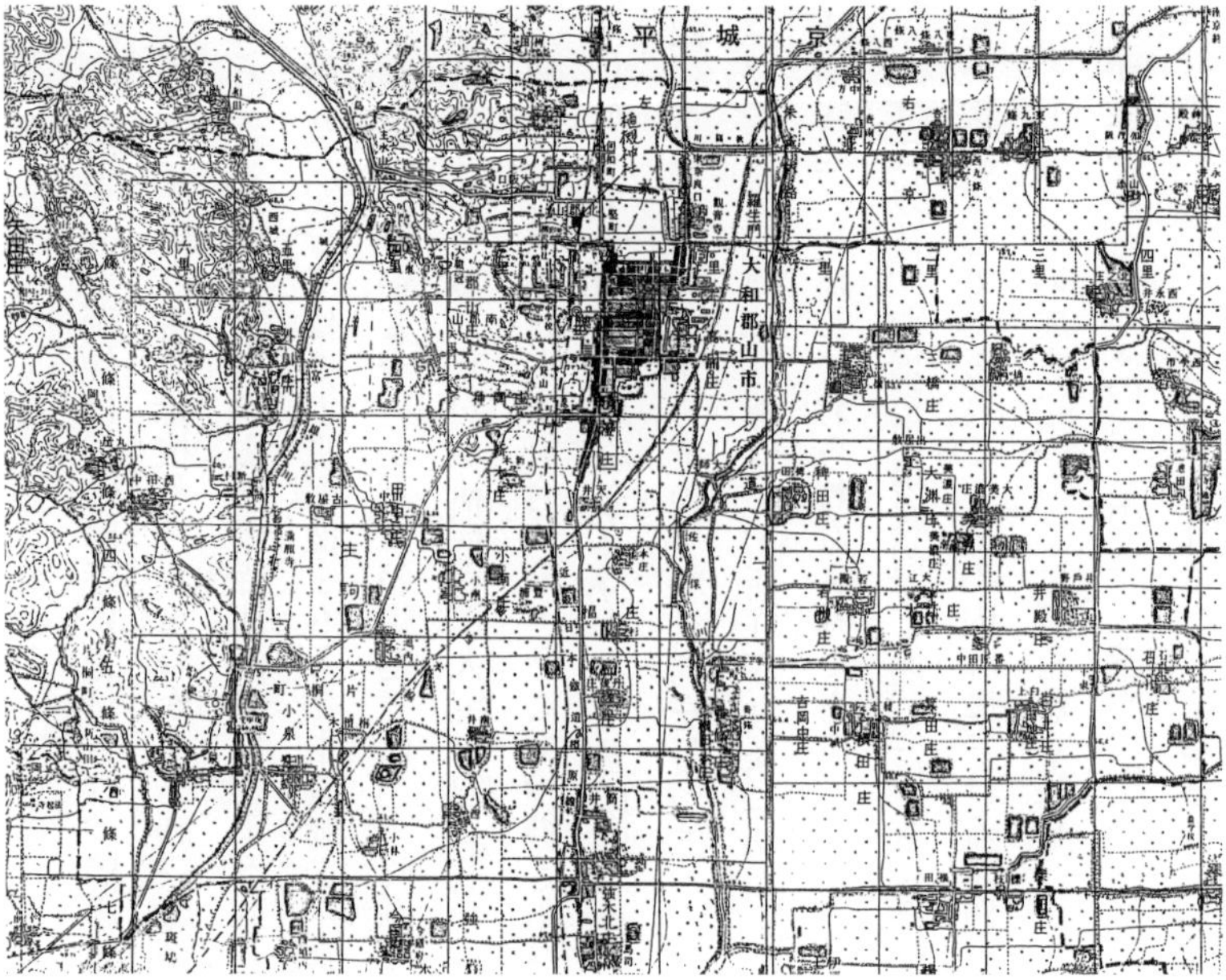

図 75　大和郡山市周辺の条里制と荘園（『大和郡山市史』より）

こゝにはましまさす。講堂の跡もさたかならす。応永の比《ころ》、九条の巷に井司三郎といふ人あり。ゆへ有て山をほりけるに其薬師の像をえたり。丈六の霊像を俗家に安置すへきよしなしとて薬師寺に寄附せり。今西院の本尊是なり。此故に薬師寺本領の内にをいて此三郎の子孫は、永く諸役を免許せらる。是より三町あまり乾の方に、ちいさき池あり。其像をほり出したる処なり。（後略）

これによると、講堂の薬師三尊像が薬師寺西院堂に安置されるまでの過程は次のようになる。

(1)丈六金銅の薬師像が植槻寺講堂の本尊であった。

(2)その丈六薬師像が、応永（一三九四～一四二八）のころに、九条村の井司《いし》三郎《さぶろう》という人によって掘り出された。

(3)その丈六薬師像は、薬師寺に寄付され、同寺西院の本尊となった。

前の『薬師寺古記録抜萃』からわかる薬師三尊像の来歴と比べると、(1)は異なるが、(2)、(3)すなわち、丈六薬師像が九条村から薬師寺西院堂に移入されたという点では一致している。また(1)にしても、前の薬師寺の記録ではその丈六像をもとの本薬師寺金堂の本尊とするだけで、それがなぜ九条村の堂の本尊となったか書いてないが、この縁起では、それを九条村あたりにあった植槻寺の旧仏とする点、前者より真実性がある。しかも植槻寺が大宝年間（七〇一～七〇四）に藤原房前《ふじわらのふささき》の創建になるとすれば、薬師三尊像の様式年代とも符合する。そこで植槻寺本尊説が有力視されたのである。

だが、本薬師寺本尊説を支持する足立氏は、『植槻道場縁起』を無批判に受け入れている植槻寺本尊説に反対し、みずからその史料批判を行って、『植槻道場縁起』は信ずるに価しないと主張された。[117]とはいっても、薬師三尊像の旧所在が九条にあった薬師寺の領地内であったという点に関しては、『植槻道場縁起』を信じておられたようである。

足立氏以後、『植槻道場縁起』を問題にした人はなかったが、その後、佐藤靖子氏がこれに対して詳しい検討をしておられる。[118]その内容における問題点の指摘に関しては、足立氏のそれを敷衍《ふえん》して述べるとともに、その成立については新たな考察を行っている。そして、この縁起の内容には信じがたいところが多いから、「この史料のみで薬師寺の講堂三尊が植槻寺のものであったと断定することは今の段階ではまだ危険であると思われる」と結論している。

これら二つの史料批判は、『植槻道場縁起』について多くのことを教えてくれるが、それらによって同縁起の信頼性を考えると、私は足立、佐藤両氏の結論には賛成しがたい。

『植槻道場縁起』には、指摘されるように、細かい点で間違いやおかしなところがある。また平安時代に撰録された『薬師寺縁起』などと違って首尾一貫性がなく、寄せ集め的な内容であることも確かである。古代に創建された寺院の縁起を江戸時代に作ろうとしたら、どうしてもそうなるであろう。問題は、記された内容それぞれの質である。

この『植槻道場縁起』の場合、古代に関する部分と中世・近世の部分とで、それが異なる。

古代に関しては、出典を明示した記事が二つある。その一つは維摩会に関するもので、「和銅二年にいたりて淡海公此道場へ浄達法師を請して維摩会を修せしめたまへり。其事釈書に見ゆ」とあり、次に「又俊頼卿の記に云」として、藤原鎌足の時代に維摩会が創始された次第を示す。「俊頼卿の記」なるものについて今日ではよくわからないが、浄達法師のことは、『元亨釈書』巻十六、浄達法師の条に確かに次のようにある。

釈浄達。入二新羅一求法。慶雲四年五月来帰。和銅二年十月。右僕射不比等就二植槻道場一。延レ達修二維摩会一。

このことは同書巻二十一の和銅二年（七〇九）十月条にも次のように記される。

藤公不比等屈二浄達法師一。於二植槻浄場一修二維摩会一。礼也。此会中微。藤公更修。貴之而書。

また和銅五年十月条にも、

於二興福寺一修二維摩会一。先或陶原殖槻《(ママ)》数所。及二興福之建一移焉。

とある。これによって、植槻寺では、和銅三年の平城遷都の前後にあたる和銅二年から和銅四年までの三年間、維摩会が催され、翌年からは興福寺に移されたことが知られる。(119)『七大寺年表』和銅二年条には、右大臣藤原不比等が「植槻之浄場」に維摩会を修すること五年とあり、同七年条に、初めて維摩会を興福寺に移して修したと記すが、これは和銅五年を五年間と誤解した結果ではないかと思われる。『三宝絵詞』『伊呂波字類抄』にも興福寺より以前に植槻寺で不比等が維摩会を催していたことを記す。この件は史料に植槻寺があらわれるもっとも古い例である。『植槻道場縁起』はそれを引いているのである。

『植槻道場縁起』が典拠を明示する記事のもう一つは、観音の霊験談である。その終りのところに「此事元亨釈書の拾遺志、又薬師寺景戒の霊異記等にも載られたれは、天下にひろまりて此寺の名もかくれなし」と記されているが、実際、その話は、『元亨釈書』巻二十九、志三、拾異志にある次の記事に相当する。

諸楽《ナラノ》古京殖槻寺《(ママ)》側有二寡女一。父母昔日鋳二観音銅像一。高二尺五寸。造レ殿安レ之。父母死後。女貧甚。常対レ像訴二飢寒一。隣有二鰥夫一。潜通。一日夫来。雨下不レ帰。其晩女無レ供。明旦又不レ爨《カシカ》。乃入レ殿泣訴《ウタフ》。過レ午叩レ門。啓レ戸。里人送レ饌。言而曰。聞レ有レ客。故贈二草具一耳。女不レ勝レ喜。脱レ裙与二使者一。次日。女入レ殿礼コ拝像一。裙子挂《カヽレリ》二像肩上《ノニ》一。

またこの話は確かに、薬師寺僧景戒が弘仁元年（八一〇）ごろに撰述した『日本霊異記』中巻第三十四に「孤嬢《みなしご》女憑ニ敬観音銅像一示ニ奇表一得ニ現報一縁」と題して載っている。『元亨釈書』の文よりずっと詳しく、このほうが話の原形に近いものと思われる。娘の父母が亡くなったのを聖武天皇の御世と記すので、話の時代もわかる。

『日本霊異記』より三百年近く後に編纂された『今昔物語集』の巻十六の第八にも、この話は、「殖槻（ママ）寺ノ観音、助貧女給語《マヅシキヲンナヲタスケタマヘルコト》」と題して載っている。『日本霊異記』と比較すると、話の基本的な筋は変わっていないが、細かい点では多くの違いがある。そのうちとくに重要なのは、娘に福を授けた観音のことで『日本霊異記』では、植槻寺のあたりの里において数多くの屋・倉を作って裕福に暮していた娘の両親が造立し、仏殿を造って安置したもので、高さ二尺五寸の銅像となっており、『元亨釈書』でもそうなっているのに、『今昔物語集』では、植槻寺の像で、等身の銅の正観音となっており、話の終りには、「其ノ観音、于今《イマニ》其ノ寺ニ在《マシ》マス」と記されている。つまり『今昔物語集』では、植槻寺に当時存在した正観音の霊験談に変わってしまっているのである。その意味については後で述べよう。

『植槻道場縁起』が、『今昔物語集』からではなく、『元亨釈書』『日本霊異記』から引いたのは、偶然であろうが、結果的に正しかったことになる。

『植槻道場縁起』が出典を明示せずに記す古代関係の重要事項は、前掲の引用文中にほとんど含まれている。植槻寺の創建と、当時の伽藍の状態に関するものである。従来はそれに対して、『植槻道場縁起』の撰述された江戸中期から千年も前のことを述べているのであるから信ずるに価しないとして退けてきた。しかし、植槻寺は、後でしだいにわかるように、その千年間、ずっと荒廃の状態が続いていたわけではないのである。したがって、江戸中期においては伝わっていなかったとしても、それ以前に縁起らしいものが作られていたかもしれないし、またそれを補う口伝もあったであろう。とくに寺の本尊や創建者のことは、伝承であっても真実を含む可能性があろう。

そうであるならば、『植槻道場縁起』が、植槻寺の創建を大宝年中、創建者を藤原房前としている点はどうか。和銅二年に不比等がこの寺で維摩会を再興しているから、それより五年以上前の大宝年中の創建というのは、時間的におかしくない[120]。房前が創建者であるというのも、中世以降に作られた話とは考えられない。そんな時代になって創建者を選べば、房前よりずっと著名な政治家である祖父の鎌足や父の不比等、なかでも植槻寺との関係が諸史料にみえる不比等が挙げられたにちがいないからである。そうだとするならば房前の子孫である藤原北家が摂関を独占した平安時代に作られた話であろうか。

植槻寺が奈良時代・平安時代においてすでに薬師寺と関係を保っていたことも、ここで注目されてよい。『正倉院文書』の天平勝宝五年（七五三）五月二十三日の「薬師寺三綱牒」に「植槻寺」の名が見え、同寺が「建法寺」とも記されていることは、すでによく知られているが、その史料によると、同年三月五日に植槻寺（当時は殖槻寺と記したとみられる）は、薬師寺に『二王経』二巻を請うたことがわかる[121]。また『薬師寺縁起』鐘楼条の記載によれば、天禄四年（九七三）二月二十七日の伽藍被災後、別当安鏡は大衆と協議して、ただちに勝光寺の鐘を曳き取って西岡の上に懸けたが、長保五年（一〇〇三）十月二十五日の僧綱の牒によって、「興福寺別院建法寺」の鐘を曳き取り、鐘楼跡に仮屋を新たに構えて、それを懸けた。その高さ七尺、口径四尺二寸、乳高一寸六分、と記されるのが、現存の鐘に相当する。この鐘は東大寺のそれと同じ天平盛期の様式とみられている[122]。

奈良時代において各寺院が相互にどのような交渉をもっていたかはわからないが、以上の事実からみるかぎり植槻寺と薬師寺は親密な関係にあったように思われる。藤原氏が陰謀によって天武系皇親を代表する長屋王を亡ぼした神亀六年（七二九）の長屋王事件は、両勢力が深く関わりあう興福寺と薬師寺との関係に大きな影響を及ぼしたであろうと推察されるが、植槻寺と薬師寺との関係には影響しなかったようである。

また、藤原道長の時代に、植槻寺の鐘が薬師寺に曳かれるのを、藤原氏や本寺である興福寺が許したのは、植槻寺がすでに荒廃に帰していたためであろうが、もう一つには、植槻寺が古くから薬師寺と関係をもっていたためであろう。そうだとしたら植槻寺の創建が房前であるという『植槻道場縁起』の主張は、事実である可能性があろう。なぜなら後述するように、房前は、長屋王とも提携関係にあったとみられるから、両寺の関係はその反映だったのではないかと私は考える（もっとも、講堂の薬師三尊像の問題と、植槻寺創建者が房前であるかどうかという問題とは、直接関係がない）。

『植槻道場縁起』が、植槻寺草創期の伽藍の構成、安置の仏像について記すところは次のようであるが、これには疑問がある。

結界　八町四方[123]

金堂　高六尺余の木造十一面観音像

講堂　丈六金銅薬師像

東堂　薬師像
西堂　不動明王像

金堂に観音像が安置されていたことは、まず確かであろう。『日本霊異記』の観音は、植槻寺のあたりの里にあったものであるが、そういう説話ができること自体、植槻寺が観音の寺であったことを示すことにほかならないからである。また『今昔物語集』が成立した十二世紀の初めには、植槻寺に等身銅造の正観音像が存在した。したがって『植槻道場縁起』に記す六尺の木造十一面観音像が金堂に安置されたのは中世以降のことであろう。

講堂に丈六金銅の薬師像が安置されるということも、まずありえない。薬師寺・大官大寺でさえ、当初、講堂には繡仏だけが安置されたのである。したがって、中古のある時期になって植槻寺の講堂に丈六金銅薬師像があったとしたら、それは奈良時代創建のしかるべき寺から移入されたものと考えざるをえない。

西堂に不動明王像を安置したというのも、もちろん平安時代以前に遡りえない。したがって、薬師像を安置する東堂というのも当初からあったものではあるまい。

以上のように『植槻道場縁起』は、創建当時の建築・仏像を知るうえでは、ほとんど役に立たないが、それは中古における伽藍の状態を示している可能性があろう。

『植槻道場縁起』は、室町時代以降に関する歴史的事項となると、かなり詳しい。その内容を年表にして整理するとともに、そこから伽藍の推移を考えてみたい（表8）。

表 8 『植槻道場縁起』における中世・近世の記事

和暦	西暦	事　項
応永年間	1394～1428	九条の井司三郎、丈六金銅薬師像を掘り出し、薬師寺へ寄付する。子孫は諸役を免許せらる。
大永年間	1521～1528	井司喜三郎、東堂（薬師堂）の破壊しけるを修理する。
永禄年間	1558～1570	北方にあった仮金堂を、植槻八幡北隣の地に移す。
寛永丙午(子ヵ)	(1636)	井司九左衛門、二間四面の仮金堂を造って本尊（六尺余の木造十一面観音像）を安置する。
正保年間	1644～1648	井司九左衛門、廃絶せる東堂の薬師像を修補し、御堂を建てて安置する（いまの常楽寺の本尊）。
寛文 7 年 10 月 9 日	1667	郡山城主本多政勝の家人吉弘、本堂再興の催しあり。井司何某、近隣の僧俗と同心して奉加をすすめ、三間四面の御堂を造らんとし、この日、造営を始める。
寛文 8 年 9 月 28 日	1668	御堂上棟（竣工ヵ）。入仏供養あり。導師は観音寺の堯誉法印。
貞享元年 9 月 17 日	1684	郡山城主松平日向守、御堂北隣の地を寺に寄進する。御使は郡代中村又右衛門・杉原安右衛門。
元禄 3 年 10 月 18 日	1690	郡山城主本多下野守、御供料五石を当寺に寄進する。寺社役人浅川太左衛門・浅見又之丞が、これを奉行する。
元禄 4 年 9 月	1691	別当谷口六大夫・庄屋助六源三郎、御堂を北の方へ六間引き移すにあたり、東向きと南向きのいずれにすべきか神前で御くじを引いたところ、南向きたるべしと出たので、そのように造作を加える。
元禄 6 年 正月	1693	郡山城主本多下野守、石燈籠二基を当寺に寄進する。
宝永 2 年 3 月 18 日	1705	京都報恩寺十四世證誉湛澄、『植槻道場縁起』を書く。

年表（表8）でみるように、中世以降の記事の先頭に、応永年間（一三九四〜一四二八）ごろにおける丈六金銅薬師像の発掘が挙がっているのである。

建物としては、東堂と金堂だけしか出てこない。他は室町時代以前に失われていたのであろう。東堂は、破壊していたのを大永年間（一五二一〜一五二八）のころ、井司喜三郎という人が修理を加えたが、江戸時代の正保年間（一六四四〜一六四八）のころにはその堂も絶えて、尊像も雨露に浸されて五体分離の状態であった。その像を井司九左衛門という人が修補し、御堂を建てて安置したのが常楽寺の本尊であるという。そうなると東堂の建立は室町以前であったであろう。講堂と同じ薬師像を本尊とするところからみると、講堂の薬師像が何かの事情で地下に埋められた後で、講堂とその像の代わりとして小規模の堂が造られ、金銅仏でない薬師像が安置されたという可能性があろう。

金堂としては仮金堂が、植槻八幡の北方半段[124]ばかりのところにあったのだが、永禄年間（一五五八〜一五七〇）のころ、植槻八幡の北隣の地に移された。その後、破壊したので寛永丙子[125]（一六三六）の年に井司九左衛門という人が二間四面の堂を造った。寛文年間（一六六一〜一六七三）に至って、郡山城主本多政勝の家人《けにん》吉弘が本尊を深く信じて金堂の再興をすすめたので、井司何某が近隣の僧俗と同心して奉加をすすめ、かさねて三間四面の御堂を造ろうとし、寛文七年（一六六七）十月九日に起工、翌八年九月二十八日に上棟（完成の意か[126]）、同日に入仏供養があり、導師は、近くの観音寺の堯誉法印が勤めた。貞享元年（一六八四）九月十七日には、郡山城主松平日向守が本尊を信仰して、寺地の北隣の地を寺へ寄進。郡代中村又右衛門、杉原安右衛門という人たちが使として遣わされた。元禄四年（一六九一）に、御堂を北のほうへ六間引き移そうとし、その際、東向きにするか南向きにするか迷って、別当谷口六大夫、庄屋助六源三郎は神前で御くじを引いたところ、南向きたるべしと出たので、同年九月に引き移して造作を加えた、と記す。寺地が狭くて南向きにできなかったのが、先年、北隣の地が寄進されて寺地が北に拡大されたので、このような措置になったものと思われる。その前年の元禄三年十月十八日には、城主本多下野守から御供料五石の寄進があり、寺社役人浅川太左衛門、浅見又之丞が、それを奉行したというから、それも引き移すきっかけになったのであろう。元禄六年正月には、同じく城主から石燈籠二基の寄進があった。

以上が『植槻道場縁起』に記される室町時代以降の植槻寺のありさまである。これによって高六尺の木造十一面観音像を安置する小堂が、なんとか江戸時代まで維持されてきたことがわかる。

仮金堂ができてからの位置は以上に触れたが、当初の金堂の在所さえ、いまはさだかに知る人なし、というくらいで、講堂の跡も定かならずというのが『植槻道場縁起』作成当時の状況であった。

近世になって破壊された東堂の跡は、『植槻道場縁起』に「是より三町あまり北の方に古松のある所なり」と記される。『植槻道場縁起』中で「是より」を使って位置を示す箇所が他にも二、三あるから、それは植槻八幡と植槻寺御堂がある現植槻八幡神社が基準になっているとみられる。したがってそこから三町北というと、現在の代官町内にあたる。

東堂より前に亡びた、不動明王像を安置した西堂については、「東堂より半町はかり西にあり。今に土中に礎石あり。本尊は是より四町あまり乾の方の草堂の中にましにます」と記す（図76）。

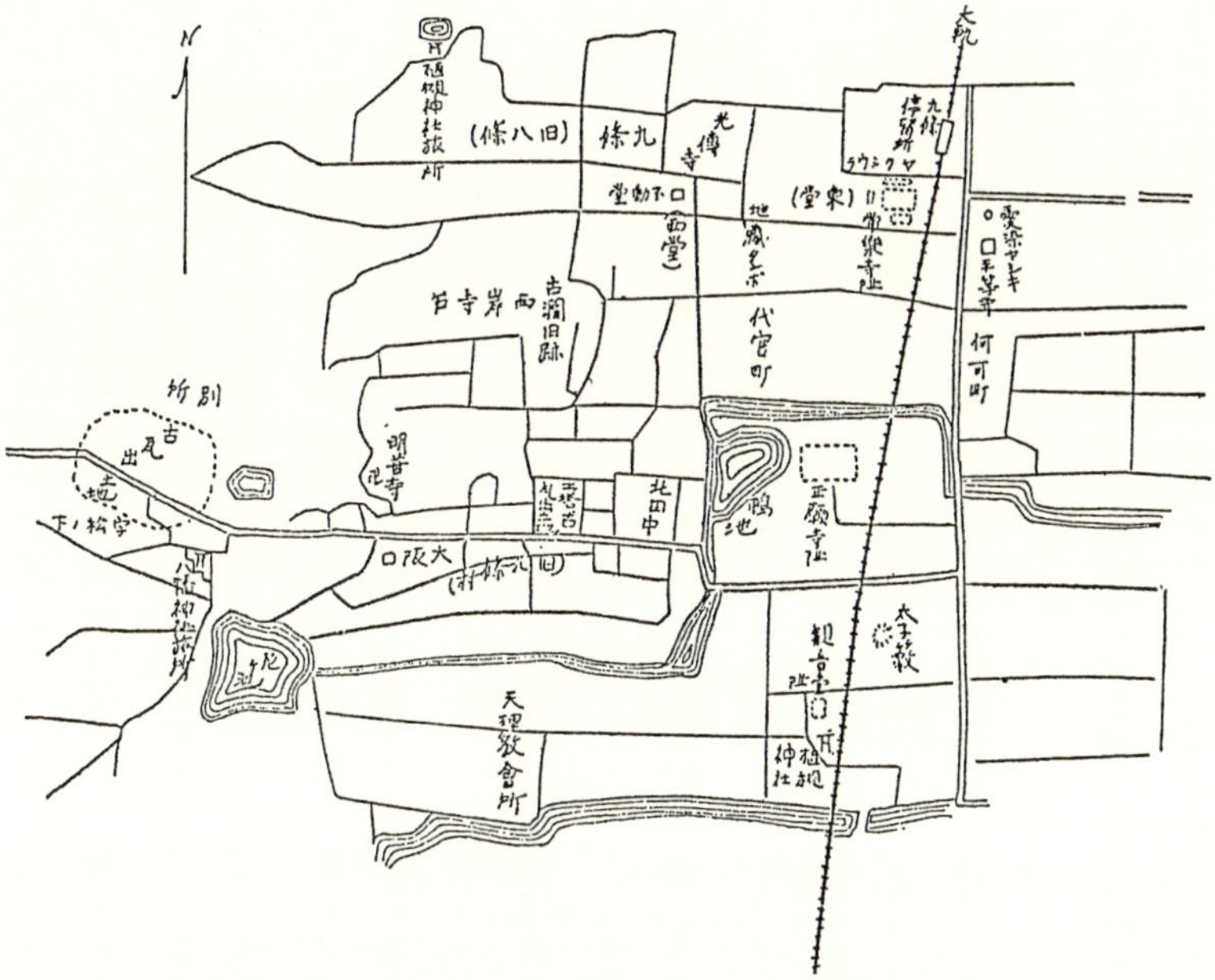

図 76　植槻寺跡（保井芳太郎『大和上代寺院志』より）

また塔のことは、植槻寺の説明には出てこないのに、植槻八幡の段に次のような記載がある。

当寺の鎮守は八幡大菩薩なり。此社壇はむかしの塔の跡なり。其礎今にあり。宝塔破壊して後、爰にうつせり。（後略）

宝塔といっても石造の小塔婆から木造五重塔まである。またそれが植槻寺に属したという証拠もない。

以上のように植槻寺の伽藍の状態を検討してわかったことは、まず、創建当時の主要堂宇は観音を安置する金堂ぐらいであったということである。鐘でさえ、それよりやや遅れて天平ごろに造られているのである。和銅年間に維摩会が行われたことを記す史料に、「植槻道場」「植槻浄場」と書かれているのも、そのあたりの状態を反映したものであろう。

長保五年（一〇〇三）に、再建中の薬師寺へその鐘が曳き取られているから、興福寺の隆盛とは逆に、このころ植槻寺は廃滅の状態にあったと考えられる。

しかるに、それから一世紀後の『今昔物語集』成立ごろに、植槻寺には等身の金銅正観音像が存在したのである。その間に、何らかの事情で寺の再興が企てられ、この仏像もよそから持ってきた可能性があろう。

講堂を造って、丈六の金銅薬師像を安置したのも、そのころのことではないかと思われる。前にも触れたように、その像は移入されたものにちがいない。

不動堂（西堂）が造られたのも、同じ時期のことではなかったか。室町時代には失われていたからである。

仮に植槻寺に塔が造られたことがあるとすれば、それもこの時期をおいてほかにはないであろう。

その後、また寺は衰亡に向かったらしい。等身の金銅正観音像を安置する金堂も、鎌倉時代末までには失せ、室町時代には、木造の小観音像を安んずる仮金堂があったにすぎない。

講堂にあった丈六金銅の薬師像も埋められ、室町時代になって掘り出されるというありさまである。東堂は、江戸初期まで残っていたところからみて、その建立は、西堂より遅かったとみられ、講堂と丈六薬師像が地上から失われた後に、その代わりとして造られた小薬師堂であったと思われる。

このように室町時代以降の植槻寺の伽藍の推移についてはこれまで述べてきたとおりである。

これによって、植槻寺の歴史、伽藍の変遷、そして『植槻道場縁起』の史料としての可能性と限界が、大略明らかになってきたと思う。そこで次にこれらをふまえて、『植槻道場縁起』の丈六薬師像に関する記事の信憑性を検討したい。

結論を先にいえば、それは非常に信頼性が高いということである。

その記事の内容、すなわち丈六薬師像の発掘は応永年間のころで、『植槻道場縁起』が撰述されるより三百年も以前のことで、『植槻道場縁起』における中世関係記事の内容としてもっとも古いことが、まず問題になろう。だが、応永以降なら確かな伝承者がいた。

その一は、植槻八幡である。すでにみたように、植槻八幡は当初から現在地にあったのではなく、移されたものであるが、『菅文書』応永十三年（一四〇六）、「法華寺本田畑券」の中に、右京九条三坊五ノ坪ノ内の田地をさして「ウエツケノ宮前」と表示しているところから、当時すでに現在地に植槻八幡が存在したことが確かめられるのである。[127]『植槻道場縁起』の中世関係記事が応永から始まっているのも、植槻八幡とその宮座が、そのころ新たな体制を整えたことを暗示するものであろう。

第二に重視されるのは、丈六薬師像の発掘者として『植槻道場縁起』に記されたのが井司氏であるということである。表8でわかるように、井司氏は『植槻道場縁起』にはその後もたびたび出てきて、仏堂・仏像の修造は、ことごとく同氏の手で行われている。井司氏は旧九条村の最有力者であったとみてよい。明治維新の際、神仏分離令をもって植槻八幡神社の北側の地にあった植槻寺の御堂は、現九条町（平城京八条）にある光伝寺に移されたが、光伝寺はもと常念仏堂小岩寺と称し、明暦元年（一六五五）に井司九左衛門が開基となって阿弥陀像を本尊として草創したものであった。[128]『植槻道場縁起』によると、井司九左衛門は寛永十三年（一六三六）に植槻寺本尊を安置する二間四面の堂を造り、正保年間（一六四四〜一六四八）には同寺東堂の仏像を修理して仏堂を造って安置している（その本尊がいま常楽寺の本尊になっていると『植槻道場縁起』が記すのは、九左衛門造るところの仏堂が常楽寺本堂ということか）。常念仏堂小岩寺は、彼が余生を念仏三昧に暮らすつもりで造ったものであろう。

井司氏が植槻八幡と関係があったことは、薬師寺の次の資料『薬師寺縁起国史』所収の文にもあらわれている。

天正八年〔一五八〇〕庚辰四月、五〔九カ〕条植築宮一乱炎焼之間、従氏子九条郷造営在之、去天正七年己卯十一月十六日宮遷芸能在之、宮前上段寺家浅〔桟カ〕敷六間打早（畢）、地下者共下段東西打早（畢）、自余一円不入者、中食井司喜二〔ママ〕郎ヨリ用意早（畢）、

天正七年（一五七九）に、焼けた植槻八幡の社殿を再建し、遷宮の芸能儀式が行われ、神職僧侶地下《じげ》者が桟敷で見物した際、中食を井司喜二郎が用意したというのである。これからすると、井司氏は植槻八幡の宮座の家であったと考えられる。

井司氏と植槻寺・植槻八幡の関係からみると、同氏は古くからの有力名主であって、中世の郷村九条村の刀禰《とね》ないしオトナと呼ばれる地位にあったと考えられ、同氏が維持管理するこれらの寺社は、村の精神的結合の中核であったとみられる。

以上のようにみてくると、中世におけるこの地域の重要事実は、植槻寺、植槻八幡、井司家、そして郷村内で記録されたり、口頭で伝承された可能性があるということになる。

問題は『植槻道場縁起』の作者が、それを正しく伝えているかどうかであるが、その点も心配ない。作者である京都報恩寺の十四世の證誉湛澄は、植槻寺にはまだ一度も訪れたことはないが、いささかの因縁があってこの縁起を書くとみずから奥書に記しているので、足立氏らは『植槻道場縁起』の内容に疑問をいだかれた。だが、その後、この『植槻道場縁起』の絵の部分を描いたのは、西岸寺・報恩寺に住した明誉古磵であったことが確実視されるに至っている。[129] 西岸寺は、前に植槻寺の東堂・西堂の所在地として推定した地域（代官町）から二町と離れていないところにあり、城主だった本多氏の菩提寺であったらしい。[130] そのようなところから古磵は、郡山を中心に奈良地方の寺に作品を遺し、また他にも縁起を作った。その中には湛澄との共作もある。薬師寺地蔵院に住して、享保元年（一七一六）には『薬師寺縁起絵巻』を描いている。それより先、『植槻道場縁起』を描いた二年後の宝永四年（一七〇七）には「植槻」の大扁額を作っているので、当時は植槻寺観音堂に掲げられたにちがいないが、その後、観音堂とともに光伝寺に移されている。このような古磵の経歴からみて『植槻道場縁起』は、詞書の筆は湛澄であるとしても、内容は古磵の調べたところであったと考えられ、『植槻道場縁起』は、当時における記録・伝承を正しく伝えているとみられる。

以上を要するに、『植槻道場縁起』に記す応永年間における井司三郎の丈六薬師像の発掘は、充分信用できる。発掘した位置について『植槻道場縁起』は、「是より三町あまり乾の方に、ちいさき池あり。其像をほり出したる処なり」と記すとともに、「ゆへ有て山をほりけるに其薬師の像をえたり」とも記すので、矛盾していて信用できないといわれるのであるが、ちいさき池のあたりにある小山を想定すればよい。薬師像は、わざわざ穴を掘って埋めたのではなく、土を被せて埋めてあったのであろう。覆いの堂が失われた後の金銅仏の保存方法としては充分考えられるところである。「是より三町あまり乾の方」は、前に触れたように、植槻八幡・植槻寺観音堂のあるところから西北三町あまりということで、それに相当する場所としては、代官町の鴨池周辺が考えられるのではないかと思う[131]。

前述した東堂（薬師堂）は「是より三町あまり北の方に古松のある所」にあったし、早く亡びた西堂（不動堂）は、その半町西にあったというから、薬師像の発掘地は、東堂・西堂、ことに西堂に近いところであったということになろう。そうなると、平安中期に植槻寺が再興された当時、伽藍の中心はそのあたりにあり、薬師像の発掘地は、講堂跡であったという可能性が大きいであろう[132]。また、近接して薬師像を安置する堂が二つ同時に存在するということもありえないから、東堂（薬師堂）は、講堂の薬師像が埋められた後に、その代わりとして造られた、という前述の推定が妥当であろう。『植槻道場縁起』は、その本尊がいま常楽寺の本尊になっていると記すが、常楽寺の木造薬師如来像（高四尺八分）は、鎌倉末期の造像と推定されている（寺は廃絶して、木像は現在春岳院の脇壇に安置されている[133]）。その造像時期が東堂の造営時期とすれば丈六薬師像が埋められた時期もまたおのずと明らかであろう。

発掘された丈六薬師像は、『植槻道場縁起』によると、薬師寺に寄付され、西院の本尊になったという。これに対しては、それが植槻寺の旧仏だったら薬師寺に寄付するというのはおかしいという批判がある。しかし、いままで見てきたように、室町時代の植槻寺は寺司のあるような寺ではなく、九条村の管理下にあったらしいから、丈六仏を安置するところがなくて薬師寺に寄付したということもありうる。

また、九条村あたりの北郡山一帯は、古くから薬師寺の荘園のあったところであるから、その関係で発掘した薬師像を薬師寺に寄付したものとも考えられる。『植槻道場縁起』が、丈六像を発掘して薬師寺に寄付した井司三郎の子孫は薬師寺本領の内において永く諸役を免除されたと記すのは、そうした事実と符合するのであって、同史料が信頼できるものであることを示している。

では発掘された仏像は、すぐに薬師寺へ移されたのであろうか。

『薬師寺古記録抜萃』所収の元禄の文書には、薬師寺西院の本尊となる前には、九条村に建立された一宇の本尊であったと記されているところから、従来は、発掘された丈六像は、九条村の仏堂に安置され、その後、近世になって薬師寺に移されたと解釈しているようである。だが、同史料には、『植槻道場縁起』に、その丈六像が安置されていたと記される植槻寺講堂のことが出てこないから、九条村の一宇とは、『植槻道場縁起』における植槻寺講堂に相当する可能性もある。ということは、掘り出された仏像は、すぐに薬師寺に運ばれた可能性もあるということである。いずれにしても『植槻道場縁起』に「ゆへ有て山をほりけるに其薬師の像をえたり」とあるから、偶然の発見ではなかったであろう。

そこで薬師寺に目を転じると、応永を遡る三十余年前の康安元年（一三六一）六月二十四日の大地震で、金堂の二階が傾き破れ、一基の塔は九輪が落ち、一基の塔は大いにゆがみ、中門・回廊はことごとく顚倒、同じく西院も顚倒、このほか諸堂破損（『嘉元記』）、という被害を出している。そして応永九年（一四〇二）に西院文殊堂が建立されている（『薬師寺志』[134]『薬師寺《やくしじ》濫觴私考《らんしょうしこう》』）。となると、井司三郎が、薬師三尊像を発掘して薬師寺に寄付したのは、最初から西院復興のためにしたことではなかったか、と思われるのである。

『七大寺巡礼記』薬師寺金堂条には「或記云、行基井ノ（菩薩）本尊之文殊在此堂云々、可尋之」となっているのが、『七大寺巡礼記』をもとに、後代に作られた『七大寺日記』[135]（従来は両史料の前後関係を逆に解している。本章第三節㈢項でもそれが誤解であることを指摘した）になると、「北僧坊西端ハ行基井房也名文殊院」とあって、金堂に文殊像があったという記事はない。同様に『諸寺建立次第』では「西端第一小ノ□（子カ）房、号文殊院一、安文殊ズ像一、行基井ノ旧室也」と記す。つまり『七大寺巡礼記』と、後の二史料から、文殊像は金堂から行基旧室と伝える僧房に移され、そこが文殊院と呼ばれるようになったということがわかる[136]。江戸時代の伽藍古図[137]（伽藍寺中幷阿弥陀山之図）では、西僧房の位置よりずっと北方、堂塔幷僧房院の北境となる道路の近くに文殊堂跡が描かれ、文殊堂は西塔の位置に描かれている。万治三年（一六六〇）に、文殊堂は西塔跡に移されたのである。そして昭和九年にこの文殊堂は朽損《きゅうそん》のために解体された。

ところで『薬師寺志』の講堂三尊像の項には、前に掲げた『薬師寺古記録抜萃』所収の元禄十二年の文書の文を仮名交りに書き下しただけのものを載せるのであるが、それに続けて次のように記している。

今此仏像を熟視すれば。土中に埋れし痕跡もあり。闕損又補ひ少なからずと雖も。至極の古像にて。金色又所所に遺れり。金堂の本尊と比較すれば。やや古きを覚ゆ。松原の土中より。文殊堂に移し。其時弥勒と称せしより。今に土俗は弥勒と称す。講堂は。元来弥陀三尊安置の堂なるを以て。寺内には。弥陀を称し。其実は全く根本の薬師なりと云ひ伝ふ。

この史料は、問題の三尊像が発掘された後で薬師寺の文殊堂に安置されたという前の推定を裏づけるものである。地震後、西院堂が再建されなかったために、そのような措置がとられたのであろう。文殊堂のほうが先に再建されたのは、当初の文殊像が、破壊を免れて遺っていたためではないかと思われる。現存する文殊堂本尊は、木造漆箔（像高六二・五センチメートル）で、天平末から平安初期のものと考えられているので[138]、当初のものである可能性もあろう。

三尊像の文殊堂移入後、文安二年（一四四五）には薬師寺金堂・南大門が大風のために顚倒している[139]。文明年間（一四六九～一四八七）には兵火に罹っている[140]。そして永正七年（一五一〇）には大地震があった[141]。続いて永正十三年（一五一六）には、筒井順慶が敗北して矢田中村の兵が薬師寺へ討ち入り、西院・西室等を放火している[142]。さらに金堂・塔の修理間もない享禄元年（一五二八）には謀叛を企てた筒井順興の兵によって、金堂・講堂・西塔・中門・僧房と五条から九条に至る在家がことごとく放火された[143]。前掲の『薬師寺古記録抜萃』所収の文書に「西院之寺中は。元来龍王谷に在り。金剛院等多在㆑之。雖㆑然兵乱多盗賊在㆑之。故随㆑力。永禄年中以降。段段今地引移。西院堂地震破壊其上兵乱焼失故。本尊皆焼失畢。依㆑之以㆓旧材木㆒如㆑形建立。以㆓八条村薬師三尊㆒為㆓本尊㆒」とあるのは、以上の事実を指すものにちがいない。西院堂は永禄以降に旧材で再建されたことになろう。文禄五年（一五九六）の大地震で破壊した建物中に西院堂の名が見える[144]。

三尊像が西院堂の本尊になったのはこの再建の時点で、文殊堂から移されたと考えられるが、このとき初めて郡山から移入されたのであるとする見方もある。田村氏は次に取り上げる興福寺多聞院の英俊の日記『多聞院日記』天正十四年（一五八六）十一月二日条に注目された。

一、西京薬師堂ニ大ナルカナ仏ノ堀出タルヲ、順慶之時入テ被置タルヲ、大地震[145]ニコロヒテ頸ヌケタルヲ盗テ、堺ヘ売ニ出ケルヲ令才学、取返両人召取、一人ハ大将ナレハハタ物ニ上、一人ハクヒヲ切テカウニカケテアリ、

そして、この「西京薬師堂」は薬師寺西院堂を指すとみられるから、三尊像は、筒井順慶の郡山築城（天正八～十一年）の際に発掘して薬師寺に施入した植槻寺の旧本尊であると主張された。しかし、三尊像が植槻寺講堂の本尊で、応永年間に発掘されたという点に問題はないから、田村説は成立しない。右の記事も、発掘された大きな金銅仏が順慶の時代に薬師堂に安置されたと述べているにすぎない。そこで「西京薬師堂」が薬師寺西院堂を指すものかどうかに対してさえ否定的な見方がある[146]。

だが、大きな、金銅の、薬師仏で、発掘されて、順慶の時代に、西ノ京の堂に安置された仏像といった諸条件を満足させるものが、問題の三尊像以外に存した可能性はないだろう[147]。また西院堂は元来弥勒像を本尊とし、そのために移入された三尊像も弥勒と称されたが、その三尊自体は薬師三尊像だったのであるから、その像を主題とする話に西院堂が薬師堂の名で出てくるのも不思議ではない。したがって『多聞院日記』の話[148]は、薬師寺西院堂に安置された、現講堂三尊像に関するものである可能性が強い。

そうだとすると、応永年間に発掘された三尊像はただちに薬師寺に移入されたのではなく、順慶の時代に、薬師寺西院堂が再建された時点でそこに移座されたことになろう。応永年間からそのときまでの間どこにあったかといえば、植槻寺東堂（薬師堂）が挙げられよう。応永のころは、九条村という郷村

の成立期であったとみられるから、それを期に荒廃していた植槻寺の一堂を修造し、井司三郎が旧講堂の三尊像を発掘して安置したというのは、大いにありうることであろう。近世においてその東堂の本尊は、鎌倉時代に造られた薬師像であったが、それは金銅の三尊像が薬師寺西院堂に移された後、その代わりとして、よそから移座したものであったということになろう。

ただ、順慶の時代になって初めて薬師寺の西院堂に三尊像が移入されたとする推定にも、気になる点がなくもない。『植槻道場縁起』は発掘者の井司三郎がただちに薬師寺に寄付したように記しているし、また『薬師寺志』に、三尊像は松原の土中から薬師寺文殊堂に移された、と記されていることも前にみたとおりである。だが、これらは決定的障碍ではないだろう。[149]「西京薬師堂」はまた、植槻寺東堂を指している可能性もないではない。もしそうだとすると、順慶の時代に三尊像が移入されたのはその植槻寺東堂ということになり、薬師寺西院堂への移入は、盗難事件より後のこととなる。しかしこの場合、新たに問題となるのは、応永のころから順慶の時代まで三尊像はどこにあったか、という点である。それを考えると、「西京薬師堂」＝植槻寺東堂説は成立しないのではないかと思う。

以上、『植槻道場縁起』の信憑性、丈六薬師像発掘記事の信頼性の検討から始めて、薬師三尊像が平城薬師寺西院堂の本尊に納まるまでの過程を考察してきたのであるが、その結果、平安後期に植槻寺が再興された際、同三尊像は講堂本尊として移入され、鎌倉時代に再度寺が荒廃したときに埋められ、応永年間に発掘され、薬師寺西院に施入されたことが、確かめられたと思う。ただ薬師寺移入の時期については、次の三つの可能性がある。

(1)発掘直後、薬師寺に移されて文殊堂（応永九年＝一四〇二年再建）に安置された。そして永禄以降に西院堂が再建された時点でその本尊とされた（天正十三年＝一五八五年の地震の際、盗難に遭う）。

(2)発掘後、植槻寺東堂に安置された。順慶の時代になって薬師寺西院堂が復興されたのにともない、そこに移され、天正十三年の大地震の際、盗難の害に遭った。

(3)発掘後、どこに安置したか不明。順慶の時代になって植槻寺東堂に安置され、天正十三年の地震の際、盗難に遭う。その後、薬師寺西院堂に施入された。

これらのうち(3)の可能性は非常に乏しいと思われる。(1)あるいは(2)のいずれが事実であったかはもう少し考えてみたいところである。

残る問題は『薬師寺古記録抜萃』の元禄の文書や『薬師寺志』が、この薬師三尊像を本薬師寺金堂の本尊であると述べている点である。従来は、これを信ずる人は『植槻道場縁起』の記事を疑い、逆に『植槻道場縁起』によって植槻寺本尊説を主張する人は、本薬師寺本尊説を、単なる寺伝として退けた。だがいずれも妥当ではない。『薬師寺古記録抜萃』『薬師寺志』は、九条村一宇（植槻寺講堂あるいは東堂）より前に、本薬師寺金堂にあったと記しているのである。また一方、『植槻道場縁起』は、それを植槻寺金堂の本尊とは記していないのであって、講堂本尊と記しているのである。金堂の本尊が観音であったことは、前にも述べたように、まず疑いないところである。したがって講堂に丈六金銅薬師像があったのは、他から移入されたと考えざるをえない。そうであるならば、それが本薬師寺からであったかもしれないではないか。

つまり、本当に問われなければならないのは、植槻寺講堂に移入された薬師三尊像が、本薬師寺金堂のものであったかどうかである。

以下に述べる四点からみて、それは事実であったと考えられる。

第一に、現存する薬師三尊像それ自体の特徴である。明治時代に薬師寺の金銅仏に注目した碩学が、講堂三尊像（図74）をもって本薬師寺金堂の本尊とする寺伝を受け入れたのは、その様式が本薬師寺創建当時のものとみて妥当であると判断されたためであった。その後は、その様式の年代を下げて考える意見が多くなっている。植槻寺本尊説を主張する人は、それを大宝年間から奈良時代の初めとみている。さらに年代を下げて奈良時代後半とする見解もある。なかには延暦・弘仁（平安初頭）ごろという説もあらわれている[150]。これに対して野間氏だけは、本薬師寺金堂の本尊であったとは決められないが、様式技法からみてその可能性が大きい、と述べておられる[151]（この説は後の東院堂聖観音のところでも触れる）。専門家の意見は、このようにまちまちの現状であるが、その中では野間氏の様式解釈が的確であり、かつ私の実感とも一致する。

講堂三尊像と金堂三尊像が、様式技法の違いにもかかわらず、一見して似ているのは、従来問題にされていないようであるが、重要なことではないかと思われる。それらの中尊を、同じ丈六金銅仏の遺品である旧山田寺薬師像（天武十四年開眼供養）の頭部や蟹満寺《かにまんじ》の釈迦像（製作年代・原所在地不明）と

図 77　平城薬師寺金堂の薬師三尊像

比べれば、それほど似ているとはいえない。したがって、薬師寺の二組の薬師三尊像の相似は偶然の結果とは思えない。むしろその相似は、平城薬師寺金堂の三尊像（図77）の造立にあたって、講堂三尊像すなわち本薬師寺金堂三尊像を模した結果である可能性があろう。[152]

本薬師寺金堂の薬師如来像は、平城薬師寺金堂の薬師如来像と違って、掌に不死薬を入れた青瑠璃壺を載せていた（第五章、二三四頁参照）。現講堂の如来像はというと、左掌を真上に向け、しかも中指だけではなく薬指も曲げているから、薬壺を載せる形になっているといえる。つまり講堂の丈六像は、本薬師寺金堂の丈六像たりうる必須の条件を満たしているということになる。[153]

第二に、植槻寺に移入された薬師三尊像が本薬師寺の本尊であった可能性は、植槻寺の本寺である興福寺と、薬師寺の関係からも充分考えられるところである。

奈良時代において薬師寺は天皇家の寺であったから、藤原氏の寺である興福寺より、あらゆる点で勝っていたにちがいない。だが、神亀六年の長屋王事件、光明子立后の後、皇后が中心になって興福寺を官大寺並に整備する。[154]そして平安時代になると、天智系天皇の下で薬師寺は天武系皇族・源氏の寺として、むしろ格が下がるのに対して、興福寺は藤原氏の政界における絶対的優勢を背景に勢力を伸ばす。

それは維摩会講師の選出などにもあらわれている。十月に興福寺で行われる維摩会と、正月に宮中で催される御斎会、そして三月に薬師寺で開かれる最勝会は、合わせて三会と称せられ、この順序に三会の講師を勤めれば已講《いこう》と呼ばれ、僧綱《そうごう》に昇進する資格を得ることができる。その始めにあたる維摩会の講師は藤原氏の長者の推薦によったが、平安初期には薬師寺僧も興福寺・東大寺などの僧侶と交代に選ばれている。ところが間もなく選ばれる機会が少なくなり、他の二寺、ことに興福寺から選出されることが圧倒的に多くなるのである。『三会定一記』所収の「維摩会講師次第」（八三四～一二六三年）から薬師寺僧で講師になったものの名前を拾うと次の表のようになる（表9）。

これでわかるように、道長時代の輔静（『薬師寺縁起』は彼の薬師寺別当在任中に作られている）以後は、天喜四年に道静が選ばれただけで、隆信が選ばれるまで実に五十二年もの間隔があり、隆信以降は一人もいないありさまである。しかもこの隆信は、前に触れたように源隆国の息男で薬師寺別当になっているが、興福寺の出身である。

興福寺僧にして薬師寺別当になった例は、彼が最初ではない。彼の前任者行尊はそうでないらしいが、その前の隆経は、宇多源氏で興福寺僧であったし、またその前の真円も『薬師寺別当次第』に「興福寺」と注記されている[155]。

隆信の後を継いだ隆覚は彼の弟子で、右大臣源顕房の息男。薬師寺別当就任まもなく興福寺権別当と法華寺別当を兼任している[156]。

以上の事実は、遅くも十一世紀半ばには、薬師寺は興福寺の支配下に入り、その末寺に近い状態にあったことを物語っている。

久安三年（一一四七）三月の最勝会に、はじめ勅使として散位《さんみ》源清職が指名されたが内大臣が免除し、次に正親正《おおきみのかみ》顕広王が指名されたが院が免除し、結局このときは最勝会開始以来三百年で初めて勅使が下向しなかったので、別当隆覚は抗議した。それなのに翌年の最勝会にも勅使の下向がなかった[157]。これら

表9　薬師寺出身の維摩会講師『三会定一記』「維摩会講師次第」より

――承和元年（834)～弘長三年（1263)――

和暦	西暦	講師(年齢)	出身寺院・宗派	事項（「維摩会講師次第」より）
斉衡　二年	八五五	講師真恵(59)	薬師寺法相宗	善達因明、住三松寺。貞観六年二月十六日、任権律師。
貞観　元年	八五九	講師明哲	薬師寺華厳宗	貞観六年二月十六日、任権律師。件年菅家始十五、作維摩会願文。
貞観　四年	八六二	講師興照	薬師寺法相宗	同六年二月十六日、任権律師、超二人。同十六年十二月二十九日、任少僧都。元慶七年正月二十八日卒。(三会を順に勤めることが制度化される)。
貞観　八年	八六六	講師平智(62)	薬師寺法相宗	同十六年十二月二十九日、任権律師。元慶七年八月九日卒、七十八歳。
貞観　十年	八六八	講師長朗(67)	薬師寺華厳宗	平城人也、上毛野氏、同十六年十二月二十九日、任権律師。元慶三(一ヵ)年三月三日卒、七十九（八ヵ）歳。
貞観　十五年	八七三	講師薬仁	薬師寺法相宗	最勝会已前死去。鑒真和尚之弟子。
元慶　二年	八七八	講師義叡(65)	薬師寺法相宗	阿波国人、佐伯氏、同七年十月七日、任権律師。寛平二年二月十日、任少僧都。同六年十月二十六日卒、八十二歳。
元慶　四年	八八〇	講師隆光	薬師寺法相宗	仁和二年十月二日、任権律師。同五年十月十日、正。寛平元年正月十二日卒。
延喜　十五年	九一五	講師延湛	薬師寺法相宗	
延喜二十二年	九二二	講師義聖	薬師寺華厳宗	延長六年、任律師。同七年九月九日卒、七十三歳。
延長　三年	九二五	講師恩訓(61)	薬師寺法相宗	承平元年、律師。天慶八年、少僧都。天暦二年卒、八十四歳。
天慶　二年	九三九	講師済源(58)	薬師寺三論宗	同八年、任律師。天暦八年、任少僧都。天徳四年卒、七十九歳。
天徳　三年	九五九	講師安鏡(63)	薬師寺三論宗	康保二年、律師。安和二年、少僧都。貞元二年卒、八十一歳。
康保　元年	九六四	講師蔵祚(61)	薬師寺法相宗	安和元年、任律師。貞元二年、任少僧都。天元二年卒、七十八歳。
永観　二年	九八四	講師禅閑(70)	薬師寺三論宗	興福常晴死闕替。
正暦　五年	九九四	講師平超(68)	薬師寺三論宗	長保二年八月八日、律師。寛仁四年卒、九十四歳。
寛弘　七年	一〇一〇	講師増祐(52)	薬師寺法相宗	九月二十八日、天台懐寿御供辞退替。
万寿　四年	一〇二七	講師輔静(56)	薬師寺法相宗	
天喜　四年	一〇五六	講師道静(42)	薬師寺法相宗	
天仁　元年	一一〇八	講師隆信(51)	興福寺法相宗	〔(朱)源氏、薬師寺別当少僧都〕。

からみると源氏はもはや勅使として下向したくなくなっていたようである。その理由は、一つには、永保二年（一〇八二）から京都円宗寺で最勝会が始められたからであろうが、もう一つは、当時の薬師寺が、もはや単純に源氏の氏寺とはいえない状態に変質していたからであろう[158]。

第三に、本薬師寺の解体が行われたのが別当隆経の時代であるというのは重要である。解体は後三条天皇、白河天皇、源氏、藤原氏、東寺などが協議して行ったものであろうが、もう一つ興福寺が、薬師寺の実質的な管理者として重要な役割を果たしたことが考えられよう。興福寺からみれば、薬師寺が平城だけでなく藤原の地にもあり、同形式の伽藍を有するのは、土地利用という点からも無駄に思えたことであろう。そこで本薬師寺の伽藍を解体して寺領荘園としようと考えたのではあるまいか。興福寺は大和国の諸寺を末寺とし、その荘園等を侵蝕して、ついには大和一国を事実上の寺領として守護職を獲得するが、薬師寺支配と本薬師寺の解体は、その一過程であったといえよう。

本薬師寺の解体自体が興福寺の意向でもあったとなると、興福寺が植槻寺へ本薬師寺金堂の本尊を持っていったということは充分考えられよう。

その前後の植槻寺の伽藍の状態は前のところで推定した。それによると、長保五年（一〇〇三）には、鐘が薬師寺に曳き取られており、当時すでに僧侶のいない寺になっていたと考えられる。ところが、それから一世紀後、『今昔物語集』が成立した十二世紀初めには、等身の金銅の正観音像が金堂に存在したのである。十一世紀中に何らかの事情で寺の再興が企てられ、仏像が移入されたものとみられる。薬師三尊像の移入も、この時期以外には考えにくい。一方、本薬師寺が解体されたのが十一世紀後半であるから、本薬師寺の仏像の植槻寺への移転は、時間的にも符合することになる。

第四に注目すべきは、本薬師寺の堂塔の移建が行われたと考えられる時期よりわずか前に、郡山の土地をめぐって薬師寺と東大寺が争っていることである。すなわち、天喜五年（一〇五七）八月二十八日に、東大寺清澄荘の北部かつての平城京九条大路に近接した一条二里七坪・十七坪・二十坪・二十八坪・二十九坪の五坪に対して、薬師寺権別当隆経が、内大臣藤原頼宗（道長の次男）に申請して使を請い、内大臣家領たるの立札をしたのが事の発端である。これによって清澄荘の荘司の僧侶らは、荘民が立札によって作稲を刈り取ることができず、地子の弁済と雑役を勤仕することができない状態であるから、何とかしてほしいと東大寺に訴えた。[159] ところが隆経は翌康平元年にも私領と称して、今度は国判（大和国衙の認可）を申請し、威儀師蓮明を国衙の検田使として清澄荘内に入部させ、田地を収公《しゅこう》し、そのうえ荘内の田堵《たと》平末任をみずからの使者として荘民らを責勘させたので、清澄荘の荘司らは東大寺政所に訴えている。[160] この一件は、康平二年（一〇五九）に東大寺側に有利に落着したようである。[161]

問題の地域（現在の大和郡山市街地の北部にあたる）は、奈良時代に薬園が営まれたところで、天平勝宝元年（七四九）には、そこに造られた新宮殿で孝謙天皇の大嘗《おおにえ》が行われ、翌年の正月にもその薬園宮の大安殿で五位以上の饗宴があった。いずれの際も天皇は大郡宮に還御しているが、その大郡宮も現郡山城の丘の東の地にあったと考えられている。[162]

清澄荘は天平勝宝八年（七五六）、聖武太上天皇の崩御を期して東大寺に勅施入されたと考えられている。当初の広さは不詳であるが、後の史料から、平城京の南の一条、二条、三条、四条の各一里および二里にわたって（図75）分布していたと推定されている。[163] 薬園はその北部に含まれることになるが、その地域のすべてが東大寺領であったわけではない。延久三年（一〇七一）の「興福寺雑役免西諸郡中」に、

右馬寮　一町九段
　京南一条一里四坪六段、九坪一町、二十一坪三段
薬師寺　一町
　京南一条一里七坪一町

とあるから、右馬寮の田が一条一里の四坪・九坪・二十一坪に分布し、薬師寺の所有田が一条一里七坪に存したことがわかる。[164]

薬師寺がこの地域のほかにどの程度の土地を所有していたかは明らかでないが、天喜五、六年における薬師寺権別当隆経の清澄荘に対する行動は、清澄荘北部に薬師寺領が含まれているのを利用して、清澄荘への侵蝕をはかったものと解される。

ところでこの隆経、前述したように、興福寺の出身である。『薬師寺別当次第』によると、以上の紛争直後にあたる康平四年（一〇六一）に薬師寺別当に補任されている。そしてその在任中に本薬師寺の解体が行われているのである。その地がすぐに、地子徴収の対象となる寺領に変じたことは、第三節で明らかにした。そのうえに、隆経に関しては、延久六年（一〇七四年、本薬師寺では解体が始まっていたであろう）七月に伊賀国名張郡矢川・中村で広大な領地を買得したことが知られている。[165] すなわち伊

賀国名張に勢力をもつ私営田領主として著名な豪族藤原実遠の養子で実遠の甥にあたる信良の妻から、彼女が再嫁した薬師寺五師僧良算の仲介で、矢川・中村両所の加地子取得権を直米二千石で買い取っているのである。それは隆経死去の際、舎弟藤原保房に譲与されたが、この保房は京都に居住して陽明門院庁に仕え、藤蔵人《とうのくろうど》と呼ばれていたというから、清澄荘に対する隆経の行動は、藤原保房を媒介として内大臣頼宗を引き込んで起こされた陰謀であると考えられている(166)。

ただ清澄荘の問題などは隆経個人の陰謀というよりは、彼が権別当をする薬師寺、その本寺で彼の出身寺院である興福寺のたくらみとみるべきであろう。というのも、これより先、興福寺は大和国内の東大寺の荘園である春日荘でも、清澄荘と同じような紛争を起こしているからである。春日荘は清澄荘とともに勅施入された荘園であるが、鎮守の菟名足《うなたり》社神主の大中臣良実が春日社司の大中臣氏の一族であることから、その関係を利用して興福寺は春日荘を押領しようとした(167)。天喜元年(一〇五三)七月の「美濃国茜部荘司住人等解(168)」では、寺家の荘園が荒廃し、あるいは代々国司に収公されて、勅施入とは名ばかりで無実に等しいこと、その原因は別当の在任期間が四年で、政策に一貫性がないためであると述べられており、当時、東大寺の各荘園が抱えていた困難な状況がうかがえる。興福寺は、こうした状態を衝いて、その侵蝕をはかったのである。

前記の天喜五年と康平元年の清澄荘の一件は東大寺に有利に落着したが、それがきっかけとなって、こんどは在地荘民と東大寺の間に新たな問題が生じた。すなわち事件落着の翌年にあたる康平三年(一〇六〇)に、東大寺の別当が交替したのを機に、私領地と号して地子を寺家(東大寺)に弁済しない荘民があらわれたのである。[169]

保延元年（一一三五）の請文によっても、寺家に反抗する田堵の存在したことがわかる。八幡部重行と称する者が、東大寺清澄荘内の京南一条一里三十三坪に四段二四〇歩の作田があったのに、他領と称して二年間の官物をのがれ、再三の注意にも従わなかった。ただし、この場合は、今後荘役にしたがうという請文を出して、東大寺に屈している。[170]

久安二年（一一四六）には、「薬園幷縁松等御庄田」の田堵是吉以下四十一名が、東大寺から遣わされた検田使の勝手な振る舞いを憂い、預所《あずかりどころ》得業御房にその不法を訴える事件があった。[171]この件は、荘民の実力の向上したことを物語るものであろう。また清澄荘から薬園荘を分離独立させ、荘には預所を設置したことが知られるが、それは荘園経営が難しい事態に至っていたこと、にもかかわらず東大寺は何とかそれを維持しようと努めたことを示すものであろう。

以上のような荘民の領主東大寺に対する強い姿勢の背景には、東大寺と薬師寺の争いがあると思われる。荘民はそれを利用して自らの立場の強化をはかろうとしたのであろう。一方、薬師寺側は、そうした荘民を利用して東大寺領への侵蝕を企てたらしい。

応保二年（一一六二）五月一日の『官宣旨案』[172]によると、十五年前の久安二、三年ごろから両寺の間で新たな紛争が惹起された。それは薬師寺僧の浄信・静祐・実諶の三人を首謀者とする悪僧たちが、東大寺清澄荘薬園村の在家を焼き払ったのに始まる。久安五年（一一四九）の紛争の原因について『外記日記』は、「東大寺領清澄荘与薬師寺領薬園荘接境之間、清澄荘住人寄住薬師寺領、不従寺家所勘之故也」と記す[173]。両者を勘案すると、薬師寺側は清澄荘の土地ではなく、まずその土地を耕作する荘民を奪おうとしたものらしい。清澄荘に作田を有する者が薬師寺領に寄住すれば、寄人《よりうど》の義務として薬師寺の所役にしたがわなければならない。その代わり清澄荘での所役を、薬師寺、興福寺の力を背景に免れることができれば、荘民にとっても利益になり、東大寺だけが損害を被る。荘民の中にはみずから進んで薬師寺の側につくものがいたことは康平元年の平末任の例から充分推察できるが、清澄荘薬園村の在家を薬師寺僧らが焼き払ったのは、荘民を暴力で薬師寺領に住まわせようとしたものであろう。そこで薬師寺領の寄人となった荘民は、東大寺の所勘にしたがわずという挙に出て、結局、薬師寺と東大寺の対決となったのである[174]。

応保の『官宣旨案』は、その紛争の過程を詳しく物語っている。それによると、三人の薬師寺僧は、東大寺の奏聞によって、流罪を宣下されたが、まもなく赦されて配所に向かわず、勝に乗じて清澄荘薬園村を押領してしまった。そこで東大寺は重ねて奏聞したところ、両寺の提出した文書によって東大寺に道理のあることが認められた。しかし、薬師寺側がなお納得しないので、両寺の所司を官に召して対問しようとしたところ、東大寺側はみな出席したのに薬師寺側は逃れたので、久安六年（一一五〇）に元のごとく東大寺が領掌すべしという宣旨が下った。しかし薬師寺側は宣旨に従わず、薬園村のみならず、そのほか本荘清澄荘の二十余町もまた押し取るというありさまである。このときも東大寺の奏聞によって翌仁平元年（一一五一）に宣旨が下され、大和国衙にも下知せられたが、薬師寺側は下向した使者を凌轢《りようれき》し、宣旨等を破棄して使者を追い返す猛悪をなして、残る所の本荘幷寺領郡山など、東大寺領のほとんどを押領してしまった。そのようにして郡山周辺の東大寺領の土地は悪僧が支配して十四年にも及んだが、その間、彼らは薬師寺別当や所司に知らせず、自分たちだけで相談して年別を定めて領掌した。

保元三年（一一五八）六月、官において再度問注が行われ、九月に復問があったが、悪僧らの提出したのは「僅民部省符只三町也、猶無条里坪付、此外文書者、全非官符宣旨、或謀書、或他領也、適為相坪者、皆是領主住人之契状也」というもので、謀計文書であることが顕われ、悪僧らの語るところが文書に違背する偽言と認められた。だが、奉行右大弁雅頼はこの問注文書を進覧せず、証文なども寺家に返却せず、いたずらに年月を送った。そこで東大寺は、薬師寺の悪僧の虜領を停止し、久安以降十四ヵ年の所当の糺返《きゆうへん》せられんことを上奏。それに対して応保二年（一一六二）五月一日、官宣旨をもって、清澄荘における東大寺の領掌が再確認され、薬師寺にそれが伝えられたのである。

以上は東大寺側の陳述によるが、事実であったであろう。この場合、清澄荘侵蝕の主謀者は三人の僧であるが、康平二年の宣旨に違反する行為なので薬師寺の別当所司が表に出なかっただけで、実質は前の場合と同じく薬師寺の東大寺領侵蝕であったであろう。

薬師寺薬園荘の地域にあった植槻寺が再興されたのは、こうした情勢と関係があろうと思われるのである。

天喜五年に薬師寺権別当隆経が清澄荘北部の土地に内大臣家領の立札をしたのは、単に時の摂関家の権威を利用したのではなく、摂関家（藤原北家）の祖房前が植槻寺の創建者であるという古い因縁を利用して、東大寺領有以前に遡る権利を主張したものであったろう。(175) そうだとしたら、薬師寺は清澄荘の侵蝕をあきらめないかぎり植槻寺を立派に維持する必要があったはずである。植槻寺の建物を修造し、植槻寺創建前に遡る本薬師寺の仏像を移座した理由の一つはそこにあったとみられる。

植槻寺の復興は荘民対策のほうからも求められたものであったと考えられる。興福寺はその荘園に春日社を、東大寺は鎮守手向山八幡を勧請して荘民統制の機関とし、荘民の精神的紐帯の中心にした。薬師寺との紛争の場になった清澄荘北部薬園村には薬園八幡が設けられている。(176) また応保の宣旨に寺領郡山と記された今日の郡山城址の丘陵地（鎌倉時代に郡山荘となる）には郡山八幡が祀られた。植槻寺と鎮守植槻八幡は、薬師寺領における同様の目的をもった機関として、天喜の紛争後、急遽整備したものと思われる。

本薬師寺の解体にあたって、金堂の薬師三尊像が植槻寺講堂に移入された可能性は、いままで長々述べてきた四つの点から、まず承認されるであろう。

再興した植槻寺がふたたび荒廃した事情も、平安時代末期より後の郡山の情勢から推察できる。薬師寺を支配する興福寺は、東大寺領までも侵蝕して大和一国を寺領化し、平安末には実質上の国司となり、鎌倉幕府によって守護の権限が委任されている。そうした興福寺の勢力に圧迫されていた東大寺領清澄荘では、東大寺の無力に乗じて名主層が成長した。彼らは郡山八幡の氏人衆として自衛のために徒党を組み、武士化して領主に対捍《たいかん》を企てた。その傾向は平安末からみられ、文治ごろ（一一八六）の郡山丘陵地は、寺家が「悪党」と呼ぶ「狼戻之輩《ろうれいのやから》」が「雁陣之城《がんじんのしろ》」を張るところとなっていた。彼らは寺家に対捍するとはいえ、郡山八幡を通じて東大寺との関係は維持したから、薬師寺の兇徒が東大寺領薬園荘に侵入して暴力を振るったように、[177]彼らのほうも薬師寺領薬園荘を襲ったかもしれない。大和武士は興福寺の衆徒・国民・春日社の神人からなるが、それに混って郡山の武士も、南北朝期には小党派に分立して南北二派に分かれて抗争した。復興された植槻寺が荒廃したのも当然であろう。

そうした混乱期を経て興福寺の荘園も崩壊していく。そして、有力名主を中心に中世の郷村が成立する。薬師寺領薬園荘に代わって薬師寺領九条村、観音寺村があらわれる。植槻寺講堂の廃滅後、埋められていた薬師三尊像が発掘されて薬師寺に奉納される。この件が『植槻道場縁起』の中世関係記事の最初にあり、以後、年を追って記事が続くのは、九条村という郷村の成立と関係があろう。

以上のように、植槻寺と郡山地域の歴史からみて、平城薬師寺の現講堂に安置されている薬師三尊像は本薬師寺金堂の本尊、植槻寺講堂の本尊を経て、平城薬師寺に移入されたものと考えられる。元禄期に薬師寺が幕府に提出した文書に、現講堂三尊像をもって本薬師寺の当初の本尊としている点は、改めて見直すべきであろう。[178]

㈡現東院堂聖観音像

現在、東院堂の本尊となっている聖観音菩薩像（図78）の原所在および造立年時についても、昔から議論があることは周知のとおりである。

『薬師寺縁起』東院条には次のように記す。

一、東院、
　正堂一宇、前細舎一宇、僧坊一宇、流記云、東禅院舎三口、細殿僧坊吉備内親王奉為元明天皇、
　以養老年中造立也、

ここには本尊についての記載がない[179]。

『七大寺巡礼私記』東院条には、定朝作の丈六釈迦像を安置した八角堂が、別当輔静の私の建立であることなどを記すにすぎない。江戸時代の延宝八年（一六八〇）の『薬師寺濫觴私考』巻末付収「仮名縁起」東院条には、「本尊観世音菩薩は孝徳天皇御造建」とあるが、『薬師寺縁起』金堂条に、

　又二躰観世音井（菩薩）像、坐高〔一躰、脱カ〕
　流記帳云、奉為難波那我良豊前宮治天下天皇孝徳天皇也皇后御願云、、壱躰所由不分明、或説云水尾天
　皇御願云、、或涼《清》〔淳カ〕和御願云、、

とある前行の一躰に聖観音像をあてたものと考えられる。享保元年（一七一六）の『薬師寺縁起絵巻』に「百済国より献ぜし観音の霊像は。長屋親王奉行して。東禅院の本尊とす」とあり、元禄十二年（一六九九）の『現前諸伽藍幷神社覚』や『薬師寺志』にも、百済国より所献の金銅像としているが、『薬師寺縁起』食堂条に、内殿に安置された金銅半丈六の阿弥陀仏像と観音菩薩・淂大勢（勢至）菩薩像各一躰について百済国王献送という伝を載せているから、その影響ということも考えられよう。したがって平城薬師寺の東院本尊について文献的にはよりどころとなるものはない。

一方、様式および鋳造技術の点から東院堂の本尊である聖観音像は、旧山田寺仏頭[180]より新しく、薬師

図 78　平城薬師寺東院堂の聖観音像

寺金堂の薬師三尊像より古いとみるのが普通で、ことに金堂の薬師三尊像との親近性を指摘する人が多い。また中国の八世紀初頭の宝慶寺の石仏や、神竜二年（七〇六）の観音像（ペンシルベニア大学美術館蔵）の様式に近いともいわれている。

そこで現金堂の薬師三尊像を養老・神亀年間ごろの造立とみる非移座説の立場の人は、前掲『薬師寺縁起』の文に養老年中の創建とある平城薬師寺東院の本尊であろう、と考えておられるようである。[181] ただ野間氏だけは、文武天皇の病気平癒祈願のためか、あるいは文武天皇の追善のために造られて本薬師寺にあったものが、本薬師寺が荒廃した中世になって平城に移されたのではないか、という見解を表明しておられる。[182] 野間氏は、金堂の薬師三尊像の脇侍との比較等による聖観音像の様式年代の推定からこの「想像説」に至ったもので、それ以外の裏づけのないことを遺憾とされた。そのためか、支持する人がいないようである。しかし、私は仏像の専門家ではないが、野間氏の様式解釈を妥当なものと考える。また聖観音像が文武天皇のための造像であるという説も支持したい。ただここで付け加えたいのは、文武天皇のために造立された聖観音像が安置されたのは本薬師寺東院であったこと、その造営は長屋王の発願によって行われたであろうという二点である。

平城薬師寺における東院の創建は、前掲『薬師寺縁起』の文に引用されている『流記資財帳』の文によって明らかで、それは元明太上天皇のために吉備内親王が養老年中に造営したものであった。養老五年（七二一）十二月に元明太上天皇は崩じているから、その病気平癒か追善を意図して建てられたのであろう。吉備内親王にとって元明太上天皇は母（父は草壁皇子）にあたるから、それも自然である。ところで平城薬師寺は養老二年（七一八）に元明太上天皇によって創建されているのである。東院本尊として金銅の観音像が造られたとしたら、金堂の本尊の造立と時間的にほとんど一致していたはずである。同一金銅仏であるから、工房も同じところであったであろう。そして出来上がりもよく似ていたはずである。しかるに、聖観音像は、金堂の薬師三尊像と親近性はたしかに認められるものの、技法においても様式においても、それより古い要素を含んでいることが、はっきりと指摘されているのである。したがって聖観音像を平城薬師寺の東院の本尊とするのは無理で、平城薬師寺創建前に本薬師寺で造立されたと考えるべきであろう。それは本薬師寺の東院（あるいは西院）の本尊であった可能性があろう。

本薬師寺の東院・西院については、今日まで、存在したかどうかさえわかっていない。そこで次に、薬師寺の東院・西院に関する史料を検討して、残る本薬師寺西院・平城薬師寺西院・本薬師寺東院の創建と、本尊等のことを明らかにし、聖観音像が本薬師寺東院の本尊であったことを推定したい。

まず注目したいのは『諸寺建立次第』の次の記事である。

東院ハ長屋ノ親王ノ建立也、内ニ有十三重塔也、

西院舎人ノ親王建立也、本願ハ元正天皇女帝御門也、将ニ入堂中一、堂ノ南面ノ五間地□〔破裂カ〕烈セリ、仍不入給一、因其于今、

女人不入堂也、

同書の後半は『薬師寺縁起』を引用しただけにすぎないが、以上の文は前段の終りに記される。この記載によれば、東院は長屋王の建立ということになる。『薬師寺縁起絵巻』に「百済国より献ぜし観音の霊像は。長屋親王奉行して。東禅院の本尊とす」とあるのと合わせて注目されるところで、そ

れは本薬師寺東院のことではないかと思われるのである。そう考える理由の一つは、前掲の文において長屋王建立の東院と並んで記される舎人親王建立の西院というのが、本薬師寺の西院と断定されるからである。

舎人皇子については『薬師寺縁起』の初めのところに掲げられた天武天皇の后妃・諸皇子の系譜中、次のような記載がある。

一品舎人皇〔子脱カ〕

養老四年庚申八月日為知大〔太カ〕政官事、神亀三年丙寅秋七月、率諸司主典已上、造仏写経、設大会於薬師寺、又天平七年乙亥十一月十四日薨、廿二日有勅贈大〔太カ〕政大臣、是西院本願也、（後略）

ここに記すところの大会は、『続日本紀』神亀三年八月八日条に、元正太上天皇の不悆にあたり、太上天皇のために釈迦像を造り、『法華経』を書写し、薬師寺に斎を設けたとあるのに相当しよう。つまり西院は元正太上天皇のために舎人親王が発願し、そこに釈迦像が安置されたことになる。それを従来は平城薬師寺の西院のこととして疑うものもない。だが『薬師寺縁起』西院条には、以上の結論にあたることは何も記されていない。そればかりか正堂には画像弥勒浄土障子が中心に安置され、三面の庇には八重の棚を造って、十大寺に分配するために孝謙太上天皇が造った百万小塔が並べられていたと記すのである。

一、西院、

正堂一宇、中心安置画像旀（弥）勒浄土障子、北面立大唐玄奘三蔵影障子、良玉花殿様也、西端坐僧伽和尚影、在帳幷床、三面庇造層八重、双居内塔一十万基、各籠無垢浄光陁（陀）羅尼摺本、件塔以天平宝字八年甲辰秋九月十一日、孝謙太上天皇造一百万小塔、分配十大寺之其一也、七□□□□□□□□□□三百余有之、

（谷僧坊カ）

火災のことなどの記載はないから、これが平城薬師寺西院の当初の状態とみてよいだろう。弥勒像といえば、『続日本紀』養老六年十二月十三日条に、元正天皇が勅して、天武天皇のために弥勒像を造り、持統天皇のために釈迦像を造り、その本願の縁起は金泥で書いて仏殿に安置するように命ぜられたとあるのが注目される。西院正堂の弥勒浄土障子は、このとき天武天皇のために造られた弥勒像に相当しよう。ただし西院の創建は弥勒浄土障子の完成と同時ではなかったらしい。『薬師寺古記録抜萃』には、孝謙天皇が、天平宝字二年（七五八）に西院弥勒堂を建立したとあるからである。もっともその史料そのものは近世のものであるが、天平宝字五年（七六一）八月十二日に孝謙太上天皇は淳仁天皇とともに薬師寺に行幸して仏を拝し、庭で呉楽を奏し、綿一千屯を施入している（『続日本紀』）事実があるから、そのころ平城薬師寺の西院が完成したものと考えられ、したがって『薬師寺古記録抜萃』を信じてよいと思われる。行幸の三年後の恵美押勝《えみのおしかつ》の乱に、孝謙太上天皇が発願し、十大寺に配った百万小塔が、西院の中心仏堂である正堂の三面の庇に置かれたのも偶然ではなかろう。

天武天皇のために造られた弥勒像を本尊とする西院が創建されたことによって、平城薬師寺もまた天武天皇と深い縁で結ばれることになった。本薬師寺金堂の本尊が植槻寺を経て薬師寺に移入された際、西院堂に弥勒像として安置されたのは、本薬師寺金堂の本尊と平城薬師寺西院の本尊がともに天武天皇

のために造られたものであるという点が、意識されていたのではなかろうか。

天武天皇のための弥勒像と一緒に元正天皇が本願となって造立した持統天皇のための釈迦像についても付け加えれば、それは講堂内に安置されたと思われる。『薬師寺縁起』には、そこに繡仏より後で「金色尺（釈）迦仏像一躰高三尺」が安置されたという『流記資財帳』の文を引いている。『七大寺巡礼私記』はそれについて、別当の私の建立と記すから、元正天皇が造立した持統天皇のための像は本薬師寺講堂（当初のものは平城に移建されたとみられるから、再建された講堂）のほうに安置され、平城薬師寺講堂に別当が造立したのは天禄の火災後、前者に倣ったものであったろう。

平城薬師寺西院が、元正天皇発願の天武天皇のための弥勒像を本尊として孝謙天皇が創建したものとすると、元正太上天皇のために舎人親王が発願して釈迦像を安置した西院は、本薬師寺の西院であったということになる。本薬師寺は、平城薬師寺創建後も存続し、本寺として平城薬師寺に優るとも劣らない地位を占めていたことは今までも説いてきたが、平城薬師寺西院に先だつ本薬師寺西院の創建は、まさにそれを裏づけるものである。

『諸寺建立次第』の文において、西院の建立者が舎人親王、本願が元正天皇となっているのは、舎人親王が元正天皇のために建立した本薬師寺西院のことを述べたものであろう。「女人不入堂」の件に触れているのも、高野山の影響下に真言密教化の進んでいた本薬師寺の西院に関する記事にふさわしい。そうだとすると、その文と並んで記されている東院も、本薬師寺東院である可能性が大きいであろう。そのの記載によると、そこには十三重塔があった。おそらく石造の十三重塔であろう。また、長屋親王の建立也と記して、吉備内親王としない点も、対象が平城薬師寺東院でないことを示唆している。従来この『諸寺建立次第』の記載は、吉備内親王が長屋王の正妻であるところから、吉備内親王のかわりに夫の名を挙げたにすぎないと解されてきたのであるが、それ自体、無理な解釈である。長屋王自身が、本薬師寺に東院を創建し、そこに彼の聖観音像を安置したということは、きわめてありうべきことだからである。

長屋王の父は天武天皇の長子で、壬申の乱に活躍した高市皇子である。高市皇子は、母が采女《うねめ》だったので皇太子にはなれなかったが、持統天皇所生の皇太子草壁皇子の死後まもなく施行された浄御原令により、太政大臣として国政を担当した。長屋王の母は元明天皇の同母姉、御名部《みなべ》皇女である。長屋王は持統太上天皇の没後、文武天皇の慶雲年間に朝廷に出仕した。この時代は持統天皇の異母妹で草壁皇子の后であった阿閇《あべ》皇女が皇室の中心的存在として若い文武天皇を輔け、その夭逝後はみずから立って元明天皇となり（和銅年間）、文武天皇の姉（元正天皇）に譲位した後もともに政治をみた。その間、政界を主導したのは、文武天皇に宮子を婦人として入れ、首《おびと》皇子（後の聖武天皇）を外孫として儲けた藤原不比等であった。

これに対して長屋王は、同年の伯父舎人親王とともに皇親を代表する政治家であり、養老四年、不比等が亡くなって後は、右大臣、続いて左大臣として政界を領導した。元明天皇の皇女で文武・元正の妹にあたる吉備内親王が長屋王の正妻で、不比等の女も長屋王の妻になっているが、元明・不比等・長屋王の協調関係を示していよう。右大臣不比等が亡くなった際には、大納言長屋王が故右大臣家に赴いて太政大臣正一位を贈るという勅命を霊前に伝えた。『興福寺流記』によれば、同寺の西院円堂（現在の北円堂は鎌倉期の再建）は、このとき元明太上天皇と元正天皇が不比等のために造立したもので、勅を受けてこの院と仏菩薩（弥勒）等を造ったのは長屋王であった。翌年、元明太上天皇も亡くなったが、元明太上天皇の病篤く恢復の兆なきときに、右大臣長屋王と参議藤原房前を枕頭に呼んで後事を託した（『続日本紀』）。これは元明太上天皇が、不比等―房前と長屋王に信頼を置いていたことを物語る。

ところが、聖武天皇の代になって依然として政界の主導的地位を占めた左大臣長屋王が、神亀六年（七二九）二月、密かに左道《さどう》を学んで国家を傾けようとしたとの密告によって、突如、式部卿藤原宇合《うまかい》（不比等の三男）らの率いる衛府の兵に佐保《さほ》の宅を囲まれ、糾問の後、ただちに妃吉備内親王と子息らとともに自尽を命ぜられる。その翌月には武智麻呂（不比等の長男）が大納言に昇任して事実上政治を掌握し、天平と改元、聖武夫人光明子（不比等の女）が立って皇后となる。

この事件は奈良朝政治史の重大な問題とされ、多くの考察があるが、藤原氏の謀略とみる点で一致し、その原因としては、長屋王が光明立后に反対する存在であったこと[183]、長屋王が父高市皇子のように実権ある太政大臣になる可能性があったことなどが挙げられている[184]。後者の推測には、知太政官事舎人親王が長屋王の糾問にあたっている事実が注目される。

それに付け加えたいのは武智麻呂と房前の関係である。元明天皇の生前、房前は武智麻呂に先んじて霊亀三年（七一七）に参議になっており、元明太上天皇が亡くなる直前に召された際には、「汝卿房前、まさに内臣（鎌足のような天皇側近）となりて、内外を計会し、勅に准じて施行して帝業を輔翼《ほよく》し、永く国家を寧《やす》んずべし」(『続日本紀』)と詔を述べられたというのである。元明太上天皇が不比等の四子の中でもっとも信任する人物であったことがわかる。ということは元明太上天皇を介して義理の兄弟である長屋王と房前は提携関係にあった可能性があるということになる。したがって長屋王事件は、長屋王―房前ラインに対する舎人親王―光明子武智麻呂ラインの対決という受けとり方もできるのではないかと思われる。武智麻呂が参議を経ずに東宮傅《とうぐうふ》から中納言になったのは元明太上天皇の亡くなった養老五年(七二一)のことで、事件後大納言になり、天平九年(七三七)、疫病で兄弟四人があいついで亡くなったとき、彼は右大臣だったのに対し、房前は参議のままであった。[185]

以上述べたように長屋王は、元明天皇を輔ける最有力の側近の皇親であったのである。元明天皇が持統天皇の後を継いで整備に努めたであろう本薬師寺や、元明太上天皇創建の平城薬師寺の造営に、舎人親王とともに重要な役割を果たしたであろうことは想像にかたくない。平城薬師寺は天平二年に東塔が建て始められ、まもなく中心の堂塔が揃ったとみられるが、その後中断があったとみえ、天平十九年に『流記資財帳』が撰録されたころになっても、回廊や南大門等ができていなかった。これには長屋王事件の影響を想定してもよいのではないかと思われる。

長屋王は僧尼令を楯に、官寺による僧尼の統制を堅持しようとした。そして不比等の時代に、官寺の外で活動する行基とその徒に抑圧を加え続けた。そのために僧尼からよく思われなかったのか、『日本霊異記』には、次のような説話が載っている。

聖武天皇が元興寺で営んだ盛大な法会に長屋王(太政大臣正二位長屋の親王となっている)を衆僧を

供養する司に任じたところ、食事を盛ってもらうために待っている衆僧の行列に割りこんで鉢をさしだした一人の沙弥《しゃみ》をみつけて、長屋王は手にした象牙の笏《しゃく》でその沙弥の頭を打ったので、頭が破れて血が流れた。（その罰があたって）二日後、長屋王をねたむ人が天皇に讒言したため長屋王は軍矢に包囲され、毒をあおいで自殺した。その遺骨は土佐国へ埋められたが、その国の百姓に死ぬものがふえ、百姓が訴えたので、遺骨を紀伊国海部郡の椒抄《はじかみ》の奥の島に移したという（「己が高徳を恃《たの》み、賤形の沙弥を刑《う》ちて、現に悪死を得る縁」）。この説話から読み取れるのは、長屋王の高い身分と深い教養が仏教信仰重視のもとでも不正を許さなかったということであろう。

長屋王の仏教信仰を伝える一つは、『唐大和上東征伝』で、それによると長屋王は、「山川域を異にすれども、風月天を同じくす。これを仏子に寄せて、共に来縁を結ばん」という四句を縁に刺繡した袈裟を千領、中国の僧に贈ったという。またそれを聞いたのが機縁で、後に鑑真は渡日するに至ったのだという。

もう一つは、二度にわたって『大般若経』六百巻を書写せしめていることである。はじめのものは和銅五年（七一二）十一月に亡き文武天皇のために書写されたもので、世に「和銅経」と呼ばれ、現在その三分の一以上が残っているという。二度目のものは、神亀五年（七二八）九月に、父母の霊と現天皇（聖武）ならびに歴代の天皇のために書写されたもので、「神亀経」と呼ばれ、現在三巻だけを遺す[186]。ここで注目したいのはもちろん、「和銅経」のほうで、そうしたものが存在することは、長屋王が本薬師寺東院を建立したという所伝と、それが文武天皇の追善のためであったという推定の有力な裏づけとなろう。

すでに明らかにしたように、二つの薬師寺には天武から元正に至る歴代天皇と関わる仏像が安置せられているのであるから、文武天皇のための仏像がないということ自体ありえないことである。しかも元正天皇のためにさえ本薬師寺に西院を造立されているのである。兄の文武天皇のためには、すでに東院が造られていた、というのが事実であろう。文武天皇が崩じたのは慶雲四年（七〇七）六月であったから、東院およびその本尊の造立は元明天皇の和銅年間（七〇八〜七一五）ということになろう。

長屋王には文武天皇のために造仏写経する必然性もあったと思われる。持統天皇が皇嗣にした草壁皇子に続いて太政大臣高市皇子が薨じた後、皇嗣の決定について持統天皇は皇族・重臣を招いて協議したが、大いに紛糾して、結局、草壁皇子の子で十四歳の軽皇子を皇太子と決定し、翌年即位したのが文武天皇である。その会議では、なお健在の天武天皇の諸皇子とともに、高市皇子の嫡子である長屋王も、軽皇子と同じような資格で候補に上っていたであろうと推定されている[187]。文武天皇が十年後に崩じたとき、母の元明が即位したのは異例だったから、長屋王の去就に衆目が集まったことであろう。それが長屋王にとって危険なものであることは、大津皇子の事件がよく示している。長屋王が文武天皇のために造仏写経したのは、疑いを除き、元明天皇の臣下として生きて行く道を選んだことを表明する意味がこめられていたとみることができよう[188]。

野間氏は、平城薬師寺の現講堂の薬師三尊像が東院堂の聖観音像や金堂の薬師三尊像より劣っていることが、作成年代の古さを示していると強調された。そして本薬師寺が造られたころが、仏法興隆の途上であったとはいえ、美術史の上からは一種のスランプ状態の時代にあったとみられること、それが和銅年間において、大陸の新しい作風に影響されて一変したと考えられる、と述べられた。これらの見解にも私は従いたい。

天智八年（六六九）の遣唐使派遣以後、唐との直接的交渉がなく、新羅を通じて大陸の文化を摂取していた天武・持統朝は、いわれるように彫刻史上のスランプの時期であった可能性があり、和銅以降の大陸風の新様式は、文武天皇の慶雲元年（七〇四）に帰国した遣唐使によってもたらされた新しい刺激に負うものであろう。そうした新しい情勢の下で造られた新鮮な作風の例として野間氏は、聖観音像のほかに法隆寺五重塔内の塑像（和銅四年＝七一一年）を挙げられたが、同年につくられた法隆寺中門の金剛力士像も付け加えられよう。ちなみにいえば『流記資財帳』が撰録せられた天平末年の時点で、本薬師寺にあった正面三間の南大門には獅子形が置かれていただけで、本薬師寺から平城薬師寺に移建された正面三間の中門も当初から二王像があったか疑わしい。平城薬師寺に金剛力士像と二王像が完備されたのは、天平末年以降になって中門・南大門が五間に拡大されたときであった。

元明天皇が盛唐の流風に異常な関心を持っていたことはすでに指摘されるところである。北山茂夫氏は「天平文化」（『岩波講座日本歴史』第三巻）で次のように述べている[189]。

即位の「のり」にしてからが、宣命の旧慣をかえりみず、詔の形式を採用するというあんばいであった。これは八世紀におけるただ一つの例外である。即位のあくる年には、女帝は、留学生・学問僧（そのなかに吉備真備・玄昉がいた）をともなった大使節団を唐朝に送っている。……女帝は皇太子首皇子のために、一世の学識者（明経・文章の博士をふくむ）をよりすぐって、退朝後に勤仕させ、またこのときかれらに保護を加えたことからも、その儒学への執心のほどがしられる。

和銅元年の遷都の詔にも、平城遷都が中国の先例に倣うものであることがうたわれている。このような唐風に対する関心は決して元明天皇に限られるものではなく、その時代の貴族たちに共通したものだったと思われる。しかし、そうした中にあって長屋王の唐文化への関心は特別なものがあったといってよい。百済から来朝するものの多かった近江朝にも文学は栄えたが、和銅から養老・神亀にかけても文運隆盛で、とくにその末期は文学史上、長屋王の時代とされる。長屋王の佐保の邸や山荘は当代詩人のサロンとよばれるにふさわしく、そこで作られた詩は『懐風藻』に収められて、今日に伝わっている。[190]また長屋王が政府の首班であった時期の天皇の詔に、官人の直言を求める言葉が繰り返し出てきたり、天変地異の原因を政治に帰して官人の反省を促しているのは、背後に、儒教倫理を政治の根本と考える長屋王がいたからとみられている。[191]仏教においても中国のそれに関心があったことは、中国僧への袈裟の布施にあらわれているというべきであろう。神亀元年（七二四）十一月、太政官が「従来行われている板葺あるいは草葺の家は腐朽しやすく、かつすでに中古の制であるから、五位以上および庶人の造営に堪える者は、家を瓦葺とし、丹塗白壁とせよ」と中国風の家を奨励しているのは、すでに建築史家の注目するところであるが、これも左大臣長屋王の意見にもとづくものであったであろう。

そうした長屋王が和銅年間（七〇八〜七一五）に本薬師寺東院を創建し、聖観音像を造ったとすれば、文武天皇の崩じた前年に中国で造られた観音像（神竜二年の観音像）と比べられる様式のものになったとしても不思議ではなかろう。[192]聖観音像の体側の裳が、魚鰭状《うおひれじょう》をなして突起する部分の表現は、飛鳥時代の止利《とり》式仏像の伝統であることが、町田氏によって指摘されているが、[193]これも新様式を消化しきっていない和銅年間の造像とするときに初めて理解できるものではないかと思われる。平城薬師寺金堂の薬師三尊像も同じ工房の作品とみられているが、養老年間（七一七〜七二四）の造立であろうから、そこにはもはや古い要素は見出されていない。

聖観音像が当初、長屋王が文武天皇のために創建した本薬師寺東院の本尊であったことは、以上のように、歴史的にも様式的にも充分考えられる。残る問題は、それがどのような過程を経て平城薬師寺の東院に至ったかという点である。

平城薬師寺の現東院堂が建てられたのは鎌倉時代の弘安八年（一二八五）のこととされる。[194]『七大寺巡礼私記』には、東院として輔静が建てた八角堂のことしか記されていないから、平安時代末には吉備内親王造立の建物はなくなっていたのであろう。その正堂は双堂タイプであったから、後の西大寺子院のように檜皮葺《ひわだぶき》の簡素なものであった可能性が強い。それで早く滅んだのではあるまいか。

一方、本薬師寺東院のほうは、中心堂塔とともに解体されたと考えるのが自然であろう。そうなると聖観音像は、約二百年の間、東院以外のところにあったことになる。その場所として、私は植槻寺の金堂を想定したい。本薬師寺金堂の本尊が植槻寺に運ばれて講堂に安置されたからには、その金堂の本尊として同時に観音像が移入されたにちがいないからである。薬師寺へ鐘を持っていかれたくらいの寺の荒れようからみて、当初の本尊が遺っていたはずはないし、藤原氏の先祖が造立した仏像を興福寺がそんな荒寺に放置するはずもない。

さらに注目されるのは、前に講堂の薬師三尊像のところで触れた『今昔物語集』巻第十六「殖（ママ）槻寺ノ観音、助貧女給語《マツシキヲンナヲタスケタマヘルコト》第八」に出てくるのが「等身ノ銅ノ正観音」で、現に同寺に存在すると記されていることである。『今昔物語集』は、かつて源隆国（前節で詳しく述べた人物）の編と考えられていたが、今日では、その内容から隆国没後二十余年の嘉承元年（一一〇六）ごろの成立とみられている。[195]それはまさに、本薬師寺が解体されてまもない時期に相当する。等身で銅造の聖（正）観音といえば、これまた平城薬師寺の現東院堂のそれに相当するので、偶然とはいえないものがあろう。すなわち本薬師寺東院の本尊が植槻寺の本尊として金堂に移入され、それが再度平城薬師寺東院に移されたものと考えられよう。長屋王造立の像が、房前の寺に移されたのは、前述した両人の関係を考えるとまことにふさわしい。興福寺・薬師寺の関係者が意識的にしたことかもしれない。

平城薬師寺の東院堂が再建された鎌倉時代中期といえば、植槻寺はふたたび荒廃の危機にあったはずで、薬師寺では、霊験あらたかな聖観音像が本薬師寺東院の本尊だったという由緒にしたがい、東院堂を再興して安置したものと考えられる。

ところでこの東院堂、当初は南面していたのであるが、低地にあって湿気の害を被ったので、江戸時代の享保年間（一七一六〜一七三六）に築地を取り払って西向きに変え、壇上に据え直した。そのときの棟札の文は、「往正徳弐年郡山市中有信之数輩。結講投財。欲補／大殿。未果向二十年時哉。去酉年衆議云」で始まり、数名の名前と、都合二十四名が施主であることが記されている。[196]これも聖観音が、かつて郡山の人々の信仰を集めた仏像であったことを証明するものであろう。

六、結　語

〔東院・西院〕第六章までのところで考察の対象にした塔・金堂・僧房等の建築群のほかに、平城薬師寺では、東院・西院があったことはすでに知られているが、本章では、本薬師寺のほうにも東院・西院が存在したことを明らかにして、両寺の東院・西院の内容を明確にした。それらを創建年代順に記すと次のようになる。

(1)本薬師寺東院
本願　長屋王
創建　文武天皇崩御（慶雲四年＝七〇七年）後の和銅年間（七〇八〜七一五）
目的　文武天皇追善
本尊　聖観音像（現東院堂本尊）

(2)平城薬師寺東院
本願　吉備内親王
創建　元明太上天皇崩御（養老五年＝七二一年）前後の養老年間（七一七〜七二四）
目的　元明太上天皇の病気平癒祈願あるいは追善

本尊　不明（釈迦像か……次頁参照）
建築　正堂・前細舎・僧房各一宇

(3)本薬師寺西院
本願　舎人親王
創建　神亀三年（七二六）
目的　元正太上天皇の病気平癒祈願
本尊　釈迦像

(4)平城薬師寺西院
本願　孝謙天皇
創建　天平宝字二年（七五八）
本尊　画像弥勒浄土障子（北面玄奘三蔵影障子）
　本願　元正天皇
　造立　養老六年（七二二）
　目的　天武天皇の追善
後、三面の庇に孝謙太上天皇天平宝字八年（七六四）造の小塔十万基を安置
建築　正堂一宇

『薬師寺縁起』東院条には、『流記資財帳』を引いて建物のことを記すのみで、本尊の記載がない。そ

れより後の『七大寺巡礼私記』では、薬師寺東院に丈六釈迦像を安置した八角円堂があり、それは別当輔静が建立したもので、仏像のほうは大安寺の釈迦像を模して定朝に造らせたものであったことを記す。別当輔静といえば『薬師寺縁起』撰録時期に相当する。となると、その『薬師寺縁起』に本尊などの記載がないのは、当時すでに東院の当初の建築・仏像は失われていて、輔静の造立した建築・仏像は、東院再興を企図したものであったのではないかと思える。当初の建築は、東大寺羂索院や西大寺子院のように双堂形式で、檜皮葺であった可能性が高い。そうだとすれば、平安中期までに滅びていたとしても不思議ではなかろう。この推定があたっているとすれば、平城薬師寺東院の当初の本尊（記録なし）は釈迦像であったことになろう。

八角堂などがその後どうなったか明らかでないが、弘安八年（一二八五）には現在の東院堂が建てられているので、それまでには失われていたのであろう。新建の東院堂には、かつての本薬師寺東院本尊の聖観音像が安置された。それは本薬師寺が解体された際、郡山の植槻寺金堂の本尊として移されたが、同寺が荒廃したために、薬師寺では東院堂を造って迎え入れたものとみられる。

平城薬師寺西院は、康安元年（一三六一）の大地震で破壊された。その後、応永九年（一四〇二）に文殊堂が西院内に建立されたが、このとき西院の正堂が復興されたかどうかはわからない。永禄年間（一五五八〜一五七〇）以降に再建された西院堂には、かつて本薬師寺金堂の本尊だった薬師三尊像が弥勒仏として安置された。この像は、本薬師寺が解体された平安後期に九条の植槻寺講堂に移されたが、平安末から鎌倉初めの同寺荒廃の折に埋められ、応永年間（一三九四〜一四二八）に発掘されて薬師寺に寄付されたものであった。移入の時期については問題があり、発掘直後、西院文殊堂に入れられ、その後西院堂に移されたのか、発掘後、九条村の堂に安置されていたのが永禄年間に西院堂が復興した時点で初めて移入されたのか、そのいずれかであろう。西院堂の薬師三尊像は、江戸時代の終り（嘉永五年＝一八五二年）に講堂が再建されるに及んで、その本尊とされて現存する。

本薬師寺の東院・西院は、十一世紀後半に本薬師寺伽藍の解体が行われた際に解体されたとみられ、東院本尊の聖観音像は植槻寺金堂に移され（東院正堂も金堂として移築されたのではなかろうか）、その後、平城薬師寺東院に移安された。西院本尊の釈迦像がどうなったかはわからない。

〔本薬師寺と平城薬師寺〕平城遷都が行われ、平城薬師寺の創建後も、本薬師寺は伽藍を維持し続け、十一世紀後半まで完備した状態で存在したであろうという点を、本章はいろいろな角度から説いてきた。

平城薬師寺造営のために本薬師寺の堂塔の解体がなされていたであろう時期に、同時に本薬師寺では西院の造営が行われていたのである。また天平十九年に『流記資財帳』が撰録されたときまでに東塔の再建、西塔の改造、南築地塀の二脇門の新設などを終っており、まもなく伽藍は元のごとくに備わったものとみられる。

本章ではまた、『流記資財帳』における寺院地に関する文を復原して、天平十九年時点の両薬師寺の寺地の構成を明らかにした。両者にみられる大きな違いは、本薬師寺が堂塔幷僧房院四町と大衆院二町からなるのに対し、平城薬師寺では塔金堂幷僧房等院五町と大衆院一町からなり、また平城薬師寺には他に苑院・花苑院、温室幷倉垣院、賎院を付属し、寺の自給的維持を完全ならしめる体制が整っていることである。本薬師寺の状態が創建当時から変わっていないものとすれば、この相違は、藤原京の寺院と平城京の寺院の重要な相違点として注目されなければならないし、また、平城遷都にともなって本薬師寺のサービス部分を負担する院が削られたのであれば（その可能性は少ないと思うが）、それも注目に価しよう。いずれにしても、従来このように寺地内の構成がはっきりわかる例は平城京の大安寺ぐらいしかないので、この問題は今後の課題とするほかない。

その後、平安遷都が行われ、天智系天皇の即位という新しい状況の中で二つの薬師寺は違った対応を取る。

平城薬師寺は、天武系の直世王によって開始された最勝会を核に、皇族の氏寺として、奈良朝大寺の面目を維持した。これに対して本薬師寺のほうは、空海の高野山登山を機に、新羅僧の入寺もあって、その影響下にただちに真言化していったとみられ、不動堂が建てられ、また万燈会が最重要法会として開始された。これには空海を支持した嵯峨天皇や宇多上皇の援助もあったようである。藤原道長も高野山参詣の途中に立ち寄っている。

十世紀初めの『栄穏申状』は、本薬師寺僧房に関する史料であるばかりでなく、本薬師寺と平城薬師寺の関係をうかがうことのできる唯一の史料として重要である。それによって、この時点で本薬師寺が平城薬師寺から半ば独立していたこと、しかし、僧房移建が平城薬師寺当局によって強引にすすめられようとしていたことが知られる。

十世紀終りの平城薬師寺伽藍の焼亡は薬師寺にとって大事件で、それゆえこれを通じて多くのことが知られる。すなわち、国立の寺院でありながら、国の援助を受けられなかったこと、檀越である皇族・源氏もあてにはできないこと、ただ寺自身の経済力だけが伽藍を再興し維持し続けることを可能にするという事実である。

この薬師寺再建の事情は、律令体制の解体・荘園制への移行を象徴するものであった。なおその際、本薬師寺の堂宇に安置された仏像が平城薬師寺に移された形跡がまったくないが、このことはとりもなおさず、この時点での本薬師寺の平城薬師寺からの独立性を暗示するものといえよう。

薬師寺は、この伽藍再興の過程を通じて、国や檀越に依存しないですむ経済の体制をつくりだすこと、すなわち荘園体制を発展させる必要性を痛感したはずである。だが現実にそれに成功したのは、藤原氏の政治権力を背景にした興福寺で、十一世紀には他の寺社の領地を侵蝕して自領を拡大した。薬師寺も十一世紀前半には別当が興福寺僧に占められており、興福寺の体制内に組み込まれたものとみられる。

〔本薬師寺の解体〕十一世紀後半、後三条天皇・白河天皇即位のころに、本薬師寺が解体されたというのは、本章の重要な結論である。各建物・仏像は、次のように諸寺に分け与えられたであろう。

東塔・西塔 ──→法成寺（天台宗）再建塔
金堂 ──→善通寺（真言宗）金堂
講堂 ──→円宗寺（天台宗）金堂
食堂 ──→法勝寺（天台宗）薬師堂
南大門 鐘楼 経楼 ──→法勝寺（天台宗）か？

金堂薬師三尊像　──→植槻寺（興福寺）講堂本尊
東院聖観音像　　──→植槻寺（興福寺）金堂本尊

足立氏の指摘された本薬師寺の塔の法成寺移建は、本薬師寺の解体という大きな出来事の一部だったのである。

本薬師寺の解体が、摂関家に代わって親政を行った後三条天皇、それを受けて院政を開始した白河天皇の時代に行われたのは偶然ではない。その新たな政治体制は、古代律令体制の崩壊の危機にあたって、支配勢力が天皇中心に結束して、現実的にこれを克服しようとしてつくりだしたものであったととらえることができる。後三条天皇が円宗寺を、白河天皇が法勝寺を創建したときには、東大寺や大安寺など、奈良朝に天皇が創建した大寺をイメージしていたのである。だが、政府に奈良朝時代の力がないとなれば、天皇は奈良朝に造られた大寺の堂宇を移建して伽藍を形成することに、むしろ積極的な意義を見出していたのではなかろうか。鐘まで新鋳せずに元興寺から法勝寺に曳いているところからもそう考えられるのである。

建築と仏像の移建先はすべて明らかになったわけではないが、右に挙げただけでも、当時の宗教界を代表する天台・真言・興福寺の関係寺院がそろっており、それらは藤原氏と天皇家の寺院でもある。本薬師寺の解体はそれら諸勢力の政治的妥協あるいは結束の産物ともいいうるであろう。

本薬師寺の解体はまた経済問題とも深く関わっていたとみられる。興福寺の支配する薬師寺当局が、本薬師寺の解体を受け入れた（あるいはみずから決意したのかどうかはわからない）のは、それらによって寺地を荘園にできるというねらいがあったからにちがいない。また本薬師寺の金堂本尊・東院堂本尊を植槻寺に移して同寺の再興をはかったのには、植槻寺のある薬師寺領薬園荘を維持し、さらに境を接する東大寺領清澄荘までも侵蝕する意図があったものと考えられる。東寺が、末寺である善通寺へ本薬師寺の金堂を移建して同寺の再興をはかったのも、善通寺の経済の立て直しと本末関係の強化に一半の目的があったと思われる（もう一つは、宗祖空海の誕生地に建つ寺院の荘厳化であったことはいうまでもない）。

〔薬師寺の金銅仏〕　本章では、平城薬師寺の金堂薬師三尊像とともに製作年代、原所在に関して議論のある講堂薬師三尊像、東院堂聖観音像についても詳しい考察を行った。それら金銅仏に関する結論は次のとおりである。

(1)現講堂薬師三尊像　──→　本薬師寺金堂本尊
（持統初年造立）

(2)現東院堂聖観音像　──→　本薬師寺東院本尊
（和銅年間造立　和銅五年における長屋王の文武天皇のための『大般若経』六百巻の書写は仏像の完成と関係があるか）

(3)現金堂薬師三尊像　──→　平城で新鋳（養老─神亀年間）

長年にわたって平城薬師寺の金堂の薬師三尊像が本薬師寺から移座したものかどうかで争われてきたが、第五章で金堂の薬師三尊像の新鋳を証明し、本章ではまた講堂の薬師三尊像が本薬師寺金堂の本尊であったことを証明したので、本研究としては、いわゆる移座説を本薬師寺と平城薬師寺の両方から否定したことになる。

聖観音像が本薬師寺東院の本尊で、遣唐使の帰国まもない時期の遺品であるという結論も重要である。今日これら薬師寺の三金銅仏に比較すべき遺品としては、山田寺講堂から奪って興福寺東金堂の本尊とされていた薬師三尊像（中尊の如来は現在頭部しか残っていないので、普通、山田寺仏頭の名で呼ばれている）がある。[197] その丈六の薬師如来像（仏頭）は、天武七年（六七八）から鋳造し、天武十四年（六八五）に仏眼を点じたものであった。これは本薬師寺金堂の本尊（現平城薬師寺講堂の本尊）より数年前に位置する。本章の結論にこの山田寺の薬師三尊像を加えるとき、彫刻史の時代区分は従来とは違ったものに見えてくる。すなわち従来は、大化改新（六四五年）から平城遷都（七一〇年）までを一時代として白鳳時代ないし奈良前期の名称を与えているが、大化改新はいましばらくおくとして、平城遷都を時代の境として設定することにどれほどの意味があるか、疑問に思われるのである。

平城遷都を境にするということは、以上の四種の仏像、すなわち山田寺の薬師三尊像・本薬師寺金堂の薬師三尊像・本薬師寺東院の聖観音像と平城薬師寺金堂の薬師三尊像を二つに分類するということであるが、それは、これら仏像に対する従来の分析からいっても妥当とは思えない。

この四種の仏像を分類するとしたら、山田寺の薬師三尊像・本薬師寺金堂の薬師三尊像と本薬師寺東院の聖観音像・平城薬師寺金堂の薬師三尊像にわけることになるであろう。本薬師寺東院の聖観音像と平城薬師寺金堂の薬師三尊像が鋳造技法その他の点で似ていることはよく知られている。[198] 本薬師寺金堂の薬師三尊像についてだけは鋳造技法について詳しい調査がすんでいないようであるが、外からの観察からだけでも、山田寺の薬師三尊像について指摘されているのと同様の技法上の未熟さが認められよう。また山田寺の薬師三尊像と本薬師寺金堂の薬師三尊像は、本薬師寺東院の聖観音像・平城薬師寺金堂の薬師三尊像と比べて全体ににぶい感じがするが、それは後者において鏨《たがね》を仕上げに多く使用していることによるものであろう。

山田寺の薬師三尊像・本薬師寺金堂の薬師三尊像と本薬師寺東院の聖観音像・平城薬師寺金堂の薬師三尊像の間に一線が引かれるべきだとすると、その間にあって、彫刻史に新たな刺激をもたらしたものとして、天智八年（六六九）以来途絶えていた遣唐使の再開、帰国（文武天皇慶雲元年＝七〇四年）が注目されなければならないであろう。そのとき、唐の最新の仏像を請来したのか、仏師が来朝したのかはわからないが、従来の初唐様式の仏像は、これを機に技術的にも表現の点でも一段と洗練されたものに変わったとみられる。法隆寺の五重塔・中門安置の塑像（七一一年）、平城薬師寺創建時（七一八年）に二つの薬師寺の塔に安置されることになった塑像なども、新来の様式技法にもとづく作品群に含まれよう。こうみてくると、平城遷都は彫刻史の時代区分にとって意味のないものといわざるをえない。あとは、彫刻史家の詳しい検討に期待したい。

遣唐使の再開が彫刻の様式技法に新たな要素を加えたとしたならば、伽藍の構成や建築のほうでも、何かをもたらした可能性があろう。それに相当するものとして私が現在考えているものは、五間仏門、複廊とその楽門、そして金堂前庭を回廊で囲む伽藍配置といったところである。それらは平城京の大安寺（大官大寺）からみられ、従来はそれ以前に遡る例がなかったが、最近の発掘調査で、和銅四年（七一一）に焼亡した藤原京の大官大寺の中門が五間であったことがわかったから、その他の要素も、実現こそしていなかったであろうが、知識としては、遣唐使再開後に知られていたであろう。ところで、大官大寺の中門は、飛鳥寺・法隆寺の中門と同じく梁行三間であることが明らかになっている。[199] 遣唐使の帰国後に造立された本薬師寺の聖観音像の裳裾が左右に魚鰭状に突起しているのは飛鳥時代の止利式仏像の伝統を引くものという。新旧要素の併存という点で大官大寺の中門と本薬師寺の聖観音像は、同じような位置にあるといえよう。

薬師寺が、以上にあげた新しい建築要素を採り入れるのは、第六章で明らかにしたように、天平末年ごろのことであった。仏像の場合も新しい様式技法が普及するのに、かなり長い年月を要したのではなかろうか。

本章では、はからずも薬師寺と同じ七世紀末に創建された植槻寺と善通寺について、伽藍の復原と寺史の考察をする結果になった。それらはそれぞれ天皇家の寺、中央貴族の寺、地方豪族の寺である。これらの寺の興亡の歴史から、同じ時代に中央と地方で多数建立された寺院の廃滅の過程を想像することができよう。

本薬師寺の解体と関連して、法成寺・円宗寺・法勝寺といった院政期の寺院の造営の実態に触れたが、その他の同時代の寺院の場合も、既存寺院の堂塔を移建した場合が相当あったのではないかと私は想像している。飛鳥・奈良時代の寺院建築は、当初建立されたところで滅んだものばかりでなく、移建後に失われた場合もあったことを、今後の考察では考慮する必要があると思われる。

第七章注

（1）平城薬師寺の占地に関しても種々の見解がある。

関野貞氏は『平城京及大内裏考』（東京帝国大学、明治四十年）の中で、寺地を、右京六条二坊の五から十六までの坪の十二町の土地と、一・二・三・四坪の中間を流れる堀川＝秋篠川の西側の狭長な土地とを加えた広さだったと考定された。

足立康氏は「奈良時代に於ける薬師寺の占地」（『考古学雑誌』二一―八、日本考古学会、昭和六年）において、奈良時代の占地が十町四分の一であったことを明らかにし、それに相当するのは六条二坊の五・六・七・十・十一・十二・十三・十四・十五の三町四方とその東隣、堀川西側の狭長の地を合わせた土地であると主張された。

田村吉永氏は「薬師寺の占地に就いて」（『史迹と美術』一九四・二三八、史迹美術同攷会、昭和二十四・二十八年）等において、三町四方説を補強しながら、四分の一町については、六条大路をへだてた南七条二坊、いまの八幡宮の地域と考定された。

福山敏男氏は、寺域の内訳・構成を検討して占地を明らかにされた（福山敏男「薬師寺の規模」『以可留我』九および福山敏男・久野健『薬師寺』東京大学出版会、昭和三十三年）。

村田治郎氏は福山説に賛成され、旧説を批判された（村田治郎「薬師寺占地の問題」『史迹と美術』二〇八、昭和二十五年）。

私も福山説を妥当と考えるが、本研究は『薬師寺縁起』の史料批判を課題の一つとしているので、その寺地に関する記載内容を、改めて吟味したい。

（2）薬師寺本『薬師寺縁起』の記載①と、同『薬師寺縁起』所収の永保二年の僉議状《せんぎじょう》の記載①における一部の文の削除は、本章の後半で詳述する本薬師寺の解体と関係があるとみられる。①において「以上本寺」という本薬師寺を示す文を除いたのは、『薬師寺縁起』が撰録された長和四年のことではなく、本薬師寺が解体された十一世紀より後に『薬師寺縁起』が書き直された際か、それを写して現在の薬師寺本が作られたときのことにちがいない。一方、①のほうは、その文を削らずに、平城薬師寺の主要部に相当する六坊分を削ってしまっているが、それによって一寺分のようにみせようとしたのであろう。そこにおいて「本寺」は平城薬師寺に意味が変わったのであるが、その後の「件所注録見、本寺幷今寺」では、「本寺」は正しく本薬師寺を意味するものとして使われている。永保二年の僉議状が書かれた時点ですでに本薬師寺はなくなっていたが、僉議状ではまだ本寺として扱っていた。それが写される段階で六坊分の記載が削られたことになろう。

（3）ここでの「坊」は平城京の「町」に相当する。『興福寺流記』『大安寺伽藍縁起幷流記資財帳』でも「町」でなく「坊」を使っている。

（4）田村・福山・村田の各氏の解釈（注1参照）。それにしても四分の一町とは、ずいぶん半端な広さである。南大門の向かい側に集中していたか、あるいは六条大路を挟んだ南面築垣の向かい側に八分の一町幅（一戸主の宅地の幅）の細長い敷地として存在したのであろう（図66ｂでは後者の場合を示した）。いずれにしても、その花苑は、南大門付近の荘厳のために設けられていたものと思われる。

（5）奈良時代には、そこに僧綱所や薬師寺宮があった、と福山氏は推定しておられる（福山敏男・久野健『薬師寺』一三〇頁、東京大学出版会、昭和三十三年）。したがうべきである。

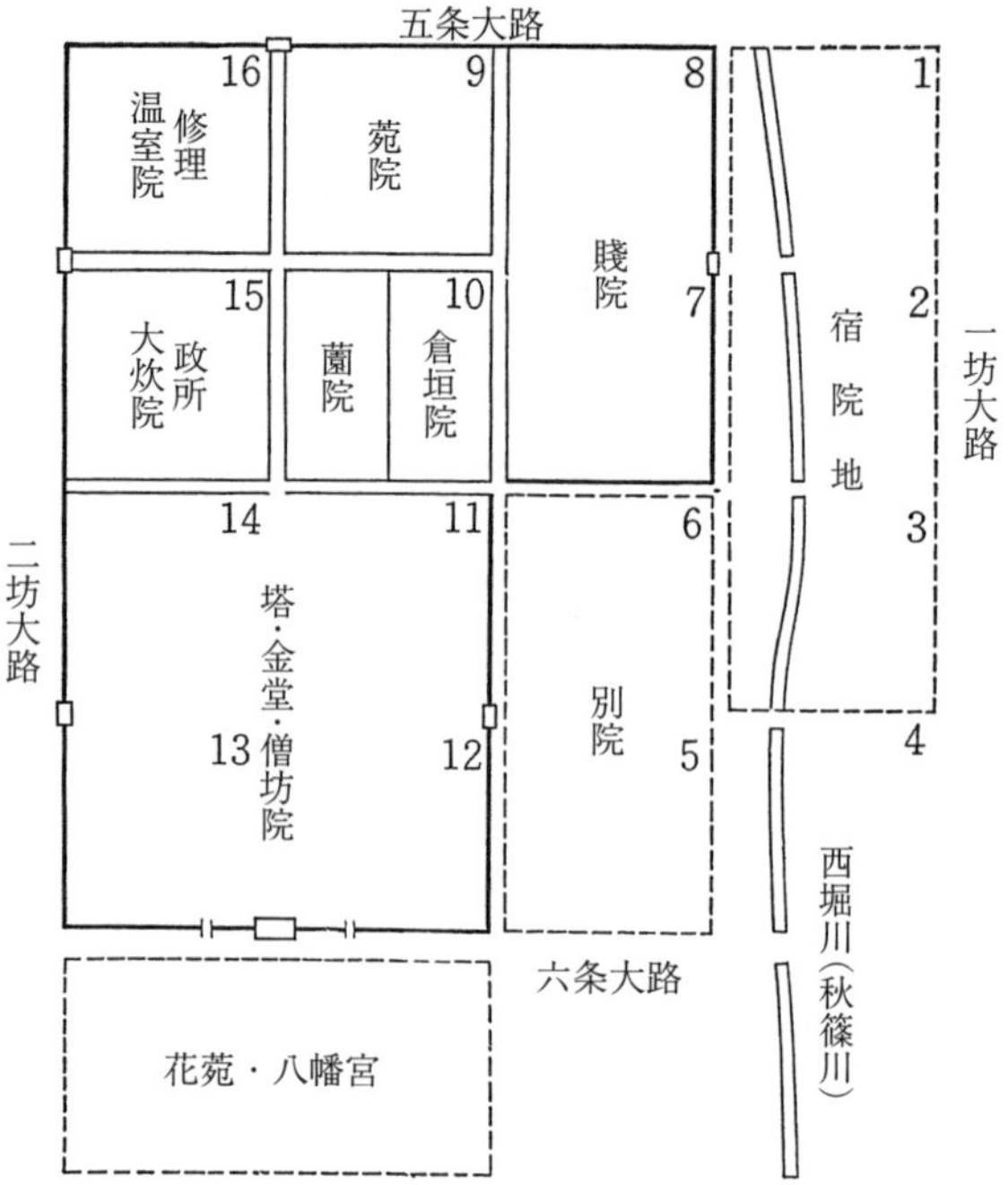

図 79　平城薬師寺寺院地（復原・福山敏男）

(6) 福山氏は、『流記資財帳』が平城薬師寺の塔金堂幷僧坊等院を五坊、大衆院を一坊と記し、本薬師寺の堂塔幷僧坊院四坊と大衆院二坊の構成と異なるのを不審として、平城薬師寺も本薬師寺と同じであったと考定されたが、氏は何か誤解をされたようで、『流記資財帳』の記載には何ら不審の点はない。したがって政所大炊院の一町は、『流記資財帳』の大衆院一坊に相当する、という氏の解釈も適当ではない（図79参照）。

(7) 江戸時代の薬師寺の古図（伽藍寺中之図）には、東門の外、秋篠川東岸北脇に宿院社を記す。ところで、秋篠川のことであるが、現在の流れは、平城右京六条二坊の一・二・三・四の坪の中間にある。『薬師寺縁起』（②—1）には、寺地の東限をこの堀川と記すので、この川の西側の狭長の土地を寺地と含めるか否かで議論のあることは注（1）に記した。このような議論が生じたのは堀川の流れが少し動いたためで、平安時代には一・二・三・四坪の西側の端を流れていたにちがいない。

（8）福山・久野、前掲書、一三四頁、注（5）。

（9）薬師寺本『薬師寺縁起』所収の永保二年（一〇八二）の僉議状に「去天平乃宝亀年中注録寺家流記云」とあるので、天平の『流記資財帳』のほかに宝亀の『流記資財帳』があったことが知られるが、永保二年まで宝亀の『流記資財帳』が伝わっていたかどうかは疑わしい。そのときまで伝わっていたなら『薬師寺縁起』に引用されているはずだし、その一部とみられる文が見出されてしかるべきだからである。

なお一寺に関し複数の『流記資財帳』が作られた例に興福寺がある。薬師寺・興福寺は天平十九年の『流記資財帳』以降に多くの建物ができたので、そのようになったのではないかと思われる。したがって宝亀年間に『流記資財帳』が作られた薬師寺では、それまでに造営がほぼ終っていたのではないかと推定される。

（10）醍醐寺本『諸寺縁起集』の『西大寺縁起』の条に引く薬師寺旧『流記資財帳』の利稲に関する数値も、『延喜式』に記される数値の三分の一ぐらいであることが福山氏によって指摘されている（福山・久野、前掲書、五五頁、注5）。この点からみても、その『流記資財帳』の数値は二つある薬師寺の一寺分を示している可能性が大きい。

（11）福山・久野、前掲書、五五頁、注（5）。

（12）『今昔物語集』巻第十二、「於薬師寺行最勝会語第五《ヤクシジニシテサイシヨウヱヲオコナヘルコト》」（「日本古典文学大系」二三、岩波書店、昭和三十五年）には次のように記される。

今《ハ》昔、天智《テンヂ》天皇薬師寺《ヤクシジ》ヲ建《タテ》給テ後《ノチ》、仏法盛《サカリ》也。而《シカ》ル間、淳和《ジユンワ》天皇ノ御代《ミヨ》ニ、中納言従《ジウ》三位兼行中務卿《ケンギヤウナカツカサキヤウ》直世《ナホヨ》ノ王ト云フ人有リ。身才《ニザイ》有リ、心悟《ニ》リ有《アリ》テ、内外《ナイグエ》ノ道ニ達《イタ》レリ。

其ノ人、天長七年ト云フ年、天皇ニ奏《マウサ》シテ云《カ》ク、「彼ノ薬師寺ニシテ毎年《トシゴト》ニ七日ヲ限《カギリ》テ法会《ホフエ》ヲ行ヒテ、天下《テンガ》ヲ令栄《サカエシ》メ帝王ヲ令祈《イノラシ》メムガ為ニ、寂勝王経《サイシヨウワウギヤウ》ヲ講ジテ、永キ事トセムト。」帝王ノ宣《ノタマ》ハク、「申ス所可然《シカルベ》シ。速ニ申スガ如クニ行ヒテ、代〻ノ帝王ノ御後《ノチ》ノ人ヲ以テ檀越《ダンヲツ》ト可為《スベ》シ」ト。此レニ依《ヨリ》テ、其ノ年ノ三月七日《ナヌカ》、此ノ会《エ》ヲ始メ行フ。維摩《ユイマ》・御斉《ゴサイ》ニ会《エ》ノ講師《カウジ》ヲ用《モチ》キル、聴衆《チヤウジウ》ニハ諸寺・諸宗ノ学者ヲ撰ビテ係《カケ》タリ。講経・論義、皆、維摩会ノ如シ。公《オホヤケ》ノ勅使ヲ遣《ツカハ》シテ被《オコ》行《ナハ》レ、講読・聴衆《チヤウジウ》ニ布施《フセ》ヲ給フ事不愚《オロカナラ》ズ。僧供《ソウグ》ハ寺ニ付《ツケ》タリ。

「抑《ソモソ》モ此ノ寺ノ檀越《ダンヲツ》ハ代〻ノ天皇ノ御後《ノチ》ノ人ヲ可用《モチキルベ》シ」ト宣旨《センジ》有レバ、源氏《グエンジ》ノ姓《シヤウ》ヲ給ハレル御《ゴ》寺ノ子孫ヲ以テ檀越《ダンヲツ》トス。然レバ、源氏ノ上臈《ジヤウラフ》ヲ以テ、此レ用《モチキ》ル。然レバ、此ノ会《エ》ノ勅使ニモ源氏ヲ下シ遣《ツカハ》ス也。

然レバ、推摩会・御斉会、此ノ寂勝会ヲ三会《サンエ》ト云フ。日本国ノ大キナル会《エ》、此レニハ不過《スギ》ズ。講師《カウジ》ハ、同人《ジ》、此ノ三会《サンエ》ヲ勤メツレバ、已講《イカウ》ト云フ官ニテ、此ノ三会《サンエ》ノ講師《カウジ》ノ労《ラウ》ヲ以テ僧綱《ソウガウ》ノ位ヲ被授《サヅケラ》ル。

然レバ、此ノ寂勝会、勝《スグ》レタル会《エ》也トナム語リ伝ヘタルトヤ。

(13) 元慶五年（八八一）九月九日（天武天皇の忌日）に、大衆知識が唱えて講堂前に金銅燈爐一基を鋳造している（『薬師寺縁起』講堂条）が、最勝会の会場である講堂の荘厳を意図したものであろう。

(14) 『薬師寺濫觴私考《やくしじらんしようしこう》』（『大日本仏教全書』第八五巻、鈴木学術財団、昭和四十七年）所収の応長二年（一三一二）の最勝会の表白に、平超が花鬘代や楽具を造って奉納したとあるのは、平超が、天禄四年の火災後再建された講堂の下閣（裳層）を造り、造具を了ったと『薬師寺縁起』に記される天元二年（九七九）のことであったと思われる。以上、最勝会のことは、福山氏が整理されたもの（福山・久野、前掲書、五二頁、注5）を参考にした。

(15) 『金光明経』は『日本書紀』の天武紀と持続紀に各三回、合わせて六回あらわれる。『日本書紀』の経論のなかでの最高の記載数である（田村円澄『飛鳥・白鳳仏教論』八九頁、雄山閣出版、昭和五十年）。

(16) これについては「奈良六大寺大観」第六巻『薬師寺全』一〇三頁（岩波書店、昭和四十五年）に、真保亨氏による解説がある。

(17) 最勝会は承和十一年（八四四）に、三月七日からに改められたが、それまでは三月二十一日から二十七日まで行われていたので、三月二十三日の万燈会は、その期間中にあたる。万燈会が本薬師寺の行事であり、平城薬師寺の最勝会に対応する重要法会であったことは、この点からも明らかであろう。

(18) 『七大寺巡礼私記』薬師寺条に次の記事がある。

或人語云、此寺有勁捷之老翁、万燈会之時手捧燈火登四幢（御カ）如鳥飛、仍寺家給例禄云々、或―（云）、此翁権化□（之カ）聖、依願力為助仏事誕生云々、

万燈会の際も四宝幢で荘厳されていたものとみえる。

なお、大官大寺講堂跡の発掘で基壇の四隅の地表面に据えられた石（大きさ一～一・五メートル、厚さ〇・五メートルの不整形）が発見され、その性格について種々の憶測がなされているが、以上に述べた宝幢と関係があるのではないかと思われる。

(19) 「続日本後紀」に、仁明天皇承和十年（八四三）五月二十六日、油一斛、正税三百束を奈良本元興寺の六月十五日の万花会、十月十五日の万燈会に充つ。此両日を以て、毎年之を修し、立てて恒例と為すとある」（辻善之助『日本仏教史　上世篇』五一四頁、岩波書店、昭和十九年）。

(20) 『東大寺』一八二頁、東大寺教学部編、学生社、昭和四十八年。

(21) 『性霊集』補闕抄巻第八八、「高野山万燈会願文」（「日本古典文学大系」七一、岩波書店、昭和四十年）。

(22) 『東大寺別当次第』などに第十四代別当として空海の名をあげるが、堀池春峰氏は、「真言宗専攻の僧で当寺

（東大寺）別当として最初に補任された英才は、『東南院文書』承和五年（八三八）八月の『造東大寺所記文』に別当大法師として名をとどめた円明である。空海が入京の翌年、三十七歳の若さで東大寺別当に補任されたとするのは、後年、東大寺内における真言宗の隆昌により空海に仮托したものとする疑いが深い」とされる（堀池春峰「弘法大師空海と東大寺」『仏教芸術』九二、毎日新聞社、昭和四十八年）。

(23) 辻、前掲書、三〇九頁、注（19）。

(24) 空海が直接指示して造らせたと考えられる仏像に高野山金剛峯寺講堂と京都教王護国寺講堂の諸像があるが、いずれにも不動明王像が含まれている。また高野山南院に現存する浪切不動尊像は、大師が在唐中に制作し、恵果阿闍梨が開眼供養を営んだもので、大師帰朝の際の守護の像であったと伝えられるが、田村隆照氏は、その表現の特異なところから、唐に当時存在した像の直模の像の可能性があり、そうであるならば、いわれる伝承をそのまま肯定すべきではないか、と述べておられる（田村隆照「高野山の開創と平安期美術の周辺」『仏教芸術』九二、昭和四十八年）。

『薬師寺古記録抜萃』『薬師寺仮名縁起』（『大日本仏教全書』第八五巻）は、弘仁九年の不動堂建立を嵯峨天皇の事蹟とする。また前者は、本尊の不動明王像は弘法大師の作であり、今に存すると記す。

飛鳥の弘福寺（川原寺）は現に真言宗に属するが、それは空海の高野山往来の途中の宿舎として嵯峨天皇が下賜されたものという。佐和隆研氏はその時期を弘仁十年前後と想像しておられる（佐和隆研「空海の寺と密教」『仏教芸術』九二、昭和四十八年）。

(25) 新羅僧の一人恵運については『元亨釈書』に簡単な伝記を載せる。それによると空海から東寺を譲り受けて真言宗教団の後継者となった実恵にしたがい、承和五年（八三八）には円仁とともに入唐、同十四年に帰朝（入唐八家の一）。安祥寺第一世となり、貞観十三年（八七一）九月卒。享年七十四。

『薬師寺縁起国史』の記事は、彼が新羅僧であったこと、空海の高野山登山と時を同じくして本薬師寺に住したこと、同年本薬師寺に不動堂が造られたことを明らかにしており、貴重なものといえる。

(26) 空海の弟子には実恵・恵運のほかにも、恵宿・恵雲・堅恵などがいる。

(27) 法成寺に関する基本的な論文としては、家永三郎「法成寺の創建」(『美術研究』一〇四、美術研究所、昭和十五年)、杉山信三「藤原氏の氏寺とその院家」(『奈良国立文化財研究所学報』第一九冊「法成寺」の章、奈良国立文化財研究所、昭和四十三年)がある。

(28) 『本朝続文粋』(『新訂増補国史大系』第二九巻下、吉川弘文館、昭和四十年)。

(29) 『中右記』天承二年(一一三二)二月二十八日条に「安置両界大日各四躰」とあるので、同日、落慶供養が行われたのは二基の塔であったようであるが、『本朝世紀』仁平三年(一一五三)十月十八日癸酉条に、「天晴。法成寺西塔棟上也。佐渡守高階ミ為清所ニ造進一也」とあるから、先の落慶供養の対象は東塔だけで、西塔はそれより二十年あまりも遅れてできたことになろう。

(30) 足立康「本薬師寺塔婆に関する疑問に就いて」『考古学雑誌』二〇―一一、日本考古学会、昭和五年。

(31) 喜田貞吉「足立康君の薬師寺に関する新研究を読む」『考古学雑誌』二一―二、昭和六年。

喜田貞吉「再び足立康君の薬師寺に関する新研究に就いて」『考古学雑誌』二一―四、昭和六年。

丸山二郎「本薬師寺塔婆に関する疑問に就いて、の疑」『歴史地理』五七―二、吉川弘文館、昭和六年。

(32) 足立康「法成寺三重塔考」『考古学雑誌』二一―二～三、昭和六年。

(33) 家永三郎「法成寺塔婆に関する資料」『建築史』二―四、吉川弘文館、昭和十五年。

(34) 板橋倫行「法成寺三重塔は薬師寺塔の移建でなくて模建」『日本歴史』六九、実教出版、昭和二十九年。

(35) 『諸寺建立次第』(『建久御巡礼記』にもあり)大安寺条には、同寺が熊凝《クマゴリ》之精舎に始まり、百済大寺、高市大寺、大官大寺、大安寺と「移造」された過程が述べられた後に、「大唐ノ西明寺ハ移天竺ノ祇苑寺院ノキンヲ、日本ノ大安寺移西明寺、北京ノ法成寺ハ移南京ノ大安寺㆒也」と記す。ここでは「移」を「模」の意味でも使っているので、ここから何らかの結論を導くのは危険であるが、目にとまったので一応書きとどめておく。

(36) 吉村茂樹『院政』一二七頁、至文堂、昭和三十三年。

(37)『平知信記』の記事だけ読めば、八相成道のみ薬師寺の塔を模したとも解されよう。

(38) 関白忠通の家司（竹内理三編『平安遺文』十一巻、三三八頁の解説による。東京堂出版）。

(39) 足立康「七大寺日記と七大寺巡礼私記」『東洋美術』一六、飛鳥園、昭和七年。

(40)『七大寺日記』と『七大寺巡礼私記』の史料批判は、古く会津八一、足立康、荻野三七彦、福山敏男らの諸氏によって行われている。その後の研究では、たなかしげひさ（田中重久）「七大寺修行要略は大江の親通の撰に非ず」（『仏教芸術』六五、昭和四十二年）、田中稔「七大寺巡礼私記と十五大寺日記」（『研究論集Ⅰ　奈良国立文化財研究所学報』第二一冊、昭和四十七年）がある。たなかしげひさ氏の論文は、『七大寺日記』を大江親通の撰とする従来の説を批判したところに意義があるが、撰述年代の推定は通説とあまり違っていない。また撰者を奈良在住の尼僧とする点など、私としてはまったく同調することができない。一方、田中稔氏の論文では、新たに発見された逸書『十五大寺日記』の逸文を紹介するとともに、それと『七大寺巡礼私記』との関係を検討して、『十五大寺日記』が『七大寺巡礼私記』の編纂に当たってもっとも重要な参考書として利用され、その文がかなり多く引用されたと推定している。そして「追記」のところでは、親通の学識と『七大寺巡礼私記』の記事にみられる杜撰《ずさん》さとをあわせて考えると、「『十五大寺日記』こそが大江親通の撰になるもので、『七大寺巡礼私記』は『十五大寺日記』を基礎とし、『七大寺日記』等を併せ参照して作られたものを、主たる典拠である『十五大寺日記』の著者、大江親通撰に仮託したものではなかろうか」と述べておられる。追記の部分の推定については、証明が難しいので田中氏はまったくの憶測に過ぎないとしておられるが、重要な見解として尊重されるべきであろう。ただ傍点で示したように、氏も『七大寺日記』が『七大寺巡礼私記』撰述の際に参考にされたと考えておられる。従来の説がすでに研究者の常識となっているためであろう。

(41) 田中重久「本薬師寺創立の研究」『考古学』一一—九・一〇、東京考古学会、昭和十五年。

(42) 田村吉永氏も最初薬師寺が創建されたのは飛鳥岡本であるとし、次に藤原京の木殿、さらに平城京へと二度移転が行われたという説を発表しておられる（「薬師寺堂塔本尊造立新考」『仏教芸術』一五、昭和二十七年。「薬師寺再転考」『史迹と美術』二一九、昭和二十七年）。しかし、高市郡岡本の地名をあげる『和州旧跡幽考』などは再度移転したとは述べていないのであるから、それは高市郡木殿を誤ったものにすぎないであろう。したがって、これ以外に根拠らしい根拠のない田村説は、ほとんど問題にするに価しないと思われる。

(43) 「専当」は『平安遺文』（古文書編第一〜第一一巻、東京堂、昭和二十四〜四十二年）でみると、田地売券や荘司解によくあらわれる。後で問題にする天喜五年九月三日の「大和国清澄荘解案」（『平安遺文』八六四）の場合も御庄（荘）司等として専当秦是近と庄（荘）別当僧道賢の名を記す。この場合は俗人らしいが、法師でも妻帯を許されていたようである。

(44) 竹内理三「六勝寺建立の意義」『律令制と貴族政権』第二部、御茶の水書房、昭和三十三年。

(45) 『扶桑略記』延久三年六月二十九日条に「行二幸円宗寺一。設二大会一。供二養常行堂一。但灌頂堂者。以二真言宗一令レ修二秘密法一。左右近衛各供養態。龍頭鷁首。池上皷レ棹。入レ夜。車駕還宮」とある。鐘銘の文からは移建されたかに思われる宝塔が、実際には建てられなかったとすると、法成寺に移建された本薬師寺の塔は、後三条天皇の生前には円宗寺へ移建される予定だったのではないかと思われる。

(46) 福山敏男「六勝寺の位置」『美術史学』八一・八二、国書刊行会、昭和十八年。

福山敏男『日本建築史研究』墨水書房、昭和四十三年。

福山敏男「法勝寺復原図」『建築学大系』四、彰国社、昭和三十二年。

林屋辰三郎氏は、福山氏が北の寺境を冷泉小路末と推定するのに対し、その北にまで及んでいたであろうと考定しておられる（林屋辰三郎「法勝寺の創建」『古典文化の創造』東京大学出版会、昭和三十九年）。

(47) 法勝寺造営に関する史料としては、『法勝寺金堂造営記』『法勝寺阿弥陀堂造立日時定記』『承暦元年法勝寺供養記』（以上、塙保己一編『続群書類従』続群書類従完成会）、『法勝寺供養記』（塙保己一編『新校群書類従』群書類従完成会）、そして『扶桑略記』（『新訂増補国史大系』第一二巻、吉川弘文館、昭和四十年）によった。

(48) 注（44）に同じ。

(49) 為家は尊勝寺では阿弥陀堂を造立。以上、尊勝寺造営のことは、注（44）の論文によった。

(50) 杉山信三・木村捷三郎・梶川敏夫「法勝寺金堂跡発掘調査概要」『京都市埋蔵文化財年次報告一九七四—Ⅱ法勝寺跡』京都市文化観光局文化財保護課、昭和五十年。
梶川敏夫「法勝寺金堂跡第Ⅱ次発掘調査概要」『京都市埋蔵文化財年次報告一九七五』昭和五十一年。

梶川敏夫「法勝寺跡」『仏教芸術』一一五、昭和五十二年。

この最後の報告中に、発掘調査にあたられた梶川氏の金堂復原図（図70）があるが、発掘報告を読むと、調査区域が限られているために、不明の部分、問題点も少なくないらしい。

(51) 『大和文華』二八、大和文華館、昭和三十三年。「年中行事絵巻の推定法勝寺最勝会図」と改題して『日本建築史研究』（墨水書房、昭和四十三年）に収められている。

(52) 後述するように、平安時代末期の薬師寺は興福寺の末寺に近い状態にあったから、薬師寺の最勝会が『年中行事絵巻』に描かれる可能性は、もともと少なかったといえる。

（53）『法勝寺供養記』には、東西の軒廊五間をそれぞれ中宮御所、一品内親王御所にしたことがみえるから軒廊は五間以上あったことになる。もっとも、絵巻のように軒廊前面が四間の場合でも、隅間を加えれば五間になる。

（54）尊勝寺には中門があったので、金堂前庭は回廊で囲われていたと考えられ、絵巻で前庭幅が狭いのと対応する。しかし、同寺への行幸は東門から行われたのに、絵巻中の寺は西を晴れの門とする。それに尊勝寺における最重要法会は灌頂堂での結縁灌頂であったから、同寺の金堂での法会が『年中行事絵巻』に措かれる可能性はない。

なお尊勝寺に関しては『尊勝寺供養記』があるが、次に掲げる発掘報告では、その他の文献史料を渉猟して沿革を明らかにしている。

杉山信三・岡田茂弘「尊勝寺跡発掘調査報告」奈良国立文化財研究所学報第十冊『平城宮跡Ⅰ・伝飛鳥板蓋宮跡発掘調査報告書』奈良国立文化財研究所、昭和三十六年。

工楽善通・藤村泉『尊勝寺跡発掘調査概要』六勝寺研究会、昭和四十八年。

梶川敏夫・渡辺和子「尊勝寺跡推定地第Ⅲ次発掘調査概要」『京都市埋蔵文化財年次報告一九七六—Ⅱ　六勝寺跡』昭和五十二年。

（55）『初例抄下』（『訂正版群書類従』第二四輯、続群書類従完成会、昭和三十五年）など。

（56）『円明寺供養式後改二円宗寺一』（『朝野群載』巻二、『新訂増補国史大系』第二九巻上、吉川弘文館、昭和三十九年）によって円宗寺金堂にも裳層があったことがわかる。

ところで、そこでの落慶供養のときのありさまを法勝寺・尊勝寺供養の場合と比較すると、円宗寺では南裳層の東三間に御簾をかけて第三間を御座とし、西三間に御簾をかけて陽明門院御在所としたのに対し、法勝寺・尊勝寺では東四間に御簾をかけて第四間を御座とし、西四間に御簾をかけて陽明門院御在所としている。これだけからみると、円宗寺金堂は法勝寺金堂より二間少ない五間四面の堂だったようであるが、安置仏像の大きさと数（注63参照）からみれば、内陣はやはり七間あったと思われる。

絵巻の堂では東四間に御簾をかけているが、それだけで法勝寺ときめつけることはできないだろう。供養と法会では、鋪設に違いがあるということも当然ありうるであろう。

（57）『扶桑略記』。注（45）に掲げる記事。

（58）『本朝文集』巻五十（『新訂増補国史大系』第三〇巻、吉川弘文館、昭和四十一年）。

（59）角柱の裳層と円柱の裳層では大きな違いがある。角柱の裳層は小規模で、その屋根は殿身の屋根下に納まるが、円柱の裳層では屋根が殿身の屋根より外に出て、一見、二重の建物にみえる。

（60）絵巻中の金堂は、内部をよく見せるために前面の裳層柱の下方と殿身側柱を省略している。

（61）第六章第二節参照。

（62）円宗寺の法華会は金堂で行われたことが史料に明記されるが、最勝会の場は未詳である。したがって講堂であった可能性もある。

（63）法勝寺金堂安置仏　三丈二尺毘盧遮那如来像
二丈宝幢如来像
二丈開敷花如来像
二丈無量寿如来像
二丈天鼓雷音如来像
九尺六天像各一躰
八尺毘頭盧像

円宗寺金堂安置仏　二丈毘盧遮那如来像
丈六薬師如来像
丈六一字金輪像
丈六六天像各一躰

(64)『承暦元年法勝寺供養記』に「承暦元年十二月十八日壬午、丑刻懸鐘、須兼日懸之、然而昨日夜従元興寺襁引属、日次依不宜当日懸之、（後略）」とある。

なお『建久御巡礼記』元興寺条には「彼石像旀（弥）勒（百済が献じて元興寺東金堂に安置された）ハ、本元興寺ニオハシマシヽヲ、多武峯ノ僧盗取奉リテ、後其ノ石ノ座許ヲ、コノ奈良ノ元興寺ヘ送リ渡シテ、金堂ノ内ニ置ケリ」とある。

このような、仏像の移座・奪取に関する史料は注意してみるといくらもある。そのような時勢下では新築よりはるかに容易な移築は、想像以上に行われていた可能性があろう。

(65)林屋辰三郎「法勝寺の創建」『古典文化の創造』東京大学出版会、昭和三十九年。

『承暦元年法勝寺供養記』は「八月廿五日己卯、法勝寺御塔壇始築之」と記すから、塔の基壇は金堂等の落慶供養前にすでにできていたであろう。その後四年おいて塔そのものの造営にかかって、わずか二年で完成したということからみると、四年間は部材の工作などの準備期間で、実質六年が造営期間であったであろう。この長さは、天禄被災後の平城薬師寺講堂ならびに食堂の造営期間に一致する。その一方、法勝寺の金堂と講堂の場合、造営事始から仏像の入堂までが二年、白河天皇の即位から準備が始められたとしても四年半しか要しなかったことになる。部材が新材ではなかったのではないかと疑うことができよう。

(66)法勝寺の塔が承元二年（一二〇八）五月十五日に雷火のため焼失した後、八月に再建を命ぜられたのは、二年前から造東大寺大勧進に就いていた栄西であった。この点も注目すべきであろう。なお再建塔は、承元四年（一二一〇）四月、立柱供養。建保元年（一二一三）四月二十六日、落慶供養。同年七月六日には完成して後鳥羽上皇御幸。完成まで五年近くを要している（多賀宗隼『栄西』吉川弘文館、昭和四十年）。

(67)『白河法皇八幡一切経供養願文』（『新訂増補国史大系』第二九巻下『本朝文粋』所収）。

(68)同様の可能性は尊勝寺にもある。尊勝寺跡で出土した瓦は雑多で、中には興福寺食堂・薬師寺南大門跡で出土したのと同笵の平安瓦や、川原寺で出土したのと同じ型の鎌倉末の瓦も含まれているということである（杉山・岡田、前掲書、注54）。

(69)『法勝寺供養記』『尊卑分脈』（『新訂増補国史大系』第五八巻・第五九巻、吉川弘文館、昭和四十一年）等。

(70)佐和隆研「鳥羽僧正覚猷とその周辺」『仏教芸術』三六、毎日新聞社、昭和三十三年。

(71)『公卿補任』（『新訂増補国史大系』第五三～第五七巻、別巻第一、吉川弘文館、昭和三十九～四十一年）。

(72)『薬師寺別当次第』。

(73)『尊卑分脈』。隆経については、次の第五節で問題にする。

(74)『薬師寺別当次第』『尊卑分脈』『水左記』永保元年七月二十四日条。

(75)『薬師寺別当次第』『尊卑分脈』等。隆信が興福寺出身であることは、『僧綱補任』天仁元年条、ならびに『三会定一記』「維摩会講師次第」（『大日本仏教全書』第四九巻、鈴木学術財団、昭和四十六年）。表9、四一〇頁参照。

(76)『水左記』永保元年八月二十六日条、同十月五日・六日条。

(77)『水左記』承暦元年十二月二十六日、承暦四年十月十八日、永保元年三月十四日、同年七月二十四日・二十八

日の条、および注（76）、注（78）の条。

（78）『水左記』承暦四年十月十五日条。

（79）「維摩会講師次第」。表9、四一〇頁参照。

（80）『僧綱補任』『尊卑分脈』。

（81）竹内理三『日本の歴史』四、一四七頁、中央公論社、昭和四十年。

（82）『公卿補任』。

（83）竹内、前掲書、一九三頁、注（81）。

（84）『訂正版群書類従』第一八輯、続群書類従完成会、昭和三十四年。

（85）若井富蔵「薬師寺堂塔の形式に就いて」『史蹟と古美術』六—五、国史普及会、昭和六年。
板橋倫行「善通寺金堂と薬師寺金堂」『薬師寺の新研究』鵤故郷舍、昭和十四年。

（86）藤井直正「讃岐善通寺伽藍の復原」（『史迹と美術』四七一、史迹美術同攷会、昭和五十二年）で端瓦第二組とされるもの。本薬師寺・平城薬師寺で出土するものと違い、中房の蓮子が少なく、周縁の珠文がない。

（87）藤井、前掲書、注（86）。

（88）現存する仏頭が、藤井氏がいわれるように金堂内陣後壁の薬師三尊半出塑像のものだとすると、それが創建時の金堂本尊であった可能性が強いであろう。丈六薬師三尊像を同じ金堂内に二組安置することはありえないから、道範が見た本尊の丈六薬師三尊像は後で安置されたことになる。それは、当初の金堂に代わって、より大きな金堂が建てられたのにともなって行われたと考えられる。すなわち、当初の金堂が鎌倉時代まで遺存したとする藤井説は妥当でない。
ただ、現存する仏頭は、道範の見た本尊のそれである可能性もあろう。専門家の詳しい調査が望まれる。

(89)『古事記』雄略天皇条に、妻問いのため河内に行幸した天皇が、途中、山の上から、堅魚《かつお》(木)を上げた舎を見つけ、それが志幾大県主《おおあがたぬし》の家であることがわかると、「奴《やっこ》や、己が家を天皇の御舎《みあらか》に似せて造れり」といって、人を遣わして焼かせた、という話が載っている。これは天皇の御舎の形式の存在したことを物語り、建築が政治的地位のシンボルとして重要な存在になっていたことを示している。

伊勢神宮や出雲大社のような、古代政治史に重要な意義を有した神社の建築がそれぞれ独特で、他に同じ形式のものが見出されないのも、それらの形式に特別の意味が付与され、それゆえ他に対しては使用が禁じられたためであると考えられる。

律令国家体制の確立期である天武・持統朝は、神祇制度および寺院制度が整備された時期でもある。伊勢神宮への斎王派遣が復活し、造替制度ができ、全国の社は官社の制の下で修造された。そして百済大寺を移した大官大寺を全国寺院の頂点に位置づけたのである。百済大寺の九重塔を踏襲して大官大寺に九重塔が建てられたとき、それはすでに天皇家の寺のシンボルと規定されていたであろう。白河天皇が、天皇政治の復活と奈良朝大寺の再現を期して創建した法勝寺に、九重塔が建てられたのも偶然ではあるまい。

薬師寺の建築が独特なのも、天武・持統一家の私寺としての特殊な地位に無関係ではあるまい。平城薬師寺が本薬師寺の伽藍・建築を踏襲しているのも、百済大寺と大官大寺の九重塔の場合と同巧である。したがって地方寺院に、薬師寺と同じ形式の建築が見出されることは、今後もないと思われる。

(90)藤井氏は、平安時代に存在した建物をすべて奈良前期からあったと想像しているにすぎない。

(91)『平安遺文』四八一、讃岐国善通寺司解案(寛仁二年五月十三日)。

(92)竹内理三『寺領荘園の研究』四二二頁、畝傍書房、昭和十七年。

(93)『平安遺文』一〇七一、讃岐国善通寺所司等解(延久四年正月二十六日)。

(94)『平安遺文』一〇七二、讃岐国善通寺所司解（延久四年二月二十日）。

(95)『平安遺文』一〇七五、一〇七六、讃岐国善通寺司解案（延久四年三月）。

(96)『平安遺文』一〇八七、讃岐国善通寺所司解案（延久四年十月二十八日）。

(97)『平安遺文』一二二一、讃岐国司庁宣（応徳元年十一月七日）、一二二四、讃岐国留守所下文（応徳元年十二月五日）。

(98)竹内、前掲書、四三二頁、注（92）。

(99)元禄年間に壬生季連が編纂した『続左丞抄《ぞくさじょうしょう》』（『新訂増補国史大系』第二七巻、吉川弘文館、昭和四十年）所収の承元三年（一二〇九）の庁宣には「右彼寺者。弘法大師降誕之霊地。佐伯善通建立之道場也」とあり、また弘安四年（一二八一）の左弁官下文には「当寺者功徳大領善通之建立。弘法大師誕生之霊地」と記される。これらによって、善通寺が弘法大師の先祖の創建した寺であることは確かといえる。『続左丞抄』所収、宝治三年（一二四九）の庁宣には「右当寺者。弘法大師之草創。国中無双之精舎也」とあるが、同時期の『南海流浪記』（一二四三〜一二五二）が金堂を弘法大師の建立と記すのと同じで、大師信仰のたかまりの中で付会されたものと考えられる。

(100)次節で問題にする郡山の植槻道場の場合も、奈良時代の初めに創建されて、平安時代半ばにはすでに荒廃に帰していた。木造建築は修理を継続してこそ千年も保つのである。

(101)『平安遺文』九八三（康平五年＝一〇六二年十月十七日）、九八四、九八六、九八八、一〇〇五、一〇〇六、一〇〇八、一〇二〇、一〇三〇、一〇三四、一〇三五、一〇七七、一〇八八（延久四年＝一〇七二年十月二十八日）。これらのうち一〇二〇の讃岐国曼荼羅寺僧善芳解が、同寺の建築の状態、その他について多くのことを語ってくれるので次に掲げる。

「件畠任留記帳之数、令徴納其地子物、充寺家修理料之、
在判」

修行僧善芳誠恐誠惶謹言

請被殊蒙国恩、裁許弘法大師御本願建立道場漫〔ママ〕荼羅寺三昧加徴幷寺中近辺寺領田畠相交畠地状

四至　在多度郡吉原郷字石手村

東限六条九里一坪東畔　南限山

西限奈良隈尾前　北限六条九里陸坪北横畔

右善芳、為仏法修行往反之次、当寺伽藍逗留之間、寺本願檀越者、彼大師入唐帰朝之後、所被建立之道場云〻、仍院内堂数五間四面瓦葺講堂一宇半損多宝塔一基破損五間別堂一宇加修理企、爰善芳倩思、大師智恩之寺、遷化聖霊素音(ママ)所也、而年舒(ママ)多積顛倒之日新、而間仏像者皆為雨露朽損、経典者悉為風霜破、夫嗟乎悲哉、今毎奉拝雨露難留落涙、毎思不安心肝、賓雖朝暮悲歎、所不及弊力也、以此之旨、当前司勧催申之日、状云、霊験之砌顕然也、勧進之勤尤可然、仍被奉奉加八木也、以是罷渡安芸国、交易材木、年来之程件講堂一宇五間四面如本瓦葺改修造建立已了、件外大師御初修施坂(ママ)寺三間葺萱堂一宇造立又了、即如意堂也、爰弟子欲構仏聖燈油之儲施僧之労、非　国恩者、何改大師之御遺跡矣、因之被裁免件両条、於田畠者支修理之急、至于三昧加徴者、充住僧供料、奉祈掌(宰)吏安平国内興複之由、望請　国恩、被裁許件両条事、勒状、誠恐誠惶謹言、

治暦三年八月廿五日

修行僧善芳敬白

(102) 前注に掲げたものを含め曼荼羅寺住僧善範（善芳）の文書には、弘法大師の建立と記す。善通寺に属し、寺名からみて曼荼羅を本堂（講堂）に安置したと考えられ、多宝塔を有したといえば、空海が創建した可能性は十分あろう。寛喜元年（一二二九）五月十八日、官宣旨によると、空海帰朝後、その請来せる曼荼羅を安置する

ための一院を善通寺近傍に建立して、曼荼羅寺と号したという。延久（一〇六九～一〇七四）当時すでに相当荒廃していたという点からも、そのころの建立が考えられる。空海の弟子となり、師の遺業を継承して真言宗教団を発展させた人の中には、空海の実弟の真雅、姪の智泉、甥の真然、同じ佐伯氏出身の実恵、道雄らがいたことも注目すべきである。なかでも実恵は、空海から東寺を譲られ、教団の後継者となっている。曼荼羅寺はそうした背景の中で空海の生前に創建されたのではないかと思われる。五間四面という講堂の規模が、空海在世中の建築と伝えられる高野山講堂の三間四面（『金剛峯寺建立修行縁起』）より大きいのが気になるが、高野山が当初空海の引退所として開設されたために講堂が小規模に造られたのかもしれないし、そうでなければ、曼荼羅寺の造営が実恵の代に継続されたためであろう。いずれにしても曼荼羅寺は、善通寺とともに（あるいはそれ以上に）大師との縁が深かった寺として重視すべきであろう。従来は善通寺のほうが注目されているようである。

（103）『平安遺文』一〇二〇の文書（注101）ならびに一〇〇六（注107に掲出）の文書による。なお、それらに「別堂」とあるのは、一〇七七の文書（延久四年五月十四日）に「胡麻堂」とあるのに相当すると考えられる。以上の文書には、もう一字、「施坂寺三間葺萱（茅）堂」なるものが出てくるが、それについては一〇〇八の文書（治暦二年七月六日）に次のような詳しい記載がある。

修行僧善芳解　申請　国裁定事

請被早禁断善通寺曼陁（羅脱）寺南之外門在三倹山、所名字高色皮志髪山伝也、而件山中大師給レ入点有験霊地、為上求玕下化衆生、伽藍建立給、又在辺大師御行道所、而件字名施坂寺、件道場大師如意輪法所勤行給ける也、即大師入滅世之後、於破壊顚倒後、至于今無建立輩、為継大師之御遺跡、以去年即道場所於穏（隠カ）居、如本以草葉建立、為果宿願、暫間経廻、而多度・三野両郡悪業人等朝夕罷入乱、獦野鹿鳥禽

為敍（殺）害事、敢不可称計、（後略）

これによって施坂寺の堂は、三倹山の修行所に大師が建立したものであったことがわかる。それが破壊して失われていたのを善芳は再建したのである。

結局、曼荼羅寺関係の建物を整理すると次のようになる。

曼荼羅寺
　多宝塔
　講堂（本堂）五間四面・瓦葺
　護摩堂（別堂）五間
　僧房
施坂寺
　如意堂（御堂）三間・茅葺

(104)『平安遺文』九八三（康平五年十月十七日）、九八四（康平五年十月二十一日）など。

(105)『平安遺文』一〇二〇の文書（注101）に、講堂は「半損」、護摩堂は「加修理企」とあるので両堂は修理ですんだが、多宝塔は「破損」とあるのでもっとも傷んでいたらしい。その多宝塔が曼荼羅寺で修理された形跡がまったくなく、一方、以前五重塔があった善通寺に道範が参詣した当時は多宝塔が存在したから、曼荼羅寺の多宝塔は、善通寺に移建修造された可能性が大であろう。施坂寺の御堂は一〇〇八の文書（注103）の記載によって、遺跡に再建されたことが知られる。

(106)竹内、前掲書、四二一頁、（注92）では、善通寺とともに曼荼羅寺の経済問題が考察されている。

(107)『平安遺文』一〇七七、一〇八八の文書。そして次に掲げるところの一〇〇六の文書も、年号を欠くが、同時期のものと考えられる。『平安遺文』ではそれを治暦二年（一〇六六）のところに入れているが、僧の名が善芳でなく善範と記されていること、善通寺新別当（延与）の地子徴収が問題とされていることの二点から、延久四年（一〇七二）のものとみて間違いない。

曼荼羅寺住僧善範解　申請　留守所裁事

請被殊蒙　鴻恩、為仏法興隆、糺返給、可奉修造大師御行道所施坂御堂并漫(ママ)荼羅寺僧房一宇、其夫工食料寺領畠地子麦、為善通寺所司僧智千等、今年俄被徴取、不奉遂修造子細愁之状

副進法務大僧正御判并代〻国判留守所御判等一通

右善範、謹案事情、件漫荼羅寺弘法本(マヽ)師之御自造仏堂也、依无御入滅之後修治、荒廃先了、而善範自始鎮西諸国修行間、件道場参詣、為風雨数躰仏像朽損奉見之、於不安心肝而修行、自去康平五年修造堂三宇、本堂・別堂・施坂御堂等也、未懈怠、因之善通寺代〻雖別当成下、□(免カ)漫茶羅寺所領畠地子物徴用、而智千等未下向給、於号善通寺新別当仰、僅候地子麦徴取間、乍有数材木、不能修造堂并僧房、仍言上如件、望請　留守所裁、且為継大師之御前跡、且任先例、判免給、逐(遂カ)修造之本意、仍注事状、言上如件、以解、

裏書
国宰等令奉行給之間、縦雖別当、忽不可徴地子、在地郡司承知、依件行之、

掾　橘在判
大掾佐伯
散位綾朝臣在判
紀宿禰在判
目代散位　在判

僧善範の希望どおり、善通寺新別当による地子物徴収が国庁留守所によって停止されることになった、という

ことがわかる。

(108)『平安遺文』一〇七五、一〇七六。注(95)参照。

(109)『南海流浪記』にはこのほかに、灌頂堂と護摩堂跡の礎石が遺っていると記している。金堂が再興されたとみられる十一世紀末に造られたものなら、そのような状態になるはずはないから、それら二堂が創建された時期はもっと古く、大師や実恵の時代であったことであろう。

(110)現在の善通寺には本薬師寺金堂が移建されたことを証明する遺物はない。ただ現存する近世の金堂、五重塔の礎石が、いずれも方形柱座を造り出したものであることは、薬師寺の礎石の形式と同じであるから、少なからず注目されるところである。加工精度からみて、それらは建物と同じ時期のものと考えられるが、善通寺の古い礎石の形式を踏襲したのではないかという疑いも残る。というのは、金堂東方にある釈迦堂の四隅に使われている礎石は、方形柱座の造出しがあり、しかもその四辺に法がつけられていて加工精度が低く、一見して古めかしいのである。善通寺の古い建物の礎石を転用した可能性があろう。その柱座の一辺は一尺五寸ぐらいなので、平城薬師寺金堂跡で発掘された裳層柱礎石のそれの一尺一寸よりひとまわり大きいが、後者も底辺で測れば一尺五寸ぐらいであるから、気になるところではある。

(111)長谷川誠「講堂薬師三尊」、「奈良六大寺大観」第六巻『薬師寺全』解説。

(112)次に掲げる『薬師寺古記録抜萃』の元禄の文書の内容からも講堂三尊像が西院から移されたものであることがわかるが、『年預日次帳―安永九年』(注111、長谷川誠の解説の注三に引用されている)によって、その点が一層はっきりする。

(113)前身建物の旧材を使って再建する、他の建物の古材を使って建築する、あるいは他の建物を移築する、というように古材を用いた建立は、今日のわれわれが想像する以上に一般的に行われていたと考えられる。延久二年

（一〇七〇）の大風で善通寺の堂塔が倒壊した後、古材で常行堂が建て直された例を前述したが、ここで薬師寺西院堂がまたそのような方法で再興されたことが出てくる。史料を注意してみていると、この種の例は少なくない。本薬師寺の堂塔の平城薬師寺への移建、本薬師寺堂塔の法成寺等への移建は、そうした数多い移建の一例にすぎない。

(114) 本薬師寺金堂の本尊説は次のとおり。
岡倉天心『日本美術史』明治二十四年、『天心全集』所収、日本美術院、大正十一年。

アーネスト・フランシスコ・フェノロサ（有賀長雄訳）『東亜美術史綱』フェノロサ氏記念会、大正十年。

関野貞「薬師寺金堂及講堂の薬師三尊の製作年代を論ず」『史学雑誌』一二―四、山川出版社、明治三十四年。

なお、講堂の三尊像に関する既往の諸説については、福山・久野、前掲書、注（5）および、注（118）に記す佐藤靖子氏の論文が詳しい。

(115) 本薬師寺の旧仏説は次のとおり。
黒川真頼「薬師寺金堂薬師三尊及講堂阿弥陀三尊に係る考証」明治二十四年。『黒川真頼全集3』所収、国書刊行会、明治四十三～四十四年。

斎藤美澄『大和志料』上、奈良県教育会、大正三年。

(116) 植槻寺の本尊説は次のとおり。
橋本凝胤「郡山城址と薬師寺講堂三尊」『寧楽』九、寧楽発行所、昭和二年。

田村吉永「薬師寺講堂の薬師三尊に就いて」『現代仏教』五〇、大雄閣、昭和三年。

板橋倫行「薬師寺講堂三尊の原所在について」『歴史地理』五七―三、吉川弘文館、昭和六年。

(117) 足立康「薬師寺講堂三尊と植槻道場縁起」『東洋美術』一三、飛鳥園、昭和六年。

(118) 佐藤靖子「植槻道場縁起と薬師寺講堂三尊」『芸術学研究』I、東京教育大学、昭和四十九年。

(119) 『初例抄下』(『新校群書類従』) 維摩会始にも「和銅移二于植槻寺一。和銅五年移二興福寺一。」とある。興福寺の創建は『興福寺流記』に和銅三年(平城遷都の年)と記すが、和銅五年から興福寺で維摩会が開始されているのと時間的に符合する。この点からみるかぎり、福山氏が『興福寺流記』を批判して、興福寺の創建時期を和銅末から霊亀・養老に下げているのは妥当とは思えない。

(120) 房前についてわかっているもっとも古い経歴は、大宝三年(七〇三)正月、東海道に遣わされ、政績を巡按したことである。亡くなったときの年齢から逆算すると、時に二十三歳、正六位下であった。小規模な道場ぐらい創建しても不思議でない。

(121) 『正倉院文書』の一に「北大家(房前の家)写経所啓」(『寧楽遺文』中巻、五四二頁、東京堂出版、昭和三十七年)があるから、植槻寺に写経所が置かれていた可能性があり、注目される。

(122) 香取忠彦「梵鐘」、「奈良六大寺大観」第六巻『薬師寺全』解説。

(123) すでにいわれるように、植槻寺の寺地が八町四方もあったはずはない。だが、そんなことを取り上げて『植槻道場縁起』が信頼できない理由の一にするのは妥当ではない。八町四方は、宮城の規模からきたものとみられ、近世には、たとえば石山本願寺の構《かまえ》を八町四方と記している(『信長記』)ように、広大を意味する形容詞にすぎなかったからである。『植槻道場縁起』の作者は、昔は江戸時代よりずっと寺地が広かったということを言いたくて、その語を使ったものと思われる。

(124) 「段」は長さの単位としては六間を意味するが、『植槻道場縁起』ではもっと長い距離をあらわす意味で使っているらしい。したがって、昔の仮金堂の位置をこの記載から求めることはできない。

(125) 『植槻道場縁起』には「寛永丙午の年」と記すが、寛永には丙午の年がないから信用できないとされる。しかし丙子の年があるから、丙午という記載は音が似ていることによる単純な誤記にすぎないであろう。したがって『植槻道場縁起』の信憑性をこれによって云々するにはあたらない。

(126) 上棟と同日に入仏供養があったというのはおかしいという批判があるが、方三間の小堂（近世において三間四面といえば、三間四方の意）のことであるから、起工から一年後のこの日は、上棟でなく完成した日であろう。したがって『植槻道場縁起』の作者が批判されるのは、「上棟」の語を正しい意味に使わなかった点だけである。

(127)『郡山町史』七四一頁、植槻神社の条、郡山町史編纂委員会、昭和二十八年。

(128)『郡山町史』七五〇頁、光伝寺の条。

(129) 佐藤靖子、前掲論文、注(118)。

(130)『郡山町史』七六五頁、西岸寺の条。

(131) 前掲『薬師寺古記録抜萃』所収、元禄十二年の文書に、本薬師寺金堂の本尊をもって、「八条村」に建立した一宇（おそらく植槻寺講堂を指すものであろう）の本尊にしたとあることからも、三尊像の旧所在地、すなわち植槻寺講堂の所在地は、中世の九条村の北方にあったとみられる（中世の九条村は植槻八幡の西側にあったためか、郡山築城の際、平城京八条の地に移されたが、村名は変えなかった）。

しかし、同文書は、西院堂本尊すなわち本薬師寺金堂旧本尊の所在地として別に、「今九条町南城外堀通筋西方。堀南松林之内在之」とも記す。これによると、代官町あたりよりも西方だったようにも思える。

(132) 従来は、創建植槻寺の寺地と三尊像の発掘地を区別して考えていない（もちろん、創建植槻寺と、平安時代に再興された植槻寺を区別していない）。また『植槻道場縁起』の記す、東堂・西堂の位置と三尊像の発掘地が近接し、それが『薬師寺古記録抜萃』所収の元禄の文書に「八条村」一宇とあるのと符合する点も重視されていない。従来、植槻寺の寺地は『薬師寺古記録抜萃』の文書の第二の記載（注131参照）と古瓦の出土地から推定されている。保井芳太郎氏は、大阪口の道を西に行ったところにある字松下が「松林之内」とある場所ではないかと推定する。そのあたりは丘陵上であるが、『万葉集』巻十三の挽歌に「……春されば殖槻が上の遠つ人松の下道《したぢ》ゆ登らして国見あそばし……」と詠まれた植槻岡に当たるものとみられ、古瓦が豊富に出土するというのがその理由である（保井芳太郎『大和上代寺院志』植槻寺条、大和史学会、昭和七年、図76）。福山氏は、鴨池西側の北田中のあたりに寺地を比定された（『奈良朝寺院の研究』植槻寺条、高桐書院、昭和二十三年）。『郡山町史』では、保井氏の推定地より少し東の小字別所谷（平城京九条四坊二坪）あたりとみている。以上、諸氏の見解は、大坂口の道に沿ったところに寺地を想定していることでは一致している。しかし、前注に記したように中世の植槻寺諸堂の位置さえ確かには知りえないのである。創建当時の寺地を推定するのは、今日ほとんど不可能といってよい。松は郡山付近の丘陵地ならどこにでもあったらしいし、植槻寺の仏堂が瓦葺であったかどうかも定かではないからである。

(133) 『郡山町史』七五八頁、常楽寺の条。

(134) 『薬師寺志』（『大日本仏教全書』第八五巻）に「文殊堂　桁行四間　梁行四間　旧記に云。応永九年壬午建立。万治三年。移二建文殊堂于西塔之旧地一。此堂者。元有二西室一。也云云」とある。

(135) 現在知られる『七大寺日記』は、奥書に建長七年（一二五五）書写と記す。

(136) この文殊像の記事の相違からみても、『七大寺巡礼私記』の後で『七大寺日記』が作られたことになる。『七大寺日記』後半に行基菩薩伝が収められているのは、その成立前に薬師寺文殊堂（院）が造られたことと無関係ではなかろう。

(137) 足立康「薬師寺伽藍の研究」（『日本古文化研究所報告』第五　日本古文化研究所、昭和十二年）の図版三三および「奈良六大寺大観」所載の古図。

(138) 長谷川誠「文殊座像」、「奈良六大寺大観」第六巻『薬師寺全』解説。

(139) 『大乗院日記目録』『東大寺堂方方年中行事記』（以上、「奈良六大寺大観」第六巻『薬師寺全』所収）、菅家本『諸寺縁起集』。

(140) 『大乗院寺社雑事記』（『増補続史料大成』第三〇巻、臨川書店、昭和五十三年）文明三年正月二十三日条および同四年十月十六日条。

(141) 『多聞院日記』（『増補続史料大成』第四一巻、臨川書店、昭和五十三年）天正十四年三月十四日条では、前年十一月から続いている地震に比すべきものとして次のように記す。
「永正七年庚午八月八日刁刻大地震所々破損、天王寺石ノ鳥居崩、藤井寺モクツル、同数日ユリテ九月廿□五夜ノ半ヨリ東風大雨、奈良中方々大破□《ニカ》及ト旧記ニ在之」。

(142) 『薬師寺年記』（慶長四年奥書）。『薬師寺濫觴私考』は、この事件を永正十年のこととする（以上、太田博太郎「薬師寺の歴史」、「奈良六大寺大観」第六巻『薬師寺全』解説）。

(143) 『薬師寺志』等。

(144) 『薬師寺濫觴私考』。

(145) 『多聞院日記』天正十三年十一月三十日条に、前夜大地震があって寺内の築地等が崩れたとあり、その後、天正十四年の春まで震動が継続したことが記される。

(146) 長谷川、前掲解説、注（111）では、『多聞院日記』の記事は注の中で取り上げられているにすぎず、また「西京薬師堂」が薬師寺を指しているかどうかに関しても懐疑的である。
佐藤靖子「薬師寺講堂三尊の制作年代について」（『仏教芸術』八四、毎日新聞社、昭和四十七年）では、次のように記す。

田村氏のように『多聞院日記』の西京薬師堂を薬師寺と解すると、天正八年（一五八〇）から十一年までの間、すなわち順慶の郡山城築城のおりに薬師寺に移入したということになるが、薬師寺側にそのような仏の記録はなく、天正十三年ごろの地震に首が抜けた仏の記録も同寺にはない。一方、この西京薬師堂を『古記録抜萃』にいう「八条村一宇」と同一のものとすると、郡山城築城の際に八条村に移したとし、また地震（慶長元年―一五九六）後に西院堂に移入したとする『古記録抜萃』の記事と連絡する。ところが延宝八年（一六八〇）の『薬師寺濫觴私考』には、現講堂三尊のごとき丈六の仏像が講堂にも西院堂にも存在したという記録がないので、延宝八年以後、『古記録抜萃』の示す元禄十二年（一六九九）ごろまでの間に薬師寺にはいったとも考えられる。（傍点は原著者）

(147)『薬師寺古記録抜萃』の文中にある地震を慶長元年（文禄五年）の地震にあてておられるが、文の内容からみて永禄年間（一五五八～一五七〇）以前の地震とするのが妥当であろう。また、薬師寺側における記録の欠如を、即仏像不在とする点も承服しがたい。

(148)『薬師寺志』引用文中には、天正九年八月の薬師寺大津宮の建立を、「奉㆑造㆓立西京大津宮㆒」と記している。『多聞院日記』天正十四年十一月二日条には、まず寺門知行之事について郡山（豊臣秀長）へ内輪に申入れを行ったが不調に終ったことが記され、次に、吉野山蔵王堂が十月晦日夜に塔とともに焼けたこと、またそれ以前にも吉野山大峯の蔵王その他が焼けたことを述べて、「抑天下如此、扨ゝ三宝破滅ノ期ト覚タリ、一揆ノ世ニ可成歟、実也、秀吉ハ王ニナリ、宰相殿（秀長）ハ関白ニナリ、家康ハ将軍ニナルト云ゝ、天下闇夜迄也、如愚身者残命無之、寺社頓滅ノ期、無端ゝゝ」という興味深い文で結んでいる。西京薬師堂の仏頭が盗まれて売りに出されたという話はその次に、以上の感想の実証として記されているのである。

（149）平安後期以降、薬師寺は興福寺の支配下に入り、その政策にしたがい、後述するように薬師寺は植槻寺周辺の郡山の地をめぐって東大寺と争ったから、植槻寺は薬師寺の末寺に近い状態にあったとみられる。しかも鎌倉時代に荒廃して後は僧侶もなく、寺地は薬師寺が管理していたとみられる。したがって井司三郎が三尊像を植槻寺に寄付しても、それは薬師寺に寄付したこととして伝えられる可能性がある。

また『薬師寺志』の文殊堂は、西院堂（弥勒堂）の誤りである可能性もあろうし、あるいはまた西院堂に奉安される前のわずかな期間、文殊堂に三尊像が置かれていたことを示す、と解釈できないこともない。

（150）佐藤靖子、前掲論文、注（146）。

（151）野間清六「薬師寺の彫刻について」近畿日本叢書『薬師寺』、近畿日本鉄道、昭和四十年。

野間氏は、本薬師寺の本尊であったという寺伝を軽視する従来の植槻寺旧仏説には反対されるが、植槻寺の旧仏が本薬師寺の旧仏であったとする説には賛成すると述べておられる。

（152）「鈴木治氏は、本講堂三尊を、最初におそらくは和銅年間に作られた平城薬師寺金堂の本尊であろうと推定し、それは本薬師寺の本尊を模して作られたものであったが、あまりに拙劣な出来であったために植槻寺境内に埋められて現講堂本尊となり、その代わりに本薬師寺から七日かけて金堂に移坐したのが現金堂三尊であるという新説を発表された（「白鳳・天平芸術の史的背景」）。しかし、積極的にこの説を支持する人はほとんどいないようである」（佐藤靖子、前掲論文、注146）。

鈴木氏は現講堂三尊像が現金堂三尊像を摸して造られたといわれるのであるが、私は現金堂三尊像が現講堂三尊像（本薬師寺金堂本尊）を模造したものと考える。

（153）現講堂三尊像の光背は嘉永六年（一八五三）に設計されたものである（「奈良六大寺大観」第六巻『薬師寺全』）が、中尊の光背が二重円光という点、第五章で考察した本薬師寺の金堂本尊の光背と一致する。台座は、蓮弁の円形台座であるが、同じものは、二重円光の光背とともに、長谷寺の法華説相図銅板の如来に見られる。つまり現講堂三尊像の光背・台座は、江戸時代の末に新造されたものではあるが、本薬師寺が造られた時代の形式と合っているのである。偶然の結果であろうか。

(154) 従来、興福寺伽藍の復原図として示される伽藍の状態は、大寺なみに整備された後の興福寺であって、和銅初期に創建した当初の計画はもっと小規模であったと私は考えている。

(155) 興福寺僧が薬師寺別当になった最初は、おそらくこの真円（康平元年＝一〇五八年補任）であろうが、隆経はそれ以前から権別当になっていて、真円を継ぐ。

(156) 『薬師寺別当次第』『興福寺別当次第』『僧綱補任』。隆覚はその後二度にわたって興福寺別当に任ぜられている。

(157) 福山・久野、前掲書、六七頁、注（5）。

(158) 十一世紀にはいわゆる貴種の子弟の入寺する者が目立ち、興福寺では康和二年（一一〇〇）に師実の息男の覚信が別当になって以後、彼らが別当を独占する。だが、その中に源氏の隆覚がいたり、隆経・隆信のような源氏の有力僧侶が出ているところからみると、興福寺もまた、単純に藤原氏の氏寺といえない状態に変質していたのではないかと思われる。落ち目の檀越への依存を少なくし、自らの荘園体制を整備することが、当時、興福寺・東大寺などの課題であったはずである。

(159) 『東大寺文書』天喜五年九月三日、大和国清澄荘解案（『平安遺文』八六四）。

(160) 『東大寺文書』康平元年十月二十三日、大和国清澄荘司解案（『平安遺文』九一二）。

(161) 『東大寺別当次第』権大僧都覚源の条に「停㆓止清澄御荘㆒四至《(西室)》内他領皆悉成㆓寺領㆒了」とある。

(162) 『郡山町史』二七頁。なお『郡山町史』は、清澄荘の問題をはじめとして、郡山の歴史について詳しいので、本章でもそれを参考にしたところが少なくない。

(163)『郡山町史』四〇頁。
(164)『郡山町史』一四頁。
(165)『東大寺文書』永保二年十二月、陽明門院庁下文案（『平安遺文』一一九八）など。
(166)『郡山町史』五〇頁。
(167)竹内、前掲書、一四八頁、注(92)。
(168)『東大寺文書』天喜元年七月、美濃国茜部荘司住人等解（『平安遺文』七〇二）。
(169)『東南院文書』康平三年五月二十九日、官宣旨案（『平安遺文』九五六）。
「又清澄庄者、是従本願聖霊御施入已来、四至明白、无相交公私所領之地、仍前別当御任、被徴納地子先了、而臨当任号有私領地、不弁済地利、寺永(家カ)大愁尤莫如之、望請　天裁」。
(170)『東大寺文書』保延元年十二月二十七日、八幡部重行請文（『平安遺文』二三三五）。
(171)『東大寺文書』久安二年八月二十五日、大和国薬園荘縁松荘田堵等解（『平安遺文』二五八七）。
(172)『東南院文書』応保二年五月一日、官宣旨案（『平安遺文』三二一二）。
(173)『郡山町史』五〇頁。
(174)『郡山町史』では、「清澄荘住人、寄住薬師寺領、不従寺家所勘」の寺家を薬師寺と解して、清澄荘の負人が薬師寺領薬園荘の所役にしたがわなかったことが紛争の原因であったとしているが、それが事実なら薬師寺は薬師寺薬園荘の寄人の在家を焼き払ったはずである。ところが東大寺領清澄荘薬園村の在家のほうを、実際には焼いたのである。以上の『郡山町史』の解釈は妥当ではなかろう。
(175)清澄荘北部の土地は東大寺が領有する以前に、摂関家の祖、藤原房前に関連する土地であると主張して、東大寺領への侵蝕を繰り返したと考えられるので、『植槻道場縁起』が植槻寺の創建者を房前としているのは事実として認められるのではないかと思う。仮にそれが事実に反するとしたら、房前を創建者とする話は、隆経が清澄荘内に内大臣家領の立札をせしめた時期に作られたものであろう。

(176) 薬園八幡神社は、現在、近鉄郡山駅前の矢田町通を東へ行ったところにある。だが『郡山町史』によると、昔はもっと北の、塩の庄（今の塩町・魚町のあたり）に今境内飛地神社としての御旅所の地に鎮座していたという。また縁起によると、貞観二年（八六〇）に大安寺八幡を薬園荘（清澄荘内）に勧請したのに始まるという。この地域でもっとも広く崇敬を集めた神社である。

(177) 建保ごろ（一二一三〜一二一九）東大寺領薬園荘に侵入、暴力を振るった薬師寺の兇徒を追却した功労により、僧俊遍は東大寺別当定範より勲功の勧賞として、当荘の預所蔵を賜わり、また正応ごろ（一二八八〜一二九三）、当荘の公文であった尭覚の祖先はこの兇徒の濫妨を止めたために、二条下司職に補任せられ子々孫々伝承したという（『郡山町史』六六頁。中世郡山に関する本文の記述も同書を参考にした）。

(178) 『薬師寺古記録抜萃』所収の元禄の文書が、現講堂三尊像をもって本薬師寺本尊としている点について、従来は、その三尊像を本尊として講堂を再興しようとする薬師寺の作意とみる見方がある。だが、誰が見てもより優れた作品であることが明らかな現金堂三尊像を平城における新鋳と記し、それに劣る作品である現講堂三尊像を本薬師寺創建当時の本尊としているのは、「取調の」結果を正直に書いたものと受け取れるし、いままでみてきたように、その文書に記されたその他の事項も、歴史的事実に反すると指摘されるところはない。したがって、変に勘繰る必要はない。

(179) 『流記資財帳』が撰録された奈良時代には、本薬師寺にも東院が存在していたから、『流記資財帳』には二つの東院に関する記事があったはずである。そして、金堂に関する記事の場合から類推すれば、長和四年に撰録された『薬師寺縁起』でも同様であったはずで、その後、本薬師寺関係の記事が削除された際に、本薬師寺東院の記事も除かれたものとみられる。現在伝わる『薬師寺縁起』に平城薬師寺東院の本尊の記載がないのは、その削除の際に（平城薬師寺東院本尊と本薬師寺東院本尊が一緒に記されていたというような事情で）除かれてしまった、またそれでよしとされたのは『薬師寺縁起』改稿当時すでにその本尊自体が平城に存在しなかったためである、といった解釈が可能であろう。

(180) 治承の兵火で焼失した興福寺東金堂を文治元年（一一八五）に再建した際、東金堂衆が山田寺講堂から奪取してきて本尊とした薬師三尊像の薬師如来の頭部。応永十八年（一四一一）の火災に遭い、薬師如来像は頭部だけが残って、新造の本尊の台座内に納められていたところを昭和十二年の東金堂修理の際、発見された。山田寺では、讒言によって自害した蘇我倉山田石川麻呂の追福のために、天武六年より丈六像が鋳造され、同十四年（六八五）に開眼供養が行われているので、以上の三尊像はそれに相当するとみられている。薬師寺東院聖観音像・金堂薬師三尊像と比べて技術的懸隔はきわめて大きいという（町田甲一『日本古代彫刻史概説』中央公論美術出版、昭和四十九年）。

(181) 非移座説の町田甲一氏ら。

(182) 野間、前掲書、注(151)。

(183) 岸俊男「光明立后の史的意義」『ヒストリア』二〇、大阪歴史学会、昭和三十二年。『日本古代政治史研究』所収、塙書房、昭和四十一年。

(184) 青木和夫「日本の歴史」三『奈良の都』二八三頁、中央公論社、昭和四十五年。

(185) 房前の死に際し、送るに大臣の葬儀をもってするも、その家は固辞して受けなかったというが、生前の房前に対する処遇に問題があったことを示しているかもしれない。房前室の牟漏女王に関する『続日本紀』『新撰姓氏録』の記事では、贈太政大臣房前とある。

(186)『古代人名辞典』古代人名辞典刊行会、昭和三十一年、長屋王の条。

(187) 林陸朗『光明皇后』三六頁、吉川弘文館人物叢書、吉川弘文館、昭和三十六年。

(188) 房前のほうは、慶雲四年（七〇七）十月、文武天皇の大葬に造山陵司に任ぜられている。

(189) 北山茂夫「天平文化」、「岩波講座日本歴史」第三巻、岩波書店、昭和三十七年。

(190)『懐風藻』（「日本古典文学大系」第六九、岩波書店、昭和三十九年）には、長屋王の詩三首、房前（贈正一位左大臣）の詩三首が収められているが、房前の一首には「五言。秋日於長王宅宴新羅客」とある。

(191) 青木、前掲書、注(184)、長屋王と藤原氏の条。

(192) 慶雲元年（七〇四）に帰国した遣唐使が、最新の仏像をもってきたこと、それをモデルとして聖観音像が製作されたことなども想像できよう。

(193) 町田甲一「東院堂聖観音菩薩立像」、「奈良六大寺大観」第六巻『薬師寺全』解説。

(194)『薬師寺沿革紀要』に記される棟銘に「弘安八年乙酉三月廿一日建立之／大工末清国重権大工宗蔵」とあること、軒平瓦に「弘安東寺薬師院辛巳」の文字をあらわしたものがあり、辛巳は弘安四年にあたること、そして建物の様式とにもとづいて、その年代が妥当と判定されている（太田博太郎「東院堂」、「奈良六大寺大観」第六巻『薬師寺全』解説）。

(195)「日本古典文学大系」第二三『今昔物語集』解説、岩波書店、昭和三十五年。

(196) 太田博太郎「東院堂」、注(194)。

(197) 興福寺東金堂で発見された如来仏頭が山田寺講堂から奪った薬師三尊像のものであるとすることに異論はないが、同東金堂の左右脇侍の菩薩像の原所在・製作年代については定説がない。現在の本尊と同時に鋳造された室町時代の像とする説、鎌倉時代の模古作とする説、白鳳末か天平初めごろの作とする説、そして白鳳時代の作とする説がある。だが、応永十八年（一四一一）に文治年間に再興された東金堂が焼失し、山田寺から強奪してきた本尊が頭部を残して溶融した際、両脇侍は焼け残ったとのことであるから、現存する両脇侍は山田寺仏頭と一具をなすものであったといってよい。ただし、仏頭と両脇侍の表現がまったく異質であることと、脇侍がともに髻正面に阿弥陀の化仏をつけた観音である点は薬師如来の脇侍としては異例であることが従来から問題となっており、はじめから三尊像として一緒に鋳造されたものであるかどうかについては疑問の余地も残されている。

(198) 山田寺仏頭の鋳造には、方形型持と銅釘（笄《こうがい》）を使用していたのが、聖観音像と平城薬師寺金堂の薬師三尊像では、両者のはたらきをかねた、方形型持の中央に釘を造り出したものが使われていることを町田氏が指摘しておられる。

(199) 千田剛道「大官大寺跡」『仏教芸術』一一六、毎日新聞社、昭和五十二年。

薬師寺略年表（本文との関係を重視し、その他の事項を略す）

西暦	和暦	月	事項
六八〇	天武九年	十一月	天武天皇、皇后（後の持統天皇）の病気平癒のため薬師寺建立を発願。
六八六	朱鳥元年	九月	天武天皇崩御。
六八八	持統二年	一月	天武天皇のため、薬師寺に無遮大会を行う。
		十一月	天武天皇を大内陵に葬る。
六九二	持統六年	四月	持統天皇、天武天皇のために薬師寺に阿弥陀繡仏一張を造る。
六九四	持統八年	十二月	藤原京に遷都。
六九七	持統十一年	六月	公卿百寮、天皇の病のため、仏像を造る。
		七月	同、薬師寺で開眼会を行う。
		八月	持統天皇譲位。文武天皇即位。
六九八	文武二年	十月	薬師寺の造営ほぼ終えて衆僧を住まわせる。
七〇一	大宝元年	六月	造薬師寺司を任ずる。
		七月	太政官処分、宮を造る官は職に準じ、大安、薬師二寺を造る官は寮に準じ、塔、丈六仏を造る二官は司に準ずる。
		八月	大宝律令完成。
七〇二	大宝二年	六月	遣唐使を派遣する。

十月　大宝律令を天下諸国に頒布。
十二月　持統太上天皇崩御。
七〇一〜七〇四　大宝年間　藤原房前、植槻道場を創む。
七〇四　慶雲元年　七月　遣唐使、帰国する。
七〇七　慶雲四年　六月　文武天皇崩御。
七月　元明天皇即位。
七〇九　和銅二年　植槻寺で維摩会を修す（七一一年まで）。
七一〇　和銅三年　三月　平城京に遷都。
七一一　和銅四年　法隆寺の五重塔・中門の塑像が造立される。
七一二　和銅五年　十月　この年から維摩会を平城興福寺に移して修す。
十一月　長屋王、亡き文武天皇のために『大般若経』六百巻を書写せしむ。
七〇八〜七一五　和銅年間　長屋王、文武天皇のため薬師寺東院（本薬師寺東院）を創建。
七一五　霊亀元年　九月　元明天皇譲位。元正天皇即位。
七一七　養老元年　十月　藤原房前、参議に任ぜられる。
七一八　養老二年　薬師寺を平城京に移す。
七一九　養老三年　三月　造薬師寺司に新たに史生二人を置く。
七二〇　養老四年　五月　『日本書紀』撰上。
八月　右大臣藤原不比等没。
七二一　養老五年　八月　大納言長屋王、元明太上天皇および元正天皇の勅を受けて、興福寺西院円

十二月　堂（北円堂）を創建。

七二二　養老六年　七月　元明太上天皇崩御。
十二月　僧綱を薬師寺に常住せしめる。

七一七〜七二四　養老年間　元正天皇、天武天皇のために弥勒像（平城薬師寺西院本尊の画像弥勒浄土障子）、持統天皇のために釈迦像を造る（本薬師寺講堂本尊）。

七二四　神亀元年　二月　長屋王の妃吉備内親王、元明太上天皇のため平城薬師寺東院を創建。
十一月　元正天皇譲位。聖武天皇即位。長屋王左大臣となる。

五位以上および富者に、瓦葺、丹塗白壁の住宅を許す。

七二六　神亀三年　八月　知太政官事舎人親王、元正太上天皇の病気平癒のために釈迦像を造り、『法華経』を写し、薬師寺に斎を設く。本薬師寺西院の創建。

七二八　神亀五年　九月　長屋王、父母、および聖武天皇ならびに歴代天皇のために、『大般若経』六百巻を書写せしむ。

七二九　神亀六年　二月　長屋王、謀叛の疑いで糾問され、妃の吉備内親王とともに自尽。
天平元年　八月　藤原光明子を皇后とする。

七三〇　天平二年　三月　薬師寺東塔を建て始める。

七三二　天平四年　十月　造薬師寺大夫を任命する。

七三五　天平七年　十一月　知太政官事舎人親王没。

七三七　天平九年　藤原房前、麻呂、武智麻呂、宇合あいついで没する。

七四一　天平十三年　一月　聖武天皇、恭仁京で朝政を執る。

		三月	聖武天皇、国分寺・国分尼寺の造営を発願する。
七四二	天平十四年	八月	聖武天皇、近江紫香楽宮を造営する。
七四三	天平十五年	十月	聖武天皇、盧舎那大仏造営を発願する。
七四四	天平十六年	二月	聖武天皇、難波宮を都とする。
七四五	天平十七年	五月	栗栖王を平城薬師寺に遣わし、四大寺衆僧に、都をどこにすべきかを問わしむ。平城を都とする。
七四七	天平十九年		薬師寺、大安寺などで『流記資財帳』を撰録する。
七四九	天平二十一年	二月	行基没。
		四月	聖武天皇、東大寺大仏を礼拝する。
	天平感宝元年閏五月		聖武天皇、薬師寺宮に遷り御在所となす。
		七月	聖武天皇譲位。孝謙天皇即位。
七五二	天平勝宝四年	四月	東大寺大仏開眼供養。
七五三	天平勝宝五年	三月	植槻寺、薬師寺に『二王経』二巻を請う。
七五四	天平勝宝六年十一月		薬師寺僧行信を下野薬師寺に配流。
七五八	天平宝字二年	八月	孝謙天皇譲位、淳仁天皇即位。
			この年、孝謙天皇、薬師寺西院弥勒堂を建立。平城薬師寺西院の創建。
七六一	天平宝字五年	八月	孝謙太上天皇と淳仁天皇、薬師寺に行幸して仏を拝し、庭で呉楽を奏す。
七六四	天平宝字八年	九月	恵美押勝の乱に際し、孝謙太上天皇、百万小塔を発願。
		十月	淳仁天皇、淡路に配流。孝謙天皇重祚（称徳天皇）。

七七〇	宝亀元年	四月	百万小塔を十大寺に分置。薬師寺西院堂の庇に十万基を安置。
		八月	称徳天皇崩御（天武系天皇の断絶）。
		十月	光仁天皇即位（天智系天皇）。
七七〇～七八〇	宝亀年間		薬師寺、『流記資財帳』を撰録する。
七八一	天応元年	四月	光仁天皇譲位。桓武天皇即位。
七八四	延暦三年	十一月	長岡京に遷都。
七九四	延暦十三年	十月	平安京に遷都。
八〇六	大同元年	十月	空海ら唐より帰国。
八一六	弘仁七年		この年、空海、高野山に道場を開くことを奏上する。
八一八	弘仁九年	十一月	嵯峨天皇の勅により、本薬師寺に新羅僧の恵運、隆雲の二人が入る。
			この年、本薬師寺で不動堂を建立。
八二三	弘仁十四年	一月	空海、嵯峨天皇より東寺を与えられる。
八三〇	天長七年	九月	平城薬師寺で最勝会を修することを許される。期日を三月二十一日から二十七日までとする。
八三二	天長九年	八月	高野山で万燈会始まる。
八三三	天長十年	三月	僧恵達、本薬師寺で万燈会を始める。毎年、三月二十三日を期日とする。
八四四	承和十一年		この年より最勝会の期日を三月七日から七日間に改める。
八八一	元慶五年	九月	平城薬師寺大衆、講堂前に金銅燈爐一基を鋳造する。
八八九～八九八	寛平年間		薬師寺別当栄紹、鎮守として八幡宮を勧請する。

九〇〇　昌泰三年　十月　宇多法皇、高野山に参詣。

九〇五　延喜五年　三月　宇多法皇、本薬師寺に行幸し、万燈会料を寄付する。

九二一　延喜二十一年　十月　宇多法皇、空海に弘法大師の諡号を与える。

九二四　延長二年　一月　薬師寺三綱・五師ら、薬師寺僧栄穏の本薬師寺僧房を平城薬師寺に移建して最勝会講師房に当てんとする。栄穏その愁状を宇多法皇に訴える。

九七三　天禄四年　二月　平城薬師寺、十字廊より失火、金堂・東西両塔を除く主要伽藍を焼失。

九七七　貞元二年　二月　本薬師寺宝蔵火災。

九七八　貞元三年　三月　仮葺きの再建講堂にて最勝会を修す。

九七九　天元二年　七月　別当平超、講堂下層を再建。

九八六　寛和二年　　　　別当平超、中門再建。回廊五十余間を造る。

九八九　永祚元年　八月　大風により金堂の上重閣が吹き落とされる。その後、ただちに修復。

一〇〇三　長保五年　十月　植槻寺の鐘を平城薬師寺に曳く。

一〇〇五　寛弘二年　　　　別当増祐、食堂・十字廊再建。

一〇〇六　寛弘三年　　　　南大門立柱。中門戸三間、二王像等を造了。

一〇一三　長和二年　　　　南大門再建。

一〇一五　長和四年　　　　『薬師寺縁起』（原縁起）を撰録する。

一〇一六　長和五年　一月　藤原道長、摂政となる。

一〇一八　寛仁二年　五月　現存する最古の善通寺所司解。

一〇一九　寛仁三年　三月　道長、病気のため太政大臣を辞して出家。

一〇二〇	寛仁四年	三月	道長、無量寿院創建。落慶供養。
一〇二二	治安二年	七月	道長、法成寺の金堂・五大堂創建、落慶供養。
一〇二三	治安三年	十月	道長、高野山巡礼。途中、本薬師寺に参詣する。
一〇二五	万寿二年	十一月	源経頼（『左経記』の筆者）、本薬師寺に宿す。
一〇二七	万寿四年	十二月	藤原道長没。
一〇三〇	長元三年	十月	藤原頼通、法成寺五重塔建立、落慶供養。
一〇五二	永承七年	三月	頼通、宇治の別業を仏寺として平等院と号す。
一〇五七	天喜五年	八月	薬師寺権別当隆経、東大寺清澄荘内に、内大臣家領の立札をする。
一〇五八	天喜六年	二月	法成寺焼亡。他の堂宇とともに五重塔も焼失。
	康平元年		興福寺出身の真円、薬師寺別当になる。
一〇六〇	康平三年	五月	東大寺清澄荘の荘民の中に、私領地を号し、寺家（東大寺）に地子を弁済しない者あらわる。
一〇六一	康平四年		興福寺出身の隆経、薬師寺別当になる。
一〇六二	康平五年	十月	讃岐曼荼羅寺の善芳、本寺である東寺の許可を得て、同寺の修造に着手。
一〇六八	治暦四年	四月	後三条天皇即位。関白に藤原教通を任じ、荘園整理令等の新政を行う。
一〇七〇	延久二年		大風により善通寺五重塔・常行堂が顚倒し、同寺の堂舎はことごとく破壊の状態。
		十二月	後三条天皇創建の円明寺落慶供養。
一〇七一	延久三年	六月	円明寺を円宗寺と改める。

一〇七二	延久四年	十月	後三条天皇、円宗寺に行幸して、法華会を始める。
		十二月	後三条天皇譲位。白河天皇即位。
			『東寺百合文書』中の善通寺所司解、この年だけで五通あり。いずれも同寺の堂舎廃滅の状況を訴える。
一〇七三	延久五年	五月	後三条法皇崩御。
			このころ本薬師寺の東西両塔の法成寺移建が決まる。
一〇七四	延久六年	一月	源隆国、権大納言を辞す。
		二月	藤原頼通没。
		七月	薬師寺別当隆経、伊賀国名張郡矢川・中村に領地を買得。
一〇七五	承保二年	六月	白河天皇発願の法勝寺造営事始。
		九月	藤原教通没。
		十月	関白に藤原師実就任。
			興福寺に大和国知行権を与える。
一〇七六	承保三年	十二月	定賢（源隆国息男）、醍醐寺座主に補せらる。
一〇七七	承保四年	九月	源隆国没。
	承暦元年	十二月	法勝寺金堂等落慶供養。覚円（頼通息男）、同寺別当に補せらる。
一〇七八	承暦二年	十月	法勝寺金堂で大乗会を始める。
一〇七九	承暦三年	十月	本薬師寺の東西両塔、法成寺へ移建。法成寺の塔（二次の塔）の落慶供養。
			覚猷（隆国息男、覚円弟子）、修理別当賞として法橋に叙せらる。

一〇八一	永保元年	九月	法勝寺八角九重塔の造営着手。
		十月	薬師寺権別当隆信（隆国息男、興福寺出身）、同寺別当に補せらる。
		十一月	薬師寺領播磨国鐀磨荘、法勝寺薬師堂材木曳夫の事について訴える。
一〇八二	永保二年	二月	円宗寺で最勝会が初めて行われる（上記に円宗寺法華会、法勝寺大乗会と合わせて天台三会と称す）。
		十月	薬師寺本『薬師寺縁起』所収の僉議状（宿院地に最勝会のための勅使房を建てることの可否に関するもの、最勝会の開始、寺院地の記事あり）記される。
一〇八三	永保三年	十月	法勝寺の塔・薬師堂落慶供養。権少僧都定賢、東寺長者を兼ねる。
一〇八六	応徳三年	十一月	白河天皇譲位。堀川天皇即位。白河上皇、院政を始める。薬師寺別当隆信、維摩会竪義を勤める。
一〇八七	寛治元年	二月	白河上皇、高野山に行幸。
一〇八八	寛治二年	二月	白河上皇、ふたたび高野山に行幸。
一〇九一	寛治五年	三月	正暦五年（九九四）焼失の高野山大塔復興の院宣が下される。
一〇九五	嘉保二年	十一月	本薬師寺の東塔跡の心礎から舎利が発見される。
一〇九六	嘉保三年	五月	前関白藤原師実ら、薬師寺に詣で、発見された仏舎利を拝す。
		十一月	地震のため薬師寺回廊顚倒する。
一〇九八	承徳二年	十月	藤原宗忠（『中右記』筆者）、薬師寺に参って仏舎利を拝す。

一一〇〇　康和二年　七月　醍醐寺座主定賢没。

一一〇二　康和四年　十一月　尊勝寺落慶供養。

一一〇三　康和五年　八月　高野山の大塔落慶供養。

一一〇六　嘉承元年　八月　宗忠、再度薬師寺で仏舎利を拝す。その日、別当隆信、仏舎利を取り出し、中門において小塔婆に納めて供養す。

秋　大江親通（『七大寺巡礼私記』の筆者）、南都寺院を巡拝の途、平城薬師寺に参る。このときは仏舎利も小塔婆も拝見せず。

このころ『今昔物語集』成立。同書によると植槻寺に等身の銅の聖観音あり。

一一〇七　嘉承二年　この年、后妃の病気のため、勅して薬師寺で医王懺を修せしむ。その験あるにより、二月一日より七日間会式を行うことになる（造花会の起源）。

一一〇八　天仁元年　十月　薬師寺別当隆信、維摩会講師を勤める。

一一一七　永久五年　正月　法成寺の東西両塔・南大門ともに焼亡。

一一二七　大治二年　十月　白河法皇行幸して、高野山の大塔落慶供養。

一一三二　天承二年　二月　法成寺の五重塔再興（三次の塔）、落慶供養。

三月　平忠盛、鳥羽法皇のために得長寿院千躰観音堂（三十三間堂）を造る。忠盛に内昇殿を許す。

五月　薬師寺別当隆信没。

一一三四　長承三年　十月　最勝会講師のことで薬師寺、東大寺と不和。

一一三五　保延元年　十二月　東大寺清澄荘の田堵八幡部重行、二年間にわたって官物を納めなかったが、以後荘役にしたがうことを約す。

一一四〇　保延六年　三月　大江親通、再度南都を巡礼し、薬師寺で小塔婆に納めた仏舎利を拝す。『七大寺巡礼私記』の成立。

一一四六　久安二年　八月　東大寺薬園荘の田堵四十一名、寺家の検田使の不法を預所に訴える。

一一四七　久安三年　三月　薬師寺最勝会が始まって以来、初めて勅使下向せず。

薬師寺僧が東大寺清澄荘を侵蝕し、この後十五年にわたって薬師寺と東大寺の間で紛争が続く。

一一六二　応保二年　五月　官宣旨により、清澄荘における東大寺の領掌が再確認される。

一一八〇　治承四年　十二月　平重衡、平清盛の命により南都を攻め、東大寺、興福寺を焼く。

一一八七　文治三年　興福寺東金堂の再興にあたり、東金堂衆、山田寺講堂の薬師三尊像を奪取して本尊とす。

一一八五～一一九〇　文治年間　郡山丘陵地、悪党が「雁陣之城」を張るところとなる。

一一九二　建久三年　七月　源頼朝、征夷大将軍となる。

一二〇七　建永二年　七月　醍醐寺本『諸寺縁起集』（『薬師寺縁起』を含む）書写。

一二一六　建保四年　『諸寺建立次第』なる。

一二四三　寛元元年　三月　高野山の道範（『南海流浪記』の筆者）、配流地の讃岐で善通寺に参詣し、そこで薬師寺金堂と同じ二重二閣の金堂を見る。

一二四九　建長元年　道範ら、善通寺に大師の木像を安置する誕生院を創建。

一二五五	建長七年		『七大寺日記』書写。
一二八五	弘安八年		薬師寺東院堂の再興なる。
一三三三	元弘三年	七月	薬師寺本『薬師寺縁起』書写。
一三四三	康永二年		吉祥悔過、薬師寺八幡宮で行われる。
			『黒草紙』（中世薬師寺の年中行事などを記した記録）書写。
一三四五	康永四年		このころ護国寺本『諸寺縁起集』（『薬師寺縁起』を含む）書写。
一三六一	康安元年	六月	大地震により薬師寺金堂・東西両塔破損し、中門・回廊ことごとく顛倒、同じく西院も顛倒。そのほか諸堂も破損。
一四〇二	応永九年		薬師寺で西院文殊堂を建立（後記の丈六金銅薬師像を移入か）。
一四〇六	応永十三年		植槻八幡、すでに現在地にあり。
一三九四～一四二八		応永年間	井司三郎、九条で丈六金銅の薬師像を掘り出し、薬師寺に寄付。
一四四五	文安二年	六月	大風により、薬師寺金堂・南大門等が顛倒。
一四六六	文正元年	二月	将軍足利義政、朝鮮王に薬師寺金堂復興の援助を求めるが実現せず。
一四七一	文明三年	正月	郡山より古市以下寄衆が押し寄せ、薬師寺新坊を焼く。
一四七二	文明四年	十月	土民、薬師寺勅使房を放火。
一四九二	明応元年	十月	薬師寺八幡宮を造替。
一五一〇	永正七年	八月	奈良に大地震。
一五一二	永正九年	三月	薬師寺西院西門（現南門）を建立。
一五一六	永正十三年	十月	筒井順慶の敗北により矢田中村の兵が薬師寺へ討ち入り、西院・西室等に

放火。

一五二四　大永四年　十二月　金堂を再興。

一五二八　享禄元年　九月　筒井順興の兵により、薬師寺金堂・講堂・西塔・中門・僧房焼失。また五条から九条に至る在家、ことごとく放火される。

一五三一　享禄四年　八月　金堂立柱。

一五四一　天文十年　八月　諸堂風害をこうむる。

一五五八～一五七〇　永禄年間　西院堂を旧材木により再興し、九条で発掘された薬師三尊像を本尊として安置する（文殊堂より移したか、九条から移入したか）。

一五七九　天正七年　十一月　植槻八幡宮再建。

一五八〇～一五八三　天正八年～十一年　筒井順慶、郡山築城。

一五八五　天正十三年　十一月　奈良に大地震。

一五八六　天正十四年　前年の大地震の際、西京薬師堂の大金銅仏（発掘して、順慶の時代に入れたもの）の首が抜け落ち、それを盗んで堺に売りに出した者があったが、捕えられて処刑。

一五九六　文禄五年　閏七月　大地震のために、西院堂・東西両門・八幡宮等崩れる。

一六〇〇　慶長五年　郡山城主増田長盛、金堂を再興。

一六〇三　慶長八年　六月　豊臣秀頼、薬師寺八幡宮を再興。

一六三五　寛永十二年　十二月　金堂薬師如来像の光背完成。

一六四四　寛永二十一年十一月　郡山城主本多政勝、東塔を修復。

一六四五〜一六四六　正保二年〜三年　東塔四仏と須弥壇の修復。釈迦八相成道の塑像群像を取り払う。
一六五〇　慶安三年　三月　西院西門を引き移して南大門とする（現南門）。
一六六〇　万治三年　文殊堂を西塔跡に移建。
一六七四　延宝二年　正月　郡山本町の九条屋貞慶尼が施主となり、鐘楼を金堂の東に移して造立。
四月　東院堂を修理。
一六七六　延宝四年　九月　金堂を修造。
一六九九　元禄十二年　二月　伽藍再興願を幕府に提出。
一七〇五　宝永二年　京都報恩寺の證誉湛澄、『植槻道場縁起』を撰述。
一七〇七　宝永四年　明誉古磵、「植槻」の大扁額を作る。
一七一二　正徳二年　郡山市中の有信の数輩、東院堂の修理を志す。
一七一六　享保元年　十一月　明誉古磵、『薬師寺縁起絵巻』を描く。
一七二九　享保十四年　郡山の有信の徒、財を投じて、東院堂の修理に着手。
一七三三　享保十八年　東院堂を南向きから西向きに変える。
一七八〇　安永九年　十一月　西院弥勒堂（西院堂）本尊（現講堂安置の薬師三尊像）を講堂跡に移して修理。
一八〇四〜一八一八　文化年間　東塔修理。初重塔身の柱十六本を根継ぎする。
一八四八　弘化五年　講堂の造営を始める。
一八五二　嘉永五年　講堂の再建なる。
一八五六　安政三年　三月　講堂の薬師三尊像の光背完成、入仏供養。

解説にかえて

木岡敬雄

伽藍の復興が進む奈良西ノ京の薬師寺を後に、近鉄橿原線に乗り畝傍《うねび》御陵《ごりょう》前駅で下車する。駅から東へ延びる道を歩くこと十分あまり、ふつうの民家と変らぬたたずまいに見落としてしまいそうだが、植え込みに囲まれた小さなお堂がある。ここが、六八〇年、天武天皇が後の持統天皇の病気平癒のために発願した薬師寺の金堂の跡である。西ノ京の薬師寺と区別して、本薬師寺と呼ばれるこの寺は、いまでは巨大な礎石が庭上に散在するだけでかつての面影はまったくない。南を見わたせば少しはなれて東西に土壇が残る。かつての塔の跡である。同じ薬師寺でありながら、かくも異なる姿になった原因はどこにあったのだろうか。そういった素朴な疑問に対する、一つの答えを提示してくれるのがこの『薬師寺伽藍の研究』である。

この本は古代律令制確立期の天武・持統朝において、もっとも重要な寺院であった藤原京の本薬師寺の実状を解明し、平城遷都に伴って新たに造営された平城薬師寺との比較から、本薬師寺から平城薬師寺へ堂塔や仏像の移築や移座があったのか、なかったのかを明らかにし、また奈良時代以降の両薬師寺の変遷と本薬師寺解体の過程を通して、平城薬師寺に現存する建築・仏像の来歴とその歴史的価値を総合的に捉えた画期的な論文である。

著者・宮上茂隆氏の略歴

宮上茂隆《みやかみしげたか》氏は昭和十五年（一九四〇）、東京飯田橋に華道家の古流崇顕流《そうけんりゅう》家元・宮上武雄氏の次男として生まれた。信州上田に疎開された少年時代、真田幸村で有名な上田城址が格好の遊び場であったという。そのときの経験が、後に歴史の世界に進むきっかけになったとうかがったことがある。

大学は理工系の道を選ばれ、東京大学工学部に入学。設計者を目指して建築学科へ進まれたが、歴史に対する思いも強く、日本建築史の研究者としての道を選択された。昭和三十九年（一九六四）に大学を卒業、大学院に進まれた。大学院では太田博太郎、稲垣栄三両教授のもとで研鑽を積まれ、昭和四十一年に大学院修士課程を終了、博士課程に進まれた。昭和四十三年に工学部建築学科の助手になられ、薬師寺東塔の調査に参加されるなど、太田・稲垣研究室の一員として、研究と調査に多忙な日々を送られた。この『薬師寺伽藍の研究』のもとになった『薬師寺伽藍之研究』によって、昭和五十四年に工学博士号を授与された。

昭和五十五年、東京大学を辞めて竹林舎建築研究所を開設。同研究所を主宰して日本建築の歴史研究と復原設計に専念された。また、東京理科大学、東京大学史料編纂所などにおいて非常勤講師として教壇に立つとともに、掛川城天守復原調査委員会委員、大洲城天守閣復原委員会顧問などの役職を務め、さらに講演活動、テレビ番組の出演なども精力的にこなし、日本建築の啓蒙に尽力された。

平成八年、体調を崩し一時入院。退院後も大洲城天守閣復原などの仕事に当たられていたが、平成十年（一九九八）六月に再度入院され、同年十一月十六日に帰らぬ人となった。享年五十八。研究者としても設計者としてもこれからという時であった。

宮上氏の業績

次に宮上氏の業績を歴史研究の分野と建築設計の分野に分けて紹介したい。

宮上氏が古代寺院建築の研究を本格的に始めるきっかけになったのは、氏が東京大学工学部建築学科の助手をしていた昭和四十三年に、奈良国立文化財研究所の伊藤延男氏が企画した平城薬師寺東塔の調査に、太田・稲垣研究室の一員として参加されたことに始まる。その後二度目の調査や、引き続いて行われた東大寺法華堂の調査にも参加し、このとき古代寺院建築の研究において、残された課題の多いことを痛感し、その後の研究の主要なテーマにされた。とくに薬師寺東塔についてはその後も単独で調査を続けられ、その成果をもとに論文として纏められたのがこの『薬師寺伽藍の研究』である。また、研究成果の中心をなす本薬師寺の塔の復原は、一般の方々にも理解できるよう紙の復原模型を作製し、『模型　薬師寺東塔』（草思社刊）として出版されている。この本の結論をわかりやすくした解説もあるのでご覧いただきたい。

宮上氏にとって薬師寺の研究と同様に重要であったのが法隆寺の研究である。現存する法隆寺西院伽藍の金堂、五重塔などの主要建物が、天智九年（六七〇）の罹災後の建物であるとする「再建説」を支持され、その再建過程を具体的に示し、寺院の造営実態を明らかにされた。また、再建に大きな役割を果たしたのが聖徳太子とつながりの深い膳《かしわで》氏であるとし、再建にあたって金堂本尊の釈迦三尊像をはじめいくつかの仏像が、同じ斑鳩の法輪寺から移されたという驚くべき仮説も提唱された。その内容は西岡常一氏との共著『法隆寺』（「日本人はどのように建造物をつくってきたか㈠」草思社刊）において平易に述べられているので参照されたい。

古代寺院建築の研究と双璧をなすのが近世城郭建築の研究である。「豊臣秀吉築造大坂城の復原的研究」はその代表的成果のひとつで、徳川の再建によって失われた豊臣時代の大坂城の姿をはじめて実証的に明らかにした意義は大きい。宮上氏は鳥羽正雄、櫻井成広両氏によって紹介されていた中井家に伝わる指図を独自に検証され、指図の記載内容がきわめて正確であること、指図が天正十一年から始まった大坂城本丸築造工事に関連するものであることを明らかにされた。また、指図と大坂城の現状地形を比較し、豊臣時代の大坂城本丸の姿を復原された。指図には天守や本丸御殿の平面も記載されており、その復原とともに、個々の建物の歴史的意義も明らかにされた。この復原は、昭和六十年に本丸詰の丸の石垣が発見されたことで、その正しさが実証されている。以上の成果は『城』（「季刊大林」一六）に詳しい。また『大坂城』（「日本人はどのように建造物をつくってきたか㈢」草思社刊）では、築城過程を含め豊臣時代の大坂城をわかりやすく纏めている。

昭和五十二年、『国華』に掲載された「安土城天主の復元とその史料に就いて」は内藤昌氏が前年に同誌に発表された「安土城天主の復元」に対する反論であり、安土城論争などと言われ、宮上氏の研究の中ではもっとも有名になった論文である。内藤氏が復原の根拠とされた「天守指図」に対する史料批判を行い、「天守指図」の非現実性を多方面から指摘され、復原史料としては価値がないことを明らかにされた。さらに、現存する史料の中では、前田育徳会・尊経閣文庫所蔵の「安土日記」のみが復原史料に足るものと指摘され、同書の記述をもとに安土城天主の復原平面図を提示された。その後、その平面図をもとに安土城天主の復原図を作成し、『近畿』(「復元大系日本の城」五、ぎょうせい刊)など多くの本に掲載されているが、そのつど手を加えており、『復元模型 安土城』(草思社刊)に示されたものが最終版となった。

さらに宮上氏の研究で見落としてならないのが中世住宅史の研究、その中でも室町将軍邸に関する一連の研究である。三代将軍足利義満の北山殿(金閣寺の前身)、六代将軍足利義教の室町殿、八代将軍足利義政の東山殿(銀閣寺の前身)の復原を通して、中世住宅の変遷を解明されようとした。また、室町将軍邸の遺構として有名な金閣、銀閣についても独自の見解を示されている。これらの研究は「足利将軍第の建築文化」として『金閣寺・銀閣寺』(「日本名建築写真選集」十一、新潮社刊)に収められている。また義政の東山殿については、「東山殿の建築とその配置」(『日本史研究』三九九号)に詳しい。

中世住宅史に関連して数寄屋と茶室の研究でも、数寄屋成立の思想的背景にふれた「慶滋保胤《よししげのやすたね》の池亭」をはじめ、独自の視点で論文を発表されている。その中でも、中世から近世にかけての住宅の変遷を背景に、数寄屋と茶室の成立とその展開に就いて纏めた、「会所から茶湯座敷へ」と「信長・秀吉時代の数寄と茶湯座敷」（『茶道聚錦』七、小学館刊）はもっとも重要な論考である。

建築設計の分野では、富山県高岡市の国泰寺三重塔が代表的な作品である。木造三重塔として、現存する中世の三重塔を規範にしながらも、宮上氏の好みを反映した美しい塔である。

また、建築設計の業績において特筆されるのは、歴史研究と密接な関係にある一連の復原設計であろう。平成六年（一九九四）に竣工した静岡県掛川市の掛川城天守は、昭和期に多かった鉄筋コンクリート造による外観復原とは異なり、伝統工法による木造天守の復原で、平成期の木造による城郭復原の嚆《こう》矢《し》として高く評価されよう。

城郭関係の復原ではこのほかに愛知県豊田市の足助《あすけ》城高櫓の復原などがあるが、忘れてならないのが愛媛県大洲市の大洲城天守の復原であろう。大洲城天守は掛川城天守より大規模な四重四階の天守で、晩年の宮上氏は木造による復原に向け精力的に取り組まれたが、基本設計を纏めたところで亡くなられ、完成した姿を目にすることはかなわなかった。しかし、その後も氏の志を継ぐ形で、さまざまな困難を乗り越えて実施に移され、平成十六年（二〇〇四）に竣工した。平成十八年には「市民参加による大洲城天守の復元」として業績部門で日本建築学会賞を受賞した。受賞理由の中で宮上氏の果たした役割について言及されているのは、生前の氏の活動を評価してのことであろう。

『薬師寺伽藍の研究』について

この本は、薬師寺に伝わる建築・仏像を通して、古代から現代まで法燈を護り伝えた薬師寺の歴史を明らかにした画期的な研究で、薬師寺研究に欠かすことのできない本である。取り上げた事項はきわめて広範で、そのすべてを紹介することは困難であるが、その中から特筆すべき点を幾つか記しておこう。

〔平城薬師寺東塔の擦銘の復原〕

薬師寺の創建事情を記した重要な史料である東塔の擦銘について、東塔調査で間近に実見した経験から本薬師寺の擦銘の追刻説を支持し、擦銘を論じるには当初の銘文を明らかにすることが必要であるとしてその復原を行った。各行十二字×十二行に納まる復原案は説得力に富むもので高く評価されよう。

さらに平城薬師寺東塔への追刻の時期は、十一世紀後半に本薬師寺の東西両塔が藤原道長創建の法成寺へ移建され、平城薬師寺が名実ともに唯一の薬師寺となったときと推定された。

〔『薬師寺縁起』の史料批判〕

薬師寺研究の基本史料である『薬師寺縁起』について史料批判を行い、長和四年（一〇一五）に撰録された『薬師寺縁起』（原縁起）には、本薬師寺と平城薬師寺の二寺の記載が併記されていた事実を指摘し、さらに、十一世紀後半の本薬師寺の解体にともない、二寺分の記載を一寺分に書き改めた結果、現存する『薬師寺縁起』（現縁起）には両薬師寺の記載が混在している事実を指摘した。以上の指摘は『薬師寺縁起』の記述について根本的な見直しを提起するもので、画期的な視点といえよう。

〔本薬師寺と平城薬師寺の堂塔伽藍の復原〕

堂塔の移建を論ずる前提として、『薬師寺縁起』などの文献史料、本薬師寺跡の遺構、平城薬師寺における発掘調査の結果などから、両薬師寺の主要堂塔の復原を行い、その規模、形態の相違を明らかにした。

塔は両薬師寺とも各重裳層付きの三重塔でありながら、本薬師寺では初重裳層が吹放ちであったのを、平城薬師寺では新たに釈迦八相成道の塑像群像を安置するため、裳層部分を囲ったことを指摘された。また両塔には造営尺や内転びの有無など、微妙な相違があったことも指摘されている。とくに本薬師寺の塔の姿を明らかにした意義は大きく、復興された平城薬師寺西塔との形態上の比較も興味あるところである。

伽藍の復原では、『薬師寺縁起』から、本薬師寺と平城薬師寺の寺地についての記述を復原し、さらに平城薬師寺では奈良時代と平安時代の相違にも触れ、両薬師寺の伽藍構成とその変遷を明らかにした。その成果は、千葉県佐倉市の国立歴史民俗博物館所蔵の「薬師寺伽藍復元模型」の制作に反映されている。

〔堂塔仏門の移建、仏像の移座について〕

平城薬師寺の造営にあたって、本薬師寺から複数の建物が移建されたとされ、移建された建物として、中門、塔、講堂、僧房を挙げている。経蔵と鐘楼はいずれか一方が移建されたとされる。金堂の本尊である薬師三尊像の移座に関しては、金堂の移建が否定される以上、本尊の移座はなかったとされる。

塔の移建では、本薬師寺の東塔を解体し、裳層と塔身部に分けて、それぞれ平城薬師寺東塔の裳層と西塔の塔身部にあて、残る平城薬師寺東塔の塔身部と西塔の裳層は、新たに部材を調達して平城薬師寺で造られたものと推定された。宮上説を称して「一部移建・一部非移建」と言われる所以《ゆえん》はここにある。

宮上氏の推定は、自身が参加された平城薬師寺東塔の調査を基礎としており、傾聴すべき点が多い。

〔本薬師寺の解体について〕

平安時代以降の両薬師寺の変遷、なかでも本薬師寺を中心に考察し、十一世紀前半まで本薬師寺の伽藍が維持されていたことを明らかにされた。また十一世紀末に本薬師寺の塔跡から舎利が発見された経緯から、本薬師寺の急激な変化の原因を同寺の解体に求め、足立康氏の本薬師寺東西両塔の法成寺移建説を支持した。さらに塔以外の建物も移建された可能性を指摘し、その移建先として円宗寺、法勝寺、善通寺などを挙げられている。以上の考察は摂関期から院政期にかけて行われた大規模な造営事業の実態について再検討を迫るもので、重要な問題提起であろう。

この本は、昭和五十三年に提出された論文原稿をもとにしているため、その後行われた平城薬師寺や本薬師寺の発掘調査についての記述がない。そこで最後にそれらの調査結果を踏まえ、この本の結論との照合と今後の課題についても触れておきたい。

平城薬師寺で引き続き行われた発掘調査では複廊に先行する単廊の遺構が確認された。一部では建築工事が進んでいた可能性も指摘されている。ただし、発掘調査で明らかになった単廊回廊の柱間は十二尺五寸で、宮上氏の復原された柱間と異なり、この本の回廊復原図は修正の必要がある。しかし単廊回廊と伽藍配置との間には密接な関係が認められる一方、変更後の複廊回廊は、柱間も不規則で調和に欠ける。単廊回廊をオリジナルなものとして評価した宮上氏の見解は重視されよう。

中門の調査では二王像などの台座が見つかり『薬師寺縁起』の記載が確かめられた。中門の三間から五間への規模拡大は発掘調査の範囲内では確認できなかったようだが、その可能性は今なお存在する。

講堂の発掘調査から明らかにされた柱間寸法は宮上氏の復原と若干異なり修正が必要である。しかし、出土した瓦から、講堂の造営が天平時代後半になる可能性が指摘されている。天平末の『流記資財帳』撰録時点で、平城薬師寺の主要建物の一部がいまだ未完成だったとする宮上氏の指摘は評価されよう。

平城薬師寺の発掘調査のうち昭和六十年までの成果は奈良国立文化財研究所『薬師寺発掘調査報告』(『奈良国立文化財研究所学報』第四五冊、昭和六十二年)を、それ以降は平成八年までの『平城宮跡発掘調査部発掘調査概報』および『奈良国立文化財研究所年報』を参照されたい。

一方、平成五年以降に行われた藤原京の本薬師寺跡の発掘調査は、本薬師寺にとってはじめての考古学調査であり画期的なものであった。

発掘調査の成果として、まず三間中門と単廊の発掘が取り上げられる。単廊の柱間寸法は平城薬師寺の単廊と同じ十二尺五寸で両者の密接な関係をうかがうことができる。中門の規模は宮上氏が『薬師寺縁起』から求めた値より、桁行、梁間とも小さく、移築の可能性については再検討が必要であろう。中門の下から藤原京の坊間路とそれに関連する柵列や建物跡が発掘されたことは本薬師寺の創建時期を推定するうえで有力な根拠となる。持統天皇の代に至って急速に造営が行われたとする宮上氏の見解も考慮されよう。

本薬師寺の塔の発掘調査では、東塔の周囲と西塔の調査が行われ多くの知見が得られた。従来から問題とされた裳層の存在については、塔身部の瓦と大きさの異なる小型の瓦が出土していることから、東西両塔ともに裳層の存在は間違いないとされる。しかし、本薬師寺創建時の瓦の組み合わせが平城薬師寺で出土しているものと異なることが明らかになり、さらに東塔跡から出土する瓦の多くが本薬師寺創建時のものであることなどから、発掘調査の報告書では東塔の移建の可能性はないとされている。一方、西塔では創建時の瓦とほぼ同量の奈良時代の瓦が出土しており、西塔の造立が奈良時代まで降る可能性が指摘されている。

移建説の主要な根拠のひとつが本薬師寺と同じ瓦が平城薬師寺でも出土していることにあったので、本薬師寺の発掘調査によって移建の可能性は少なくなったことになる。しかし、この問題は建物と一緒に瓦も移動し、移建した建物に同じ瓦を葺くことを前提にしているところがある。長岡京など移建が明らかな場合でも、この前提が守られていない事例も見られ、瓦の関係だけから移建かどうかを判断するのは困難であろう。本薬師寺のように法燈を守りながらの移建では、なおさら複雑な事情も想定されよう。創建時の本薬師寺が東塔一基の状態であった可能性も指摘されており、本薬師寺西塔の移建も視野に入れる必要性がある。いずれにせよ、現時点で移建の有無を判断するのは早計であろう。移建の事実を物語るものは現存する平城薬師寺東塔以外にない。平城薬師寺東塔の解体調査が待たれるところである。

本薬師寺の廃滅時期については、東塔の廃絶に係わる遺構から十世紀代の土器が出土しており、東塔の廃滅はそれ以降とされる。南回廊の発掘結果では、十一世紀代と推定されている。発掘調査では火災の痕跡は確認されておらず、十一世紀末には廃寺同然の状況に至ったことを考慮すると、その原因が何であったのか興味を引かれるところである。改めて法成寺への移建の可能性も検討に値しよう。

本薬師寺の発掘調査は花谷浩著「本薬師寺の発掘調査」（『仏教芸術』二三五、毎日新聞社、平成九年）に詳しいので参照されたい。

講堂本尊の薬師如来像は平成五年の修理のさいに調査が行われ、鋳造技法が明らかになるなど大きな成果があった。しかし、鋳造年代を特定するまでには至らなかったようである。美術史からは様式上、奈良時代以降の仏像とみる向きが主流となりつつある。講堂本尊の原所在についてはさまざまな説が提示されており、いまだに結論は出ていない。しかし、伝来についての史料を欠く東院堂の聖観音像を含め、植槻寺からの移入説は再考に値しよう。

薬師寺に伝来する建築・仏像について美術史の分野からまとめたものとして、大橋一章・松原智美編著『薬師寺千三百年の精華』（里文出版、平成十二年）がある。主な建築・仏像を取り上げ、それぞれの研究のあゆみをわかりやすくまとめたもので参考になろう。

おわりに

私と宮上氏の出会いは、氏が非常勤講師として武蔵野美術大学に通われていた昭和五十三年（一九七八）である。薬師寺と安土城天主の研究を同時に上梓された直後で、穏やかななかにも確信に満ちた話しぶりが印象的であった。そのころ氏は深大寺の文化財調査をされており、私もお手伝いの一員に加えていただき、それ以来、二十年間にわたって氏の傍らで仕事をすることとなった。

私家版の『薬師寺伽藍之研究』を刊行するにあたり、氏は一般向けの平易な本もあわせて出版する心づもりであったが、早すぎる逝去によってその願いは果たせず、論文のみの刊行となった。したがってこの本では専門家以外の一般の方々には理解しにくい部分もあろう。しかし、数少ない史料を結び合わせて論を起こしていく過程は知的読み物としてのおもしろさも併せ持つ。元の論文が提出されてから三十年の歳月が経ち、薬師寺を取り巻く環境も大きく変化した。記載内容と異なる事項も少なからず存在する。しかし、『薬師寺縁起』の史料批判による本薬師寺と平城薬師寺の解明や両薬師寺のその後の変遷、なかでも本薬師寺が廃寺に至る過程の究明など、宮上氏がこの本で提示した命題は、薬師寺の歴史を解明するうえで重要な鍵として今後も色あせることはないと私は確信している。

最後になりましたが、この本の刊行にご高配をいただいた薬師寺の村上太胤師をはじめ、多くの皆様に心よりお礼を申し上げます。また写真や図版の提供を快く承諾くださった飛鳥園、宮内庁、東京国立博物館や多くの出版社、新聞社各位に厚くお礼申し上げます。ありがとうございました。

平成二十一年三月

（きおか　たかお　竹林舎建築研究所代表）

宮上茂隆著作目録

一　著書（単著）

『大坂城』草思社　昭和五十九年三月

『模型　薬師寺東塔』草思社　昭和六十一年六月

『復元模型　安土城』草思社　平成七年十二月

『薬師寺伽藍の研究』草思社　平成二十一年四月

二　著書（共著）

『法隆寺』草思社　昭和五十五年十月

『超高層ビル』（訳・解説）草思社　昭和五十六年十月

『深大寺学術総合調査報告書』宗教法人深大寺　昭和六十二年十一月

「復元大系日本の城」二『関東』、四『東海』、五『近畿』、七『南紀・四国』（安土城、豊臣大坂城、大和郡山城、沼田城、聚楽第、丸亀城、掛川城）ぎょうせい　平成四年〜五年

『掛川城大手門・大手門番所復元整備報告書』掛川市教育委員会　平成七年三月

『掛川城復元調査報告書』掛川市教育委員会　平成十年

『県指定史跡「大洲城跡」保存整備計画』大洲市教育委員会　平成十年五月

三　論文（雑誌他）

「豊臣秀吉築造大坂城の復原的研究」『建築史研究』三七　昭和四十二年五月

「東山殿の常御所・会所と近世の対面所」『日本建築学会大会学術講演梗概集』昭和四十五年九月

「数寄座敷」『日本建築学会大会学術講演梗概集』昭和四十六年十一月

「畳割について」『日本建築学会大会学術講演梗概集』昭和四十七年十月

「薬師寺東塔檫銘考」『建築史研究』三八　昭和四十七年十二月

「薬師寺仏門・回廊の規模形態と造営事情」『日本建築学会論文報告集』二〇九　昭和四十八年七月

「秀吉時代における非利休系の茶室」『日本建築学会大会学術講演梗概集』昭和四十八年十月

「藤原京薬師寺宝塔の形態と平城京移建」『日本建築学会論文報告集』二二六　昭和四十九年十二月

「越前気比太神宮寺伽藍について」『日本建築学会関東支部研究報告集』昭和五十年七月

「慶滋保胤の池亭」『建築雑誌』一一〇〇　昭和五十年十一月

「平城京薬師寺宝塔の建立　その一」『日本建築学会論文報告集』二四八　昭和五十一年十月

「天主と名付けられた建築」『日本建築学会大会学術講演梗概集』昭和五十一年十月

「平城京薬師寺宝塔の建立　その二」『日本建築学会論文報告集』二五一　昭和五十二年一月

「安土城天主の復元とその史料に就いて（上）」『国華』九九八　昭和五十二年三月

「安土城天主の復元とその史料に就いて（下）」『国華』九九九　昭和五十二年四月

「細川勝元造小川殿の主殿について」『日本建築学会大会学術講演梗概集』昭和五十二年十月

「熊本城天守小天守および古天守の造営移築について」『日本建築学会大会学術講演梗概集』平成元年十月

「徳川家康創建江戸城天守の復元」『日本建築学会大会学術講演梗概集』平成二年十月

「松本城丸岡城天守の建造年代」『日本建築学会大会学術講演梗概集』平成四年八月

「姫路城清水門跡の復元について」『城郭研究室年報』二　平成四年十二月

「東山殿の建築とその配置」『日本史研究』三九九　平成七年十一月

四　論説（単行本所収）

「格子の歴史」『SPACE　MODULATOR』51　日本板硝子　昭和五十三年八月

「茶湯の影響」、「華道との関係」シリーズ「住まいの文化誌」『日本人』ミサワホーム総合研究所　昭和五十八年六月

「秀吉築造大坂城本丸の復元」『城』「季刊大林」一六　大林組　昭和五十九年一月

「会所から茶湯座敷へ」『茶道聚錦』七　小学館　昭和五十九年十一月

「信長・秀吉時代の数寄と茶湯座敷」『茶道聚錦』七　小学館　昭和五十九年十一月

「城」、「大坂城」等の項目、「平凡社大百科事典」平凡社　昭和五十九〜六十年

「書斎の系譜」シリーズ「住まいの文化誌」『閑暇活人』ミサワホーム総合研究所　昭和六十年八月

「天主　信長の革命」『VOICE』PHP研究所　昭和六十年十一月

「豊臣時代の大坂城　大坂夏の陣図屛風」『絵画の発見』平凡社　昭和六十一年五月

「近世的城の出現」『戦乱の日本史』第十巻　第一法規　昭和六十三年六月

「金閣―天と地の境」、「黄金の茶室」シリーズ「住まいの文化誌」『道具人間家屋』ミサワホーム総合研究所　昭和六十三年七月

「安土城と天主」『織田信長事典』新人物往来社　平成元年四月

「徳川三代と江戸城天守・東照宮」シリーズ「住まいの文化誌」『家人三代』ミサワホーム総合研究所　平成元年八月
「安土城復元」『歴史街道』ＰＨＰ研究所　平成二年二月
「安土城と〝天主〟閣」『日本のルネッサンス』柏書房　平成二年八月
「復元安土城天主、岐阜城」、「信長の伊勢北畠氏攻略と田丸城」『激闘織田軍団』学習研究社　平成二年八月
「大坂城」『豊臣秀吉事典』新人物往来社　平成二年九月
「信長の岐阜城・安土城」『信長・秀吉の城と都市』岐阜市歴史博物館　平成三年七月
「江戸城天守閣」『歴史と旅』秋田書店　平成三年七月
「住まいとしての天守閣」、「聚楽―関白の邸宅」シリーズ「住まいの文化誌」『邸宅佳人』ミサワホーム総合研究所　平成三年八月
「岐阜城と安土城」『図説織田信長』河出書房新社　平成三年十二月
「安土城復元」、「日本美術全集」第一四巻　講談社　平成四年二月
「数寄屋を語る」（共同座談会）『茶道雑誌』河原書店　平成四年二月
「信長の茶数寄・唐物数寄」、「岐阜城安土城天主にみる信長の中国志向」『織田信長』読売新聞社　平成四年四月
「足利義政の東山殿西指庵」シリーズ「住まいの文化誌」『山海人居』ミサワホーム総合研究所　平成四年八月
「城からみた信長・秀吉・家康」『天下統一への道』小学館　平成四年十月
「足利将軍第の建築文化」、「日本名建築写真選集」十一『金閣寺・銀閣寺』新潮社　平成四年十一月

「対談・日本の住まいの併用性について」シリーズ「住まいの文化誌」『趣味人間』ミサワホーム総合研究所　平成五年八月

「将軍邸における座敷飾りと茶の湯」（講演）『かざり研究会シンポジウム報告書』かざり研究会　平成六年三月

「城のクラ、ヤグラと天守」シリーズ「住まいの文化誌」『築蔵人間史』ミサワホーム総合研究所　平成六年八月

「姫路城」『木の国　日本の世界遺産』大蔵省　平成六年七月

「秀吉の大坂城」『大坂城』学習研究社　平成六年八月

「淀城の元和築城と移築された天守の復元」『淀の歴史と文化』淀観光協会　平成六年九月

「安土城築城と復元」『安土城』学習研究社　平成六年十一月

「城・楼閣」『図説・木造建築事典』学芸出版社　平成七年三月

「天下一の大天守—三将軍の天守」『江戸城』学習研究社　平成七年八月

「天守閣の木造復元」（講演）『木の建築』三六　木造建築研究フォーラム　平成七年八月

「安土城竣工、銀閣復元、戦国主要建造物」『クロニック戦国全史』講談社　平成七年十二月

「天守閣の意義と掛川城天守の復元」『掛川城のすべて』掛川市教育委員会　平成八年三月

「二度移築された慶長度天守」、「寛永度天守の復元」『二条城』学習研究社　平成八年五月

「信長の中国征服計画」（対談）『ＶＯＩＣＥ』ＰＨＰ研究所　平成八年八月

「法隆寺」（インタビュー）『月刊デンタルダイヤモンド』デンタルダイヤモンド社　平成九年六月

「理想郷としての数寄の空間」『大成クォータリー』一〇二　大成建設　平成十年二月

宮上茂隆建築作品集

一　建築作品

山本家持仏堂　奈良県大和郡山市　昭和五十七年五月
国泰寺三重塔　富山県高岡市　昭和五十九年九月
妙見山不動院本殿　静岡県掛川市　昭和六十年三月
月輪山圓光寺本堂　東京都世田谷区　昭和六十二年四月
宮本記念財団物質文化研究資料館　東京都台東区　昭和六十三年四月
足助城高櫓　愛知県豊田市　平成三年
姫路城清水門井戸屋形　兵庫県姫路市　平成四年
掛川城天守　静岡県掛川市　平成五年八月
掛川城大手門付番所解体修理工事　静岡県掛川市　平成七年三月
建長寺客殿得月楼（基本設計）　神奈川県鎌倉市　平成十四年十二月
大洲城天守（基本設計）　愛媛県大洲市　平成十六年七月

二　復元展示模型

「薬師寺伽藍復元模型」国立歴史民俗博物館所蔵　千葉県佐倉市　昭和五十七年四月
「宇和島城、大洲城、今治城、小松陣屋復元模型」愛媛県歴史文化博物館所蔵　愛媛県西予市　平成六年十一月

図版提供一覧

口絵　平城薬師寺東塔　撮影・飛鳥園

図 1　平城薬師寺東塔檫銘拓本　撮影・飛鳥園
図 7　回廊柱間割付図（『薬師寺伽藍発掘調査概要』昭和 44 年度より）奈良文化財研究所
図11　平城薬師寺南大門および中門跡の遺構実測図（大岡実ほか「薬師寺南大門及び中門の発掘」より）　日本建築学会
図12　本薬師寺東塔跡の礎石実測図（大岡実「南都七大寺建築論　二　薬師寺」より）　中央公論美術出版
図17　本薬師寺東塔の心礎の実測図（坂本万七・町田甲一『薬師寺』より）グラフ社
図19　平城薬師寺西塔の心礎の実測図（坂本万七・町田甲一『薬師寺』より）　グラフ社
図21　本薬師寺西塔の心礎の実測図（足立康『薬師寺伽藍の研究』より）日本古文化研究所
図22　平城薬師寺東塔の心礎の実測図（『薬師寺東塔及び南門修理工事報告書』より）　奈良県教育委員会
図23　平城薬師寺東塔の現状断面図　奈良県教育委員会
図24　平城薬師寺東塔の初重平面図　奈良県教育委員会
図25　平城薬師寺東塔の二重・三重平面図　奈良県教育委員会
図26　平城薬師寺東塔の現状立面図　奈良県教育委員会
図27　平城薬師寺東塔の現状実測平面図（足立康『薬師寺伽藍の研究』より）　日本古文化研究所
図32　平城薬師寺東塔の内部天井　撮影・飛鳥園
図33　塔身天井の支輪の彩色文様　撮影・飛鳥園
図43　本薬師寺金堂跡の礎石実測図（大岡実「南都七大寺建築論　二　薬師寺」より）　中央公論美術出版
図44　平城薬師寺金堂の基壇の発掘　奈良文化財研究所
図45　平城薬師寺金堂の基壇平面図　奈良文化財研究所
図46　平城薬師寺金堂跡の礎石間実測図　奈良文化財研究所
図49　甲寅年銘小光背（法隆寺献納宝物　東京国立博物館蔵）　東京国立博物館

図50　法華説相図銅板（部分　奈良・長谷寺蔵）　長谷寺
図51　薬師寺蔵光背残欠　撮影・飛鳥園
図52　平城薬師寺金堂の薬師如来像　撮影・飛鳥園
図57　本薬師寺跡の実測図（大岡実『南都七大寺の研究』より）　中央公論美術出版
図58　平城薬師寺の主要堂塔実測図（大岡実『南都七大寺の研究』より）　中央公論美術出版
図59　平城薬師寺の小子房・十字廊（食殿）復原図（『昭和52年度　平城宮跡発掘調査部　発掘調査概報』より）　奈良文化財研究所
図60　平城薬師寺の西僧房遺構平面図および復原平面図（岡田英男「薬師寺西僧房について」より）　日本建築学会
図64　藤原京・平城京関係図（復原・岸俊男）　岸敏男『日本古代宮都の研究』岩波書店
図67　薬師寺絵図（薬師寺蔵）　撮影・飛鳥園
図68　天喜六年焼失前の法成寺伽藍復原図（福山俊男『平等院と中尊寺』より）　福山俊男「日本美術」第9巻　平凡社
図69　法勝寺伽藍復原図（福山俊男『平等院と中尊寺』より）　福山俊男「日本美術」第9巻　平凡社
図70　法勝寺の金堂復原図　梶川敏夫「法勝寺跡」『仏教芸術』毎日新聞社
図71　『年中行事絵巻』（鷹司家本）　法会の一場面（宮内庁蔵）　宮内庁
図74　平城薬師寺講堂の薬師三尊像　撮影　飛鳥園
図75　大和郡山市周辺の条里制と荘園（『大和郡山市史』より）　大和郡山市
図76　植槻寺跡（保井芳太郎『大和上代寺院志』より）　大和史学会
図77　平城薬師寺金堂の薬師三尊像　撮影・飛鳥園
図78　平城薬師寺東院堂の聖観音像　撮影・飛鳥園
図79　平城薬師寺寺院地（復原・福山敏男）　福山敏男・久野健『薬師寺』東京大学出版会

協力　薬師寺・善通寺。また上記以外の図版・写真類は著者・宮上茂隆の作図・撮影による。

宮上茂隆（みやかみ しげたか）

昭和十五年（一九四〇）、華道の古流崇顕流の家元・宮上武雄の次男として東京に生まれる。東京大学工学部建築学科卒業。同大大学院、助手を経て、この本のもとになった『薬師寺伽藍之研究』で工学博士号を取得。昭和五十五年、竹林舎建築研究所を開設。日本建築の歴史研究と復原設計に専念した。日本建築の歴史研究の分野では、古代寺院建築、中世住宅建築、近世城郭建築、数寄屋と茶室など、幅が広い。建築設計では、富山県高岡市の国泰寺三重塔、静岡県掛川市の掛川城天守、愛媛県大洲市の大洲城天守などがあり、大洲城天守の完成を見ることなく平成十年に他界した。享年五十八。

この『薬師寺伽藍の研究』は薬師寺に伝わる建築・仏像、それにこれまでの膨大な薬師寺関係の文献、先学の学説を渉猟して、古代から現代までの薬師寺の歴史を明らかにした画期的な労作である。生前、一般向けに書き直した本と対にして出版することを強く望んでいたが、ついに果たすことができなかった。そしていま没後十年目にして公刊された「幻の薬師寺論」である。

主な共著書に『法隆寺』『大坂城』『模型 薬師寺東塔』『復元模型 安土城』（いずれも草思社刊）などがある。

薬師寺伽藍の研究

二〇〇九年四月一日 第一刷発行

著者 宮上茂隆
編修者 木岡敬雄
装丁者 芦澤泰偉＋五十嵐徹
発行者 藤田 博
発行所 株式会社 草思社
〒170-0002
東京都豊島区巣鴨4-7-5
電話 営業03-3576-1002
編集03-3576-1005
振替 00170-9-23552
印刷所 株式会社 三陽社
株式会社 栗田印刷
製本所 大口製本印刷 株式会社

©2009 CHIKURINSYA Architectural Institute
ISBN978-4-7942-1703-5
Printed in Japan
http://www.soshisha.com/

法隆寺

西岡常一・宮上茂隆
イラスト穂積和夫

世界最古の木造建築　日本人はどのように建造物をつくってきたか一　謎に包まれていた法隆寺建設の秘密を法隆寺大工の西岡常一棟梁とともに説き明かした画期的な絵本。サンケイ児童出版文化賞受賞。定価二三一〇円

大坂城

宮上茂隆
イラスト穂積和夫

天下一の名城　日本人はどのように建造物をつくってきたか三　「天下に双び無き名城」と謳われた豊臣秀吉の築いた大坂城。その築城の過程、城の全体構成、建物の復元、滅亡の事情などを明らかにする。定価二三一〇円

模型　薬師寺東塔＊

宮上茂隆

「凍れる音楽」とたたえられた薬師寺東塔の創建時の姿を復元し、作りながら複雑な塔のしくみが理解できるように設計された縮尺七五分一の精巧な模型本。「般若心経」を写経して心柱に入れ万全を期す。定価三六七五円

復元模型　安土城＊

宮上茂隆

信長の天主閣、ここに蘇る！　本能寺の変後の焼失から四百年、史上最高の名建築の荘重華麗な外観から複雑な間取り・構造までを実証的に明らかにし、精巧なペーパー・クラフトとして、みごとに復元！　定価三九九〇円

薬師寺伽藍の研究

宮上茂隆

薬師寺東塔は移建したものか、そうでないのか。金堂の薬師三尊像は移座したものか、そうでないのか。長年の薬師寺論争に終止符を打ち、本薬師寺解体の過程を克明に追った「幻」の画期的労作、遂に刊行。定価一二六〇〇円

定価は本体価格に消費税５％を加えた金額です。＊印は現在、品切れです。